Studium Jura

Herausgegeben von
Kay Windthorst

D1704378

Allgemeines Verwaltungsrecht I

von

Dr. Hans-Dieter Sproll

Rechtsanwalt

C.H. Beck'sche Verlagsbuchhandlung
München 1997

Die Deutsche Bibliothek – CIP-Einheitsaufnahme
Sproll, Hans-Dieter:
Allgemeines Verwaltungsrecht / von Hans-Dieter Sproll. –
München :Beck.
  (Studium Jura)
  1 (1996)
  ISBN 3 406 40705 6

ISBN 3 406 40705 6

Satz und Graphik: Herbert Kloos, München
Umschlaggestaltung: Adolf Bachmann, Reischach
Druck und Bindung: C.H. Beck'sche Buchdruckerei, Nördlingen

Gedruckt auf säurefreiem, alterungsbeständigem Papier
.(hergestellt aus chlorfrei gebleichtem Zellstoff)

Vorwort

Dieses Studienbuch zum allgemeinen Verwaltungsrecht ist kein Nachschlagewerk oder eine Zierde des Bücherregals, sondern es will, im wahrsten Sinne des Wortes, durchgearbeitet werden. Wer diese Mühe auf sich nimmt, wird, davon bin ich überzeugt, guten Nutzen ziehen. Ich habe meine Erfahrungen als wissenschaftlicher Mitarbeiter an der Universität Tübingen, als Referatsleiter im Rheinland-Pfälzischen Arbeitsministerium und jetzt als Rechtsanwalt in München in die Konzeption des Buches einfließen lassen.

Bei der Auswahl der zitierten Literatur habe ich mich auf solche Fundstellen beschränkt, die nach meiner Auffassung das jeweilige Problem anschaulich erläutern oder eine interessante Vertiefung ermöglichen. Die im Text aufgeführten Beispielsfälle entstammen durchweg der obergerichtlichen Rechtsprechung. Die Beispielsfälle dienen nicht nur der Erläuterung, sondern sie führen meist die Darstellung der juristischen Problematik fort. Sie können es also nicht mit der bloß interessierten Lektüre der Beispiele bewenden lassen, sondern ich rate Ihnen dringend an, die Basisentscheidung selbst zusätzlich sorgfältig durchzulesen. Dabei müssen Sie sich bewußt sein, daß die obergerichtliche Entscheidung jeweils der Abschluß einer juristischen Auseinandersetzung ist, die sich über Instanzen hinweggezogen hat. In dieser Auseinandersetzung sind eine Fülle von Argumenten für die von den Parteien vertretenen Rechtsauffassungen vorgetragen worden. Lesen Sie deshalb vor allem auch die Tatbestände der Entscheidungen durch, und überlegen Sie, welche Argumente der Urteilsgründe Sie überzeugend finden oder wie Sie sich die Begründung gewünscht hätten.

Dies macht die Arbeit spannend; es entspricht auch der Arbeit, die Sie als Rechtsanwalt, Richter oder Verwaltungsbeamter tagtäglich zu leisten haben.

Die Beispielsfälle sind so gewählt, daß Sie außerdem an die unterschiedlichsten Bereiche des besonderen Verwaltungsrechts herangeführt werden. Schlagen Sie bitte die verschiedenen Gesetzesbestimmungen nach und lesen Sie diese sorgfältig durch. Außerordentlich hilfreich ist es, wenn Sie das jeweilige Fachgesetz analysieren. Dabei hilft Ihnen die den Gesetzen vielfach vorangestellte Inhaltsübersicht. Bei diesem Studium der Gesetze werden Sie im übrigen feststellen, daß sich die Strukturen durchaus ähnlich sind. Mit der Zeit erhalten Sie die erforderliche Routine, um auch neue, bislang unbekannte Vorschriften richtig einordnen und dann später in der Klausur auch erfolgreich verarbeiten zu können.

Das Studium der „Rechtswissenschaften" ist im übrigen, dies gilt in besonderem Maße auch für das Öffentliche Recht, keine Angelegenheit, die nach dem Verlassen des Universitätsgebäudes endet. Kümmern Sie sich um Ihre rechtlichen Angelegenheiten selbst. Erklären Sie Ihre eigenen Behördenerfahrungen zum ganz privaten Übungsgebiet. So können Sie z. B. das ZVS-Verfahren mit der Zuweisung des Studienplatzes als abgehakt betrachten. Sie können sich aber auch bewußt mit dem ZVS-Verfahren auseinandersetzen, indem Sie abklären, was die ZVS überhaupt ist, welche Vorgaben für das Zulassungsverfahren gefordert werden, wie die Rechtsbehelfsbelehrung des Bescheides aussieht. Nehmen Sie sich Zeit und suchen Sie die in Ihrem Studienort gelegenen Behörden auf; machen Sie sich an Hand der Behördenwegweiser ein Bild, welche Ämter wo und wie zur Bearbeitung der Verwaltungsaufgaben tätig sind! Als Student kommen Sie noch am ehesten mit den Öffnungszeiten der Behörden hin.

Außerdem empfehle ich Ihnen die meist ausliegenden Broschüren zur Lektüre.

Der Erfolg des juristischen Studiums und vor allem auch der Beschäftigung mit dem öffentlichen Recht hängt nicht nur davon ab, wieviel Zeit Sie für das Studium von Texten aufwenden, sondern ebenso wichtig ist es, daß Sie sich bemühen, ein Gefühl („Judiz") für die richtige Lösung von Konflikten zu entwickeln und sich eine rechtspraktische Sicht der Dinge zu erarbeiten.

Versuchen Sie, in den Klausuren und auch Hausarbeiten nicht die „überkonstruktive" Lösung darzubieten, sondern überprüfen Sie Ihr Lösungskonzept daraufhin, ob es nicht noch einen einfacheren, nachvollziehbareren Weg gibt. Ihr erarbeitetes Wissen und die Kenntnis der juristischen Instrumente soll Sie gerade in die Lage versetzen, diese Wege aufzufinden. Hören Sie auch nicht auf diejenigen, die kolportieren, man könne das Öffentliche Recht quasi mit der Lektüre von Tageszeitungen erlernen. Daran ist nur soviel richtig, daß die Lektüre von Tageszeitungen unabdingbar ist, um seinen juristischen Blick zu schärfen. Juristisches Wissen müssen Sie aber haben, um in Ihrem späteren Beruf erfolgreich zu sein. Als Jurist tragen Sie immer Verantwortung für andere; dieser Verantwortung müssen Sie als kompetenter Jurist gerecht werden.

Ich wünsche Ihnen viel Spaß und Erfolg bei der Durcharbeit des Verwaltungsrechts in der Reihe „Studium Jura". Scheuen Sie sich nicht, mir Ihre Meinung, Ihre Verbesserungsvorschläge oder einfach nur Ihre Überlegungen beim Studium des Buches mitzuteilen. Es handelt sich um die erste Auflage, die sich in der Praxis bewähren muß. Die Hinweise derjenigen, für die das Buch geschrieben ist, tragen mit Sicherheit dazu bei, das Buch noch besser an deren Bedürfnissen auszurichten.

Abschließend möchte ich mich beim C.H. Beck Verlag für die mir gegebene Möglichkeit bedanken, meine Vorstellungen für ein Verwaltungsrechtslehrbuch umsetzen zu können. Nicht zuletzt habe ich mich bei Frau Carina Würdig zu bedanken, die mit großer Geduld in ihrer Freizeit das Manuskript umgesetzt hat.

München, im Oktober 1996   *Dr. Hans Dieter Sproll*
                                                                                                      Rechtsanwalt

Inhaltsverzeichnis

Seite

Abkürzungsverzeichnis XV
Literaturverzeichnis XXI

1. Kapitel. Die öffentliche Verwaltung

§ 1. Gegenstand und Begriff   1

A. Vorbemerkung   1
   I. Verwaltungsrecht als tägliche Erfahrung   2
   II. Verwaltungsrecht in den Medien   2
   III. Öffentliche Verwaltung in der Selbstdarstellung   3
B. Begriff der öffentlichen Verwaltung   4
   I. Abgrenzung   4
   II. Verwaltung im materiellen Sinne   5
      1. Positive Begriffsbestimmung   5
      2. Negative Begriffsbestimmung   6
      3. Öffentliche Verwaltung und Gesetzgebung   7
      4. Öffentliche Verwaltung und Rechtsprechung   8
      5. Öffentliche Verwaltung und Regierung 10
   III. Verwaltung im organisatorischen Sinne 11
      1. Organisatorischer Verwaltungsbegriff 12
      2. Formeller Verwaltungsbegriff 12
      3. Öffentliche Verwaltung und privatrechliche Organisationsformen 14
      4. Kombinatorische Definitionsansätze 16
C. Ausprägungen der Verwaltung 17
   I. Zwecksetzungen der öffentlichen Verwaltung 17
      1. Ordnende Verwaltung 17
      2. Leistungsverwaltung 18
      3. Planende Verwaltung 19
   II. Handlungsformen 20
      1. Wahlfreiheit der Handlungsformen 20
      2. Hoheitliche Verwaltung 22
      3. Handeln der Verwaltung in Privatrechtsform 23
D. Wiederholung 25
   I. Zusammenfassung 25
   II. Fragen 25
   III. Lösungen 26

§ 2. Die Verwaltungsorganisation 27

A. Allgemeines 27
B. Verwaltungsträger 28

Seite

    I. Staatgewalt und Verwaltungsträger 28
   II. Verwaltungsträger 29
 III. Binnenstruktur der Verwaltungsträger 30
      1. Verwaltungsorgan 30
      2. Behörde und Amt 32
C. Organisation der Verwaltung 34
    I. Unmittelbare Staatsverwaltung 35
      1. Verfassungslage 35
      2. Unmittelbare Bundesverwaltung 36
      3. Unmittelbare Landesverwaltung 39
      4. Mischverwaltung 47
   II. Mittelbare Staatsverwaltung 50
      1. Körperschaften des öffentlichen Rechts 51
      2. Anstalten des öffentlichen Rechts 55
      3. Stiftungen des öffentlichen Rechts 59
      4. Beliehene 60
 III. Privatrechtlich organisierte Verwaltungsträger 63
      1. Allgemeines 63
      2. Privatisierung 63
      3. Öffentliche Unternehmen 66
D. Wiederholung 67
    I. Zusammenfassung 67
   II. Fragen 67
 III. Lösungen 67

2. Kapitel. Das Recht der öffentlichen Verwaltung

§ 3. Öffentliches Recht und Privatrecht 69

A. Allgemeines 70
    I. Handlungsformen der öffentlichen Verwaltung 70
   II. Bedeutung der Abgrenzung zwischen öffentlichem und privatem Recht . . . 70
B. Abgrenzungskriterien 71
    I. Ausgangslage 71
   II. Abgrenzungskriterien 73
      1. Grundsätzliches 73
      2. Subordinationstherorie 73
      3. Interessentheorie 74
      4. Sonderrechtstheorie 74
      5. Pragmatische Abgrenzung 75
C. Verwaltungsprivatrecht 79
    I. Abgrenzung 80
      1. Praktische Bedeutung 80
      2. Begriff 81
   II. Grundsätze des Verwaltungsprivatrechts 82
      1. Grundrechtsbindung 82
      2. Verhältnismäßigkeitsgrundsatz 83

Seite

     3. Zuständigkeitsregelungen 83
     4. Haftung 84
     5. Rechtsweg 84
D. Zweistufentheorie 86
  I. Allgemeines 86
     1. Abgrenzung 86
     2. Begriff 86
     3. Kritik 88
  II. Anwendungsbereiche 89
     1. Fallgruppen 89
     2. Rechtswidrigkeitsproblem 92
E. Wiederholung 93
  I. Zusammenfassung 93
  II. Kontrollfragen 94
  III. Lösungen 94

§ 4. **Rechtsquellen des Verwaltungsrechts** 95

A. Allgemeines zur Rechtsquellenlehre 95
  I. Begriff der Rechtsquelle 95
  II. Geschriebene und ungeschriebene Rechtsquellen 97
  III. Gesetz im materiellen und formellen Sinn 97
B. Arten der Rechtsquellen 100
  I. Europäisches Gemeinschaftsrecht 100
  II. Verfassungsrecht 102
  III. Formelle Gesetze 102
  IV. Rechtsverordnungen 102
  V. Öffentlich-rechtliche Satzungen 103
  VI. Gewohnheitsrecht 105
     1. Begriff 105
     2. Erscheinungsformen 106
     3. Abgrenzung zum Richterrecht 107
  VII. Verwaltungsvorschriften 107
C. Rangordnung der Rechtsquellen 109
  I. Bedeutung der Rangordnung 109
     1. Grundsatz 109
     2. Harmonisierung 109
  II. Rangordnung der übernationalen Rechtsquellen 109
     1. Völkerrecht 109
     2. Europäisches Gemeinschaftsrecht 110
  III. Rangordnung der innerstaatlichen Rechtsquellen 112
     1. Grundsatz 112
     2. Vertikale Rangordnung 113
     3. Dezentrale Rangordnung 113
     4. Ergänzungen 113
D. Rechtsanwendung 115
  I. Methoden der Rechtsanwendung 115

Seite

    II. Auslegung und Lückenergänzung 115
       1. Allgemeines 115
       2. Auslegungsmethoden 116
       3. Lückenergänzung 118
E. Wiederholung 119
    I. Zusammenfassung 119
    II. Fragen 119
    III. Lösungen 120

§ 5. Gesetzmäßigkeit der Verwaltung 121

A. Allgemeines 121
B. Grundsatz des Vorrangs des Gesetzes 122
    I. Inhalt 122
    II. Rechtsfolgen des Vorrangverstoßes 124
       1. Verstoß gegen vorrangiges Gesetz 124
       2. Normenkontrolle durch die Verwaltung 124
       3. Geltendmachung des Verstoßes 126
C. Grundsatz des Vorbehalts des Gesetzes 126
    I. Inhalt 126
       1. Begriff 126
       2. Begründung des Vorbehaltsprinzips 127
    II. Reichweite 129
       1. Eingriffsverwaltung 129
       2. Leistungsverwaltung 132
D. Besonderes Gewaltverhältnis 135
    I. Abgrenzung 135
    II. Bedeutung des Gesetzesvorbehalts 135
    III. Sonderverordnung 139
E. Verwaltungsvorschriften 141
    I. Vorbemerkung 141
    II. Begriff und Bedeutung 142
    III. Verwaltungsvorschriften im gesetzlich geregelten Bereich 144
    IV. Verwaltungsvorschriften im gesetzlich ungeregelten Bereich 149
    V. Erlaß und Anwendung von Verwaltungsvorschriften 151
F. Verwaltungsorganisation und Verwaltungsverfahren 153
G. Wiederholung 153
    I. Zusammenfassung 153
    II. Fragen 154
    III. Lösungen 154

3. Kapitel. Das Verwaltungsverfahren

§ 6. Das Verwaltungsverfahrensgesetz 155

A. Grundlagen und Entstehung 155
    I. Allgemeines 155

Seite

    II. Entstehung 156
       1. Historische Entwicklung 156
       2. Die „Drei-Säulen-Theorie" 158
       3. Zielsetzungen des VwVfG 158
B. Anwendungsbereich 159
    I. Verfassungsrechtliche Aspekte 159
    II. Bundes- und Landesverwaltungsverfahrensrecht 161
       1. Allgemeines 161
       2. VwVfG des Bundes 162
       3. VwVfGe der Länder 162
       4. Anwendungsbereich des VwVfG 162
C. Anwendungsgrundsätze 164
    I. Einheitliche Auslegung 164
    II. Formstrenge und Formfreiheit 165
D. Wiederholung 165
    I. Zusammenfassung 165
    II. Fragen 166
    III. Lösungen 166

§ 7. Das Verwaltungsverfahren 167

A. Allgemeines 168
    I. Begriff des Verwaltungsverfahrens 168
       1. Verwaltungsverfahren im weiteren Sinne 168
       2. Verwaltungsverfahren nach § 9 VwVfG 169
       3. VwVfG und verwaltungsinterne Verfahren 169
    II. Arten der Verwaltungsverfahren 172
       1. Allgemeines Verwaltungsverfahren 172
       2. Förmliches Verwaltungsverfahren 173
       3. Planfeststellungsverfahren 175
       4. Rechtsbehelfsverfahren 181
B. Ablauf des Verwaltungsverfahrens 183
    I. Allgemeines 183
    II. Beginn des Verfahrens 184
       1. Verfahrenseinleitung 184
       2. Einzelfragen 186
    III. Zuständigkeit 187
       1. Sachliche Zuständigkeit 187
       2. Instanzielle Zuständigkeit 188
       3. Örtliche Zuständigkeit 188
       4. Einzelfragen 189
    IV. Untersuchungsgrundsatz 190
    V. Ausgeschlossene Personen 192
    VI. Ende des Verwaltungsverfahrens 193
C. Die Beteiligten des Verwaltungsverfahrens 194
    I. Allgemeines 194
    II. Beteiligte 194

Seite

    1. Abgrenzung 194
    2. Beteiligungsfähigkeit 194
D. Verfahrensrechte 196
    I. Recht auf Anhörung 196
       1. Allgemeines 196
       2. Anspruchsvoraussetzungen 196
       3. Folgen unterbliebener Anhörung 198
    II. Recht auf Akteneinsicht 198
        1. Allgemeines 198
        2. Anspruchsvoraussetzungen 199
    III. Recht auf Geheimhaltung 201
    IV. Recht auf Beratung und Auskunft 202
        1. Belehrungspflicht 202
        2. Auskunftspflicht 203
E. Wiederholung 203
    I. Zusammenfassung 203
    II. Fragen 203
    III. Lösungen 204

4. Kapitel. Handlungsform Verwaltungsakt

§ 8. Begriffsmerkmale des Verwaltungsaktes 205

A. Allgemeines 205
    I. Handlungsformen des öffentlichen Rechts 206
    II. Bedeutung des Verwaltungsaktes 209
       1. Allgemeines 209
       2. Herkunft des Verwaltungsaktsbegriffs 210
    III. Verwaltungsakt im Fallaufbau 211
B. Begriffsmerkmal im einzelnen 212
    I. Verwaltungsaktsbegriff 212
       1. Normalfall nach § 35, 1 VwVfG 212
       2. Allgmeinverfügung nach § 35, 2 VwVfG 212
       3. Sonstiges 213
    II. Begriffsmerkmal „Beörde" 213
       1. Inhalt 213
       2. Abgrenzungsfunktion 215
    III. Begriffsmerkmal „Hoheitliche Maßnahme" 217
        1. Inhalt 217
        2. Abgrenzungsfunktion 218
        3. Sonstiges 219
    IV. Begriffsmerkmal „auf dem Gebiet des öffentlichen Rechts" 220
        1. Inhalt 220
        2. Abgrenzungsfunktion 223
    V. Begriffsmerkmal „Regelung" 224
       1. Inhalt 224
       2. Abgrenzungsfunktion 226

Seite

  VI. Begriffsmerkmal „Einzelfall" 234
    1. Inhalt 234
    2. Abgrenzungsfunktion 234
    3. Formelle Abgrenzung 236
    4. Materiell-rechtliche Abgrenzung 237
    5. Allgemeinverfügung 239
  VII. Begriffsmerkmal „auf unmittelbare Rechtswirkung nach außen gerichtet" . 244
    1. Inhalt 245
    2. Abgrenzungsfunktion 246
C. Wiederholung 257
  I. Zusammenfassung 257
  II. Fragen 258
  III. Lösungen 258

Entscheidungsverzeichnis 261
Sachverzeichnis 265

Abkürzungsverzeichnis

a.A	andere (r)
aaO	am angegebenen Ort
AbfG	Gesetz über die Vermeidung und Entsorgung von Abfällen
ABl	Amtsblatt
abl.	ablehnend
Abs.	Absatz
abw.	abweichend
AFG	Arbeitsförderungsgesetz
AG	Amtsgericht, Aktiengesellschaft, Ausführungsgesetz
AGJWG	Ausführungsgesetz zum Jugendwohlfahrtsgesetz
AktG	Aktiengesetz
Allg.	allgemeine
a.M.	andere (r) Meinung
amtl.	amtlich
amtl.Begr.	amtliche Begründung
Anm.	Anmerkung
AO	Abgabenordnung
AöR	Archiv des öffentlichen Rechts (Zeitschrift)
ApothekG	Gesetz über das Apothekenwesen
Arch.	Archiv
ARSP	Arbeit und Sozialpolitik (Zeitschrift)
Art.	Artikel
AT	Allgemeiner Teil
AtomG	Atomgesetz
Aufl.	Auflage
ausf.	ausführlich
ausl.	ausländisch
AuslG	Ausländergesetz
B -	Bundes-
Ba-Wü	Baden-Württemberg, baden-württembergisch
BAföG	Bundesausbildungsförderungsgesetz
BauGB	Baugesetzbuch
BauO	Bauordnung (der Länder)
BauR	Baurecht (Zeitschrift)
Bay	Bayern, bayerisch
BayVBl.	Bayerische Verwaltungsblätter (Zeitschrift)
BayVerfGH	Bayerischer Verfassungsgerichtshof
BayVGH	Bayerischer Verwaltungsgerichtshof
BAZG	Bäckerarbeitszeitgesetz
BB	Betriebs-Berater (Zeitschrift)
BBankG	Bundesbankgesetz
BBG	Bundesbeamtengesetz
BBergG	Bundesberggesetz
Bd.	Band
Begr.	Begründung
Bschl.	Beschluß

btr. . . . . betreffend
BezO . . . . Bezirksordnung
BFH . . . . Bundesfinanzhof
BFHE . . . . Amtl. Slg. der Entscheidungen des BFH
BGB . . . . Bürgerliches Gesetzbuch
BGBl. . . . . Bundesgesetzblatt
BGH . . . . Bundesgerichtshof
BGHZ . . . . Amtl. Slg. der Entscheidungen des BGH in Zivilsachen
BHaftG . . . . . . Preuß.Gesetz über die Haftung des Staates und anderer Verbände
                   für Amtspflichtverletzungen von Beamten bei Ausübung der öffent-
                   lichen Gewalt
BHO . . . . Bundeshaushaltsordnung
BImSchG . . . . . Bundes-Immissionsschutzgesetz
BImSchV . . . . . Bundes-Immissionsschutzverordnung
BJagdG . . . . . . Bundesjagdgesetz
BNatSchG . . . . Bundesnaturschutzgesetz
BR . . . . Bundesrat
BR-Drs. . . . . . . Bundesratsdrucksache
Breg. . . . . Bundesregierung
BRRG . . . . Beamtenrechtsrahmengesetz
BSG . . . . Bundessozialgericht
BSGE . . . . Amtl. Slg. der Entscheidungen des BSG
BT . . . . besonderer Teil; Bundestag
BT-Drs . . . . . . Bundestagsdrucksache
BVerfG . . . . . . Bundesverfassungsgericht
BVerfGE . . . . . Amtl. Slg. der Entscheidungen des BVerfG
BVerfGG . . . . . Bundesverfassungsgerichtsgesetz
BVerwG . . . . . Bundesverwaltungsgericht
BVerwGE . . . . . Amtl. Slg. der Entscheidungen des BVerwG
BWVBl. . . . . . . Baden-Württembergische Verwaltungsblätter (Zeitschrift)
bzw. . . . . beziehungsweise

drs . . . . derselbe
d.h. . . . . das heißt
DisO . . . . Disziplinarordnung
DJT . . . . deutscher Juristentag
DÖD . . . . Der öffentliche Dienst (Zeitschrift)
DÖV . . . . Die öffentliche Verwaltung (Zeitschrift)
DVBl. . . . . Deutsches Verwaltungsblatt (Zeitschrift)

EAG . . . . Euorpäische Atomgemeinschaft
E . . . . Sammlung der Entscheidungen des jeweils angesprochenen
                   Gerichts; -Entwurf
EG . . . . Einführungsgesetz; Europäische Gemeinschaften
EGGVG . . . . . . Einführungsgesetz zum Gerichtsverfassungsgesetz
EGKS . . . . Europäische Gemeinschaft für Kohle und Stahl
Einl. . . . . Einleitung
Entsch. . . . . . . Entscheidung
entspr. . . . . entsprechend
Erl. . . . . Erläuterung
EU . . . . Europäische Union
EuGH . . . . Gerichtshof der Europäischen Gemeinschaften
EWG . . . . Europäische Wirtschaftsgemeinschaft

EWGV .... Vertrag zur Gründung einer Europäischen Wirtschaftsgemeinschaft

f. .... folgende Seite; für
FAG .... Fernmeldeanlagengesetz
FAZ .... Frankfurter Allgemeine Zeitung
ff. .... folgende Seiten
FGO .... Finanzgerichtsordnung
Fn. .... Fußnote
FStrG .... Bundesfernstraßengesetz
FVG .... Finanzverwaltungsgesetz

G .... Gesetz
GaststG .... Gaststättengesetz
GastVO .... Gaststättenverordnung
GBl. .... Gesetzblatt
GemO .... Gemeindeordnung
GewO .... Gewerbeordnung
GG .... Grundgesetz
ggf. .... gegebenenfalls
GmbH .... Gesellschaft mit beschränkter Haftung
grds. .... grundsätzlich
GrdstVG ...... Grundstücksverkehrsgesetz
GVBl .... Gesetz und Verordnungsblatt
GVG .... Gerichtsverfassungsgesetz
GVO .... Grundstücksverkehrsordnung
GWB .... Gesetz gegen Wettbewerbsbeschränkungen

h.A .... herrschende Ansicht
HandwO ...... Handwerksordnung
Hess. .... Hessen, hessisch
HH .... Hamburg, hamburgisch
h.L. .... herrschende Lehre
h. M. .... herrschende Meinung
HSchG .... Hochschulgesetz
HRG .... Hochschulrahmengesetz
Hrsg. .... Herausgeber
Hs. .... Halbsatz

i.d.F. .... in der Fassung
i.d.R. .... in der Regel
i.E. .... im Ergebnis
ImpfG .... Impfgesetz
insb. .... insbesondere
insg. .... insgesamt
i.S.v. .... im Sinne von
i.V.m. .... in Verbindung mit
i.w.S. .... im weiteren Sinne

JuS .... Juristische Schulung (Zeitschrift)
JZ .... Juristenzeitung (Zeitschrift)

KDVG .... Kriegsdienstverweigerungsgesetz
KG .... Kammergericht; Kommanditgesellschaft

Kl. . . . . Kläger(in)
km . . . . Kilometer
KrG . . . . Krankenhausgesetz
krit. . . . . kritisch

LBO . . . . Landesbauordnung
LG . . . . Landgericht
Lit. . . . . Literatur
LKrO . . . . Landkreisordnung
LKV . . . . Landes- und Kommunalverwaltung (Zeitschrift)
LOG . . . . Landesorganisationsgesetz
LuftVG . . . . Luftverkehrsgesetz
LVG . . . . Landesverwaltungsgesetz
LVwVfG(e) . . . . Landesverwaltungsverfahrensgesetz(e)

M/D . . . . Maunz/Dürig, Grundgesetz-Kommentar
MDR . . . . Monatsschrift für Deutsches Recht (Zeitschrift)
MK . . . . Münchener Kommentar zum BGB
m.w.N. . . . . mit weiteren Nachweisen

NatSchG . . . . . . Naturschutzgesetz
NJW . . . . Neue Juristische Wochenschrift (Zeitschrift)
NJW-RR . . . . . . NJW-Rechtsprechungs-Report Zivilrecht (Zeitschrift)
NRW . . . . Nordrhein-Westfalen, nordrhein-westfälisch
NVwZ . . . . Neue Zeitschrift für Verwaltungsrecht (Zeitschrift)
NVwZ-RR . . . . NVwZ-Rechtsprechungs-Report Verwaltungsrecht (Zeitschrift)

o.a. . . . . oben angegeben
od. . . . . oder
oeff. . . . . öffentlich, öffentliches
OFD . . . . Oberfinanzdirektion
OHG . . . . Offene Handelsgesellschaft
OLG . . . . Oberlandesgericht
OVG . . . . Oberverwaltungsgericht
OVGE . . . . Slg. der Entscheidungen der OVGe Lüneburg und Münster
OWiG . . . . Ordnungswidrigkeitengesetz

PartG . . . . Parteiengesetz
PBefG . . . . Personenbeförderungsgesetz
PostG . . . . Postgesetz
PostVerfG . . . . . Postverfassungsgesetz

RA . . . . Rechtsanwalt
RBerG . . . . Rechtsberatungsgesetz
RegE . . . . Regierungsentwurf
RG . . . . Reichsgericht
Rh-Pf . . . . Rheinland-Pfalz, rheinland-pfälzisch
RiA . . . . Recht im Amt (Zeitschrift)
Rn. . . . . Randnummer (n)
Rspr. . . . . Rechtsprechung
RuStAG . . . . . . Reichs- und Staatsangehörigkeitsgesetz
RVO . . . . Reichsversicherungsordnung

S. . . . . Seite, Satz (bei Rechtsnormen)
SchFG . . . . Schornsteinfegergesetz
SchlH . . . . Schleswig-Holstein, schleswig-holsteinisch
SchulVerwG . . . Schulverwaltungsgesetz
SG . . . . Sozialgericht; Soldatengesetz
SGB . . . . Sozialgesetzbuch
Slg. . . . . Sammlung von Entscheidungen, Gesetzen etc.
SOG . . . . Gesetz über die öffentliche Sicherheit und Ordnung
sog. . . . . sogenannte
SpkG . . . . Sparkassengestz
st. . . . . ständig
StaatsR . . . . Staatsrecht
StHG . . . . Staatshaftungsgesetz
StHR . . . . Staatshaftungsrecht
StiftG . . . . Stiftungsgesetz
str. . . . . streitig
StrG . . . . Straßengesetz (der Länder)
StVG . . . . Straßenverkehrsgesetz
StVO . . . . Straßenverkehrsordnung
StVRG . . . . Straßenverkehrsreformgesetz

TA . . . . Technische Anleitung
TALuft . . . . Technische Anleitung zur Reinhaltung der Luft
TierSchG . . . . . . Tierschutzgesetz
TierSG . . . . Tierseuchengesetz
TÜV . . . . Technischer Überwachungsverein
TVG . . . . Tarifvertragsgesetz

u . . . . unten
u.a. . . . . unter anderen (m), und andere
unstr. . . . . unstreitig
UPR . . . . Umwelt- und Planungsrecht (Zeitschrift)
Urt. . . . . Urteil
u.U. . . . . unter Umständen
UVPG . . . . Gesetz über die Umweltverträglichkeitsprüfung

v. . . . . vom, von
VA (e) . . . . Verwaltungsakt (e)
v.a. . . . . vor allem
VBl. . . . . Verwaltungsblätter
Verf. . . . . Verfasser; Verfassung
VerfGH . . . . Verfassungsgerichtshof
VerfGHE . . . . . . Entscheidungen des BayVerfGH
VermG . . . . Gesetz zur Regelung offener Vermögensfragen
VersammlG . . . . Versammlungsgesetz
VersR . . . . Versicherungsrecht (Zeitschrift)
VerwArch. . . . . Verwaltungsarchiv (Zeitschrift)
VerwR . . . . Verwaltungsrecht
VG . . . . Verwaltungsgericht
VGH . . . . Verwaltungsgerichtshof
vgl. . . . . vergleiche
VO . . . . Verordnung
Vorb. . . . . Vorbemerkung

vorl. . . . . vorliegend
VwGO . . . . Verwaltungsgerichtsordnung
VwVfG(e) . . . . . Verwaltungsverfahrensgesetz (e) des Bundes bzw. der Länder
VwRspr. . . . . . . Verwaltungsrechtsprechung (Zeitschrift)
VwVG . . . . Verwaltungsvollstreckungsgesetz

WaffG . . . . Waffengesetz
WaStrG . . . . Wasserstraßengesetz
WG . . . . Wassergesetz
WHG . . . . Wasserhaushaltsgesetz
WPflG . . . . Wehrpflichtgesetz

z. . . . . zu; zur; zum
z.B. . . . . zum Beispiel
ZDG . . . . Zivildienstgesetz
zit. . . . . zitiert
ZPO . . . . Zivilprozeßordnung
z.T. . . . . zum Teil
Zush. . . . . Zusammenhang
z.T. . . . . zum Teil
zust. . . . . zustimmend
z.Z. . . . . zur Zeit

Literaturverzeichnis

Kommentare

Knack, Verwaltungsverfahrensgesetz, 5. Aufl., 1996 (zit.: *Knack*, VwVfG)
Kopp, Verwaltungsverfahrensgesetz, 6. Aufl., 1996 (zit.: *Kopp*, VwVfG)
v. Mangoldt/Klein, Das Bonner Grundgesetz, 2. Aufl., 1955 (zit.: *Mangoldt*, GG)
Maunz-Dürig-Herzog, Grundgesetz, 1991 (zit.: *M/D*)
Meyer/Borgs, Verwaltungsverfahrensgesetz, 2. Aufl., 1982
Sachs, Grundgesetz, 1996 (zit.: *Sachs*, GG)
Stelkens/Bonk/Sachs, Verwaltungsverfahrensgesetz, 4. Aufl., 1993 (zit.: *Stelkens*, VwVfG)

Lehrbücher

Erichsen, Allgemeines Verwaltungsrecht, 10. Aufl., 1996 (zit.: *Erichsen*, Allg. VerwR)
Faber, Allgemeines Verwaltungsrecht, 4. Aufl., 1995 (zit.: *Faber*, VerwR)
Forsthoff, Lehrbuch des Verwaltungsrecht, Bd. I, Allgemeiner Teil, 10. Aufl., 1973 (zit.:
    Forsthoff, VerwRAT)
Hesse, Grundzüge des Verfassungsrechts der Bundesrepublik Deutschland, 20. Aufl., 1995
    (zit.: *Hesse*, VerfR)
Jellinek, Verwaltungsrecht, 3. Aufl., 1948 (zit.: *Jellinek*, VerwR)
Maurer, Allgemeines Verwaltungsrecht, 10. Aufl., 1995 (zit.: *Maurer*, Allg. VerwR)
Otto Mayer, Deutsches Verwaltungsrecht, 1895, Bd. I, 3. Aufl., 1924 (zit.: *Mayer*, VerwR)
Peine, Allgemeines Verwaltungsrecht, 1994 (zit.: *Peine*, Allg. VerwR)
Schweickhardt (Hrsg): Allgemeines Verwaltungsrecht, 6 Aufl., 1991 (zit.: *Schweickhardt*)
Stern, Staatsrecht, Bd. I, 2. Aufl., 1984, Bd. II, 1980 (zit.: *Stern*, StaatsR I und II)
Windthorst/Sproll, Staatshaftungsrecht, 1994 (zit.: *W/S*)
Windthorst, Verfassungsrecht I, 1994 (zit.: *Windthorst*)
Wolff, Verwaltungsrecht III, 3. Aufl. 1973 (zit.: *Wolff* III)
Wolff/Bachof, Allgemeines Verwaltungsrecht, Bd. I, 9. Aufl., 1974; Bd. II, 4. Aufl., 1976
    (zit.: *W/B* I und II)
Wolff/Bachof/Stober, Verwaltungsrecht I, 10. Aufl., 1994 (zit.: *W/B/S* I)

1. Kapitel. Die öffentliche Verwaltung

§ 1. Gegenstand und Begriff

Literatur: *Burmeister*, Der Begriff des „Fiskus" in der heutigen Verwaltungsrechtsdogmatik, DÖV 1975, 700; *Ehlers*, Verwaltung in Privatrechtsform, 1984; *Fastenrath*, Gewaltenteilung – Ein Überblick, JuS 1986, 194; *Kewenig*, Zur Revision des Grundgesetzes: Planung im Spannungsverhältnis von Regierung und Parlament, DÖV 1973, 23; *Messen*, Maßnahmegesetze, Individualgesetze und Vollziehungsgesetze, DÖV 1970, 314; *Ossenbühl*, Die Handlungsformen der Verwaltung, JuS 1979, 686; *Schachtschneider*, Staatsunternehmen und Privatrecht, 1986; Schack, Zur „schlichten Hoheitsverwaltung", DÖV 1970, 40; *Steiner*, Der „beliehene Unternehmer", JuS 1969, 69; *Windthorst/Sproll*, Staatshaftungsrecht, 1994 (zit.: W/S); *v. Zezschwitz*, Rechtsstaatliche und prozessuale Probleme des Verwaltungsprivatrechts, NJW 1983, 1873.

A. Vorbemerkung

Verwaltungsrecht ist das „**Recht der öffentlichen Verwaltung**". Damit scheint der 1 Gegenstand der Untersuchung knapp und einfach umschrieben. Eine nähere Überprüfung zeigt indessen schnell, daß mit dieser Beschreibung allenfalls der Einstieg in eine Fülle von schwierigen und komplexen Abgrenzungsproblemen eröffnet ist. So kann zu Recht die Frage gestellt werden, ob Verwaltungsrecht tatsächlich nur als Recht verstanden werden kann, das die Verwaltung bei der Wahrnehmung ihrer Aufgaben anzuwenden hat. Aus der Sicht des einzelnen erscheint das Verwaltungsrecht vor allem auch als Instrumentarium, um die eigene Rechtsposition gegenüber der Verwaltung durchzusetzen. Überspitzt formuliert wäre Verwaltungsrecht danach das „Recht zur Bändigung der öffentlichen Verwaltung". Eine Annäherung an das Verwaltungsrecht unter diesem Blickwinkel führt z. B. zu Fragen, ob und unter welchen Voraussetzungen der einzelne ein Tätigwerden der Verwaltung oder gar den Erlaß einer bestimmten Verwaltungsentscheidung durchsetzen kann. Hat die Verwaltung in die Rechtssphäre des einzelnen eingegriffen, so wird sich der Betroffene die Frage stellen, ob er diesen Akt hinnehmen muß, ob er ihn durch Rechtsbehelfe abwehren kann, und ob er ggf. Ersatzansprüche hat.

Ganz selbstverständlich wurde bislang der Begriff „öffentliche Verwaltung" ver- 2 wendet. Aber auch die Eingrenzung dessen, was unter öffentlicher Verwaltung zu verstehen ist, erweist sich als sehr viel schwieriger als dies auf den ersten Blick erscheint. *Forsthoff* (VerwR AT, S. 1) hat sogar die Kapitulation vor der Definitionsfähigkeit des **Verwaltungsbegriffs** erklärt, wenn er schreibt:

„Von jeher ist die Verwaltungrechtswissenschaft um eine Definition ihres Gegenstandes, der Verwaltung, verlegen. Das hat seinen Grund nicht in einer mangelnden Durchbildung der Wissenschaft. Es handelt sich überhaupt nicht um einen behebbaren Mangel der Theorie. Vielmehr liegt es in der Eigenart der Verwaltung begründet, daß sie sich zwar beschreiben, aber nicht definieren läßt. Die Mannigfaltigkeit, in der sich die einzelnen Verrichtungen der Verwaltung ausfächern, spottet der einheitlichen Formel."

Wenn jedoch offensichtlich für die öffentliche Verwaltung ein „besonderes Recht" gelten soll, und wenn die Verwaltung im Grundgesetz als solche besonders angesprochen wird (Art. 1 III; 20 III; 83 ff. GG), so muß es Kriterien geben, die in Zweifelsfällen eine Abgrenzung der öffentlichen Verwaltung gegenüber anderen Staatsfunktionen, aber auch gegenüber privaten Formen der Organisation und des Handelns ermöglichen (kritisch zu Recht, *Faber*, VerwR S. 19).

I. Verwaltungsrecht als tägliche Erfahrung

3 Nicht selten werden Lehrbücher zum Verwaltungsrecht mit dem Hinweis auf die spezifischen Schwierigkeiten der Lernenden mit diesem Gegenstand eingeleitet. *Peine* (Allg. VerwR, Rn. 1) meint, das Verwaltungsrecht als „Angststoff" erkennen zu können, wobei das verwaltungsrechtliche „Gebirge alpinen Charakter" besitze. Für derartige Befunde gibt es keinen Anlaß. Kein anderer Rechtsbereich betrifft den einzelnen so frühzeitig und so kontinuierlich, wie das Verwaltungsrecht. Diese nahezu allgegenwärtige Betroffenheit durch verwaltungsrechtliche Sachverhalte und die vielfältigen Konfrontationen mit denjenigen, die dieses Recht anwenden, ist Motivation genug, sich mit den damit verbundenen spannenden Fragestellungen auseinanderzusetzen.

II. Verwaltungsrecht in den Medien

4 Jede Tageszeitung bietet vor allem in den Lokalteilen eine Fülle an Anschauungsmaterial zum Verwaltungsrecht. Eine Durchsicht z. B. des Lokal- und Bayernteils der Süddeutschen Zeitung vom 1.8.1994 erweist sich als interessante Fundgrube, um den Blick für die Bedeutung des Verwaltungsrechts zu schärfen.

Beispiele:
❑ Bericht über ein Straßensportfest, das 50 000 Besucher angelockt hat. Da die Veranstaltung die Fahrstraßen nicht beeinträchtigt habe, so der Bericht, sei ein Polizeieinsatz nicht erforderlich gewesen. In diesem Zusammenhang kann man der Frage nachgehen, ob die öffentliche Straße voraussetzungslos für Feste jeglicher Art genutzt werden darf. Besteht ein Anspruch des einzelnen auf eine den Gemeingebrauch übersteigende Sondernutzung öffentlicher Wege; darf die Sondernutzungserlaubnis gegen Gebühren erteilt werden. Wäre ein Polizeieinsatz kostenpflichtig, wenn wegen des Straßenfestes der Straßenverkehr geregelt werden mußte. Wie wäre es, wenn der Polizeieinsatz wegen einer durch den Alkoholausschank verursachten Schlägerei erforderlich geworden wäre?
❑ Auf einer weiteren Seite wird berichtet, daß bei der Staatsanwaltschaft München I eine

Wirtschaftsabteilung eingerichtet worden sei, die sich schwerpunktmäßig mit Korruptionsskandalen befassen soll. Sie bestehe aus sechs Referenten und einem Oberstaatsanwalt. Diese Meldung verweist u. a. auf die organisatorischen Aspekte der Verwaltung. Kann die Verwaltung beliebig organisiert werden? Wem steht die Organisationsgewalt zu? Wie sind die Beschäftigungsverhältnisse auszugestalten bei hoheitlicher und bei privater Organisationsform? Weshalb ist die Staatsanwaltschaft der Staatsfunktion „Verwaltung" und nicht der „Rechtsprechung" zuzuordnen?

❑ In einem anderen Artikel wird über eine von einem Studentenwerk betriebene Wohnanlage berichtet. Diese soll nach Vorstellungen der Universität abgerissen und durch eine Sportanlage ersetzt werden. Der bay. Landtag hat die Mittel zur Durchführung des Abbruchs nicht bewilligt. Das Studentenwerk hat vorsorglich die Mietverträge gekündigt. Auch diese Meldung lenkt den Blick auf vielfältige verwaltungsrechtliche Fragestellungen. Welche Rechtsform hat die Universität und hat sie rechtliche Möglichkeiten, gegenüber dem Landtag die Zuweisung der Mittel durchzusetzen? Bedarf es für den Abriß einer hoheitlichen Genehmigung; kann diese Genehmigung ggf. mit Auflagen versehen werden? Ist die Vermietung der Studentenwohnungen Verwaltungstätigkeit oder erwerbswirtschaftliche Tätigkeit? Hat der Sportstudent einen Anspruch darauf, daß neue Sportanlagen eingerichtet werden?

III. Öffentliche Verwaltung in der Selbstdarstellung

Viele Verwaltungsträger haben für die Bürger sog. Behördenwegweiser aufgelegt. Ziel ist es, nach eigenem Anspruch Transparenz zu schaffen und den Bürger schneller an das gewünschte Behördenziel zu bringen.   5

Das bay. *Staatsministerium des Innern* führt in dem Geleitwort zum Behördenwegweiser 1991 aus: „Wenn trotzdem in der Öffentlichkeit die Verwaltung häufig als „Verwaltungsgestrüpp", „Zuständigkeitslabyrinth" oder „Behördenwirrwarr" bezeichnet wird, so mögen das zwar farbige Kennzeichnungen sein, sie tragen aber nicht dazu bei, den Bürger seinen Behörden näherzubringen."

Diese Formulierung spiegelt v. a. das Unbehagen vieler Bürger über schwer   6 durchschaubare Zuständigkeiten und die Unübersichtlichkeit der Behördenorganisation wieder. Wer ist noch nicht mit dem Satz „leider bin ich nicht zuständig" konfrontiert worden. Im übrigen sollte es wohl nicht darum gehen, den Bürger den Behörden nahezubringen. Vielmehr muß es in einer modernen Dienstleistungsgesellschaft selbstverständliches Anliegen der Verwaltung sein, dem Bürger als leistungsfähige und -willige und zu akzeptablen „Öffnungszeiten" präsente Organisation zur Verfügung zu stehen.

Eine Durchsicht des Behördenwegweisers zeigt im übrigen, wie der einzelne „von seiner Geburt bis zur Bahre" und in nahezu sämtlichen Lebensbereichen mit öffentlicher Verwaltung konfrontiert wird:

❑ Unter der Überschrift „Notlagen" findet sich z. B. die Sozialhilfe mit der Regelzuständigkeit der Kreisverwaltungsbehörde. Bei der „Befreiung von Rundfunkgebühren" begegnet man dem bay. Rundfunk und bei der „Prozeßkostenhilfe" dem Hinweis auf das für den Rechtsstreit zuständige Gericht.

❑ Im Kapitel „Haus- und Grundbesitz" erscheint für die Erteilung der Grenz-
einhaltungsbescheinigung der Hinweis auf das zuständige Vermessungsamt.
Information und Beratung für den Haus- und Kleingarten erteilt das Amt
für Landwirtschaft oder auch die bay. Landesanstalt für Weinbau und Gar-
tenbau. Schließlich wird für Manöverschäden, soweit sie von der Bundeswehr verursacht worden sind, auf die Wehrbereichs- oder Standortverwal-
tung verwiesen, im Falle ausländischer Streitkräfte auf das Amt für
Verteidigungslasten.

❑ Unter dem Kapitel „Frauen" gibt es in Fragen der Gleichbehandlung von
Mann und Frau den Zuständigkeitshinweis auf sog. „Gleichstellungsbeauf-
tragte" der Städte, Landratsämter, Regierungen sowie auf eine „Leitstelle für
die Gleichstellung von Frauen und Männern" angesiedelt beim bay. Staatsministerium für Arbeit, Familie und Sozialordnung. Frauen mit Schwanger-
schaftskonflikten können sich an anerkannte Beratungsstellen der Träger der
freien oder öffentlichen Wohlfahrtspflege oder auch an die staatlichen Gesundheitsämter wenden.

B. Begriff der öffentlichen Verwaltung

7 Eine Legaldefinition des Begriffs „öffentliche Verwaltung" gibt es nicht. Das
Grundgesetz wie auch die VwVfGe enthalten zwar Regelungen über die **öffentliche Verwaltung**, sehen aber von einer begrifflichen Eingrenzung ab. § 1 I VwVfG
gilt für die öffentlich-rechtliche Verwaltungstätigkeit der Behörden. § 1 IV
VwVfG definiert die Behörde als Stelle, die Aufgaben der öffentlichen Verwaltung wahrnimmt.

I. Abgrenzung

8 Man könnte sich mit diesem Befund zufrieden geben, wenn der Begriff der „öffentlichen Verwaltung" für die Rechtsanwendung ohne Bedeutung wäre. Dies ist
indessen nicht der Fall. Eine begriffliche Eingrenzung der öffentlichen Verwaltung ist vielmehr aus verschiedenen Gründen erforderlich.

❑ **Art. 1 III GG** unterwirft die „vollziehende Gewalt" der Grundrechtsbindung.
Die Grundrechte gelten somit unmittelbar für die öffentliche Verwaltung als
Teil der vollziehenden Gewalt.

❑ Nach **Art. 20 II 2 GG** wird die Staatsgewalt durch besondere Organe der
Gesetzgebung, der vollziehenden Gewalt und der Rechtsprechung ausgeübt.
Der Sinn dieser in Art. 20 II 2 GG verfassungsrechtlich verankerten **Gewaltenteilung** ist es, die staatlichen Funktionen eigenständigen Organen zuzuordnen. Zwar gibt es vielfache „Durchbrechungen" der Gewaltenteilung; da das
Grundgesetz indessen eine Gewaltenteilungsstruktur vorgibt, muß es Kriterien geben, die Staatsfunktionen gegeneinander abzugrenzen, um feststellen

zu können, ob die Aufgabenwahrnehmung dem jeweiligen Ausführungsorgan richtig zugeordnet ist.

❏ Schließlich wird „**Behörde**" für das VwVfG definiert als Stelle, die Aufgaben der öffentlichen Verwaltung wahrnimmt (§ 1 IV VwVfG). Stellen, die somit keine Aufgaben der öffentlichen Verwaltung wahrnehmen, können keine Behörden im Sinne des VwVfG sein.

Diese wenigen Beispiele zeigen, daß es erforderlich ist, über Kriterien zur Abgrenzung der „öffentlichen Verwaltung" zu verfügen (vgl. zur Abgrenzung öffentliches – privates Recht unten § 3 Rn. 5). Die Schwierigkeit, die „öffentliche Verwaltung" begrifflich zu erfassen, darin ist Forsthoff zuzustimmen, liegt letztendlich in der Vielgestaltigkeit der Erscheinungsformen der Verwaltung und in der Mannigfaltigkeit der von ihr wahrzunehmenden Aufgaben (*Erichsen*, Allg. VerwR, Rn. 1 ff.).

II. Verwaltung im materiellen Sinne

Der **materielle Verwaltungsbegriff** knüpft am Verwaltungshandeln an.   9

1. Positive Begriffsbestimmung

Ausgehend vom Handeln der öffentlichen Verwaltung wird versucht, eine posi-   10
tive Abgrenzung der „öffentlichen Verwaltung" zu erreichen.

a) *Walter Jellinek* (VerwR, S. 5) weist zwar darauf hin, daß sich der Begriff nur schwer positiv bestimmen lasse. Unter Beschränkung auf das Wesentliche des Begriffs sieht er Verwaltung als „auf die Schaffung oder Verhinderung von etwas Neuem im Einzelfalle gerichtet" an, „und wäre das Neue auch nur die Begründung der Fälligkeit einer schon durch Gesetz festgelegten öffentlich-rechtlichen Geldschuld".

Faber (VerwR, S. 20) übersieht bei seiner Kritik an der „Jellinek'schen Formel", daß Jellinek die Positivbeschreibung, die er im übrigen ausdrücklich nicht als Begriffsbestimmung bezeichnet, im Zusammenhang mit der negativen Abgrenzung der öffentlichen Verwaltung gegenüber Gesetzgebung und Rechtsprechung vorgenommen hat. Im Ergebnis soll mit dieser Formel zum Ausdruck gebracht werden, daß Verwaltung, anders als die Rechtsprechung, nicht reaktiv, sondern aktiv handelnd in Erscheinung tritt, und zwar orientiert am Einzelfall, was sie wiederum von der Gesetzgebung unterscheidet.

b) Eine positive Gesamtdefinition der Verwaltung im materiellen Sinne gibt, auf-   11
bauend auf dem von *Hans-Julius Wolff* erarbeiteten Verwaltungsbegriff *Stober* (*Wolff* I, S. 30):

„Verwaltung im materiellen Sinne kann mithin definiert werden als mannigfaltige, zweckbestimmte, i. d. R. organisierte, fremdnützige und verantwortliche, nur teilplanende, selbstbeteiligt ausführende und gestaltende Wahrneh-

mung von Angelegenheiten, insb. durch Herstellung diesbezüglicher Entscheidungen."

Überprüft man diese Begriffsbestimmung, so läßt sich nicht erkennen, wie sich
die so beschriebene Tätigkeit zwingend von privatrechtlich organisierten Tätigkeiten abgrenzen ließe. Selbst die Kumulation der aufgeführten Merkmale
macht nicht hinreichend deutlich, worin die typische Eigenschaft öffentlicher
Verwaltung liegen soll.

Beispiel: Ein Träger der freien Wohlfahrtspflege betreibt eine Schwangerenberatungsstelle.
Diese Beratungsstelle stellt auf der Grundlage des landesgesetzlichen Schwangerenbera-
tungsgesetzes Beratungsbescheinigungen nach § 218 a I Nr. 1, 219 II Satz 2 StGB aus. Diese
Tätigkeit der freien Wohlfahrtspflege erfüllt die positive Begriffsabgrenzung von Stober, ist
aber gleichwohl nicht öffentliche Verwaltung.

Im übrigen erscheint diese Begriffsbestimmung angesichts ihres hohen Ab-
straktionsgrades wenig operationabel (dazu *Faber*, VerwR, S. 20 f.).

2. Negative Begriffsbestimmung

12   Die Schwierigkeiten mit einer positiven Begriffsbestimmung der öffentlichen Verwaltung versuchen Theorien zu bewältigen, die den Verwaltungsbegriff negativ
definieren.

13   a) *Otto Mayer* (VerwR, S. 5 ff.), auf den die **negative Begriffsdefinition** zurück-
geht, führt zunächst aus, daß Gesetzgebung, Justiz, Verwaltung allesamt
Staatstätigkeiten zur Verwirklichung des Staatszweckes seien. Ihr Unterschied
beruhe nur auf der Art, wie sie diesen Zweck zu verwirklichen bestimmt seien.
Dabei macht er deutlich, daß diese Dreiteilung nicht entstanden sei aus einer
schulmäßigen Entwicklung der Begriffe, sondern sie habe sich festgesetzt als
Ergebnis geschichtlicher Vorgänge. Vor diesem Hintergrund kommt *Otto
Mayer* zu folgender Abgrenzung:

„Verwaltung ist Tätigkeit des Staates zur Verwirklichung seiner Zwecke unter
seiner Rechtsordnung. Den Zusatz „außerhalb von Gesetzgebung und Justiz"
können wir dabei wohl entbehren; das „unter seiner Rechtsordnung" ersetzt
ihn. Denn in der Gesetzgebung, wie wir sie verstanden, steht der Staat über
seiner Rechtsordnung; in der Justiz geschieht alles für die Rechtsordnung."

14   **Beachte:** Das Prinzip der Gewaltenteilung unterscheidet drei Teilbereiche
staatlicher Aufgaben, nämlich die Gesetzgebung, die Rechtsprechung und die
vollziehende Gewalt (**funktionelle Gewaltenteilung**). Diese Aufgaben werden
jeweils gesonderten Organen zur Wahrnehmung zugewiesen (**organisatorische
Gewaltenteilung**). Der Grundsatz der Gewaltenteilung ist ein tragendes Organisationsprinzip des Grundgesetzes (*BVerfGE* 67, 100).

15   b) Die Schwäche dieser in der Gewaltenteilungslehre wurzelnden Begriffsbestimmung liegt vor allem darin, daß sie nur dann zu überzeugenden Ergebnissen
kommen kann, wenn die anderen Staatsfunktionen ihrerseits eindeutig defi-
nierbar sind. Auch dort gibt es indessen vergleichbare Schwierigkeiten der

positiven Begriffsabgrenzung. Im übrigen wird bei der einfachen Negativabgrenzung, welche die Verwaltung nur als Restbestand nach Gesetzgebung und Rechtsprechung versteht, übersehen, daß es weitere eigenständige Staatsfunktionen gibt, die gerade nicht Verwaltung, wohl aber vollziehende Gewalt sind (dazu unter Rn. 25).

Bei der negativen Abgrenzung des Verwaltungsbegriffs ist zu beachten, daß die **16** Gewaltenteilung kein außerverfassungsmäßiges Prinzip ist, sondern daß ihre konkrete Ausgestaltung durch Art. 20 II GG zugrunde zu legen ist. Art. 20 II GG schreibt zwar vor, daß die Funktionen der Rechtsetzung, der Vollziehung und der Rechtsprechung unterschieden und von besonderen Organen wahrgenommen werden sollen. Er enthält jedoch keine Zuweisungsfunktion in dem Sinne, daß vorgegeben wäre, welche Aufgaben und Funktionen von den einzelnen Organen zwingend und in klarer Abgrenzung wahrzunehmen sind (*Hesse*, VerfR, Rn. 477; *Stern*, StaatsR II, § 36 IV 3). Die Aufzählung der **drei materiellen Staatsfunktionen** in Art. 20 II 2 i. V. m. Art. 20 III GG beinhaltet auf der einen Seite eine gewisse Offenheit, da nur die wesenstypischen und unverzichtbaren Grundfunktionen staatlichen Handelns erfaßt werden (*Stern*, StaatsR II, § 36 IV 4). Auf der anderen Seite verlangt Art. 20 GG aber auch, diese Funktionen zu unterscheiden und zu trennen. Im Ergebnis bedeutet dies, daß Kernbereiche der jeweiligen Staatsfunktion originär bei ihr anzusiedeln sind, während außerhalb dieses Kernbereichs Überlagerungen und Verschmelzungen durchaus zulässig und auch real vorhanden sind (*Mangoldt-Klein*, GG, Art. 20 Anm. V 5 b).

> **Merke:** Das BVerfG läßt eine Durchbrechung des Prinzips der Gewaltenteilung zu, soweit nicht eine Gewalt das Übergewicht über eine andere erhält, d.h. der Kernbereich der jeweiligen Gewalt darf nicht angetastet werden und muß in seinem Bestand erhalten bleiben (*BVerfGE* 34, 59 dazu *Fastenrath*, JuS 1986, 197ff.).

3. Öffentliche Verwaltung und Gesetzgebung

Die Abgrenzung zwischen Gesetzgebung und Verwaltung scheint auf den ersten **17** Blick einfach zu gelingen. Typischerweise wird die Gesetzgebung mit dem Erlaß **abstrakt-genereller Rechtsnormen**, die Verwaltung mit **konkret-individuellen Regelungen** in Verbindung gebracht.

a) Diese an der Handlungsform orientierte Betrachtung wird schon weniger ein- **18** deutig, wenn man das Gesetzgebungsverfahren prozedural begreift, als einen auf den Erlaß einer abstrakt-generellen Norm gerichteten Prozeß.

Organisatorisch ist der formelle Gesetzesbeschluß zwar auf Bundesebene, den Verfassungsorganen, Bundestag und Bundesrat zugeordnet, auf Landesebene den Landesparlamenten. Allerdings bedeutet dies nicht, daß die Gesetzgebung ohne Mitwirkung anderer Organe stattfindet.

Beispiel: Die Bundesregierung bringt eine Gesetzesvorlage ein. Diese Gesetzesvorlage wurde von der Ministerialbürokratie erarbeitet. In den zuständigen Parlamentsausschüssen hat der zuständige Minister oder Staatssekretär die Vorlage zu erläutern. In aller Regel wird er dabei von den zuständigen Ministerialbeamten begleitet. Die Vorbereitung des Ministers auf die Sitzung erfolgt ebenfalls durch die zuständigen Ministerialbeamten.

19 b) Das formelle Gesetz ist grundsätzlich eine abstrakt-generelle Regelung, wenngleich der Erlaß von Einzelfallgesetzen (also einzelfallbezogen) verfassungsrechtlich nicht ausgeschlossen ist. Nach Art. 19 I 1 GG sind **Einzelfallgesetze** nur als sachwidrige Sonderregelung unzulässig (*BVerfGE* 85, 360). Bei Einschränkungen von Grundrechten verbietet das GG allerdings Einzelfallgesetze. Auch wenn sie aus bestimmtem Anlaß erlassen werden, müssen sie abstrakt und generell für eine unbestimmte Zahl von Sachverhalten Geltung beanspruchen (*MD*, Art. 19 Rn. 29 ff.; dazu *BVerfGE* 25, 399).

Im Anwendungsbereich des Art. 14 III 2 GG kann eine Enteignung unmittelbar durch Gesetz erfolgen. Ein weiterer administrativer Vollzugsakt ist nicht erforderlich (Art 14 III 2 GG ist insoweit eine Sonderregelung gegenüber Art 19 I 1 GG).

Beispiel: Zum Zwecke der Einrichtung einer Versuchsstrecke wird durch ein Strukturverbesserungsgesetz erforderliches Bauland enteignet (*BVerfGE* 74, 264 – „Boxberg-Urteil"; dazu *W/S*, § 14 Rn. 4, 11).

Außerhalb des Grundrechtsbereichs sind Einzelfallgesetze also grundsätzlich zulässig, da der Gesetzgeber mit derartigen Regelungen noch nicht ohne weiteres in die Funktionen eingreift, die die Verfassung der vollziehenden Gewalt vorbehalten hat (*Messen*, DÖV 1970, 314).

20   Auf der anderen Seite wird die Verwaltung in vielfältigen Zusammenhängen als Gesetzgeber tätig. Die Verwaltung erläßt in breitem Maße sog. **Gesetze im materiellen Sinn**, also abstrakt-generelle Regelungen außerhalb des formellen Gesetzgebungsverfahrens. Allerdings benötigt die Verwaltung dazu eine formell gesetzliche Ermächtigungsgrundlage.

Beispiel: Die Gemeinde erläßt einen Bebauungsplan als Satzung. Die zuständige Polizeibehörde erläßt eine Polizeiverordnung, wonach in bestimmten Stadtgebieten das Füttern von Tauben untersagt ist.

21   Schließlich üben die Gesetzgebungsorgane ihrerseits verwaltende Tätigkeiten aus.

Beispiele: Der Bundestagspräsident übt im Bundestagsgebäude das Hausrecht nach Art. 40 II 1 GG aus. Der Petitionsausschuß ist Organ des Bundestages. Bei der Bearbeitung der an den Bundestag nach Art. 17 GG gerichteten Bitten und Beschwerden nimmt er die gleiche Funktion wahr wie eine Verwaltungsbehörde (*BVerwG*, NJW 1976, 637).

4. Öffentliche Verwaltung und Rechtsprechung

22 Die Abgrenzung zwischen öffentlicher Verwaltung und Rechtsprechung zeigt auch zwischen diesen Staatsfunktionen Überschneidungen und Übergänge.

a) Nach Art. 92 GG ist die rechtsprechende Gewalt den Richtern anvertraut. Das BVerfG sieht das Wesen der Rechtsprechung darin, daß sie von unbeteiligten Organen ausgeübt wird. Demgegenüber kennzeichnet die Verwaltung die eigene Involvierung in die Entscheidung, basierend auf der Wahrnehmung des öffentlichen Interesses. Art. 97 I GG fordert demgegenüber den unabhängigen und nur dem Gesetz unterworfenen Richter. Anders, als der Verwaltungsbeamte bei der Wahrnehmung von Verwaltungsaufgaben, unterliegt der Richter bei der rechtsprechenden Tätigkeit deshalb keinerlei Weisungen. Der Richter ist sachlich und persönlich unabhängig.

Beispielsfälle:

❑ Der Beamte B war Mitglied der DKP und hat sich für deren Ziele aktiv eingesetzt. Aufgrund § 52 II BBG hatte das Bundesdisziplinargericht zunächst zwar eine Verletzung der Verpflichtung gesehen, sich zu der freiheitlich demokratischen Grundordnung des Grundgesetzes zu bekennen und für deren Erhaltung einzutreten, der Beamte habe jedoch nicht schuldhaft gehandelt, da er bis zu der Entscheidung des BVerfG (NJW 1975, 641) habe davon ausgehen können, daß das Parteienprivileg des Art. 21 II GG einer Wertung seiner Aktivitäten für die DKP als pflichtwidrig entgegenstehe. Der Bundesdisziplinaranwalt hat Berufung eingelegt. Der Beamte B vertritt die Auffassung, eine Bindung des Bundesdisziplinargerichts an Entscheidungen des BVerfG widerspreche der Unabhängigkeit der Gerichte. Das BVerwG hat hierzu festgehalten, daß § 31 I BVerfGG alle Gerichte generell an die Entscheidungen des BVerfG binde. Die sich aus dem Tenor und den tragenden Gründen der Entscheidung ergebenden Grundsätze für die Auslegung der Verfassung müßten von den Gerichten in allen künftigen Fällen beachtet werden. Gesetzliche Bestimmungen, welche einen Richter an die Entscheidung eines anderen Gerichts binden, seien kein unzulässiger Eingriff in die sachliche Unabhängigkeit (*BVerwG*, NJW 1982, 779 – „*DKP-Mitgliedschaft*").

❑ Kläger K ist Eigentümer eines im Außenbereich gelegenen Hanggrundstückes, das mit einem Wochenendhaus bebaut ist. Er beabsichtigt, auf seinem Grundstück zwei Monumentalfiguren aufzustellen. Das zuständige Landratsamt lehnt den Bauantrag ab. Der Widerspruch wird nicht beschieden. – Das Verwaltungsgericht hat den Beklagten auf Untätigkeitsklage (§ 75 VwGO) hin verpflichtet, über den Bauantrag neu zu bescheiden. Das Landratsamt will diese Entscheidung hinnehmen; das zuständige Landesministerium ist jedoch der Auffassung, daß die Freiheit der Kunst die zuständige Behörde grundsätzlich nicht daran hindere, eine baurechtliche Genehmigung für die Aufstellung von Monumentalfiguren im Außenbereich wegen Widerspruchs zum Flächennutzungsplan sowie wegen Verunstaltung des Landschaftsbildes nach § 25 II und III BauGB zu versagen. Es weist die nachgeordnete Behörde an, Berufung einzulegen (*BVerwG*, BauR 1995, 665 – „*Landschaftskunst*").

23 b) Die Zuordnung der rechtsprechenden Tätigkeit auf unabhängige Richter beinhaltet nicht das Verbot der Wahrnehmung von Verwaltungtätigkeit. So wird Verwaltungstätigkeit durch Richter und Gerichte in den Bereichen der freiwilligen Gerichtsbarkeit ausgeübt. Auch die Erteilung einer Erlaubnis zur Rechtsberatung (§ 1 RBerG i. V. m. § 11 RBerV) ist materielle Verwaltungtätigkeit. Im übrigen ist jedoch festzuhalten, daß die rechtsprechende Gewalt ihrerseits gegen Einwirkungen stärker abgeschirmt ist, als dies bei den anderen Gewalten der Fall ist.

Beispielsfall: In einer Strafverhandlung Mitte der 60er-Jahre wegen versuchter vorsätzlicher Tötung war der Bundestagsabgeordnete B als Geschworener tätig. Der Angeklagte legt gegen das Strafurteil Revision mit der Begründung ein, die damaligen Bestimmungen nach §§ 35 Nr. 1, 84 GVG seien wegen Verstoßes gegen den Gewaltenteilungsgrundsatz verfassungswidrig. – Der *BGH* hat ausgeführt, daß der in Art. 20 II 2 GG niedergelegte Grundsatz einer Teilung der Gewalten zwar tragendes Organisationsprinzip des GG sei; er sei jedoch nirgends rein verwirklicht. Die Verfassung gebiete nicht, daß die Funktionen der Staatsgewalt strikt getrennt werden. Der Sinn der Gewaltenteilung liege darin, daß Gesetzgebung, vollziehende Gewalt und Rechtsprechung sich gegenseitig kontrollieren und begrenzen. Die im vorliegenden Fall beschränkte persönliche Verbindung von Ämtern in der Rechtspflege und in der gesetzgebenden Gewalt verletze den Grundsatz der Gewaltenteilung nicht (*BGH*, NJW 1968, 996 – *„Ämterverbindung"*; Achtung: Durch das 1. StVRG vom 9.12.1974 wurde die Schwurgerichtsverfassung umgestaltet und das früher nur periodisch tagende Schwurgericht in einen ständig tagenden Spruchkörper des LG umgewandelt, vgl. § 74 III GVG. Von dem alten Schwurgericht mit seinem Jury-System ist heute nur noch der Name erhalten geblieben; dazu BGHSt 26, 195).

24   Übergänge zwischen Rechtsprechung und Verwaltung zeigen sich auch im Bereich des sog. Verwaltungsunrechts. Eine Vielzahl von Gebots- und Verbotsnormen ist durch Bußgelder sanktioniert; dies entspricht dem Zweck der „Entkriminalisierung" von einfacheren Verstößen gegen verwaltungsrechtliche Anordnungen.

Beispiel: Student S will seine Freundin zum Besuch einer Discothek abholen. Da die Discothek abends sehr schnell überfüllt ist, hat S es eilig und fährt innerhalb des Stadtgebiets 70 km/h. Er gerät in eine Radarfalle. Nach §§ 24; 6 Abs. 1 StVG, 49 I Nr. 3; 3 III Nr. 1 StVO erhält er einen Bußgeldbescheid (§§ 35; 65; 36 I Nr. 1 OWiG, 26 I StVG).

Durch den Bußgeldbescheid wird ein Regelverstoß sanktioniert und mit einer Unrechtsbewertung versehen. Dies ist Kennzeichen von Rechtsprechung im materiellen Sinne. Gleichwohl wird die Verwaltungsbehörde tätig. Immerhin ermöglicht es § 67 OWiG den Bußgeldbescheid durch Einspruch anzufechten; über den Einspruch des Bußgeldbescheides entscheidet dann das Amtsgericht im Rahmen rechtsprechender Tätigkeit (beachte § 21 OWiG, der beim Zusammentreffen von Straftat und Ordnungswidrigkeit vorschreibt, daß nur die Straftat verfolgt wird).

Strafrecht – Verwaltungsunrecht			
	Geldstrafe	Geldbuße	Verwarnungsgeld
Sanktionsstelle	Strafrichter	Verwaltungsbhörde bzw. Polizei	Verwaltungsbehörde bzw. Polizei
Funktion	Sühne kriminellen Unrechts	Sühne für Verwaltungsunrecht	Sanktion bei geringfügigen Ordnungswidrigkeiten (vgl. § 56 OWiG), insb. im Straßenverkehrsrecht
Rechtsform	Urteil oder Strafbefehl	Bußgeldbescheid (kein Verwaltungsakt!)	Mündliche oder schriftliche Anordnung (kein Verwaltungsakt!)
Rechtsbehelf	Berufung/Einspruch nach StPO	Einspruch nach OWiG zur Entscheidung durch Amtsgericht	Antrag auf gerichtliche Entscheidung (§ 62 OWiG)

5. Öffentliche Verwaltung und Regierung

Geht man von Art. 20 II 2 GG aus, so sind nach der negativen Definitionsmethode die Staatstätigkeiten, die nicht Rechtsprechung und Gesetzgebung sind, der vollziehenden Gewalt zuzuordnen. **25**

a) Eine nähere Überprüfung dessen, was unter „**vollziehender Gewalt**" zu verstehen ist, zeigt, daß sie nicht mit „öffentlicher Verwaltung" gleichgesetzt werden darf. Zur „vollziehenden Gewalt" gehört auch der von der Verwaltung abzugrenzende Bereich der Regierung (*Erichsen*, Allg. VerwR, § 1 Rn. 7). Die Zusammenfassung der Staatsfunktionen Verwaltung und Regierung unter „vollziehender Gewalt" ist nachvollziehbar, weil die Regierung der Verwaltung näthersteht als der Gesetzgebung und der Rechtsprechung. **26**

Regierung im materiellen Sinne ist gekennzeichnet als staatsleitende und richtunggebende politische Tätigkeit. Im Rahmen der verfassungsgestaltenden Grundentscheidungen gibt sie sowohl der Gesetzgebung als auch der Verwaltung die Richtung auf bestimmte politische Ziele, plant die Gestaltung der Lebensverhältnisse, stellt den Staat nach außen und innen dar und bestimmt dadurch sein besonderes Wesen (*W/B/S I*, § 20 Rn. 27). Die Regierung ist an die bestehenden Gesetze gebunden, wenngleich ihr innerhalb dieser ein gestalterischer Spielraum zusteht, der der **Verwaltung**, jedenfalls in diesem Umfang, verschlossen ist.

Beispiel: Das Landesparlament L erläßt das Jahreshaushaltsgesetz. In den Erläuterungen zum Haushaltsplan ist festgehalten, daß die unter Kap. 0602 Titel 68413 im Einzelplan 06

(Plan des zuständigen Ministeriums) bereitgestellten DM 500.000,00 zur Unterstützung der Jugendarbeit eingesetzt werden müssen. Das zuständige Landesministerium erläßt jetzt Förderungsrichtlinien, nach denen das Landesjugendamt als landesweit zuständige Sonderbehörde die Fördermittel auf Antrag zu bewilligen hat.

27   Die Zusammenfassung von Regierung und der ihr nachgeordneten Verwaltung unter „vollziehender Gewalt" bringt überdies zum Ausdruck, daß diese Staatsfunktionen organisatorisch eng miteinander verflochten sind.

Beispiel: Nach Art. 65 GG leiten die Bundesminister ihren Geschäftsbereich selbständig und in eigener Verantwortung. Sie stehen an der Spitze der obersten Verwaltungsbehörden (Ministerien). In der **Doppelfunktion des Ministers** zeigt sich einerseits die politische Gestaltungsfunktion; andererseits erfüllt er gleichzeitig die Funktion als Behördenspitze, nämlich als Leiter der Ministerialverwaltung und der ihr nachgeordneten Behörden. Die organisatorische Verbindung von Regierung und nachgeordneter Verwaltung verschafft der Regierung gegenüber den Organen der Gesetzgebung ein – auch verfassungsrechtlich – nicht unbedenkliches besonderes Gewicht.

28   Schließlich zeigt sich die Besonderheit der Regierung gegenüber der Verwaltung auch an der eingeschränkten richterlichen Kontrolle, zumindest soweit sie im Rahmen der politischen Gestaltung tätig wird.

Beispiel: Hanns-Martin Schleyer, vertreten durch seinen Sohn, beantragte beim *BVerfG* den Erlaß einer einstweiligen Anordnung, mit dem die Bundesregierung verpflichtet werden sollte, der von seinen Geiselnehmern erhobenen Forderung nach Freilassung von terroristischen Häftlingen zu entsprechen. – Das *BVerfG* wies den Antrag zurück. Es hielt fest, daß alle staatlichen Organe nach Art. 2 II 1 i.V.m. Art. 1 I 2 GG verpflichtet seien, das menschliche Leben zu schützen. Es sei jedoch den staatlichen Organen überlassen, zu entscheiden, wie sie dieser Verpflichtung nachkommen wollten. Sie befänden darüber, welche Schutzmaßnahmen zweckdienlich und geboten seien, um einen wirksamen Lebensschutz zu gewährleisten. In besonders gelagerten Fällen sei es jedoch denkbar, daß sich die Entscheidung auf die Wahl eines bestimmten Mittels verengen könne (*BVerfGE* 46, 160, 164 – „*Schleyer-Entführung*").

III. Verwaltung im organisatorischen Sinne

29   *Stober* (W/B/S I, § 2 Rn. 28) weist darauf hin, daß neben dem materiellen Begriff noch ein organisatorischer und ein formeller Begriff der öffentlichen Verwaltung notwendig sei. *Wolff* (erstmals in der ersten Auflage 1956, § 2 II, III) stellt im Rahmen der Hinwendung zu einer positiven Begriffsbestimmung ebenfalls einen dreifachen Verwaltungsbegriff vor. An dieser Differenzierung ist zutreffend, daß in verschiedenen Gesetzesbestimmungen in der Tat Verwaltung unterschiedlich verstanden wird. So wird in Art. 130 GG Verwaltung im materiellem Sinne zugrunde gelegt; demgegenüber setzt Art. 86 GG jedenfalls auch den organisatorischen Verwaltungsbegriff voraus, soweit zwischen bundeseigener Verwaltung (staatliche Verwaltung) und mittelbarer Bundesverwaltung (Körperschaften oder Anstalten) unterschieden wird.

1. Organisatorischer Verwaltungsbegriff

a) *Maurer* (Allg. VerwR, § 1 Rn. 2) definiert Verwaltung im organisatorischen 30
Sinne als die Verwaltungsorganisation, die aus der Gesamtheit der Verwaltungsträger, Verwaltungsorgane und sonstigen Verwaltungseinrichtungen besteht. Diese Begriffsbildung knüpft daran, daß **Verwaltungsaufgaben durch**
eine besondere „Organisation" wahrgenommen werden. Die innerstaatliche
Organisation im verwaltungsrechtlichen Sinne umfaßt Bund, Länder, Gemeinden und andere öffentlich-rechtliche Körperschaften, Anstalten und Stiftungen des öffentlichen Rechts sowie die Beliehenen als je besondere Träger
öffentlicher Verwaltung (*W/B/S* I, § 2 Rn. 29; dazu unter § 2 Rn. 17).

b) Der organisatorische Verwaltungsbegriff führt allerdings in Zweifelsfällen 31
ebenfalls nicht zu befriedigenden Ergebnissen. Ihm ist zwar zu entnehmen, daß
eine organisatorische Struktur der öffentlichen Verwaltung vorhanden sein
muß. Aus der öffentlich-rechtlichen Organisation allein läßt sich indessen
nicht unmittelbar ableiten, ob die von „dieser Struktur" wahrgenommenen
Aufgaben materiell Tätigkeit der öffentlichen Verwaltung, der Rechtsprechung oder der Regierung sind. Es bedarf somit weiterer Kriterien, um feststellen zu können, ob ein öffentlich-rechtlich organisierter Träger Verwaltungsaufgaben wahrnimmt oder andere Tätigkeiten ausführt. Es ergibt sich somit
eine ähnliche Schwierigkeit die § 1 IV VwVfG kennzeichnet, der die Behörde
durch die Aufgaben der öffentlichen Verwaltung definiert, ohne indessen an-
zugeben, was solche Aufgaben der öffentlichen Verwaltung sein sollen.

Beispiel: Nach § 421 II AO konnten die Finanzämter im Rahmen der gesetzlich festgelegten
Strafgewalt bei Steuervergehen Geldstrafen verhängen. Das BVerfG hat entschieden, daß
Kriminalstrafen nach Art. 92 HS 1 GG nur durch Richter ausgesprochen werden dürfen.
Auch bei mindergewichtigen strafrechtlichen Unrechtstatbeständen dürfen sie nicht Sank-
tion eines Verwaltungsverfahrens sein. Grund dafür ist, daß das mit der Kriminalstrafe
notwendig verbundene Unwerturteil so schwer wiegt, daß es nach der grundgesetzlichen
Ordnung nur vom Richter ausgesprochen werden darf (*BVerfGE* 22, 49, 73 ff. – „*Kriminal-
strafe durch Finanzämter*"; das Urteil ist auch wegen der Ausführungen zum materiellen
Rechtsprechungsbegriff lesenswert).

2. Formeller Verwaltungsbegriff

Vom organisatorischen Verwaltungsbegriff wird ein **formeller Verwaltungsbegriff** 32
unterschieden. Darunter fallen alle Tätigkeiten der Verwaltung im organisatorischen Sinne, und zwar unabhängig davon, ob sie materiell Verwaltungstätigkeit,
gesetzgebende, rechtsprechende oder regierende Tätigkeit sind.

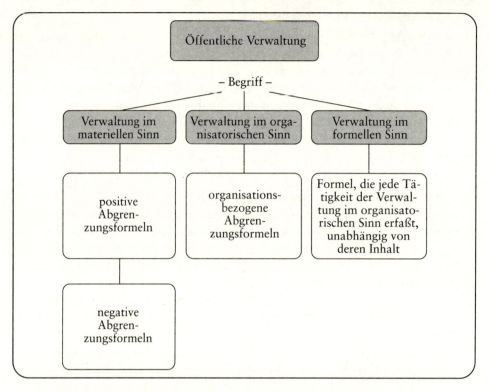

3. Öffentliche Verwaltung und privatrechtliche Organisationsformen

33 a) Verwaltung im organisatorischen Sinn wurde als Gesamtheit der Verwaltungsträger, Verwaltungsorgane und der sonstigen Verwaltungseinrichtungen definiert. Die Anknüpfung an der öffentlich-rechtlichen Organisationsform
scheint dann Probleme zu bereiten, wenn sich ein Verwaltungsträger zur **Er-**
füllung seiner **Verwaltungsaufgaben juristischer Personen des Privatrechts** bedient.

Beispiele:
- Die Stadt M betreibt ihre Büchereien als GmbH. Alleininhaberin der GmbH ist M. Die
  Satzung der GmbH stellt außerdem sicher, daß die städtischen Büchereien nach Vorstellungen der M geführt werden.
- Die Stadt M ist mit 15 % an einer regionalen Entwicklungsgesellschaft beteiligt; die Gesellschaft soll die regionale Wirtschaftsstruktur fördern. Bestimmenden Einfluß hat M weder
  nach ihrer Beteiligung noch nach der satzungsrechtlichen Verfassung der GmbH.

34   Da juristische Personen des privaten Rechts rechtlich selbständig, ihrerseits
also Zuordnungssubjekte von Rechten und Pflichten sind, stellt sich die Frage,
ob der organisatorische Verwaltungsbegriff um die Einbeziehung solcher
Rechtssubjekte des privaten Rechts erweitert werden soll, die Verwaltungsaufgaben im materiellen Sinne erfüllen. Eine **Erweiterung des organisatorischen**
Verwaltungsbegriffs in diese Richtung erscheint jedoch schon deshalb **proble-**
matisch, weil für die öffentlichen Verwaltungsträger besondere Regelungen

gelten. Die öffentlich-rechtlichen Verwaltungsträger können hoheitlich handeln, was den Privatrechtssubjekten verschlossen ist.

Beispielsfall: Der für die Abfallentsorgung zuständige Landkreis L hat die Abfallentsorgung durch § 2 Abfallsatzung auf die Entsorgungsgesellschaft D-GmbH übertragen. Der Wohnungseigentümer E erhält zum Jahresende einen mit Rechtsbehelfsbelehrung versehenen Gebührenbescheid des Landratsamtes, mit dem er zur Entrichtung von Abfallgebühren herangezogen wird. Nach erfolglosem Widerspruch erhebt E Anfechtungsklage beim Verwaltungsgericht. – Das Verwaltungsgericht hat der Anfechtungsklage zu Recht stattgegeben. Es weist darauf hin, daß eine öffentlich-rechtliche Gebühr nur erhoben werden darf, wenn eine öffentlich-rechtlich zu qualifizierende Leistung gegenüber dem Gebührenschuldner erbracht wird. Durch die Einschaltung der D-GmbH als rechtlich selbständigem Privatrechtssubjekt sei zwingend vorgegeben, daß sich die Leistungsbeziehungen im Hinblick auf die Müllentsorgung privatrechtlich gestalten. Aus der privatrechtlichen Organisationsform folge zwingend eine privatrechtliche Ausgestaltung des Benutzungsverhältnisses. Es dürfe keine öffentlich-rechtliche Gebühr, sondern nur ein privatrechtliches Entgelt erhoben werden (*VG Leipzig*, LKV 1995, 407 – „*Müllgebühren*").

b) Von der Einschaltung natürlicher oder juristischer Personen des Privatrechts in die Aufgabenerfüllung zu unterscheiden ist der sog. **Beliehene**. Der Beliehene ist öffentliche Verwaltung im organisatorischen Sinne (näher dazu § 2 Rn. 75). **35**

> **Merke:** Die Beleihung hat den Zweck, die öffentliche Verwaltung zu dezentralisieren, indem natürliche oder juristische Personen des Privatrechts mit der Wahrnehmung hoheitlicher Kompetenzen betraut werden.

Beispiele:
- ❑ Bezirksschornsteinfeger nach § 13 I 2, 4, 6, 9 SchfG;
- ❑ Notare nach §§ 1, 20 bis 25 BNotO, soweit sie nicht Beamte sind.

Kennzeichen der „Beliehenen" ist, daß sie von öffentlich-rechtlichen Rechtsträgern nicht nur zur Erfüllung der Angelegenheiten des Gemeinwesens eingeschaltet, sondern grundsätzlich auch mit der Befugnis zum Einsatz hoheitlicher Mittel ausgestattet werden. Die „Beleihung" darf deshalb nicht beliebig vorgenommen werden. Es ist insb. das in Art. 33 IV GG enthaltene Regel-Ausnahmeschema zu berücksichtigen (*MD*, Art. 33 Rn. 42). Die Beleihung bedarf außerdem einer gesetzlichen Grundlage (*Stern*, StaatsR II, § 41 IV 10 d). **36**

Beispielsfall: Studentin S erhielt bis einschließlich September 1994 von der Technischen Hochschule K eine Zusatzförderung aus dem sog. Garantiefonds. Ab Oktober 1994 wurden die Aufgaben der THK einer juristischen Person des privaten Rechts übertragen. S stellte bei dieser einen Weiterförderungsantrag. Nach Ablehnung der Förderung begehrt S weitere Förderungsleistungen. Sie

erhebt Verpflichtungsklage vor dem Verwaltungsgericht. – Das *OVG Münster*
führt aus, daß eine wirksame Übertragung öffentlich-rechtlicher Funktionen
im Hinblick auf die Bewilligung und Auszahlung von Beihilfen aus dem Garantiefonds nicht erfolgt sei. Bei der Gewährung der Beihilfe handele es sich
jedoch um Ausübung einer Verwaltungskompetenz und nicht um eine privat-
funktionelle Tätigkeit. Die Übertragung staatlicher Aufgaben auf eine juristische Person des Privatrechts wäre nur aufgrund einer gesetzlichen Legitimation zulässig gewesen. Eine Beleihung erlangt Wirksamkeit nur dann, wenn sie
durch Gesetz oder aufgrund eines Gesetzes erfolgt. Da die Behördeneigenschaft mangels wirksamer Beleihung gefehlt hat, wurde die Verpflichtungsklage als unzulässig abgewiesen (*OVG Münster*, JZ 1980, 93; – „Beleihung";
dazu *BVerwG*, DVBl. 1970, 736; *Steiner*, JuS 1969, 73).

4. Kombinatorische Definitionsansätze

37   a) Der Überblick über die verschiedenen Ansätze, Verwaltung begrifflich zu erfassen, zeigt, daß der organisatorische und der materielle Verwaltungsbegriff
die öffentliche Verwaltung unter verschiedenen Aspekten zu erfassen versuchen. Sie stellen keinen Gegensatz dar, sondern gehen nur von unterschiedlichen Anknüpfungspunkten aus. Es liegt nahe, die öffentliche Verwaltung
durch die Zusammenführung der Definitionsansätze begrifflich abzugrenzen.
Wie *Stern* (StaatsR II, § 41 I 3 c) zu Recht bemerkt, setzt eine operationable
Begriffsbestimmung des Phänomens Verwaltung voraus, sich der Kombination von negativer und positiver Definitionsmethode zu bedienen.

38   b) Die kombinatorische Definitionsmethode führt zu folgenden Begriffsmerkma-
len der öffentlichen Verwaltung:

- ❑ Öffentlich-rechtliche Organisation der Rechtsträger (Aspekt der Verwal-
  tungsorganisation)
- ❑ Wahrnehmung von Aufgaben des Gemeinwesens (Aspekt des Verwal-
  tungszwecks)
- ❑ Gesetzesgeprägtes Handeln (Aspekt der rechtsstaatlichen/demokratischen
  Bindung).
- ❑ Weisungsunterworfenes Handeln (Aspekt der inhaltlichen Bindung)
- ❑ Hoheitliche Handlungsbefugnis bei grundsätzlicher Wahlfreiheit auch des
  Einsatzes von Handlungs- und Organisationsformen des privaten Rechts
  (Aspekt der Handlungsform).

> ### Abgrenzungsfunktion der kombinatorischen Begrifsbestimmung
> ### (dazu: Stern, StaatsR I, § 41 I 8c)
>
> | Öffentlich-rechtlich organisierter Verwaltungsträger | ↔ | Privatrechtssubjekte |
> |---|---|---|
> | Wahrnehmung von Aufgaben des Gemeinwesens | ↔ | Fiskalische Tätigkeit |
> | Gesetzesgeprägtes Handeln | ↔ | Gesetzgebung |
> | Weisungsunterworfenheit | ↔ | Rechtsprechung |
> | Hoheitliche Handlungsbefugnis mit grundsätzlicher Wahlfreiheit für privatrechtliche Handlungs- und Organisationsformen | ↔ | Korrekturelement für Zweifelsfälle der Abgrenzung zu privatrechtlichem Handeln |

C. Ausprägungen der Verwaltung

Die begriffliche Erfassung der öffentlichen Verwaltung hat gezeigt, daß eine letzt-**39**
lich befriedigende, weil eindeutige begriffliche Festlegung, nicht erreicht werden
konnte. Dies liegt indessen nicht nur an der Vielgestaltigkeit des Untersuchungs-
objekts, sondern vor allem auch an dem vom GG vorgegebenen verfassungsrechtlichen Rahmen. Der Gewaltenteilungsgrundsatz, der letztlich die Definition
der öffentlichen Verwaltung entscheidend bestimmt, sieht nach dem GG gerade
kein striktes Trennungssystem vor, vielmehr gibt es vielerlei Übergänge und
wechselseitige Beeinflussungen. Im folgenden wird die öffentliche Verwaltung
zur Abrundung unter verschiedenen Blickwinkeln beleuchtet.

I. Zwecksetzungen der öffentlichen Verwaltung

Die öffentliche Verwaltung läßt sich zunächst nach ihren Zwecksetzungen oder **40**
mit anderen Worten, nach ihrer Verwaltungsqualität systematisieren.

1. Ordnende Verwaltung

Die ordnende Verwaltung sorgt für die gute Ordnung des Gemeinwesens, indem **41**
sie die Interessenverfolgung der Gewaltunterworfenen reglementierend ein-
schränkt (*W/B/S* I, § 3 Rn. 5).

Beispiele:
- ❏ Die zuständige Baubehörde erläßt eine Abbruchverfügung, weil ein Gebäude mit neuarti-
gen Baustoffen errichtet worden ist, wobei der Feuerschutz nicht gewährleistet ist (§§ 3 I 1;
21; 33 u. 64 LBO Ba.-Wü.).
- ❏ Die zuständige Ordnungsbehörde des Landkreises L ordnet nach Ausbruch einer Viehseu-

che im Anwesen des Bauern X die Tötung des Viehbestandes an (§ 24 TierSG i. V. m. SOG des Landes).

❏ Nachdem in der Gaststätte des X bei einer Razzia illegale Drogen aufgefunden worden sind, wird dessen Gaststättenerlaubnis widerrufen (§§ 15 II; 4 I Nr. 1 GastG i. V. m. § 1 GastVO Ba.-Wü.).

> **Merke: Ordnungsverwaltung** darf nicht mit **Eingriffsverwaltung** gleichgesetzt werden.

Zwar tritt die Ordnungsverwaltung in aller Regel einseitig anordnend und in die Rechte des einzelnen eingreifend in Erscheinung. Aus diesem Grunde ist die typische Handlungsform der Ordnungsverwaltung der Verwaltungsakt. Aus Sicht des einzelnen wird durch die Ordnungsverwaltung grundsätzlich der status negativus seiner Grundrechte tangiert. Der einzelne wird sich gegen derartige Anordnungen im Wege der verwaltungsgerichtlichen Anfechtungsklage wehren.

Ordnungsverwaltung kann jedoch auch als gewährende Verwaltung in Erscheinung treten. Dies betrifft z. B. Beratung durch Baubehörden im Zusammenhang mit der Planung von Baumaßnahmen, oder auch die Beratung der Polizeibehörden zur Einbruchsprophylaxe.

2. Leistungsverwaltung

42 Als Leistungsverwaltung gilt der Verwaltungszweig „der für die Lebensmöglichkeiten und Lebensverbesserung der Mitglieder des Gemeinwesens sorgt, indem er deren Interessenverfolgung durch Gewährungen unmittelbar fördert" (*W/B/S I*, § 3 Rn. 6).

Beispiele:
❏ Die Arbeitsverwaltung gewährt dem Arbeitslosen A nach Ablauf seines Anspruchs auf Arbeitslosengeld Arbeitslosenhilfe (§ 134 AFG).
❏ Das nach der Förderungsrichtlinie des Landes zuständige örtliche Jugendamt gewährt einer Jugendgruppe des Landes in Ausführung dieser Richtlinie einen Zuschuß für einen Austausch mit einer französischen Jugendgruppe
❏ Die Gemeinde G errichtet einen neuen Kindergarten, um sicherzustellen, daß jedes Kind ab Vollendung des dritten Lebensjahres einen Kindergartenplatz erhalten kann (§ 3 KindergartenG Ba.-Wü.).
❏ Das Landesjugendamt gewährt auf der Grundlage einer Verwaltungsvorschrift zur Förderung sozialer Beratungsstellen dem Caritasverband G, einem Träger der freien Wohlfahrtspflege, einen Zuschuß zu den Personalkosten der in der Erziehungsberatungsstelle tätigen Fachkräfte (§§ 28; 69 III SGB VIII i. V. m. RPf AGJWG Rh.-Pf).

43 Der Unterschied zur Ordnungsverwaltung besteht darin, daß die **Leistungsverwaltung** durch das Leisten als Verwaltungszweck gekennzeichnet ist (*Maurer*, Allg. VerwR., § 1 Rn. 21). Den Anspruch, die Verbesserung der Lebensmöglichkeiten des einzelnen zu bewirken (Leistungszweck i. w. S.), hat sie demgegenüber mit der Ordnungsverwaltung gemeinsam. Die Verstärkung der nächtlichen Polizeistreifen in bestimmten Stadtbezirken wird mit Sicherheit von den dort wohnenden Frauen

als nachhaltige qualitative Verbesserung ihrer Lebensverhältnisse empfunden. Auch die „Leistungsverwaltung" kennt im übrigen den Zwang und Eingriffe; beides ist häufig miteinander verzahnt (*Maurer*, Allg. VerwR, § 1 Rn. 21).

Beispiele:

❏ Dem Benutzer der Stadtbücherei wird wegen Überschreitung der Leihfrist eine Verspätungsgebühr auferlegt.

❏ Bauer B, der bislang die Wasserversorgung seines Viehbestands aus einer eigenen Quelle sichergestellt hat, wird nach der Erschließung des Gemeindegebietes aufgefordert, seinen Wasserbedarf ab sofort aus der öffentlichen Wasserversorgung zu befriedigen.

❏ In den neuen Bundesländern erhält der Holzbetrieb H eine Investitionsförderung aus Landesmitteln und aus Mitteln der Strukturfonds der Europäischen Gemeinschaften; Konkurrent K, der sich zwischenzeitlich konsolidiert hat, fühlt sich dadurch im Wettbewerb beeinträchtigt.

Die leistende Verwaltung kann grundsätzlich mit Mitteln des Privatrechts als auch mit hoheitlichen Mitteln tätig werden. Betroffen durch das Verwaltungshandeln ist in aller Regel der status positivus der Grundrechte. Die typische Durchsetzung der Rechtsposition des einzelnen erfolgt grundsätzlich durch die verwaltungsgerichtliche Verpflichtungs- bzw. die allgemeine Leistungsklage.

3. Planende Verwaltung

Str. ist, ob ein eigenständiger Bereich der planenden Verwaltung beschrieben **44** werden kann (*Kewenig*, DÖV 1973, 27). Es sprechen gute Gründe dafür, die planende Verwaltung als besonderen Bereich mit spezifischen Fragestellungen zu beschreiben, die sich aus der Funktion ableiten, Entwicklungsziele zu programmieren und zukunftsgerecht auszugestalten. In der zukunftsgerichteten, insbesondere auf die Veränderung der Infrastruktur zielenden Tätigkeit, unterscheidet sich dieser Verwaltungsbereich von der Leistungsverwaltung (vermengend *Maurer*, Allg. VerwR, § 1 Rn. 17, der wesentliche Bereiche der Leistungsverwaltung der sog. Lenkungsverwaltung zuordnet). Im Kern umfaßt die **planende Verwaltung** Planung und Durchführung von **Infrastrukturmaßnahmen**. Es handelt sich dabei i. d. R. nicht um Maßnahmen oder gar verbindliche Einzelfallentscheidungen, die gegenüber bestimmten Personen getroffen werden. Ihre Rechtswirkungen bewirkt die planende Verwaltung vielmehr v. a. dadurch, daß sie die allgemeinen Voraussetzungen für Einzelmaßnahmen schafft (*Faber*, VerwR, S. 348). Diese Abstraktion der Entscheidungsebene hat zur Folge, daß bei Planungsmaßnahmen häufig eine vielfältige Betroffenheit gegeben ist. Deshalb tritt die planende Verwaltung typischerweise in **Verwaltungsverfahren** in Erscheinung, die eine **formalisierte** Beteiligung der Betroffenen und damit eine Konzentrationswirkung bezwecken (vgl. § 7 Rn. 19).

Beispiele:

❏ Die Gemeinde G beschließt nach Durchführung der Verfahrensvorgaben des BauGB, insbesondere der Beteiligung der Bürger nach § 3 BauGB, einen Bebauungsplan als Satzung (§ 10 BauGB).

❏ Zum Zwecke der Verlegung der Bundesfernstraße wird ein Planfeststellungsverfahren nach § 17 FStrG durchgeführt.

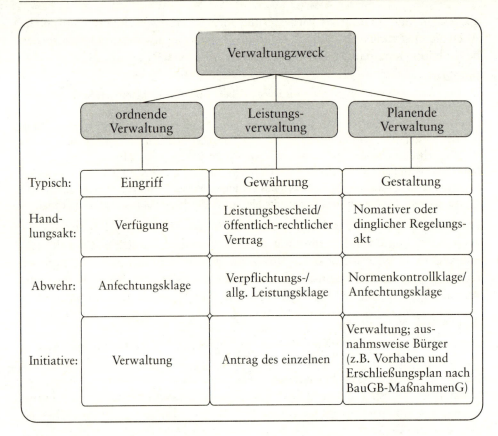

	Typisch:	Eingriff	Gewährung	Gestaltung
	Handlungsakt:	Verfügung	Leistungsbescheid/ öffentlich-rechtlicher Vertrag	Nomativer oder dinglicher Regelungsakt
	Abwehr:	Anfechtungsklage	Verpflichtungs-/ allg. Leistungsklage	Normenkontrollklage/ Anfechtungsklage
	Initiative:	Verwaltung	Antrag des einzelnen	Verwaltung; ausnahmsweise Bürger (z.B. Vorhaben und Erschließungsplan nach BauGB-MaßnahmenG)

II. Handlungsformen

45 Zur Erfüllung ihrer Aufgaben kann sich die öffentliche Verwaltung grundsätzlich der Handlungsformen des öffentlichen Rechts wie des Privatrechts bedienen.

1. Wahlfreiheit der Handlungsformen

46 a) Die öffentliche Verwaltung muß nicht hoheitlich handeln, sondern kann sich zur Erfüllung ihrer Aufgaben grundsätzlich auch privatrechtlicher Handlungs- und Organisationsformen bedienen. Privatrechtliches Handeln umfaßt dabei
  ❑ privatrechtliches Eigenhandeln, wie den Abschluß privatrechtlicher Verträge,
  ❑ den Einsatz privatrechtlicher Organisationsformen, wie z. B. die Errichtung einer GmbH oder AG.

So kann eine staatliche Subvention z. B. durch Verwaltungsakt oder durch privatrechtlichen Vertrag gewährt werden. Nicht selten spielt für die Entscheidung, welche Handlungsform im Einzelfall ergriffen werden soll, die allgemeine Verwaltungspraxis der jeweiligen Behörde eine beachtliche Rolle. Die Verwaltung kann schließlich ihr kommunales Heizwerk als GmbH betreiben. Schaltet die öffentliche Verwaltung allerdings selbständige Privatrechtssubjekte in die Erbringung öffentlicher Aufgaben ein, so stellt sich die interessante Frage, wie der einzelne gegenüber diesem Privatrechtssubjekt Leistungsansprüche durchsetzen kann, insb. ob die Errichtung einer juristischen Person des Privatrechts es ausschließt, sich unmittelbar an den öffentlich-rechtlichen „Gewährträger" zu halten (dazu § 3 Rn. 35).

b) Davon, daß der öffentlichen Verwaltung privatrechtliche und öffentlich-recht- **47** liche Handlungsformen zur Verfügung stehen, ist die Frage zu unterscheiden, ob und unter welchen Voraussetzungen die öffentliche Verwaltung verpflichtet sein könnte, die öffentlich-rechtliche oder privatrechtliche Handlungsform zu ergreifen (*Ossenbühl*, JuS 1979, 686).

Die **Reichweite der Wahlfreiheit** zwischen öffentlich-rechtlichen und privatrechtlichen Handlungs- und Organisationsformen ist umstritten.

c) Sofern jedoch vereinzelt vorgetragen wird, der Staat dürfe überhaupt nicht **48** privatrechtlich handeln, kann dies allenfalls eine Forderung de lege ferenda sein (*Schachtschneider*, S. 180 ff., 460 ff.). Diese Forderung steht auch im Widerspruch zu gesetzlichen Regelungen, die ausdrücklich von der privatrechtlichen Handlungsform als Option der Verwaltung ausgehen.

Beispiel: § 87 BauGB verlangt, daß sich die Behörde vor der Durchführung eines Enteignungsverfahrens um den freihändigen Erwerb des zu enteignenden Grundstückes, und zwar zu angemessenen Bedingungen, bemüht hat. Nach § 89 BauGB hat die Gemeinde Grundstücke zu veräußern, die zu ihren Gunsten enteignet worden sind, um sie für eine bauliche Nutzung vorzubereiten oder der baulichen Nutzung zuzuführen.

d) Folgende **Wahlgrenzen** lassen sich vorläufig zusammenfassen: **49**

- ❑ Sofern eine **positivrechtliche Regelung** im Hinblick auf die Wahl einer be- **50** stimmten Handlungsform vorliegt, ist die Wahlfreiheit ausgeschlossen.

  Beispiele:
  - ❑ Nach § 28 II BauGB ist das gemeindliche Vorkaufsrecht durch Verwaltungsakt auszuüben.
  - ❑ § 7 PostVerfG schreibt die privatrechtliche Gestaltungsform des Postbenutzungsverhältnisses vor.

- ❑ Die **Übertragung von Hoheitsbefugnissen** kann nur hoheitlich erfolgen, setzt also einen öffentlich-rechtlichen Akt voraus.

  Beispiel: Die Begründung des Beamtenverhältnisses erfolgt durch Ernennung unter Aushändigung einer Ernennungsurkunde. Da der Beamte als Organ des Verwaltungsträgers hoheitlich handeln kann, ergibt sich zwingend, daß die statusbegründende Ernennung ihrerseits hoheitlich erfolgt. Aus dem Gesamtzusammenhang des BBG ergibt sich, daß sie in der Form des Verwaltungsakts vorzunehmen ist (§§ 6, 11, 12 BBG; beachte: Die Entlassung nach § 29 I BBG erfolgt kraft Gesetzes; ein Verwaltungsakt ist nicht erforderlich).

- ❑ **Fiskalische Hilfsgeschäfte** müssen privatrechtlich geschlossen werden. Wo **51** die Verwaltung keine öffentlichen Aufgaben erfüllt, ist ihr das Handeln in öffentlich-rechtlicher Form verschlossen (*Faber*, VerwR, § 17 I).

52   ❏ Fehlt es an derartigen Vorgaben, ist die öffentliche Verwaltung berechtigt, die aus ihrer Sicht zur Erfüllung ihrer Aufgaben am **besten geeignete Handlungsform** anzuwenden (*BVerwG*, NJW 1993, 2695f.). Hat die Verwaltung indessen eine bestimmte Handlungsform gewählt, so hat sie damit gleichzeitig die Entscheidung für die Übernahme der damit verbundenen Bindungen und Rechtsfolgen getroffen.

Beispielsfall: Kunden des Bezirksschornsteinfegermeisters B beschweren sich über ihn bei der Aufsichtsbehörde. Diese nimmt die Beschwerden zum Anlaß, B abzumahnen und dies in der Personalakte zu vermerken. B erhebt Klage auf Entfernung dieses Schreibens aus seiner Personalakte. Die Klage bleibt ohne Erfolg. B ist als Bezirksschornsteinfegermeister Beliehener. Als Beliehener steht er unter der Fach- und Rechtsaufsicht der beleihenden juristischen Person des öffentlichen Rechts. Die zuständige Aufsichtsbehörde ist befugt und verpflichtet, für eine gesetzeskonforme Erfüllung der Pflichten und Aufgaben der Bezirksschornsteinfegermeister Sorge zu tragen (§§ 3, 13, 26, 27 I 2 SchFG Rh.-Pf.). Die Abmahnung erfolgte kraft öffentlichen Rechts. Ein Ermessensfehler im Hinblick auf die ausgesprochene Abmahnung lag nicht vor (*OVG Koblenz*, NJW 1990, 465 – *„Bezirksschornsteinfeger“*).

2. Hoheitliche Verwaltung

53   a) Die öffentliche Verwaltung ist quantitativ zum größten Teil hoheitliche Verwaltung, die in den Formen des Verwaltungsrechts wahrgenommen wird (zur Begriffsbildung: *W/B/S* I, § 23 Rn. 37). Hoheitliches Handeln kann sich nur in öffentlich-rechtlichen Formen vollziehen; der Verwaltung steht als Sonderrecht das Verwaltungsrecht zur Verfügung.

54   b) Herkömmlicherweise wird die **hoheitliche Verwaltung** unterschieden in:
      ❏ **Obrigkeitliche** Verwaltung,
      ❏ **Schlicht-hoheitliche** Verwaltung.

55   Obrigkeitliche Verwaltung erfaßt die einseitig verbindlichen Regelungsakte der öffentlichen Verwaltung. Damit sind zunächst die Eingriffe in Freiheit und Eigentum durch die öffentliche Verwaltung (Eingriffsverwaltung) erfaßt.

Beispiele: Der Schüler S wird wegen wiederholter Verstöße gegen die Schulordnung vom Gymnasium verwiesen. Wegen wiederholter Unzuverlässigkeit und intrigantenhaften Verhaltens erhält der Beamte B einen disziplinarischen Verweis (Art. 7 BayDisO).

56   Aber auch im Rahmen der Leistungsverwaltung treten die Subjekte öffentlicher Verwaltung obrigkeitlich handelnd auf.

Beispiele:
      ❏ Ein Träger der freien Wohlfahrtspflege erhält für ein Projekt zur Förderung von Langzeitarbeitslosen einen Zuschuß aus dem europäischen Sozialfonds sowie aus Landesmitteln. Die Fördermittel werden durch Verwaltungsakt bewilligt.
      ❏ Nach einem Unfall ist U zu 100 % in seiner Erwerbsfähigkeit gemindert. Die zuständige

Berufsgenossenschaft setzt die Verletztenrente nach den §§ 1583, 1569 a, 580, 581 RVO fest.

Soweit die öffentliche Verwaltung zwar unter Einsatz hoheitlicher Handlungs- **57** formen, aber nicht obrigkeitlich tätig wird, spricht man von schlichter Hoheitsverwaltung (*W/B/S* I, § 23 Rn. 40; *Schack*, DÖV 1970, 40). Schlicht-hoheitliche Tätigkeiten entbehren des Regelungscharakters. Öffentlich-rechtliche Handlungsformen schlichter Hoheitsverwaltung sind der öffentlich-rechtliche Vertrag, die Errichtung und Unterhaltung von Anstalten, aber auch Warnungen, Duldungen und die Erteilung von Informationen usw..

3. Handeln der Verwaltung in Privatrechtsform

a) Die öffentliche Verwaltung kann sich zur Erfüllung ihrer **Aufgaben** auch **privat- 58 rechtlicher Handlungsformen** bedienen. Man kann die öffentliche Verwaltung in diesen Formen als fiskalische Verwaltung i. w. S. bezeichnen, da der Staat als Privatrechtssubjekt „Fiskus" genannt wird (*Burmeister*, DÖV 1975, 700; *Erichsen*, Allg. VerwR, § 2 III 1). Mit dieser Begriffsbildung sind allerdings keine bestimmten Rechtsfolgen verbunden. Diese unterscheiden sich nach den unterschiedlichen Handlungsbereichen des „Fiskus".

Fiskalische Verwaltung in diesem **weit verstandenen Sinne** sind: **59**
- Fiskalische Hilfsgeschäfte
- Erwerbswirtschaftliche Tätigkeit
- Erfüllung öffentlicher Aufgaben in privatrechtlichen Formen.

b) Bei der Wahrnehmung **fiskalischer Hilfsgeschäfte** tritt die Verwaltung wie ein **60** Privatrechtssubjekt auf. Hilfsgeschäfte in diesem Sinne liegen vor, wenn ihre Ausführung allenfalls mittelbar der Erfüllung öffentlicher Aufgaben dient.

Beispiele: Das Landesministerium L kauft Kraftfahrzeuge als Dienstwagen. Die Reinigungsfirma R erhält den Auftrag, die Verwaltungsgebäude der Bezirksverwaltung zu reinigen. Die Kreisverwaltung – untere Naturschutzbehörde – kauft landwirtschaftliche Flächen zum Zwecke der Stillegung an. Die Gemeinde G vergibt einen Bauauftrag zur Erstellung einer neuen Schulturnhalle.

Für die Ausführung dieser Geschäfte sind die Vorschriften des Privatrechts maßgebend. Umstritten ist, ob und gegebenenfalls in welchem Umfang der Verwaltungsträger auch bei der Wahrnehmung dieser fiskalischen Hilfsgeschäfte an Grundrechte gebunden ist (vgl. zur Bindung der Hoheitsträger bei Handeln in Privatrechtsform ausführlich § 3 Rn. 29). Rückt man in den Mittelpunkt, daß die fiskalische Verwaltung nicht unmittelbar Verwaltungsaufgaben erfüllt und ohne Einsatz hoheitlicher Mittel auftritt, so könnte eine Fiskalgeltung der Grundrechte verneint werden. Allerdings würde dabei übersehen, daß die Verwaltung gerade im Bereich der fiskalischen Hilfsgeschäfte nicht selten über eine monopolähnliche Stellung, zumindest über wirtschaftliche Mächtigkeit, verfügt. Auch können fiskalische Hilfsgeschäfte gezielt für konjunktur- oder sozialpolitische Zwecke eingesetzt werden.

Beispielsfall: Ingenieur I hatte jahrelang für die deutsche Bundespost Fernmeldeeinrichtungen entwickelt. Ein Vergabeverfahren wurde nicht durchgeführt. Nach einer innerdienstlichen Anweisung werden nunmehr Aufträge hauptsächlich an Professor X vergeben. I verlangt wieder zur Teilnahme an der Bewerbung um Aufträge zugelassen zu werden. – Das *OLG Düsseldorf* hat der Klage stattgegeben. Zunächst wird die Bindung der auftragsvergebenden Post an das GWB bejaht. Das Verbot unterschiedlicher Behandlung nach § 26 II 1 GWB wird nach Auffassung des OLG für den nachfragenden Staat durch Art. 3 Abs. 1 GG konkretisiert mit der Folge, daß es allen in Frage kommenden Anbietern zu ermöglichen sei, bei der Vergabe größerer Aufträge in einen Wettbewerb zu treten. Eine Berücksichtigung nach einem bestimmten Verteilungsschlüssel wurde allerdings nicht verlangt (*OLG Düsseldorf*, DÖV 1981, 537 – *„Auftragsvergabe"* mit Anm. *Pietzcker*, 539 lesenswert! Meist wird in den Monopolfällen bereits durch Anwendung des Privatrechts ein angemessenes Ergebnis zu erzielen sein, so daß es auf die Frage der Fiskalgeltung der Grundrechte nicht ankommt).

61   Man wird für fiskalische Hilfsgeschäfte von einer differenzierten Grundrechtsbindung in dem Sinne ausgehen können, daß jedenfalls Art. 3 und Art. 19 IV GG auf fiskalische Hilfsgeschäfte anzuwenden sind (ablehnend *BGHZ* 36, 91; 65, 284; weitergehend *Erichsen*, Allg. VerwR, § 32; Grundrechtsbindung bejahend *Hesse*, VerfR, § 11 Rn. 347 f. mit dem Hinweis, daß der Staat nirgends wie ein Privater das Recht zur Beliebigkeit habe, Art. 1 III GG).

62 c) **Erwerbswirtschaftliche Tätigkeit** der Verwaltung liegt vor, wenn sie durch eigene unternehmerische Tätigkeit oder unter Einschaltung privatrechtlich organisierter Rechtssubjekte mit dem primären Zweck der Gewinnerzielung tätig wird (*Maurer*, Allg. VerwR, § 3 Rn. 8).

Beispiele: Das Land R betreibt eine Staatsdomäne mit ausgedehnten Weingütern. Die Gemeinde G betreibt einen Ratskeller als Gastronomiebetrieb. Der Bund betreibt eine Geschäftsbank als AG ohne öffentliche Zwecksetzung.

Zum Teil wird die verfassungsrechtliche Zulässigkeit der erwerbswirtschaftlichen Tätigkeit unter Hinweis auf ein im GG angeblich vorgegebenes Subsidiaritätsprinzip oder unter Hinweis auf Art. 2 I GG in Zweifel gezogen (*M/D*, Art. 1 I, Rn. 54). Ein derartiges Subsidiaritätsprinzip läßt sich indessen schwerlich aus dem GG entnehmen. Immerhin ist auf die Gefahr zu verweisen, daß Verluste im erwerbswirtschaftlichen Bereich durch Zuschüsse aus dem öffentlichen Haushalt ausgeglichen werden könnten, mit der Folge entsprechender Wettbewerbsvorteile der öffentlichen Hand (*Maurer*, Allg. VerwR, § 3 Rn. 8). Die Frage der Grundrechtsbindung ist im Bereich der erwerbswirtschaftlichen Tätigkeit nicht von herausgehobener Bedeutung, da die Bedingungen des Marktes der Wirtschaftsmacht des öffentlichen Verwaltungsträgers in aller Regel hinreichende Schranken setzen. Eine Grundrechtsgeltung bei erwerbswirtschaftlicher Tätigkeit ist grundsätzlich abzulehnen (a. A. *Hesse*, VerfR, § 11 Rn. 348 m. w. N.).

d) Werden **öffentliche Aufgaben** der Verwaltung in **privatrechtlichen Formen** erfüllt, so kann dies zwar als fiskalische Tätigkeit i. w. S. bezeichnet werden. Angesichts der öffentlich-rechtlichen Überlagerung dieser Aufgabenwahrnehmung gilt dann jedoch besonderes „**Verwaltungsprivatrecht**" (vgl. ausführlich § 3 Rn. 23).

Beispiel: Die Stadt D ist Inhaberin sämtlicher Aktien der Verkehrsbetriebe AG. Angesichts sich abzeichnender Verluste erhalten nur Schüler öffentlicher Schulen, nicht aber solche von Privatschulen, Tarifermäßigungen. Auf Klage stellte der *BGH* fest, daß der Verkehrsbetrieb einer Stadtgemeinde bei der Gestaltung seiner Tarife auch dann den die öffentliche Verwaltung bindenden Grundsätzen unterliege, vor allem den Gleichheitssatz zu beachten habe, wenn der Betrieb zwar in der Form einer Gesellschaft des Privatrechts geführt wird, deren Anteile aber in der Hand der Gemeinde liegen (*BGHZ* 52, 325 – „*Schülertarife*").

D. Wiederholung

I. Zusammenfassung

❏ Angesichts der Mannigfaltigkeit der öffentlichen Verwaltung bereitet deren begriffliche Erfassung Schwierigkeiten. Der materielle Verwaltungsbegriff knüpft am Verwaltungshandeln an, während der organisatorische Verwaltungsbegriff davon ausgeht, daß die Verwaltungsaufgaben durch eine besondere „Organisation", nämlich die öffentliche Verwaltung, erfüllt werden.

❏ Der öffentlichen Verwaltung steht es grundsätzlich frei, die Verwaltungsaufgaben mit hoheitlichen Mitteln oder mit Mitteln des Privatrechts zu erfüllen. Grenzen der Wahlfreiheit ergeben sich v. a. aus positiv-rechtlichen Festlegungen. Sofern die öffentliche Aufgabe durch eine natürliche oder juristische Person des Privatrechts erfüllt wird (Ausnahmen: Beliehener; Verwaltungshelfer), ist der Einsatz hoheitlicher Mittel zwingend ausgeschlossen.

❏ Ordnende Verwaltung ist von der Eingriffsverwaltung zu unterscheiden. Letztere ist dadurch gekennzeichnet, daß sie in Freiheit und Eigentum des einzelnen regelnd eingreift. Demgegenüber kann die Ordnungsverwaltung auch gewährend und pflegend in Erscheinung treten.

❏ Systematisiert man die öffentliche Verwaltung nach ihren Zwecksetzungen, so kann man ordnende Verwaltung, Leistungsverwaltung und planende Verwaltung unterscheiden.

II. Fragen

1. Welche Elemente einer kombinatorischen Begriffsbestimmung der öffentlichen Verwaltung können aufgeführt werden?

2. Was bedeutet Verwaltung im formellen Sinne?

3. Gelten die Grundrechte bei der Wahrnehmung fiskalischer Hilfsgeschäfte?

4. Wie läßt sich die öffentliche Verwaltung durch Zusammenführung verschiedener Begriffselemente abgrenzen?

III. Lösungen

1. Die insbesondere von *Stern* vertretene kombinatorische Definitionsmethode führt die Elemente des organisatorischen Verwaltungsbegriffs und des materiellen Verwaltungsbegriffs zusammen.

2. Der formelle Verwaltungsbegriff hat vor allem eine systematisierende Funktion insoweit, als er sämtliche Tätigkeiten der Verwaltung im organisatorischen Sinne erfaßt. Die Begriffe lassen sich in überschneidenden Kreisen darstellen.

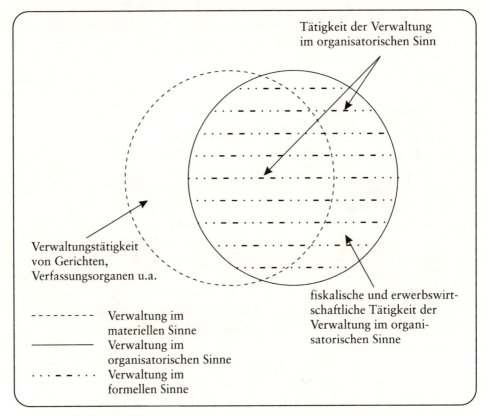

Tätigkeit der Verwaltung
im organisatorischen Sinn

Verwaltungstätigkeit
von Gerichten,
Verfassungsorganen u.a.

fiskalische und erwerbswirtschaftliche Tätigkeit der
Verwaltung im organi-
satorischen Sinne

- - - - - - - -   Verwaltung im
materiellen Sinne

—————————   Verwaltung im
organisatorischen Sinne

· · · — · · ·   Verwaltung im
formellen Sinne

3. Die Fiskalgeltung der Grundrechte ist umstritten. Entgegen der wohl von der Rspr. vertretenen Auffassung dürfte von einer differenzierten Grundrechtsgeltung auszugehen sein, insbesondere mit Blick auf die wirtschaftliche Machtstellung der öffentlichen Verwaltung und der mit der Wahrnehmung fiskalischer Hilfsgeschäfte möglichen Steuerungsfunktionen (*Maurer*, Allg. VerwR, § 3 Rn. 10). Mit Abstufungen ist jedenfalls bei fiskalischen Hilfsgeschäften von einer prinzipiellen Grundrechtsbindung auszugehen.

4. Die Zusammenführung verschiedener Definitionsansätze führt zu einer begrifflichen Abgrenzung der öffentlichen Verwaltung, die im Einzelfall hinreichende Kriterien vermittelt, und zwar die Verwaltungsorganisation, den Verwaltungszweck, die rechtsstaatliche/demokratische Bindung sowie die inhaltliche Bindung.

§ 2. Die Verwaltungsorganisation

Literatur: *Bachof*, Teilrechtsfähige Verbände des öffentlichen Rechts, AöR Bd. 83 (1958), S. 208; *Bettermann*, Gericht oder Verwaltungsbehörde, Rechtsprechung oder Verwaltung?, DÖV 1959, 761; *Cremer*, Folgen eines Sturmschadens, JuS 1996, 143; *Ipsen*, Kollision und Kombination von Prüfungsvorschriften des Haushalts- und Aktienrechts, JZ 1995, 593; *Kisker*, Zwischenländer-Gemeinschaftseinrichtungen – Verfassungsmäßigkeit der Anstalt „Zweites Deutsches Fernsehen" und ihrer Finanzierung, JuS 1969, 466; *Knemeyer*, Bayerisches Kommunalrecht, 9. Aufl. 1996 (zit.: *Knemeyer*); Kölner Kommentar zum Aktiengesetz, 1985 (zit.: *Zöllner*, Kölner Kommentar); *Lecheler*, Das Subsidiaritätsprinzip, 1993; *ders.*, Privatisierung von Verwaltungsaufgaben, BayVBl. 1994, 555; *Lüers*, Baurechtliche Instrumente des Hochwasserschutzes, UPR 1996, 241; *Ossenbühl*, Die Handlungsformen der Verwaltung, JuS 1979, 686; *Rasch*, Die Behörde, VerwArch. Bd. 50 (1959), 1; *Schmitt-Glaeser/Horn*, Die Novelle zum Kommunalrecht 1992, BayVBl. 1993, 1; *Schoch*, Aufgaben und Funktionen der Landkreise, DVBl. 1995, 1047; *Selmer*, Urteilsanm. JuS 1979, 814; *Steiner*, Der „beliehene Unternehmer", JuS 1969, 69; *Tettinger*, Der Immissionsschutzbeauftragte – ein Beliehener?, DVBl. 1976, 752; *Windthorst/Sproll*, Staatshaftungsrecht, 1994 (zit.: W/S).

A. Allgemeines

Unter dem organisatorischen Blickwinkel gesehen ist die öffentliche Verwaltung **1** ein aus unzähligen Teilen bestehender Apparat. Er tritt dem einzelnen gegenüber durch seine Bediensteten auf. Der Verwaltungsapparat wird somit für den einzelnen erst durch die für die organisatorischen Einheiten handelnden Personen unmittelbar erfahrbar. Der Zugang zu der **komplexen Verwaltungsorganisation** wird erleichtert, wenn einige Grundsätze vorab berücksichtigt werden:

- ❑ Entsprechend dem **föderalen Organisationsprinzip** unterscheidet das GG zwischen der Bundes- und Länderverwaltung (Art. 30, 83 ff. GG).
- ❑ Auf Bundes- und Länderebene ist jeweils zwischen der **unmittelbaren** Staatsverwaltung (z. B. Finanzamt; Wasserwirtschaftsamt) und der **mittelbaren Staatsverwaltung** (z. B. Universitäten; Arbeitsverwaltung; Stiftung preußischer Kulturbesitz) zu unterscheiden.
- ❑ Die Verwaltungsorganisation in den verschiedenen Bundesländern weist zwar Unterschiede bei der Ausgestaltung im einzelnen, aber auch viele Gemeinsamkeiten in den grundlegenden Organisationsprinzipien auf.

❏ Die Verwaltungsträger sind als abstrakte Gebilde selbst nicht handlungsfähig. Um nach innen und außen tätig werden zu können, werden organisatorische Einheiten verselbständigt (**Verwaltungsorgane**), für die dann natürliche Personen (**Organwalter**) tätig werden. Für die öffentliche Verwaltung werden grundsätzlich die öffentlichen Bediensteten, also Beamte, Angestellte oder Arbeiter tätig.

B. Verwaltungsträger

2 Bislang wurde abstrakt von „öffentlicher Verwaltung" gesprochen. Tatsächlich handelt es sich dabei um nicht mehr als eine zusammenfassende Bezeichnung für unterschiedlichste organisatorische Einheiten, die mit der Wahrnehmung von Verwaltungsaufgaben betraut sind. Erst in ihrem Zusammenwirken machen sie die öffentliche Verwaltung aus.

I. Staatsgewalt und Verwaltungsträger

3 Art. 20 II 2 GG i. V. m. Art. 20 III GG gliedert die Staatsgewalt nach Funktionen und diesen Funktionen zugeordneten Organen.

Die Gesetzgebung, die vollziehende Gewalt und die Rechtsprechung sind Funktionen der einheitlichen Staatsgewalt. Die Konstituierung dieser Funktionen im GG begründet gleichzeitig Tätigkeitsbereiche, die der Staat als organisierte Wirkungseinheit wahrzunehmen hat (*Stern*, StaatsR I, § 36 IV 3, 4). Da weder die Staatsfunktion noch der Tätigkeitsbereich als solcher handlungsfähig sind, werden Organe als rechtliche Einrichtungen geschaffen, denen bestimmte Wahrnehmungszuständigkeiten zugeordnet werden.

Im Bereich der Legislative sind solche Organe der Bundestag und der Bundesrat. Da diese Organe unmittelbar im Grundgesetz verankert sind, werden sie auch als **Verfassungsorgane** bezeichnet. Im Bereich der Judikative werden die Gerichte tätig. Gerichte können nach dem Grundgesetz als diejenigen besonderen Organe des Staates bezeichnet werden, denen die Funktion „Rechtsprechung" übertragen ist und die mit Richtern besetzt sind (*Bettermann*, DÖV 1959, 763). Im Rahmen der vollziehenden Gewalt ist grundsätzlich zwischen der Regierung und der exekutivischen Verwaltung zu unterscheiden. Die Bundesregierung ist in diesem Sinne Staatsorgan. Sie ist teilrechtsfähig, soweit ihr Zuständigkeiten zu eigenem Recht gegenüber anderen Staatsorganen zustehen (*Stern*, StaatsR I, § 31 II 1 a). Für die exekutivische Verwaltung als Teilfunktion der vollziehenden Gewalt handeln die Verwaltungsträger mit ihren Verwaltungsorganen, wie z. B. der Bund durch die Kreiswehrersatzämter.

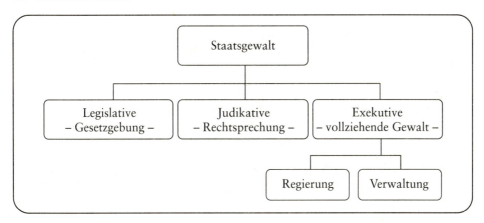

Die Differenzierung der Staatsgewalt nach Funktionen einerseits (Gewaltentei- 4
lung) und die Bildung von Organen andererseits, führt zum Problem der wech-
selseitigen Zuordnung und Abgrenzung von Staatsfunktionen und Organen. Eine strikte Trennung ist im GG nicht durchgeführt worden, mit der Folge, daß
z. B. der Bundestag als Legislativorgan auch verwaltende Tätigkeiten wahrnehmen darf. Es ergeben sich im Interesse der Gewaltenkontrolle und der Gewalten-
begrenzung erwünscht zahlreiche Übergänge und Überschneidungen.

II. Verwaltungsträger

Da die öffentliche Verwaltung Teil der vollziehenden Gewalt ist, kann staats- 5
rechtlich gesehen das Staatsvolk als Träger dieses organisatorischen Zusammenhangs angesehen werden (*Erichsen*, Allg. VerwR, § 56 Rn. 6). Das Staatsvolk ist
jedoch nicht in dem Sinne faßbar, daß es unmittelbares Zuordnungssubjekt für
das Organhandeln z. B. der Haftungsverantwortung sein könnte.

Beispiel: Der Beamte B soll einen Auftrag zur Kennzeichnung von Fußgängerüberwegen vergeben. Da B bestochen ist, bevorzugt er den Bewerber X anstelle des eigentlich zu berücksichtigen-
den Y. Dadurch erleidet Y einen Schaden. Es liegt auf der Hand, daß es nicht hilfreich wäre, den
Y auf das Volk als Träger der Staatsgewalt zu verweisen. Y interessiert sich ausschließlich dafür,
von wem er konkret Schadenersatz verlangen kann, nämlich von der Bundesrepublik Deutschland, von einem Bundesland oder von der kreisfreien Stadt S, deren Ortsdurchfahrt im Vergabeverfahren geregelt werden sollte. All diese Gebilde sind Verwaltungsträger und damit grundsätzlich Zurechnungssubjekte für Rechte und Pflichten.

Rechtskonstruktiv läßt sich dies so erklären, daß die öffentliche Verwaltung als 6
Teil der vollziehenden Staatsgewalt dem Staat (Bund; Ländern) zugerechnet
wird. Mit der Wahrnehmung der Verwaltungsaufgaben sind dann die noch näher
darzustellenden Verwaltungsträger als rechtlich selbständige organisatorische
Einheiten betraut (*Maurer*, Allg. VerwR., § 21 Rn 1).

Beispiele:
❏ Verwaltungsträger ist entweder der Staat in Gestalt von Bund und Ländern unmittelbar
   (**originäre Verwaltungsträger**; unmittelbare Staatsverwaltung), oder rechtsfähige Verwaltungseinheiten, die rechtlich verselbständigt worden sind (**abgeleitete Verwaltungs-**

träger; mittelbare Staatsverwaltung). Die Beantwortung der Frage, von wem X im obigen Beispiel Schadenersatz verlangen kann, hängt u. a. davon ab, für welchen Verwaltungsträger B gehandelt hat (vgl. zum Problem der Amtshaftung bei Verkehrssicherungspflichten *Cremer*, JuS 1996, 143; zur „Anvertrauenstheorie" *W/S*, § 9 Rn. 6 ff.).

❏ Die Stadt X betreibt eine Badeanstalt. Die Badeanstalt wird als unselbständige organisatorische Untergliederung des Sportamtes von X betrieben. Die Badeanstalt ist somit kein Verwaltungsträger. Zurechnungssubjekt für Erklärungen oder haftungsbegründende Handlungen von Bediensteten der Badeanstalt ist nicht diese selbst, sondern der dahinterstehende rechtlich selbständige Verwaltungsträger, nämlich in diesem Falle die Stadt X.

> **Merke:** Verwaltungsträger sind rechtsfähige oder teilrechtsfähige Subjekte, die mit der Wahrnehmung von Verwaltungsaufgaben betraut sind.

7   Entscheidendes Kriterium für den Begriff des **Verwaltungsträgers** ist dessen **(Teil-) Rechtsfähigkeit**. Die (Teil-)Rechtsfähigkeit bewirkt, daß der Verwaltungsträger Zurechnungssubjekt für Rechte und Pflichten sein kann (*Maurer*, Allg. VerwR, § 21 Rn. 2; *W/B/S* I, § 4 Rn. 2 f.; krit.: *Erichsen*, Allg. VerwR, § 56 Rn. 6 m. w. N).

Der Verwaltungsträger als solcher ist zwar Zurechnungssubjekt von Rechten und Pflichten, er kann jedoch am Rechtsverkehr nicht selbst handelnd teilnehmen. Weder der Bund, noch die Bundesländer, noch die kommunalen Selbstverwaltungsköperschaften sind als solche handlungsfähig. Handlungsfähig werden sie erst dadurch, daß natürliche Personen für sie tätig werden, für sie z. B. Baugenehmigungen erteilen oder den Betrieb einer Gaststätte untersagen oder zivil- oder öffentlich-rechtliche Verträge schließen. In aller Regel werden die Verwaltungsträger allerdings nicht unmittelbar durch natürliche Personen tätig, sondern diese handeln ihrerseits für organisatorisch (nicht rechtlich!) verselbständigte Einheiten des Verwaltungsträgers, die Verwaltungsorgane. Behörden sind typischerweise solche Verwaltungsorgane. Die Verwaltungsorgane werden für bestimmte Zuständigkeiten des Verwaltungsträgers gebildet.

> **Merke:** Verwaltungsorgane bilden die organisatorische Binnenstruktur des Verwaltungsträgers.

Beispiele:

❏ Die Finanzverwaltung ist auf der unteren Ebene in Finanzämter gegliedert, die gegenüber den Bürgern die Steuerbescheide erlassen.

❏ Durch das Gesetz über die Eingliederung der staatlichen Gesundheitsämter und der staatlichen Veterinärämter in die Landratsämter (BayGVBl. 1995, 843) wurden in Bayern diese vormals eigenständigen staatlichen Behörden den Landratsämtern eingegliedert. Die Landratsämter nehmen nunmehr als allgemeine staatliche Behörden auch die Aufgaben des öffentlichen Gesundheitsdienstes wahr (Stichwort: Kommunalisierung des Gesundheitswesens; unbedingt das Gesetz lesen, insbesondere die Ausstattungsregelungen des Art. 4 §§ 5 ff.).

> **Merke:** Durch das Handeln der Organwalter (natürliche Personen) wird nicht das Verwaltungsorgan (Behörde), sondern der Verwaltungsträger berechtigt und verpflichtet.

Das **Verwaltungsorgan** ist als Zusammenfassung von Organwaltern, Aufgaben, 8
Zuständigkeiten und sachlichen Verwaltungsmitteln kein eigenständiges Zurechnungssubjekt von Rechten und Pflichten sondern nur organisatorische Untergliederung des Verwaltungsträgers. Zurechnungssubjekt ist der rechtsfähige bzw.
teilrechtsfähige Verwaltungsträger.

III. Binnenstruktur der Verwaltungsträger

Die Bezeichnung von Verwaltungsorganen, Behörden und Ämtern ist uneinheit- 9
lich (*Rasch*, VerwArch. Bd. 50 (1959), 22; *Erichsen*, Allg. VerwR, § 56 Rn. 27
ff.; *Maurer*, Allg. VerwR, § 21 Rn. 19 ff.). Die Unschärfe hat vor allem ihren
Grund in den unterschiedlichen Bezugszusammenhängen, in denen die Begriffe
verwendet werden.

1. Verwaltungsorgan

Als Verwaltungsorgan werden alle durch Organisationsnormen gebildeten Ein- 10
heiten bezeichnet, die Angelegenheiten eines Verwaltungsträgers wahrnehmen
(*W/B* II, § 74 II a). Das Verwaltungsorgan ist zwar organisatorisch verselbständigt, dem Verwaltungsträger indessen rechtlich eingegliedert. Behörden sind in
diesem Sinne Verwaltungsorgane.

Teilweise wird unter Hinweis auf die kommunale Wahrnehmung von Aufgaben 11
im übertragenen Wirkungskreis davon ausgegangen, daß es auch rechtsfähige
Verwaltungsorgane geben könne (*Erichsen*, Allg. VerwR, § 56 Rn. 27; abweichend *W/B* II, § 74 II a): Es erscheint jedoch exakter, gerade auch in diesem
Zusammenhang zwischen der Gemeinde als Verwaltungsträger zu unterscheiden, die im übertragenen Wirkungskreis Zurechnungssubjekt für das Handeln
der Organwalter ist, und den mit der Wahrnehmung der staatlichen Verwaltungsaufgaben betrauten organisatorischen Verwaltungseinheiten der Gemeinden. § 13 II LVG Ba.-Wü. bringt dies anschaulich zum Ausdruck:

> „Die Aufgaben der unteren Verwaltungsbehörden werden in den Stadtkreisen und großen
> Kreisstädten vom Bürgermeister, in den Verwaltungsgemeinschaften vom Verbandsvorsitzen-
> den oder vom Bürgermeister der Gemeinde, die die Aufgaben des Gemeindeverwaltungsver-
> bands erfüllt, als Pflichtaufgaben nach Weisung erledigt."

Unter Berücksichtigung dieser Aspekte läßt sich das Verwaltungsorgan durch 12
folgende Merkmale definieren:

❏ **Institutionell** handelt es sich um eine dem jeweiligen Verwaltungsträger ein-
   gegliederte, jedoch organisatorisch selbständige Einrichtung. Rechtsfähigkeit
   kommt einem Verwaltungsorgan nicht zu (str.).
❏ **Funktionell** hat das Verwaltungsorgan Zuständigkeiten seines Verwaltungsträgers wahrzunehmen. Das Aktionsfeld des Verwaltungsorgans ist somit begrenzt durch die Zuständigkeit seines Verwaltungsträgers. In aller Regel verfügen Verwaltungsträger über mehrere Verwaltungsorgane, die ihrerseits
   durch Organisationsregelungen jeweils in ihrer Zuständigkeit gegeneinander

abgegrenzt sind. Zuständigkeitsregelungen in Gesetzen knüpfen meist bei dem zur Wahrnehmung der Verwaltungsaufgabe berufenen Verwaltungsorgan und nicht beim Verwaltungsträger an. Es wird z. B. die Zuständigkeit des Schulamtes beschrieben, das für den Verwaltungsträger nach außen in Erscheinung tritt.

Beispiele:

❏ Nach § 45 BaFöG ist für die Entscheidung über die Ausbildungsförderung das Amt für Ausbildungsförderung zuständig.

❏ Nach § 2 III ZDG hat das Kreiswehrersatzamt die Personalunterlagen der anerkannten Kriegsdienstverweigerer unmittelbar dem Bundesamt zu übersenden.

❏ Nach § 35 I VermG ist für die Entscheidung über die Rückübertragung von Vermögenswerten in staatlicher Verwaltung das Amt zur Regelung offener Vermögensfragen örtlich zuständig, in dessen Bereich der Antragsteller seinen letzten Wohnsitz hatte. Nach § 35 II VermG ist in den übrigen Fällen das Amt zur Regelung offener Vermögensfragen örtlich zuständig, in dessen Bereich der Vermögenswert gelegen ist.

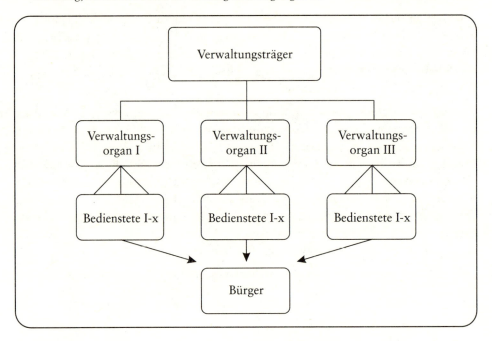

2. Behörde und Amt

13 a) Obgleich der Begriff „Behörde" in der Gesetzgebungspraxis breite Verwendung findet, ist seine Abgrenzung in der Literatur umstritten. Zusätzlich trägt zur Verwirrung bei, daß auch die Gesetze keine einheitliche Terminologie kennen (zur begrifflichen Abgrenzung *Maurer*, Allg. VerwR, § 21 Rn. 30). Im vorliegenden Zusammenhang wird die Behörde als typisches Beispiel des Verwaltungsorgans verstanden. Organisationsrechtlich sind Behörden somit diejenigen Verwaltungsstellen, die öffentlich-rechtlich geschaffen und in die staatliche Verwaltungshierachie eingeordnet sind bzw. als Vollzugsorgan der

nichtstaatlichen Verwaltungsträger handeln. Behörden sind in diesem Sinne organisatorisch eigenständig. Dies grenzt den Begriff u. a. von demjenigen des Amtes ab. Das Amt bezeichnet die kleinste organisatorische Einheit innerhalb der organisatorisch verselbständigten Behörde.

Man muß sich jedoch immer klar darüber sein, daß die organisationsrechtliche Begriffsbildung in der Gesetzgebungsterminologie nicht durchgehalten wird. So werden Behörden teilweise als Ämter bezeichnet, wie dies z. B. bei den Arbeitsämtern, bei den Ämtern für Ausbildungsförderung, bei den Versorgungsämtern oder den Ämtern zur Regelung offener Vermögensfragen der Fall ist.

Der Begriff der „Behörde" wird auch nicht immer im organisationsrechtlichen Sinne verwendet. Häufig wird die Behörde funktionell definiert, wobei dann alle Verwaltungsorgane erfaßt werden, wenn und soweit sie zur hoheitlichen Durchführung konkreter Verwaltungsmaßnahmen im Außenverhältnis berufen sind (*BVerfGE* 10, 48). Mit diesem Inhalt können auch Staatsorgane den Behördenbegriff ausfüllen.

Beispiel: Die Bundestagspräsidentin weist einen störenden Zuhörer aus dem Sitzungssaal. Der Ministerpräsident des Landes R ernennt den Regierungsdirektor X zum Ministerialrat. Behörden sind in diesem Zusammenhang der Bundestags- und der Ministerpräsident.

b) In einem weiten **funktionellen Sinn** verwendet auch § 1 IV VwVfG den Behör- **14** denbegriff. Nach dieser Bestimmung ist Behörde jede Stelle, die Aufgaben der öffentlichen Verwaltung wahrnimmt. Worauf *Maurer* (Allg. VerwR, § 21 Rn. 33) zu Recht hinweist, wird dieser weite Begriff aber durch den Anwendungsbereich des VwVfG eingegrenzt, weil dieses Gesetz nur die Verwaltungsverfahren regelt, die auf den Erlaß eines Verwaltungsaktes oder den Abschluß eines Verwaltungsvertrages abzielen. Der Behördenbegriff nach § 1 IV VwVfG ist somit „verfahrensbestimmt".

c) Aus der Tatsache, daß es sich bei Verwaltungsorganen, z. B. bei Behörden, um **15** organisatorisch verselbständigte Einheiten handelt, folgt, daß sie in aller Regel über eine eigene Binnenstruktur verfügen. Bei der Binnenstruktur ist ebenfalls zu unterscheiden zwischen den organisatorischen Ausdifferenzierungen einerseits und den Personen andererseits, die konkret die den Binneneinheiten zugewiesenen Aufgaben wahrnehmen.

Die Binnenstruktur einer Behörde gliedert sich grundsätzlich in den Behördenleiter, dem verschiedene Abteilungen nachgeordnet sind. Die Abteilungen ihrerseits bestehen wieder aus kleineren Einheiten, z. B. Referaten; Referate können ihrerseits weiter untergliedert sein. Die Ausgestaltung wie auch die Bezeichnung im einzelnen ist in der Praxis unterschiedlich. Eine wichtige Aufgabe ist es, den richtigen Zuschnitt einer Behörde nach den von ihr zu erfüllenden Sachaufgaben, nach ihrer Größe und nach ihrer Ausstattung festzulegen.

d) In diesem Zusammenhang ist noch zu klären, was unter einem Amt im organi- **16** sationsrechtlichen Sinne zu verstehen ist. In der Literatur und insbesondere auch in Organisationsplänen findet man den Begriff „**Amt**" häufig als Sammelbezeichnung für einen fachlich abgegrenzten Teilaufgabenbereich einer Behörde, nicht selten werden auch Behörden selbst als Ämter bezeichnet. Im organisationsrechtlichen Kontext sollte jedoch das Amt als die kleinste Organisationseinheit verstanden werden, d. h. als institutionell abgegrenzter Aufgaben- und Pflichtenbereich eines Menschen, des Amtswalters (*W/B* II, § 73 I c). Das Amt grenzt somit auch den persönlichen Handlungsspielraum des Amtswalters ab. Dieser darf nach innen nur die mit seinem Amt verbundenen Befugnisse wahrnehmen. Daran wird gleichzeitig deutlich, daß das Amt als solches in seiner Existenz unabhängig von der individuellen Person ist, die mit der Wahrnehmung der Amtsaufgaben betraut ist.

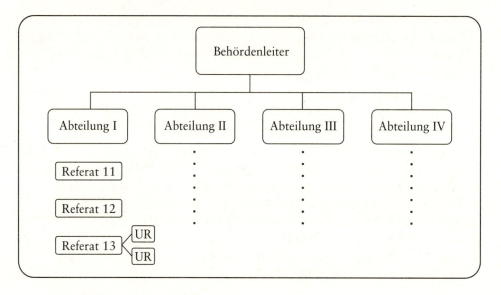

C. Organisation der Verwaltung

17   Öffentliche Verwaltung wird in der Bundesrepublik Deutschland von Bund, Ländern, Gemeinden und Gemeindeverbänden sowie von sonstigen Hoheitsträgern als juristische Personen des öffentlichen Rechts ausgeübt. Theoretisch wäre es denkbar, daß der Staat, also Bund und Länder, alle Verwaltungsaufgaben durch eigene Behörden erfüllt. Allerdings hat bereits das GG selbst durch die verfassungsrechtliche Garantie der kommunalen Selbstverwaltung (Art. 28 II GG) eine Ausdifferenzierung der Verwaltungsträger verbindlich vorgegeben. Das GG schreibt weiter vor, daß z. B. soziale Versicherungsträger, deren Zuständigkeitsbereich sich über das Gebiet eines Landes hinaus erstreckt, als Körperschaft des öffentlichen Rechts zu führen sind (Art. 87 II GG). Nach Art. 87 f II GG führt der Bund in der Rechtsform einer bundesunmittelbaren Anstalt des öffentlichen Rechts einzelne Aufgaben in bezug auf die aus dem Sondervermögen der deutschen Bundespost hervorgegangenen Unternehmen aus. Nach Art. 87 e III GG werden Eisenbahnen des Bundes schließlich als Wirtschaftsunternehmen in privatrechtlicher Form geführt. Über diese verfassungsrechtlichen Vorgaben hinaus wurden auf Bundes- und Länderebene zahlreiche Verwaltungsträger in der Form juristischer Personen des öffentlichen Rechts geschaffen und dem Staat gegenüber verselbständigt (mittelbare Staatsverwaltung). Der dahinter stehende Sinn ist es einmal, durch die Dezentralisierung eine größere Bürger-, Orts- und Sachnähe der Verwaltung zu erreichen. Außerdem führen die vom Staat getrennten Verwaltungsträger der sog. mittelbaren Staatsverwaltung zu einer vertikalen Teilung der Staatsgewalt und damit zu einer weiteren Machtbeschränkung innerhalb der Exekutive (*W/B* II, § 84 IV b; *Erichsen*, Allg. VerwR, § 56 Rn. 7; *Schweickhardt*, Allg. VerwR, Rn. 66).

I. Unmittelbare Staatsverwaltung

Verwaltungsträger der **unmittelbaren Staatsverwaltung** ist der **Staat**. Nach der **18** grundgesetzlichen Ordnung sind Staat sowohl der Bund (die Bundesrepublik Deutschland) als auch die einzelnen Bundesländer (z. B. Land Baden-Württemberg, Freistaat Sachsen, Freistaat Bayern, Hansestadt Hamburg usw.; interessant z. B. die Frage der Regelung von Gebietsabtretungen durch den Bund, dazu *Stern*, StaatsR I, § 7 IV). Bund und Länder sind juristische Personen des öffentlichen Rechts (*Bachof*, AöR 83 (1958), 208 ff., 259 ff.). Es handelt sich bei der unmittelbaren Staatsverwaltung um die Verwaltung durch staatliche Behörden.

1. Verfassungslage

a) Verfassungsrechtliche Vorgaben zur Verwaltungsorganisation finden sich v. a. **19** im **8. Abschnitt des GG.** Dieser Abschnitt befaßt sich mit der Ausführung der Bundesgesetze und der Bundesverwaltung. Folgende Grundsätze gelten:

❑ Nach Art. 30 GG ist die öffentliche Verwaltung Sache der Länder, soweit das GG keine andere Regelung trifft oder zuläßt. Im Gegensatz zur Gesetzgebung ist dieses Vorrangprinzip für den Bereich der Verwaltung durchgehalten.

❑ Bei der Ausführung der Bundesgesetze wird die Verwaltungszuständigkeit zwischen Bund und Ländern in Art. 83 ff. GG verteilt.

❑ Für bestimmte Aufgaben regeln die Art. 83 ff. GG auch **außerhalb des Gesetzesvollzugs** Verwaltungskompetenzen des Bundes. So verwaltet z. B. der Bund als Eigentümer die Bundeswasserstraßen nach Art. 89 II GG durch eigene Behörden (beachte aber auch Art. 90 II 3 u. 4 GG). Nach Art. 87 I 1 GG wird der Auswärtige Dienst mit eigenem Verwaltungsunterbau geführt.

❑ Schließlich enthalten die Art. 83 ff. GG über die Kompetenzzuweisung hinaus z. T. auch Vorgaben zur organisatorischen Gestaltung der unmittelbaren und mittelbaren Verwaltung des Bundes. Art. 87 II GG schreibt vor, die sozialen Versicherungsträger als Körperschaften des öffentlichen Rechts zu errichten. Art. 84 II GG räumt dem Bund bei der sog. Landeseigenverwaltung die Befugnis zum Erlaß von Verwaltungsvorschriften ein.

> **Merke:** Der 8. Abschnitt des GG enthält Regelungen zur Verteilung der Verwaltungskompetenzen auf Bund und Länder; außerdem organisatorische Bestimmungen für Behörden und Verwaltungsträger des Bundes. Beide Bereiche sind in unübersichtlicher Weise miteinander verzahnt.

20 b) Neben diesen Bestimmungen sind für die Verwaltungsorganisation noch Art. 28 II GG (kommunale Selbstverwaltungsgarantie) von Bedeutung sowie einige Sondervorschriften des GG, etwa Art. 108 GG, mit näheren Maßgaben für die Ausgestaltung der Finanzverwaltung.

Das GG enthält sich jedoch einer umfassenden Regelung der Verwaltungsorganisation. Die Teilregelungen beziehen sich vor allem auf die Zuweisung von Verwaltungskompetenzen. Ob und inwieweit die Regelungen über die kompetenzmäßige Einweisung in einen Verantwortungsbereich auch die materiellrechtliche Verpflichtung zur Wahrnehmung dieser Aufgaben einschließt, bedarf noch einer weiteren Klärung (dazu *M/D*, Art. 83 Rn. 3).

2. Unmittelbare Bundesverwaltung

21 a) Aus der verfassungsrechtlichen Kompetenzverteilung ergibt sich, daß der Bund nur dann verwaltend tätig werden darf, wenn und soweit er dazu verfassungsrechtlich ermächtigt ist. Neben der Errichtung eigener Behörden eröffnen die Art. 83 ff. GG dem Bund auch Möglichkeiten, inhaltlich auf die Verwaltung der Länder Einfluß zu nehmen. So folgt z. B. aus Art. 84 II GG, daß der Bund über den Erlaß allgemeiner Verwaltungsvorschriften erheblichen Einfluß auf die Ausführung der Bundesgesetze in Form der sog. Landeseigenverwaltung nehmen kann.

Beispiele:
❏ Nach Art. 84 II GG § 4 V AbfG hat die Bundesregierung nach Anhörung der beteiligten Kreise und mit Zustimmung des Bundesrates die 2. allgemeine Verwaltungsvorschrift zum Abfallgesetz (TA Abfall) erlassen (GMBl. 1991, 139).
❏ Nach Art. 84 II GG § 48 BImSchG hat die Bundesregierung nach Anhörung der beteiligten Kreise mit Zustimmung des Bundesrates die 1. allgemeine Verwaltungsvorschrift zum Bundesimmissionsschutzgesetz (Technische Anleitung zur Reinhaltung der Luft (TA Luft) erlassen (GMBl. 1986, 95, 202).

22 b) Zum Spielraum des Bundes, eigene Behörden einzurichten, lassen sich folgende Grundsätze zusammenfassen:

❏ **Obligatorische bundeseigene Verwaltung:** In diesen Fällen ist die Bundesverwaltung zwingend vorgeschrieben.

Beispiele: Auswärtiger Dienst, Bundesfinanzverwaltung (Art. 87 I 1 GG); Bundeswehrverwaltung (Art. 87b I 1 GG); Eisenbahnverkehrsverwaltung (Art. 87e I 1 GG); Verwaltung des Postwesens (Art. 87f III GG).

❑ **Fakultative bundeseigene Verwaltung:** In diesen Fällen ist die Bundesverwaltung zwar zulässig, der Bund muß jedoch von dieser Kompetenz keinen Gebrauch machen.

Beispiele: Bundesgrenzschutz (Art. 87 I 2 GG); Verfassungsschutz (Art. 87 I 2 GG).

❑ Nach Art. 87 III GG kann der **Bund** für Angelegenheiten, für die ihm die **Gesetzgebung** zusteht, selbständige Bundesoberbehörden und neue Körperschaften und Anstalten des öffentlichen Rechts errichten. Bei dringendem Bedarf kann der Bund sogar bundeseigene Mittel- und Unterbehörden errichten.

Beispiel: Bundesaufsichtsamt für das Kreditwesen (dazu *Selmer*, JuS 1979, 814; *BVerfGE* 14, 210).

❑ **Verwaltungskompetenz kraft Sachzusammenhangs** oder kraft Natur der Sache. Für die Einrichtung bundeseigener Verwaltung genügt in diesen Fällen nicht das Vorliegen eines bloßen Bedürfnisses, vielmehr muß die Wahrnehmung der Verwaltungsaufgabe gerade durch den Bund zwingend aus der Sache selbst abgeleitet werden können (dazu *BVerfGE* 41, 291, 312 – *Finanzhilfen*).

23 c) Die Besonderheiten der Verwaltungsorganisation des Bundes ergeben sich zwangsläufig aus der **zentralen Wahrnehmungsfunktion** für das gesamte Bundesgebiet. Bei Verwaltungsaufgaben des Bundes handelt es sich um Aufgaben, die nach ihrem Inhalt und Zuschnitt zentral vom Bund und nicht dezentral von den Ländern ausgeführt werden können. Aus dieser Besonderheit der zu verwaltenden Aufgaben ergeben sich organisatorischen Folgerungen:

❑ Die Bundesverwaltung wird nur durch **Sonderverwaltungsbehörden** ausgeführt, d. h. durch Verwaltungsbehörden, die bestimmte fachliche Verwaltungsaufgaben wahrnehmen. Eine allgemeine Verwaltungsbehörde des Bundes, gewissermaßen mit Auffangfunktion, wie im Bereich der Länderverwaltung, gibt es auf Bundesebene nicht.
Beispiele: Bundeskriminalamt; Verfassungsschutzamt (*BVerfGE* 30, 20).

❑ Grundsätzlich beschränkt sich die Bundesverwaltung auf Behörden der Oberstufe; die Einrichtung eines eigenen Verwaltungsunterbaus (Mittel- und Unterbehörden) ist die Ausnahme.

24 d) Die staatliche Bundesverwaltung ist im wesentlichen wie folgt gegliedert:

25 ❑ **Oberste Bundesbehörden:** Die obersten Bundesbehörden haben insoweit eine besondere Stellung, als die ihnen vorstehenden Minister auf der einen Seite ihren verfassungsrechtlichen Auftrag nach dem Grundgesetz einzulösen haben, auf der anderen Seite Verwaltungsaufgaben des Bundes erfüllen. Oberste Bundesbehörden in diesem Sinne sind die Bundesregierung, der Bundeskanzler und die Bundesminister, der Bundesrechnungshof, die Organe der Bundesbank (zur Frage, ob noch weitere oberste Bundesbehörden anzuerkennen sind: *Maurer*, Allg. VerwR, § 22 Rn. 40 einerseits; *Erichsen*, Allg. VerwR, § 57 Rn. 2 andererseits).
An der Spitze eines Bundesministeriums steht der zuständige Bundesminister. Er ist **oberster Dienstherr** der ihm nachgeordneten Verwaltung. Dem Bundesminister nachgeordnet ist der Staatssekretär. Unterhalb des Staatssekretärs gliedert sich das Bundesministerium in verschiedene Abteilungen, die sich ihrerseits aus Referaten zusammensetzen. Abhängig von der Größe des Bundesministeriums sind die einzelnen Referate, meist als Referatsgruppen organisiert, denen der Referatsleiter für das „Gesamtreferat" vorsteht. Neben dieser hierachischen Struktur finden sich meist noch besondere organisatorische Einheiten wie z. B. Pressesprecher, die außerhalb dieser Hierachie angesiedelt sind. Dazu gehören auch Einheiten, die für bestimmte Sonderaufgaben gebildet werden. Sie sind in aller Regel der Behördenspitze zugeordnet. Meist haben diese Stabsstellen keine direkten Weisungsbefugnisse gegenüber dem hierachischen Apparat des Ministeriums.

26 ❑ **Bundesoberbehörden:** Bundesoberbehörden sind selbständige Behörden außerhalb der Ministerien. Sie sind den Bundesministerien nachgeordnet und nehmen fachlich abgegrenzte Verwaltungsaufgaben für das gesamte Bun-

desgebiet wahr. Die Bundesoberbehörden können durch unselbständige Zweigstellen dezentralisiert sein. Die Zweigstellen sind dann jedoch nur unselbständige Teile der Bundesoberbehörde und nicht deren eigenständiger Verwaltungsunterbau.

Beispiele: Bundeskriminalamt in Wiesbaden; deutsches Patentamt in München; Kraftfahrtbundesamt in Flensburg; Bundeskartellamt in Berlin; Bundesamt für Verfassungsschutz in Köln; Bundesamt für Wehrtechnik und Beschaffung in Koblenz; Bundesprüfstelle für jugendgefährdende Schriften in Bonn; statistisches Bundesamt in Wiesbaden.

❑ Einen eigenständigen Verwaltungsunterbau (**Mittel- und Unterbehörden**), gibt es im Bereich der Bundesverwaltung nur ausnahmsweise für bestimmte Sachbereiche (dazu Art. 87 I, 87 V GG).   27

Beispiele:

  ❑ Im Bereich der Bundeswasserstraßenverwaltung sind dem Bundesverkehrsminister die Wasser- und Schiffahrtsdirektionen als Mittelbehörden, die Wasser- und Schiffahrtsämter als Unterbehörden nachgeordnet.

  ❑ Dem Auswärtigen Amt nachgeordnet sind Vertretungen des Bundes im Ausland (Botschaften, Gesandtschaften, Generalkonsulate, Konsulate und das Deutsche Archäologische Institut in Berlin).

3. Unmittelbare Landesverwaltung

a) Die **Verwaltung** durch die **Länder ist der Regelfall** (Art. 30, 83 GG). Sofern nicht 28 eine ausdrückliche verfassungsrechtliche Kompetenz für den Bund besteht und diese auch vom Bund ausgefüllt worden ist, obliegt die Verwaltung den Bundesländern. Im Hinblick auf die gesetzesakzessorische Verwaltung durch die Bundesländer ergeben sich folgende Grundsätze:

❑ Der Vollzug der Landesgesetze obliegt uneingeschränkt und ausschließlich den Ländern.

Beispielsfall: Die Behörden der Wasser- und Schiffahrtsverwaltung des Bundes hatten Erlaubnisse und Genehmigungen aufgrund der §§ 15, 17 und 69 hess. WG vom 6.7.1960 erteilt und dafür Gebühren nach dem hess. Verwaltungsgebührengesetz erhoben. Auf Antrag des Landes Hessen hat das *BVerfG* festgestellt, daß den Behörden der Bundeswasserstraßenverwaltung eine bundesrechtliche Regelung, die ihnen die vom Land Hessen beanstandete Verwaltung der Bundeswasserstraßen erlaubt, nicht zur Verfügung steht. Durch Heranziehung des hess. WG werde jedoch ein Landesgesetz ausgeführt. Die Ausführung von Landesgesetzen durch Bundesbehörden sei aber nach dem GG schlechthin ausgeschlossen (*BVerfGE 21, 312 – „Hessisches Wasserrecht"*).

❑ Der Landesvollzug von Bundesgesetzen als landeseigene Angelegenheit (sog. **Landeseigenverwaltung**) ist nach Art. 83 GG der Regeltyp. Er wird im einzelnen durch Art. 84 GG näher ausgestaltet

❑ Der Landesvollzug von Bundesgesetzen im Auftrage und nach Weisung des Bundes (sog. **Bundesauftragsverwaltung**) nach Art. 85 GG bedarf einer gesonderten Ermächtigungsgrundlage, die diese Auftragsverwaltung zuläßt.

Beispiel: Nach Art. 90 II GG verwalten die Länder die Bundesautobahnen und sonstigen Bundesstraßen des Fernverkehrs im Auftrage des Bundes.

29

> **Merke:** Die Landeseigenverwaltung unterscheidet sich von der Bundesauftragsverwaltung dadurch, daß der Bund bei der Auftragsverwaltung weitreichende Aufsichtsbefugnisse hat (fachaufsichtliche Weisung anstelle der Beschränkung auf die Rechtsaufsicht nach Art. 84 GG) sowie über ein Weisungsrecht verfügt (*M/D*, GG, Art. 83 Rn. 21 ff.).

Beispielsfall: Der zuständige Landesminister lehnte die Genehmigung zur Einlagerung des Reaktorkerns im schnellen Brüter 'Kalkar' ab. Nach Gesprächen zwischen den zuständigen obersten Bundes- und Landesbehörden beharrte der Landesminister auf seiner Weigerung. Der zuständige Bundesminister wies daraufhin nach Art. 85 III GG an, die Teilgenehmigung zu erteilen. Das *BVerfG* wies den dagegen gerichteten Antrag der Landesregierung des Landes Nordrhein-Westfalen zurück und hielt fest, daß im Bereich der Auftragsverwaltung nach Art. 85 GG die Kompetenzen dergestalt verteilt seien, daß dem Land unentziehbar die Wahrnehmungskompetenz zustehe, die Sachkompetenz hingegen von vornherein nur unter dem Vorbehalt ihrer Inanspruchnahme durch den Bund. Das Land könne durch eine Weisung des Bundes nur dann in seinen Rechten verletzt sein, wenn gerade die Inanspruchnahme der Weisungsbefugnis gegen die Verfassung verstoße. Dies sei jedoch nicht der Fall. (*BVerfGE* 81, 310 – *„Schneller Brüter Kalkar"*).

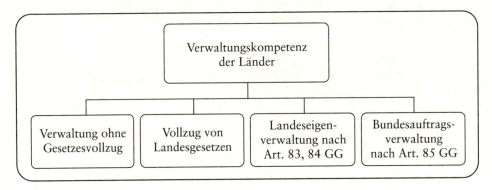

30 b) Die organisatorische Ausgestaltung der Landesverwaltung ist Sache der Länder. Viele Bundesländer haben zwischenzeitlich den Aufbau ihrer Verwaltung in besonderen Landesorganisationsgesetzen geregelt (lesen!).

Beispiel: Baden-Württemberg (Landesverwaltungsgesetz i. d. F. vom 2.1.1984); Nordrhein-Westfalen (Landesorganisationsgesetz vom 10.7.1962).

Das Organisationsgesetz des Landes Nordrhein-Westfalen wie auch die anderen **Organisationsgesetze** spiegeln bereits im Inhaltsverzeichnis die wesentlichen Gliederungsprinzipien der unmittelbaren Landesverwaltung wider. Es wird unterschieden zwischen den obersten Landesbehörden, den Landesmittelbehörden und den unteren Landesbehörden. Dazu kommen Landesoberbehörden (§ 2 LOG NW).

Angesichts der historischen Entwicklungen in den Bundesländern gibt es allerdings unterschiedliche Ausprägungen dieser Grundstruktur (abweichendes gilt insbesondere für die Stadtstaaten!). Auf der anderen Seite wird der Zugang zu den Organisationsstrukturen in den Bundesländern bei Vergegenwärtigung der allgemeingültigen Strukturprinzipien entscheidend erleichtert.   **31**

Wie z. B. das LOG NW zeigt, ist in den Bundesländern (anders als auf Bundesebene) zwischen den allgemeinen Verwaltungsbehörden und den Sonderverwaltungsbehörden zu unterscheiden. Dieses Organisationsprinzip trägt dem Gedanken der Verwaltungseffizienz Rechnung. Für bestimmte Verwaltungsaufgaben, die sich in aller Regel durch Besonderheiten der Aufgabenbereiche oder auch durch regionale Eigenheiten auszeichnen, werden sog. Sonderbehörden eingerichtet. Diese Sonderverwaltungsbehörden dürfen nur im Rahmen der ihnen zugewiesenen Verwaltungsaufgaben tätig werden; nur für die Wahrnehmung dieser fachlich abgegrenzten Verwaltungsaufgaben sind sie sachlich zuständig. Fehlt eine positiv geregelte Sonderzuständigkeit, sind die allgemeinen Verwaltungsbehörden sachlich zuständig.

Beispiel: Sonderverwaltungsbehörden sind z. B. die statistischen Landesämter; das Landesversorgungsamt mit den örtlichen Versorgungsämtern oder die Landeseichdirektion mit den örtlichen Eichämtern.

c) Die **allgemeinen Verwaltungsbehörden** bilden die „Standardverwaltung" (**sog.**   **32**
Innenverwaltung).

In aller Regel ist die allgemeine Landesverwaltung dreistufig gegliedert, und zwar in die Oberstufe, die Mittelstufe und die Unterstufe.

❑ **Oberste Landesbehörden (Oberstufe)** sind die Landesregierung sowie der   **33**
Ministerpräsident und die Landesministerien. Ob der Landesrechnungshof dazu gehört, ist str. (für Ba.-Wü. bejaht durch § 3 I LVG). Auch auf Landesebene sind die obersten Landesbehörden im übrigen durch die Doppelfunktion einerseits als Regierungsstellen und andererseits als Verwaltungsbehörden gekennzeichnet.
Diese Doppelfunktion bringt das LVG Ba.-Wü. anschaulich zum Ausdruck. So gehört nach § 4 II 2 LVG Ba.-Wü. zu den Aufgaben der obersten Landesbehörden z. B. die Ausarbeitung und Vorlage von Gesetzentwürfen. Nach § 5 I LVG Ba.-Wü. obliegt den Ministerien im Bereich ihres Geschäftsbereichs andererseits die Leitung und Beaufsichtigung der Landesverwaltung.

❑ Die **Mittelstufe** wird grundsätzlich durch die Regierungspräsidien bzw. Be-   **34**
zirksregierungen als sog. höhere Verwaltungsbehörden gebildet. Es handelt sich um Behörden, die einer obersten Landesbehörde unmittelbar un-

terstehen, aber nur für einen Teil des Landes zuständig sind. So gibt es z. B. in Rh.-Pf. drei Bezirksregierungen, in Ba.-Wü. vier Regierungspräsidien und im Freistaat Bayern sieben Regierungen. Mit dieser regionalen Aufgliederung der Mittelstufe soll vor allem eine größere Sachnähe dieser Behörden erreicht werden. Sie sind auf der einen Seite Ansprechpartner der obersten Landesbehörden, auf der anderen Seite obliegt es ihnen, auf die Aufgabenerfüllung durch die unteren Landesbehörden im Rahmen der dazu verfügbaren rechtlichen Befugnisse (insbesondere Fachaufsicht) hinzuwirken. § 8 LOG NRW beschreibt diese Zwischenstellung der höheren Verwaltungsbehörden wie folgt:

> „Die Bezirksregierung ist die allgemeine Vertretung der Landesregierung im Bezirk. Sie hat die Entwicklung auf allen Lebensbereichen im Bezirk zu beobachten und den zuständigen obersten Landesbehörden darüber zu berichten. Die Bezirksregierung ist zuständig für alle Aufgaben der Landesverwaltung, die nicht ausdrücklich anderen Behörden übertragen sind."

35   ❏ Für die **Unterstufe** der allgemeinen staatlichen Verwaltung in den Ländern gibt es im wesentlichen zwei Systeme (unberücksichtigt bleiben die Besonderheiten der Stadtstaaten). Die Schwierigkeit im Hinblick auf das Verständnis der Unterstufe ergibt sich aus einer „organisatorischen Vermengung" zwischen Staatsverwaltung und kommunaler Selbstverwaltung.

36   Das Standardsystem der Unterstufenorganisation in den Bundesländern sieht das Landratsamt als untere staatliche Verwaltungsbehörde, das damit die Aufgaben der staatlichen Verwaltung wahrnimmt, gleichzeitig aber auch als Verwaltungsorgan des Landkreises, das als solches Aufgaben der Selbstverwaltungskörperschaft Landkreis erfüllt. § 13 I Nr. 1 LVG Ba.-Wü. bringt diese Doppelfunktion der Landratsämter sehr schön zum Ausdruck, wenn es heißt, daß untere Verwaltungsbehörden in den Landkreisen die Landratsämter sind. § 1 III 2 LKrO Ba.-Wü. greift diese Festlegung wie folgt auf:

> „Die Behörde des Landkreises ist das Landratsamt; es ist zugleich untere Verwaltungsbehörde. Als untere Verwaltungsbehörde ist das Landratsamt Staatsbehörde."

37   Diese **Doppelfunktion** des Verwaltungsorganes **Landratsamt** setzt sich in der Person des Landrats fort. Nach § 37 LKrO Ba.-Wü. ist der Landrat Vorsitzender des Kreistages und leitet das Landratsamt. Er vertritt den Landkreis. Gleichzeitig ist er Leiter der staatlichen Verwaltungsbehörde Landratsamt. § 53 LKrO Ba.-Wü. enthält dazu folgende Regelung:

> „Als Leiter der unteren Verwaltungsbehörde ist der Landrat dem Land für die ordnungsmäßige Erledigung ihrer Geschäfte verantwortlich und unterliegt insoweit den Weisungen der Fachaufsichtsbehörde und der Dienstaufsicht des Regierungspräsidiums."

Die Doppelfunktion des Landratsamtes als untere staatliche Verwaltungsbehörde und als Kreisverwaltungsbehörde hat Auswirkungen auf die personelle Ausstattung und den Sachaufwand dieser Behörde. Es betrifft Fragen, wer die

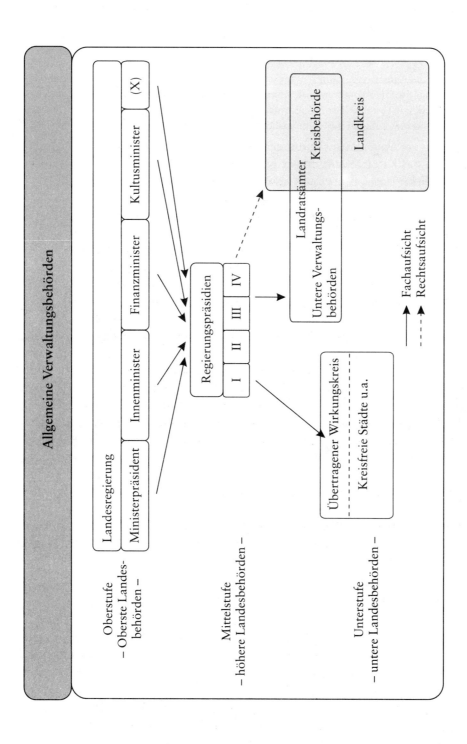

Amtswalter zu stellen hat, die die staatlichen Verwaltungsaufgaben im Landratsamt wahrnehmen und wer den Sachaufwand hierfür zu tragen hat. Auch insoweit kann zur Veranschaulichung auf § 52 LKrO Ba.-Wü. verwiesen werden, der z. B. zur personellen Ausstattung folgende Regelung enthält:

„Die für die Aufgaben der unteren Verwaltungsbehörde erforderlichen Beamten des höheren Dienstes werden vom Land, die übrigen Beamten sowie die Angestellten und Arbeiter vom Landkreis gestellt. Jedem Landratsamt wird mindestens ein Landesbeamter mit der Befähigung zum höheren Verwaltungsdienst oder zum Richteramt zugeteilt."

38   Eine andere Systemausprägung der Unterstufe findet sich in Niedersachsen. Dort ist das Landratsamt immer Kreisbehörde, geleitet vom Oberkreisdirektor. In dieser Unterstufe gibt es also keine unmittelbare Staatsverwaltung.

39

> **Merke:** Die Unterstufe der allgemeinen staatlichen Verwaltung ist in den Bundesländern überwiegend von der Doppelfunktion des Landratsamtes als untere staatliche Verwaltungsbehörde einerseits und als Kreisbehörde andererseits gekennzeichnet. In Niedersachsen ist die „Kommunalisierung des Landkreises" vollständig durchgeführt. Es gibt im Landkreis keine Behörde, die zugleich Kreisorgan und Staatsbehörde ist.

40   Meist werden Aufgaben der unteren staatlichen Verwaltungsbehörde zur Wahrnehmung auf die kreisfreien Städte oder Stadtkreise sowie auf die großen Kreisstädte und die Verwaltungsgemeinschaften übertragen. Im Hinblick auf die kreisfreien Städte bzw. Stadtkreise liegt dies schon deshalb nahe, weil diese dem Landkreis nicht eingegliedert sind und sich daher die Zuständigkeit des Landrats nicht auf den Bezirk der kreisfreien Städte erstrecken kann. Die kreisfreie Stadt, wie auch die anderen kommunalen Einheiten, die staatliche Aufgaben wahrnehmen, erfüllen diese Aufgaben allerdings im übertragenen Wirkungskreis. Im Hinblick auf die Wahrnehmung dieser Aufgaben wandeln sich diese kommunalen Einheiten somit nicht in untere staatliche Verwaltungsbehörden. Sie bleiben kommunale Behörden. Verwaltungsträger und damit Zurechnungssubjekt, sind im Falle der kreisfreien Städte oder Stadtkreise diese selbst, im Falle der großen Kreisstädte die dahinterstehenden Landkreise.

41   d) Interessante Fragen ergeben sich bei der Haftung für fehlerhaftes Verwaltungshandeln. Es stellt sich nämlich die Frage, welcher Verwaltungsträger für fehlerhaftes Verwaltungshandeln bei der Wahrnehmung der staatlichen Verwaltungsaufgaben auf der unteren Behördenstufe einzustehen hat. In Betracht kommen als Haftungsadressat grundsätzlich das jeweilige Bundesland oder die Selbstverwaltungskörperschaft „Landkreis".

Beispiel: Aufgrund einer fehlerhaften rechtlichen Beurteilung lehnt Landrat L die Erteilung einer Baugenehmigung ab. Daraus entsteht dem Eigentümer E ein erheblicher Schaden. E fragt, ob er seinen Amtshaftungsanspruch gegenüber dem Land oder dem Landkreis geltend zu machen habe? Da L bei der Erteilung der Baugenehmigung in seiner Funktion als staatliche Verwaltungsbehörde tätig geworden ist, richtet sich der Anspruch gegen das Land L. Nach den Grundsätzen der Anvertrauenstheorie kommt es bei Beamten mit Doppelfunktion darauf an, wessen Aufgaben der Amtswalter bei der Schädigung konkret wahrgenommen hat (ausdrücklich in diesem Sinne z. B. § 53 II LKrO Ba.-Wü. und Art. 35 LKrO Bay.; lesen!).

Anders läge der Fall, wenn die Baugenehmigung durch den Oberbürgermeister der kreisfreien Stadt X erteilt worden wäre. Dieser wäre im „übertragenen Wirkungskreis" tätig geworden; fehlerhaftes Amtshandeln wird in diesem Falle dem dahinterstehenden Verwaltungsträger, also der kreisfreien Stadt, zugerechnet. Anders als der Landrat handelt der Oberbürgermeister, wenn er staatliche Aufgaben im übertragenen Aufgabenkreis wahrnimmt, nicht als Amtswalter des Landes (*Knemeyer*, Rn. 138; auch *VGH München* BayVBl. 1955, 25). Maßgebend ist in diesen Fällen, bei welcher Körperschaft der handelnde Bedienstete angestellt ist (*BGHZ* 2, 350).

Wenn kreisfreie Städte bzw. große Kreisstädte im übertragenen Aufgabenbereich staatliche Aufgaben wahrnehmen, hat dies auch Konsequenzen für die Qualität der Aufsichtsunterworfenheit. Soweit diese Stellen übertragene Aufgaben wahrnehmen, unterliegen sie der Fachaufsicht und nicht nur der Rechtsaufsicht der übergeordneten staatlichen Verwaltungsbehörden.   42

Zur Abrundung ist auf den Sonderfall des Landes Niedersachsen hinzuweisen.   43 In Niedersachsen gibt es, wie ausgeführt, keine untere Verwaltungsbehörde der allgemeinen staatlichen Verwaltung. Es gibt keine Behörde, die zugleich Kreisorgan und Staatsbehörde ist. Das Landratsamt, geleitet vom Oberkreisdirektor, ist in Niedersachsen immer Kreisbehörde. Die Aufgaben der unteren staatlichen Verwaltungsbehörde werden in Niedersachsen im übertragenen Wirkungskreis als Weisungsangelegenheit wahrgenommen (§ 4 I LKrO NS). Für Amtspflichtverletzungen im übertragenen Wirkungskreis haftet deshalb in Niedersachsen nicht das Land, sondern der Landkreis als Verwaltungsträger.

e) Neben der **allgemeinen Verwaltung** gibt es in allen Ländern **Sonderverwaltungen**   44 für fachlich abgegrenzte Verwaltungsaufgaben. Die „Sonderverwaltung" ist unterschiedlich ausgestaltet.

Die besonderen Verwaltungsbehörden gliedern sich grundsätzlich in Landesoberbehörden, höhere Sonderbehörden und untere Sonderbehörden (z. B. § 17 LVG Ba.-Wü.).

Die Zuständigkeit der Landesoberbehörden erstreckt sich auf das ganze Landesgebiet. Von daher sind sie der Oberstufe der Verwaltungsorganisation zuzurechnen.

Beispiele: Landesamt für Besoldung und Versorgung; statistisches Landesamt; Landeskriminalamt.

Die höheren Sonderbehörden nehmen einen bestimmten Aufgabenkreis fachlich wahr, sind indessen ebenfalls, wie die Bezirksregierungen, nur für Teile des

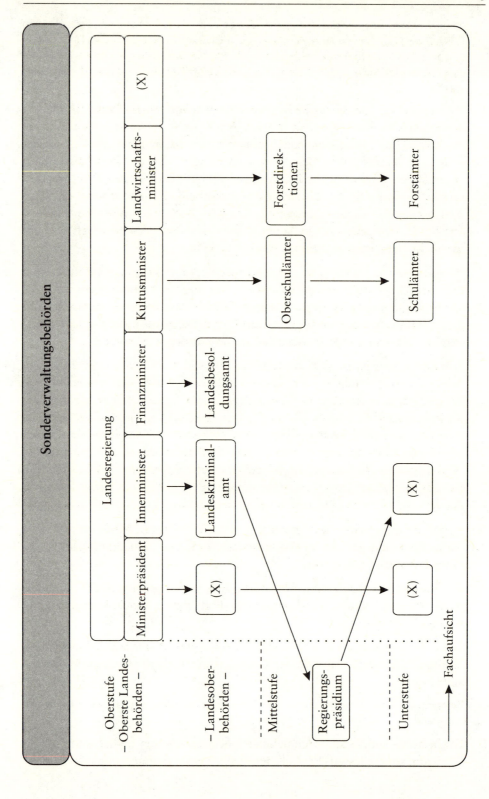

Landes zuständig. Sie sind von daher Verwaltungsbehörden auf der Mittelstufe.

Beispiele: Oberschulämter, Forstdirektionen, Oberfinanzdirektionen.

Schließlich kann es auch bei den besonderen Verwaltungsbehörden eine Unterstufe geben. Untere Sonderbehörden sind alle Behörden, die nicht Landesoberbehörden oder höhere Sonderbehörden sind, und denen ein fachlich begrenzter Aufgabenbereich für einen Teil des Landes zugewiesen ist (§ 17 IV LVG Ba.-Wü.).

f) Die unmittelbare **Landesverwaltung** ist **hierachisch** aufgebaut. Die übergeordneten Behörden haben Aufsichts- und Weisungsbefugnisse gegenüber den nachgeordneten Behörden, denen Gehorsamspflichten korrespondieren. Die Aufsicht ist Fachaufsicht und Dienstaufsicht. Die Fachaufsicht beinhaltet die Einflußnahme auf die rechtmäßige und zweckmäßige Erledigung der Verwaltungsaufgaben. Die Dienstaufsicht bezieht sich auf die innere Ordnung, die allgemeine Geschäftsführung und die Personalangelegenheiten der Behörden. Dienst- und fachaufsichtliche Befugnisse müssen nicht bei der gleichen übergeordneten Behörde verankert sein (*Maurer*, Allg. VerwR, § 22 Rn. 35). **45**

Beispiele:
❑ Die Förderung von Erziehungsberatungsstellen ist im Bundesland R durch eine Verwaltungsvorschrift geregelt. Die Förderung des Einrichtungsträgers beträgt bis zu 25 % der Fachpersonalkosten. In der Stadt X soll während des laufenden Haushaltsjahres eine neue große Erziehungsberatungsstelle in einem sozialen Brennpunktgebiet eröffnet werden. Die Anerkennung der Förderung würde dazu führen, daß die Förderungshöchstquote von 25 % für die bestehenden Erziehungsberatungsstellen nicht mehr erreicht werden könnte. Das für die Förderung zuständige Landesjugendamt (Landesoberbehörde) beabsichtigt, die Förderung der neuen Erziehungsberatungsstelle noch im laufenden Förderungsjahr anzuerkennen. Das übergeordnete Sozialministerium weist als oberste Landesbehörde angesichts fehlender Haushaltsmittel im Rahmen der Fachaufsicht das Landesjugendamt an, die Erziehungsberatungsstelle nicht in die Förderung aufzunehmen. Dem hat das Landesjugendamt zu entsprechen.
❑ Dem zuständigen Regierungspräsidium ist bekannt geworden, daß Landrat L seine Sachbearbeiter angewiesen hat, bei Baugenehmigungen für Aussiedler „besonders sorgfältig" vorzugehen. Deshalb werden Aussiedler zur Abgabe umfangreicher Stellungnahmen veranlaßt. Das Regierungspräsidium fordert L zu einer dienstlichen Stellungnahme auf und weist ihn unter Androhung disziplinarrechtlicher Maßnahmen an, die Benachteiligung der Aussiedler unverzüglich einzustellen (Dienstaufsicht).

4. Die Mischverwaltung

a) Grundsätzlich sind die Bundes- und Landesverwaltungen organisatorisch und funktionell getrennt. Dies darf indessen nicht zu dem Schluß führen, als handele es sich um zwei unabhängig voneinander agierende Blöcke. Nicht zuletzt im Zeichen des kooperativen Föderalismus sind zahlreiche Formen der Mischverwaltung zwischen Bund und Ländern wie auch zwischen den Ländern untereinander anzutreffen (*Erichsen*, Allg. VerwR, § 55 Rn. 22). Teilweise **46** ergeben sich diese Formen der Mischverwaltung bereits aus dem GG, sie können aber auch auf vertraglichen Vereinbarungen beruhen. In vielen Bereichen gibt es ein faktisches Zusammenwirken, insbesondere in sog. Bund-Länder-Koordinationsgremien (verfassungsrechtlich nicht unbedenklich).

47   Bei den **Formen der Mischverwaltung** sind grundsätzlich zu unterscheiden:
- ❑ Einwirkungsmischverwaltung;
- ❑ Organisatorische Mischverwaltung.

Obgleich das Grundgesetz Mischverwaltung in verschiedenen Formen zuläßt oder zumindest voraussetzt, ist die Frage des Umfangs der Zulässigkeit der Mischverwaltung noch nicht endgültig geklärt. Nach Auffassung des *BVerfG* steht die prinzipielle Trennung der Bundes- und Landesverwaltung jedenfalls einer Verwaltungsorganisation entgegen, „bei der eine Bundesbehörde einer Landesbehörde übergeordnet ist, oder bei der ein Zusammenwirken von Bundes- und Landesbehörden durch Zustimmungserfordernisse erfolgt" (*BVerfGE* 11, 124; 63, 37; *Maurer*, Allg.VerwR, § 22 Rn. 43 ff.).

48 b) Unter Einwirkungsmischverwaltung wird eine Zusammenarbeit zwischen Verwaltungsträgern verstanden, unter Einsatz von Instrumenten der Einwirkung oder Abstimmung, ohne daß es zu einer organisatorischen Herausbildung gemeinsamer Verwaltungsorgane kommt. Hierzu rechnen z. B. die Verwaltungsvorschriften, die die Bundesregierung nach Art. 84 II GG erlassen kann, oder die Weisungen der obersten Bundesbehörden im Bereich der Bundesauftragsverwaltung nach Art. 85 III GG.

Durch das 21. Änderungsgesetz zum GG wurden im Jahre 1969 die sog. Gemeinschaftsaufgaben in das Grundgesetz eingefügt. Es handelt sich um Aufgaben, die in eine gemeinschaftliche Verantwortung von Bund und Ländern verlagert worden sind, weil dies unter dem Gesichtspunkt der gemeinschaftlichen Planung und Finanzierung als erforderlich angesehen worden ist (Art. 91 a und b GG). Die allgemeinen Grundsätze für die Wahrnehmung der Gemeinschaftsaufgaben, für das Verfahren und die Einrichtungen sind in Zustimmungsgesetzen geregelt worden.

Beispiele:
- ❑ Gesetz über die Gemeinschaftsaufgabe „Ausbau und Neubau wissenschaftlicher Hochschulen" vom 1.9.1969 (BGBl. I S. 1556);
- ❑ Gesetz über die Gemeinschaftsaufgabe „Verbesserung der Agrarstruktur und des Küstenschutzes" i. d. F. vom 21.7.1988 (BGBl. I S. 1055);
- ❑ Gesetz über die Gemeinschaftsaufgabe „Verbesserung der regionalen Wirtschaftsstruktur" vom 6.10.1969 (BGBl. I S. 1861.

49   Ein wesentliches Mittel des Bundes zur Einflußnahme auf die Länder und Gemeinden sind sog. Investitionshilfen unmittelbar für Länder und Gemeinden oder auch Subventionen an Dritte, die mit Co-Finanzierungsauflagen der Länder verbunden werden. Angesichts der chronischen Finanzschwäche der öffentlichen Haushalte liegt es auf der Hand, daß über diesen „goldenen Zügel" erhebliche

Steuerungspotentiale freigemacht werden können. Für Investitionshilfen enthält Art. 104 a IV GG nähere Maßgaben (dazu *BVerfGE 39, 96; 41, 291*).

Ebenfalls dem Typus der Einwirkungsmischverwaltung sind sog. Koordinie-   50
rungsgremien zuzurechnen. Vor allem auf der Ebene der obersten Landesbehörden, aber auch zwischen Behörden der Mittelinstanz gibt es eine Vielzahl von Gremien, die unter fachlichen Gesichtspunkten eine – informelle – Abstimmung zwischen dem Bund und den Ländern sowie zwischen den Ländern herbeiführen sollen. Die Beschlüsse dieser Gremien haben rechtlich nur empfehlenden Charakter, sie können jedoch faktisch eine weitgehende Koordinierung herbeiführen.

Beispiele:

❑ Die Drogenbeauftragten des Bundes und der Länder treffen sich in regelmäßigen Abständen, um die Situation im Bereich des Mißbrauchs von Suchtmitteln zu erörtern und Maßnahmen der Suchtmittelprävention und Suchtmittelbekämpfung abzustimmen. Insoweit handelt es sich um ein Abstimmungsgremium auf der Ebene der Referatsleiter.

❑ Die Arbeitsministerkonferenz des Bundes und der Länder, die in jährlichem Turnus ggf. auch zusätzlich auf besondere Einladung tagt, erörtert auf Ministerebene die arbeitsmarktpolitischen Daten und Maßnahmen.

❑ Die Ministerkonferenz für Raumordnung beschließt eine Verbesserung der grenzüberschreitenden Zusammenarbeit zum Zwecke des Hochwasserschutzes; außerdem sollen die Landes- und Regionalpläne vereinheitlicht werden *(Lüers,* UPR 1996, 241; bitte lesen!)

c) Die **Organisationsmischverwaltung** betrifft gemeinsame Verwaltungsorgane   51
oder gemeinsame Verwaltungsträger. Organisationsmischverwaltung kommt sowohl zwischen Bund und Ländern, als auch zwischen den Ländern vor.

Beispiele:

❑ Bei grundsätzlicher Eigenständigkeit der Finanzverwaltung des Bundes und der Länder besteht auf der Mittelstufe eine echte Mischverwaltung. Die Oberfinanzdirektionen, die vom Oberfinanzpräsidenten geleitet werden, sind eine gemeinsame Behörde von Bund und jeweiligem Bundesland. Der Oberfinanzpräsident wird also abhängig vom jeweils wahrgenommenen Aufgabenbereich entweder als Amtswalter des Bundes oder des Landes tätig. Er ist sowohl Bundesbeamter als auch Landesbeamter (§ 9 I FVG). Die nachgeordneten Behörden sind teils Bundesbehörden (z. B. die Hauptzollämter), teils Landesbehörden (z. B. die Finanzämter).

❑ Eine gemeinsame Behörde der Länder ist die Filmbewertungsstelle der Länder in Wiesbaden. Die Filmbewertungsstelle beruht auf einem Verwaltungsabkommen der Landeskultusminister (zur Zulässigkeit *BVerwGE 23, 194; Maurer,* Allg. VerwR, § 22 Rn. 50).

❑ Als gemeinsamen Verwaltungsträger haben die Länder das Zweite Deutsche Fernsehen auf der Grundlage des Staatsvertrages vom 6.6.1961 (abgedruckt in Hess. GVBl. 1961, 199) errichtet. Es handelt sich beim Zweiten Deutschen Fernsehen um eine juristische Person des öffentlichen Rechts, und zwar um eine rechtsfähige Anstalt (dazu *BVerfGE 12, 205; BVerwGE 22, 299; Kisker,* JuS 1969, 466).

II. Mittelbare Staatsverwaltung

52 Bei der mittelbaren Staatsverwaltung erledigt der Staat (Bund und Länder) die
Verwaltungsaufgaben nicht selbst durch eigene Verwaltungsorgane, sondern er
bedient sich **rechtlich selbständiger Organisationen.** Die mittelbare Staatsverwaltung bilden die öffentlich-rechtlich begründeten Organisationen und Subjekte
sowie die sog. Beliehenen. Privatrechtlich organisierte Rechtsträger, die zur Erfüllung von Verwaltungsaufgaben eingeschaltet werden, könnten organisations-
theoretisch ebenfalls der mittelbaren Staatsverwaltung zugeordnet werden.
Nicht zuletzt angesichts ihrer fehlenden hoheitlichen Handlungsbefugnis sollten
diese privatrechtlichen „Verwaltungsträger" aber als eigenständige organisatorische Kategorie behandelt werden.

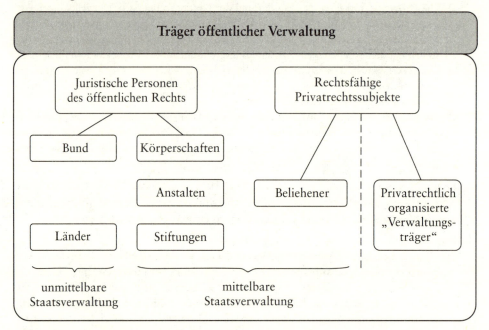

Verwaltungsträger der mittelbaren Staatsverwaltung sind bei diesem Verständnis
folgende **Organisationstypen:**
- ❑ Körperschaften des öffentlichen Rechts;
- ❑ Rechtsfähige Anstalten des öffentlichen Rechts;
- ❑ Stiftungen des öffentlichen Rechts;
- ❑ Beliehene.

53 **Merke:** Zur Erledigung einer Verwaltungsaufgabe kann der Staat durch
eigene Verwaltungsorgane handeln (unmittelbare Staatsverwaltung), er
kann aber auch juristische Personen des öffentlichen Rechts errichten und
diesen die Erfüllung von Aufgaben als eigene Angelegenheit überlassen
bzw. Aufgaben auf bereits bestehende juristische Personen des öffentlichen Rechts zur Wahrnehmung übertragen (mittelbare Staatsverwaltung).

Im Falle der mittelbaren Staatsverwaltung wird der handelnde Amtswalter nicht für den Staat, sondern für die jeweilige juristische Person des öffentlichen Rechts tätig, der er angehört. Ansprüche des Bürgers, gleich welcher Art, richten sich nicht gegen den Staat (Bund, Länder), sondern grundsätzlich gegen den rechtlich verselbständigten Verwaltungsträger.

1. Körperschaften des öffentlichen Rechts

a) Die Körperschaft des öffentlichen Rechts ist eine mitgliedschaftlich verfaßte **54** und unabhängig vom Wechsel der **Mitglieder** bestehende Organisation, die durch staatlichen Hoheitsakt, nämlich i. d. R. ein Gesetz oder einen sonstigen Staatsakt auf Grund eines Gesetzes gebildet wird und öffentliche Aufgaben wahrnimmt (*W/B* II, § 84 II b). Typischerweise sind die öffentlichen Körperschaften rechtsfähige Personenverbände. Die (Voll-)Rechtsfähigkeit ist aber nicht zwingend Begriffsmerkmal der öffentlichen Körperschaft (*Maurer*, Allg. VerwR, § 23 Rn. 39). Man hat in diesem Zusammenhang nämlich zu bedenken, daß sich das öffentliche Recht, anders als das bürgerliche Recht, nicht an der Vollrechtsfähigkeit der natürlichen Person orientiert, sondern Gestaltungsformen einschließt, die die Befugnis zur Trägerschaft von Rechten und Pflichten nur eingeschränkt aufweisen. In diesem Falle handelt es sich um teilrechtsfähige Körperschaften, wie z. B. die Fakultäten der Universität (*Forsthoff*, VerwR AT, S. 485; *Maurer*, Allg. VerwR, § 23 Rn. 39). Fehlt die Rechtsfähigkeit vollständig, sind die Körperschaften allerdings nicht Verwaltungsträger.

Beachte: Die Körperschaft des öffentlichen Rechts ist durch folgende Merkmale gekennzeichnet:
- ❏ Mitgliedschaftliche Struktur;
- ❏ Errichtung durch staatlichen Hoheitsakt;
- ❏ Rechtsfähigkeit (str.);
- ❏ staatsaufsichtliche Kontrolle.

b) Wesentliches Merkmal der öffentlichen Körperschaft ist ihre mitgliedschaftli- **55** che Struktur. Dies bedeutet, daß die öffentliche Körperschaft aus Mitgliedern besteht, die gerade als Mitglieder Einfluß auf die Wahrnehmung der Verbandsangelegenheiten haben. In aller Regel sind wesentlichen Entscheidungen in Verbandsangelegenheiten den Mitgliedern – und sei es über ein von ihnen gewähltes Repräsentationsorgan – vorbehalten (*Schweickhardt*, Rn. 70). Denkbar ist es aber auch, daß die Mitglieder von den Verwaltungsgeschäften und der Organbestellung ausgeschlossen sind (*Forsthoff*, VerwR AT, S. 488 unter Hinweis auf sog. Leitungsverbände).

Die Mitgliedschaft kann an unterschiedlichen Kriterien anknüpfen: **56**
- ❏ **Gebietskörperschaften:** Die Mitgliedschaft knüpft für natürliche Personen am Wohnsitz, für juristische Personen an deren Geschäftssitz an. Gebietskörperschaften sind z. B. die Gemeinden und die Gemeindeverbände.

❑ **Personalkörperschaften:** Die Mitgliedschaft knüpft an bestimmten, die Zugehörigkeit begründenden individuellen Eigenschaften an, wie z. B. den ausgeübten Beruf. Beispiele sind Rechtsanwaltskammern, Handwerkskammern, Universitäten, Allgemeinen Ortskrankenkassen, Berufsgenossenschaften sowie Landesversicherungsanstalten.

❑ **Realkörperschaften:** Die Mitgliedschaft ergibt sich aus dem Eigentum oder dem Besitz. Beispiel einer Realkörperschaft ist die Industrie- und Handelskammer, deren Mitgliedschaft durch den Besitz eines wirtschaftlichen Betriebes begründet wird.

❑ **Verbandskörperschaften:** Mitglieder sind ausschließlich juristische Personen. Die kommunalen Zweckverbände, wie Abfallbeseitigungs- oder Planungsverbände, sind solche Verbandskörperschaften.

Beispielsfall: Nachdem im Zusammenhang mit den Schah-Demonstrationen im Juni 1967 der Student Benno Ohnesorg von einem Polizisten tödlich getroffen worden war, verabschiedete der allgemeine Studentenausschuß der Universität Tübingen verschiedene Resolutionen. Student S erhob vor dem zuständigen Verwaltungsgericht Unterlassungsklage, da er die Auffassung vertrat, der Studentenschaft stehe ein allgemein politisches Mandat nicht zu. – Das BVerwG sieht in der sog. verfaßten Studentenschaft zunächst eine verfassungsrechtlich zulässige Zwangskörperschaft (*BVerwG*, DÖV 1980, 602 mit Anm. *Bachof*; a. A. *VG Sigmaringen* DVBl. 1977, 465; ablehnend wohl auch *Maurer*, Allg. VerwR, § 23 Rn. 43). Die verfaßte Studentenschaft hat u. a. die Aufgabe, die hochschulpolitischen und sozialen Belange der Studenten wahrzunehmen. Sie ist in die Universität eingeordnet und somit an der Erfüllung von deren Aufgaben beteiligt (vgl. § 58 I HRG sowie die Landeshochschulgesetze; abweichend Art. 68, 69 BayHochSchG). Das BVerwG hält fest, daß die Mitglieder öffentlicher Verbände einen Anspruch darauf haben, daß sich „ihr" Verband auf die ihm zugewiesenen Aufgaben beschränkt. Dies gelte insbesondere für die Mitglieder von Zwangsverbänden. Im übrigen läßt es das BVerwG offen, ob den Zwangskörperschaften überhaupt das Grundrecht nach Art. 5 I GG zusteht. Jedenfalls hält es dieses durch die Rechte ihrer Mitglieder, insbesondere nach Art. 2 I GG, für begrenzt. Sie wirken damit als Schranke im Sinne von Art. 5 II GG (*BVerwGE 34, 69 – „verfaßte Studentenschaft"*).

57   ┌───┐
      │ **Merke:** Die Mitgliedschaft in öffentlichen Körperschaften kann freiwillig, │
      │ aber auch gesetzlich verbindlich vorgeschrieben sein.   │
      └───┘

Beispielsfall: Schlosser S gehört der für ihn zuständigen Handwerkskammer an. S ist der Auffassung, daß diese öffentliche Zwangskörperschaft nicht mehr in der Lage sei, die Interessen des Handwerks zu fördern. Angesichts ihrer öffentlich-rechtlichen Konstruktion vertrete sie vor allem die Interessen des Staates, da sie, wie sich aus § 91 HandwO ergebe, eine Reihe hoheitlicher Aufgaben wahrnehme. Die fortwährenden Beitragserhöhungen seien ihm ohnehin unzumutbar. Er halte die Zwangsmitgliedschaft in der Handwerkskammer für verfassungswidrig. –

Das *BVerfG* sieht bislang in der Zwangsmitgliedschaft weder einen Verstoß gegen Art. 9 GG noch gegen Art. 12 I GG oder Art. 2 I GG. Es weist darauf hin, daß die Vertretung der Gesamtinteressen der gewerblichen Wirtschaft am zweckmäßigsten einem Selbstverwaltungsorgan der Wirtschaft anvertraut werde. Es sei auch nicht zu beanstanden, daß diesem Organ weitere, spezifisch verwaltungsmäßige, ja zum Teil hoheitliche Aufgaben übertragen worden seien und weiter übertragen würden, die sonst von staatlichen Behörden wahrgenommen werden müßten (*BVerfGE* 15, 235 – „*Zwangsmitgliedschaft*").

c) Die Körperschaft des öffentlichen Rechts kann nur durch staatlichen Hoheits- **58** akt entstehen. Die Errichtung, Änderung oder Aufhebung der öffentlichen Körperschaft muß durch Gesetz oder aufgrund eines Gesetzes erfolgen. Dabei hat der Gesetzgeber die wesentlichen Strukturen der Körperschaft abzugrenzen, insbesondere ihren Aufgabenbereich zu bestimmen. Ausgeschlossen ist es somit, daß z. B. Mitglieder eines bestehenden privatrechtlichen Verbandes diesen als eine öffentliche Körperschaft begründen. Ein privatrechtlicher Verband kann auch nicht durch Wahrnehmung öffentlich-rechtlicher Aufgaben in eine öffentlich-rechtliche Körperschaft mutieren. Entscheidend ist der konstitutive staatliche Hoheitsakt (*Forsthoff*, VerwR AT, S. 492).

Es steht nicht im freien Belieben des Gesetzgebers, ob er für bestimmte Aufga- **59** ben öffentliche Körperschaften errichtet. Es muß sich zwingend um Aufgaben handeln, die aus Gründen des öffentlichen Interesses aus dem privaten Bereich herausgenommen und öffentlich-rechtlich organisiert werden müssen. Es darf sich außerdem auch nicht um Aufgaben handeln, die der Staat aus verfassungsrechtlichen Gründen selbst wahrnehmen muß. Der verfassungsrechtliche Beurteilungsmaßstab für die Übertragung von Aufgaben auf öffentliche Körperschaften ergibt sich vor allem aus Art. 2 I GG, der Freiheitsbeschränkungen nur im Rahmen der verfassungsmäßigen Ordnung zuläßt.

Beispielsfall: Facharzt F wurde von den Berufsgerichten für Heilberufe strafrechtlich belangt, weil er in Überschreitung der von der Ärztekammer erlassenen Berufsordnung nicht nur fachärztliche Behandlungen, sondern auch allgemeinärztliche Behandlungen vorgenommen hatte. Mit der Verfassungsbeschwerde machte F Verstöße gegen Art. 12 I, Art. 2 I und Art. 103 II GG geltend. – Das *BVerfG* führt aus, daß berufsfreiheitsbeschränkende Regelungen innerhalb bestimmter Grenzen auch durch Satzungen zulässig seien, die von einer mit Autonomie begabten Körperschaft erlassen werden. Jedoch setze die grundgesetzliche Ordnung der Verleihung und Ausübung von Satzungsgewalt bestimmte Grenzen. Zur näheren Bestimmung der Grenzen könne nicht unmittelbar auf Art. 80 I GG zurückgegriffen werden, da es einen erheblichen Unterschied mache, ob der Gesetzgeber seine Normsetzungsbefugnis an eine Stelle der bürokratisch-hierarchisch organisierten staatlichen Exekutive abgibt oder ob er innerhalb eines von vornherein durch Wesen und Aufgabenstellung der Körperschaft begrenzten Bereiches einen bestimmten Kreis von Bürgern ermächtigt, durch demokratisch gebildete

Organe ihre eigenen Angelegenheiten zu regeln. Allerdings bleibe auch im Rahmen einer an sich zulässigen Autonomiegewährung der Grundsatz bestehen, daß der Gesetzgeber sich seiner Rechtssetzungsbefugnis nicht völlig entäußern und seinen Einfluß auf den Inhalt der von den körperschaftlichen Organen zu erlassenden Normen nicht gänzlich preisgeben darf. Dies folge sowohl aus dem Prinzip des Rechtsstaates wie aus dem der Demokratie. In der Abwägung zwischen der Geltungskraft der Grundrechte, insbesondere des Art. 12 I GG einerseits, und den Prinzipien der Selbstverwaltung und der Autonomie andererseits, kommt das *BVerfG* zum Ergebnis, daß Regelungen, die die Freiheit der Berufswahl und dadurch sogar schutzwürdige Interessen von Nichtmitgliedern berühren, vom Gesetzgeber selbst getroffen werden müssen. Allenfalls Einzelfragen fachlich-technischen Charakters könnten in dem vom Gesetzgeber gezogenen Rahmen auch durch Satzungsrecht eines Berufsverbandes geregelt werden. Demgegenüber sieht das BVerfG im Bereich der Berufsausübung keine grundsätzlichen Bedenken, den Verband zur Normgebung zu ermächtigen (*BVerfGE* 33, 125 – *„Facharztwesen"*).

60   Die öffentlichen Körperschaften verfügen zur Erledigung ihrer Aufgaben über Hoheitsbefugnisse. Sie können Rechtsnormen (**Satzungen**) beschließen oder Verwaltungsakte erlassen. Sie haben das Recht, Beiträge und Gebühren zu erheben sowie Bedienstete zu beschäftigen, und zwar sowohl Beamte als auch Angestellte oder Arbeiter.

Bei der Erledigung ihrer Aufgaben unterliegen sie als mittelbare Staatsverwaltung der Rechtmäßigkeitskontrolle durch den Staat (Rechtsaufsicht). Die Staatsaufsicht ist zwingendes Merkmal der öffentlichen Körperschaft. Ohne Staatsaufsicht kann kein Verband als öffentliche Körperschaft anerkannt werden (*BVerfGE* 19, 133; *VGH Mannheim*, NJW 1967, 1196; *OVG Hamburg*, DÖV 1970, 102). Die Staatsaufsicht folgt zwingend daraus, daß den öffentlichen Körperschaften die Befugnis verliehen ist, zur Wahrnehmung ihrer Aufgaben hoheitliche Mittel einzusetzen.

Beispielsfall: Der allgemeine Studentenausschuß der Universität X gab ein „AStA-Info" heraus, in dem er sich ablehnend zur Wiederaufbereitungsanlage Wackersdorf äußert und unter anderem zu Solidaritätsfahrten zu den vor Ort befindlichen Demonstranten auffordert. Der Präsident der Universität X erließ eine rechtsaufsichtliche Verfügung, mit der den Organen der Studentenschaft untersagt wurde, eigene Stellungnahmen zur Wiederaufbereitungsanlage in Wackersdorf abzugeben; zugleich wurde für jeden Fall der Zuwiderhandlung ein Zwangsgeld in Höhe von DM 2.500,-- angedroht und die sofortige Vollziehung der Verfügung im öffentlichen Interesse angeordnet. Der *VGH Kassel* hielt fest, daß der verfaßten Studentenschaft ein sog. allgemeinpolitisches Mandat nicht zustehe. Der Präsident durfte deshalb die Rechtsverletzung zum Gegenstand einer Maßnahme der Rechtsaufsicht machen. Die ergriffenen Maßnahmen waren auch geeignet und erforderlich, so daß nicht übermäßig in das Selbstverwaltungsrecht der verfaßten Studentenschaft einge-griffen worden sei. Der Präsident habe nach Lage der Dinge das mildeste Aufsichtsmittel ergriffen, um künftige Rechtsverletzungen zu verhindern und dafür zu sorgen, daß die verfaßte Studentenschaft sich ausschließlich den ihr nach dem Hochschulgesetz obliegenden Aufgaben widme (VGH Kassel, NVwZ-RR 1991, 639 – „AStA-Info-Wackersdorf").

2. Anstalten des öffentlichen Rechts

a) Ausgehend von *Otto Mayer* (VerwR II, S. 268, 331), der den juristischen An-staltsbegriff geprägt hat, kann die Anstalt des öffentlichen Rechts als eine von einer Hoheitsperson oder von mehreren Hoheitspersonen gemeinschaftlich getra-gene, i. d. R. mit Hoheitsgewalt ausgestattete, rechtlich subjektivierte und institu-tionalisierte Organisation verstanden werden, durch die der Träger (Anstaltsherr) eigene oder ihm gesetzlich auferlegte fremde öffentliche Angelegenheiten wahr-nimmt und auf die er deshalb – soweit dies nicht gesetzlich ausgeschlossen ist – dauernd maßgebenden Einfluß ausübt (*W/B* II, § 98 I 6). Die Anstalt des öffentli-chen Rechts ist somit durch folgende Grundelemente bestimmt: **61**

- ❏ Organisatorische Zusammenfassung von Verwaltungspersonal und Sach-mittel zu einer rechtlich verselbständigten Einheit.
- ❏ Wahrnehmung von Verwaltungsaufgaben im Rahmen der jeweiligen Zwecksetzung.
- ❏ Die Anstalt des öffentlichen Rechts hat **Benutzer** und nicht wie die Körper-schaften Mitglieder.

b) Öffentliche Anstalten weisen unterschiedliche Grade der Verselbständigung auf. Selbstverwaltungsträger und damit mittelbare Staatsverwaltung im ei-gentlichen Sinne sind nur die rechtsfähigen bzw. teilrechtsfähigen Anstalten. **62**

Eine nicht rechtsfähige Anstalt ist nur organisatorisch selbständig, sie ist jedoch nach wie vor Funktionseinheit ihres Verwaltungsträgers (Verwaltungsorgan), von dem sie sich trotz der eigenständigen Bezeichnung im Außenverhältnis recht-lich nicht unterscheidet. Der Grund, unselbständige Anstalten auszugliedern, liegt im Bereich der Wirtschaftsführung. Unselbständige Anstalten verfügen über ein Sondervermögen, einen eigenen Wirtschaftsplan, eigene Buchführung und eige-nes Personal. Sie haben jedoch keine eigenen Organe, vielmehr sind die Anstalts-organe Unterorgane des Anstaltsträgers (W/B II, § 98 II 3).

Beispiele: Stadtwerke, Krankenhäuser, Schulen (vgl. z. B. § 6 SchulVerwG NRW); Badean-stalten, Museen, Schlachthöfe und die Bundesanstalt für Flugsicherung.

Beispielsfall: Die Wasser- und Schiffahrtsdirektion H ordnete bei der Festle-gung der Schleusenbetriebszeiten die Sonn- und Feiertagsruhe an. Binnenschif-fer B beantragte vor dem *VG* die Feststellung, daß die Regelung der Schleusen-betriebszeiten rechtswidrig sei. – Das *BVerwG* ordnete die Schleusen als nicht rechtsfähige Anstalten ein, die dem Bereich der unmittelbaren Staatsverwal-tung angehören und sich im Hinblick auf den von ihnen zu erfüllenden Zweck

als besondere Funktionseinheiten der Verwaltung darstellen. Derartige Gebilde würden herkömmlich als unselbständige Anstalten bezeichnet, die im Gegensatz zu den selbständigen keine Rechtsfähigkeit besäßen und infolgedessen
nicht aus der Verwaltung ausgegliedert seien. Die Benutzungsregelung sah das
BVerwG als Anstaltsordnung an. Diese solle eine ordnungsgemäße, d. h. den
Zwecken der Anstalt entsprechende Benutzung gewährleisten. Die Schiff-
fahrtsdirektion dürfe innerhalb der Anstaltsgewalt nicht nach freiem Ermessen handeln. Vielmehr müsse sie sich bei der Aufstellung oder der Änderung
der Anstaltsordnung von dem Zweck der Anstalt leiten lassen. Da eine Anstalt
nicht Selbstzweck sei, sondern eine bestimmte Leistung der öffentlichen Verwaltung zu erfüllen habe, müßten das Interesse der Benutzer und die Lei-
stungsfähigkeit der Anstalt bei den einzelnen Regelungen miteinander in Beziehung gesetzt und abgewogen werden. Dies habe die Schiffahrtsdirektion H
versäumt (*BVerwGE* 32, 299 – *„Feiertagsruhe an Schleusen"*).

63   Die rechtsfähige (selbständige) Anstalt ist rechtlich selbständig. Sie ist durch
Gesetz geschaffene oder zugelassene juristische Person des öffentlichen
Rechts. Sie ist Verwaltungsträger mit eigener Satzungsgewalt.

Beispiele: Bundesbank und die sonstigen öffentlichen Banken, Kreis- und Stadtsparkassen,
öffentlich-rechtliche Rundfunkanstalten, Bundesanstalt für Güterfernverkehr, Bundesanstalt zur Regelung der vereinigungsbedingten Sonderaufgaben, Deutsche Bibliothek.

Entgegen dem Wortlaut des § 189 AFG ist auch die Bundesanstalt für Arbeit eine
rechtsfähige Anstalt und nicht eine rechtsfähige Körperschaft des öffentlichen
Rechts. Die Bundesanstalt für Arbeit hat Benutzer, nicht aber Mitglieder (str., wie
hier *Maurer*, Allg. VerwR, § 23 Rn. 48; *Erichsen*, Allg. VerwR, § 56 Rn. 15).

64   Die teilrechtsfähige Anstalt ist nur im Rahmen der Teilrechtsfähigkeit Verwaltungsträger. Sie ist insoweit Dritten gegenüber Zurechnungseinheit. Das An-
staltsvermögen ist nicht-rechtsfähiges Sondervermögen des Anstaltsträgers.
Die Anstalt kann unter ihrem Namen klagen und verklagt werden. Die Haftung ist auf ihr Vermögen beschränkt (W/B II, § 98 II 2).

Beispiel: Die Bundesbahn war ein von der Bundesrepublik Deutschland verwaltetes Sondervermögen mit eigener Wirtschafts- und Rechnungsführung (§ 1 BBahnG). Durch das Eisen-
bahnneuordnungsgesetz sind allerdings tiefgreifende strukturelle Veränderungen bei der
Deutschen Bundesbahn vorgenommen worden. Mit Gründung der Deutschen Bahn AG
(DB AG) entsteht parallel das Eisenbahn-Bundesamt (EBA), auf das alle hoheitlichen Aufgaben aus dem Eisenbahnvermögen übergehen. Von diesem Zeitpunkt an gibt es im Bereich
der Bahn drei selbständige Organisationen, und zwar:

❑ Deutsche Bahn AG mit den unternehmerischen Bereichen Personenver-
kehr, Güterverkehr und Eisenbahninfrastruktur.

❑ Eisenbahn-Bundesamt mit hoheitlichen Aufgaben, wie z. B. Planfeststellungsverfahren und Eisenbahnaufsicht.

❑ Rest-Bundeseisenbahnvermögen (Rest-BEV) für Personalangelegenheiten
der beamteten Mitarbeiter und der Versorgungsberechtigten.

c) Die rechtsfähige Anstalt muß durch Gesetz oder aufgrund eines Gesetzes ge- 65
schaffen werden. Rechtsfähige Anstalten können bei einer entsprechenden
gesetzlichen Ermächtigung auch durch Körperschaften errichtet werden, so
daß eine mehrstufige mittelbare Staatsverwaltung entsteht.

Beispiel: Nach Art. 1 BaySpkG können Gemeinden, Landkreise und Zweckverbände nach
Maßgabe des Sparkassengesetzes Sparkassen errichten. Nach Art. 3 BaySpkG wird mit
Erteilung der Genehmigung der Aufsichtsbehörde die Sparkasse eine rechtsfähige Anstalt
des öffentlichen Rechts.

Im übrigen können die Einflußmöglichkeiten des Verwaltungsträgers, der die
rechtsfähige Anstalt errichtet, erheblich sein. Soweit dies nicht bereits durch
das ermächtigende Gesetz vorgeschrieben ist, bestimmt der Gewährträger mit
der Errichtung die Organisation und die Aufgaben der Anstalt. Nach Art. 12
BaySpKG werden z. B. auch die bei der Sparkasse beschäftigten Beamten und
Angestellten vom Gewährträger bestellt. Er kann die Dienstverhältnisse regeln.
Der Vorsitzende des Verwaltungsrats ist zwingend der Bürgermeister oder der
Landrat.

> **Merke:** Im Unterschied zur Körperschaft hat die Anstalt Benutzer und 66
> keine Mitglieder.

Während die Mitglieder einer Körperschaft auf die Aufgabenwahrnehmung 67
der Körperschaft Einfluß nehmen können, haben Benutzer einer Anstalt keine
derartigen Mitwirkungsrechte. Sie nehmen die Anstalt lediglich in Anspruch.
Sie stehen nicht innerhalb der Organisation, sondern treten als Leistungsnach-
frager von außen an die Anstalt heran.

Beispielsfall: Die Fernsehanstalt F hatte wiederholt in Programmzeitschriften
angekündigte Sportübertragungen abgesetzt, weil in den Sportstätten Wer-
bungstafeln aufgestellt waren. K erhebt beim VG Unterlassungsklage mit dem
Ziel, diese Sendepraxis zu unterbinden. – Das *BVerwG* hält die Klage für
unzulässig, weil die Fernsehanstalt nicht zu einer bestimmten Programmgestaltung gegenüber K verpflichtet sei. Der Rundfunkteilnehmer habe als An-
staltsbenutzer keinen Anspruch auf die Ausstrahlung eines bestimmten Pro-
grammes. Ein solcher ergebe sich auch nicht aus Art. 5 I 1 HS 2 GG, da dieses
Grundrecht lediglich ein Abwehrrecht gegenüber Hoheitsträgern sei, indessen
diese nicht zwinge, allgemein zugängliche Informationsquellen einzurichten
(*BVerwG*, DÖV 1979, 102 – „*Programmgestaltung*").

Ob der Benutzer Leistungen der Anstalt in Anspruch nimmt, steht in seiner 68
freien Entscheidung, es sei denn die Inanspruchnahme von Anstaltsleistungen
ist zwingend vorgeschrieben.

Beispielsfall: Die bay. Ärzteversorgung hat die Aufgabe, ihren „Mitgliedern"
und deren Hinterbliebenen Versorgung nach Maßgabe der Anstaltssatzung zu
gewähren. Die in Bayern praktizierenden Ärzte waren durch gesetzliche Be-

stimmung zwingend „Mitglieder" der Anstalt. Einer Beitrittserklärung oder
einer förmlichen Aufnahme bedurfte es nicht. Der freiberuflich tätige Arzt B
hielt die Zwangsversicherung für Ärzte für unzulässig und erhob Verfassungsbeschwerde. – Das *BVerfG* stellte unter anderem fest, daß der gesetzliche
Anschlußzwang nicht gegen Art. 12 I GG verstoße. Der Gedanke einer kollek-
tiven Invaliditäts- und Hinterbliebenenversorgung mit Zwangscharakter für
die Angehörigen eines freien Berufs sei mit der Idee des freien Berufs vereinbar
und entspreche im übrigen einer zeitgemäßen Sozialpolitik (*BVerfGE* 10,
354 – *„Ärztliche Zwangsversicherung"*).

69 d) Die Rechtsbeziehung zwischen Anstalt und Benutzer, das **Benutzungsverhältnis**, kann unterschiedlich ausgestaltet sein. Die rechtsfähige Anstalt kann ihre
Aufgaben unter Einsatz **hoheitlicher** Mittel erfüllen, aber auch in privatrechtlichen Formen handeln. Das Benutzungsverhältnis kann somit öffentlich-rechtlich oder **privatrechtlich** ausgestaltet sein.

Beispiele:
- ❑ Die Rechtsverhältnisse der Sparkassen zu ihren Kunden sind privatrechtlich geregelt. Es
  gelten insbesondere die allgemeinen Geschäftsbedingungen der Sparkassen.
- ❑ Öffentlich-rechtlich geregelt ist dagegen das Benutzungsverhältnis zu den öffentlich-
  rechtlichen Rundfunkanstalten. Die öffentlich-rechtlichen Rundfunkanstalten erheben
  bei ihren Benutzern Gebühren. Die Gebühren können mit hoheitlichen Zwangsmitteln
  durchgesetzt werden.

Die rechtsfähige Anstalt leitet ihre Befugnis, gegenüber dem Benutzer hoheitlich tätig zu werden, aus dem hoheitlichen Errichtungsakt und dem diesem
zugrundeliegenden ermächtigenden Gesetz ab. Es gibt keine originäre Anstaltsgewalt, kraft derer die öffentliche Anstalt gegenüber ihren Benutzern
hoheitlich tätig werden könnte. Für Eingriffe in die Rechtssphäre ihrer Benutzer bedarf die rechtsfähige Anstalt einer Ermächtigungsgrundlage. Durch die
Benutzung der rechtsfähigen Anstalt wird insbesondere kein sog. besonderes
Gewaltverhältnis begründet (vgl. dazu § 5 Rn. 33).

70   Die sog. Anstaltsordnungen regeln i. d. R. nicht die Rechtsbeziehungen zwischen der Anstalt und dem Benutzer, sondern dienen der Ordnung des An-
staltsbetriebs als solchem. Sie werden nicht selten bereits von dem die Anstalt
errichtenden Verwaltungsträger erlassen, oder aber von den hierfür zuständigen Organen der Anstalt.

Beispiel: Nach Art. 2 I BaySpkG haben die Sparkassen nach näherer Regelung der Sparkassenordnung (Art. 20 BaySpkG) die Aufgabe, der Bevölkerung Gelegenheit zur sicheren und
verzinslichen Anlegung von Ersparnissen und anderen Geldern zu geben sowie dem örtlichen Kreditbedürfnis zu dienen. Nach Art. 20 BaySpkG wird die Sparkassenordnung vom
Staatsministerium des Innern nach Anhörung des bay. Sparkassen- und Giroverbandes
erlassen (informativ Sparkassenordnung vom 14.10.1970 – BayRS 2025-1-1-I).

Schließlich ist zu beachten, daß sich das Rechtsverhältnis zwischen der rechtsfähigen Anstalt und ihrem Anstaltsträger ausschließlich öffentlich-rechtlich beurteilt.

3. Stiftung des öffentlichen Rechts

a) Stiftungen sind Organisationen, die dazu geschaffen sind, einen bestimmten **71** **Zweck** mit Hilfe eines dafür **bestimmten Vermögens** dauernd zu fördern. Stiftungen gibt es im öffentlichen Recht wie auch im bürgerlichen Recht (vgl. §§ 80 ff. BGB). Das Stiftungsgesetz für Ba.-Wü. enthält Regelungen für Stiftungen des bürgerlichen Rechts in Ergänzung zu den Bestimmungen des BGB sowie Bestimmungen zur Errichtung und Entstehung der Stiftungen des öffentlichen Rechts.

b) Eine rechtsfähige Stiftung des öffentlichen Rechts ist eine durch Stiftungsakt **72** gegründete rechtsfähige Organisation, die zur Erreichung eines vom Stifter festgelegten Zweckes mit Hilfe eines dafür gewidmeten Kapital- oder Sachvermögens öffentliche Aufgaben erfüllt (*W/B* II, § 103 I).

Beispiele:
❏ Die Bundesstiftung „Mutter und Kind – Schutz des ungeborenen Lebens" vom 13. 7.1984 (BGBl. I 880; III 2172-3) sowie vergleichbare Stiftungen der Bundesländer haben zum Ziel, den Schutz des ungeborenen Lebens dadurch zu verbessern, daß der Schwangeren in einer sozialen Notlage wirtschaftliche Hilfen zur Verfügung gestellt werden.
❏ Die Bundesstiftung „Hilfswerk für behinderte Kinder" vom 17.12.1971 (BGBl. I S. 2018) wurde vor allem zur Hilfe für contergangeschädigte Kinder errichtet. Nach § 2 des Stiftungsgesetzes verfolgt die Stiftung außerdem den Zweck, Einrichtungen und Forschungsvorhaben zur Eingliederung jugendlicher Behinderter zu fördern.

Öffentliche Stiftungen werden nicht zuletzt mit dem Ziel verselbständigt, eine als **73** sinnvoll erachtete öffentliche Aufgabe kontinuierlich und auf Dauer zu fördern. So kann eine Stiftung im Bereich der freiwilligen Staatsleistungen von Vorteil sein, weil anderenfalls in den entsprechenden Staatshaushalten Mittel jeweils neu bereitgestellt werden müßten. Mit jeder Haushaltsverabschiedung kann sich die Frage der Weitergewährung freiwilliger Leistungen stellen. Sollten freiwillige Leistungen kurzfristig deutlich reduziert oder ganz gestrichen werden, kann dies weitreichende Folgen haben. Dies wird deutlich, wenn man sich z. B. die Streichung öffentlicher Mittel zur Förderung von Jugendzentren vorstellt. Gerade unter diesem Aspekt wäre zu prüfen, ob das Instrument der öffentlichen Stiftung nicht im Bereich der freiwilligen Staatsleistungen stärker genutzt werden kann (vgl. Stiftung „Preußischer Kulturbesitz vom 25.7.1957 [BGBl. 1 S. 841]).

c) Zur Entstehung einer rechtsfähigen Stiftung des öffentlichen Rechts ist erforderlich:

❏ Stiftungsakt des Stifters

Stifter kann jede natürliche oder juristische Person des privaten oder öffentlichen Rechts sein. Der Stiftungsakt kann in einem Gesetz oder in einer rechtsgeschäftlichen Willenserklärung, ausnahmsweise auch in einem Verwaltungsakt, bestehen (näher: *W/B* II, § 103 II).

❏ Bei rechtsgeschäftlichen Stiftungen die staatliche Genehmigung.

Die staatliche Genehmigung wird durch Verwaltungsakt erteilt und verleiht der Stiftung die öffentlich-rechtliche Rechtsfähigkeit (vgl. § 18 StiftG Ba.-Wü.).

Rechtsfähige Stiftungen des öffentlichen Rechts unterliegen der Staatsaufsicht, in der Form der Rechtsaufsicht. Es soll abgesichert werden, daß die Verwaltung der Stiftungen die Gesetze, den Stiftungsakt und die Stiftungssatzung beachtet (§ 20 StiftG Ba.-Wü.).

74 c) Die Stiftung hat **Nutznießer (Destinatäre)**. Die Destinatäre erlangen ein Recht auf den Empfang der Leistung erst mit der Einräumung der Gewährung im Einzelfall. Ausnahmsweise kann den Nutznießern durch gesetzliche Vorschriften oder Satzung ein subjektives Recht auf Zuwendungen aus dem Stiftungsvermögen zuerkannt sein.

> **Merke:** Die öffentlich-rechtliche Stiftung unterscheidet sich von der öffentlich-rechtlichen Anstalt dadurch, daß ihr fremdnütziger Zweck und ihre Verfassung im Stiftungsakt mit dauernder Wirkung bestimmt wird, während die öffentlich-rechtliche Anstalt der dauernden Einflußnahme und Dispositionsbefugnis ihres Trägers unterliegt (*W/B* II, § 102 II 3).

4. Beliehene

75 a) Als Beliehene oder beliehene Unternehmer können **Privatrechtssubjekte Verwaltungsträger** und damit Teil der mittelbaren Staatsverwaltung sein. Beliehene sind Privatrechtssubjekte, denen die Zuständigkeit eingeräumt ist, bestimmte hoheitliche Kompetenzen im eigenen Namen auszuüben. Mit der Herausbildung des modernen Staates ist die Beleihung von Privatrechtssubjekten mit hoheitlichen Kompetenzen seltener geworden. Sie hat heute vor allem den Zweck, private Initiative, Sachkenntnis und Finanzmittel für die Zwecke des Staates nutzbar zu machen (*W/B* II, § 104 I a; *Maurer*, Allg. VerwR, § 23 Rn. 56 ff.).

Beispiele:
- ❑ Jagdaufseher haben nach § 25 II BJagdG innerhalb ihres Dienstbezirkes in Angelegenheiten des Jagdschutzes die Rechte und Pflichten der Polizeibeamten und sind Hilfsbeamte der Staatsanwaltschaft.
- ❑ Der Versammlungsleiter kann nach § 11 VersammlG Teilnehmer von der Versammlung ausschließen.
- ❑ Schiffskapitäne sind Beliehene nach §§ 75 I, 101 SeemG und Flugzeugführer nach § 29 III LuftVG.
- ❑ Sachverständige sind Beliehene bei der Überprüfung von Fahrzeugen und bei der Abnahme von Fahrprüfungen nach §§ 11, 21, 29 StVZO (nicht der TÜV selbst).

76 Die **Beleihung** erfolgt **durch Gesetz** oder durch Verwaltungsakt **aufgrund eines Gesetzes** (*BVerwG*, NVwZ 1985, 48). Den Privatrechtssubjekten dürfen dabei nicht unspezifiziert Hoheitsbefugnisse übertragen werden, vielmehr hat sich die Beleihung auf die Einräumung einzelner Zuständigkeiten zu beschränken.

Beispielsfall: S ist Schülerin einer staatlich genehmigten privaten Dolmetscher-schule. Die Schulleitung läßt sie zur Prüfung in Französisch nicht zu. Sie be-gehrt vor dem *VG* die Feststellung, daß der Prüfungsausschluß rechtswidrig war. – Eine Klage vor dem *VG* wäre nur dann zulässig, wenn es sich um eine öffentlich-rechtliche Streitigkeit im Sinne des § 40 I 1 VwGO handeln würde. Das *BVerwG* hat den Verwaltungsrechtsweg nicht zugelassen, da es sich im konkreten Fall nur um eine staatlich genehmigte, nicht jedoch um eine staat-lich anerkannte Ersatzschule gehandelt hat. Nach dem einschlägigen Landes-gesetz werden den staatlich nur genehmigten Ersatzschulen Hoheitsbefugnisse nicht eingeräumt. Eine Beleihung mit hoheitlichen Befugnissen sieht das ein-schlägige Landesrecht nur für die staatlich anerkannten Ersatzschulen vor (*BVerwGE* 45, 119 – „*Beleihung von Ersatzschulen*“).

> **Merke:** Privatrechtssubjekte sind als Beliehene nur Träger öffentlicher Verwaltung insoweit, als ihnen einzelne hoheitliche Befugnisse einge-räumt sind. Im übrigen unterliegt ihr Handeln dem Privatrecht.

b) Im Hinblick auf den Beliehenen sind zwei Rechtsverhältnisse zu unterschei-den:
- ❏ Zwischen dem Beliehenen und der beleihenden juristischen Person des öf-fentlichen Rechts besteht ein öffentlich-rechtliches Auftrags- und Treu-handverhältnis.
- ❏ Zwischen dem Beliehenen und dem Dritten besteht im Rahmen der Amts-ausübung ein öffentlich-rechtliches Verhältnis. Der Beliehene ist Behörde i. S. v. § 1 IV VwVfG.

Beispielsfälle:
- ❏ Auf Hinweis des beigezogenen zuständigen Bezirksschornsteinfegermei-sters B wurde eine Gasheizung unsachgemäß an einen Kamin angeschlos-sen. Die daraus entstandenen Schäden macht Bauherr E nach § 839 BGB gegen B geltend. – Der *BGH* führte zunächst aus, daß der Bezirksschorn-steinfegermeister bei der Feuerstättenschau und der Bauabnahme öffentli-che Aufgaben wahrnehme. Insoweit sei er Beliehener. Füge er in Erfüllung solcher Aufgaben einem Dritten Schaden zu, richte sich dessen Schadener-satzanspruch nach § 839 BGB. Für die Verletzung seiner Amtspflicht hatte B persönlich einzustehen. Eine Haftung der Körperschaft, in deren Dienst (Beleihung) er stand, war nach § 1 III BHaftG ausgeschlossen (*BGHZ* 58, 372 – „*Haftung des Bezirksschornsteinfegers*“, dazu: *W/S*, § 8 Rn. 1 ff.).
- ❏ K kaufte von dem gewerbsmäßigen Autodieb M einen PKW. Ingenieur F, der als amtlich anerkannter Sachverständiger bei dem beklagten TÜV tätig war, hatte bescheinigt, daß das Fahrzeug den gesetzlichen Anforderungen entspreche und die Beschreibung und Nummern des Fahrgestells und des Motors richtig seien. Das Fahrzeug wurde später polizeilich sichergestellt und dem Bestohlenen übergeben. Dabei stellte sich die Fälschung der Num-

mcr im Kraftfahrzeugbrief heraus. Die gegen den TÜV erhobene Schadenersatzklage wurde abgewiesen. – Der *BGH* hielt fest, daß der amtlich anerkannte Sachverständige hoheitlich tätig werde. Da er somit als Beamter im Sinne des § 839 BGB handele, hafte für den Schaden grundsätzlich der Staat oder die Körperschaft, in deren Dienst er stehe. Für eine Amtspflichtverletzung des Sachverständigen hafte dehalb nicht der TÜV, sondern der Staat, da der TÜV keine Körperschaft i. S. v. Art. 34 GG sei. Das Fehlen einer Anstellungskörperschaft schließe die Anwendung des Art. 34 GG nicht aus; es hafte dann das Gemeinwesen, das den Schädiger mit hoheitlichen Befugnissen ausgestattet und ihn damit zum Träger eines öffentlichen Amtes i. S. v. Art. 34 GG gemacht habe (BGHZ 18, 108 – „Haftung des TÜV-Sachverständigen"; vgl. zur Frage des richtigen Beklagten beim Streit wegen Versagung der Prüfplakette: *Bay VGH*, NJW 1975, 1796 mit Anm. *Steiner*).

c) Von der Beleihung zu unterscheiden sind:

77   ❏ **Einschaltung von Verwaltungshelfern**
Verwaltungshelfer werden im Gegensatz zum Beliehenen nicht selbständig tätig, sondern erfüllen Hilfstätigkeiten im Auftrag und nach Weisung der Behörde. Ihr Handeln ist ohne weiteres der Behörde zuzurechnen.
Beispielsfall: Schülerlotse S leitet den Schüler K über einen Zebrastreifen. K wird von einem PKW erfaßt. Der PKW-Fahrer wurde von der Anklage der Verkehrsgefährdung freigesprochen. K nahm nunmehr S auf Schadenersatz in Anspruch. – Das *OLG Köln* wies die Klage ab, weil eine Haftung des S nicht diesen, sondern nach Art. 34 GG den schulischen Hoheitsträger treffe. Die Schule habe dem Schülerlotsen einen Teil ihrer öffentlichen Fürsorge anvertraut, indem sie ihm die Betreuung der auf ihrem Schulweg gefährdeten Schüler übertragen habe. Damit falle S in Ausübung seiner Lotsentätigkeit unter die Regelung des Art. 34 GG. Anstelle des Schülers habe der schulische Hoheitsträger für unerlaubte Handlungen dieses Lotsen einzustehen (OLG Köln, NJW 1968, 655 – „*Schülerlotsenhaftung*").

❏ **Öffentlich-rechtliche Dienstverhältnisse**
Beamte und Angestellte handeln nicht im eigenen Namen und selbständig, sondern für ihren Verwaltungsträger. Dies gilt auch für auf einzelne Tätigkeiten beschränkte öffentlich-rechtliche Dienstverhältnisse wie den Lehrauftrag an einer Universität (*BVerwGE* 49, 137).

78   ❏ **Inpflichtnahme Privater**
Privatrechtssubjekten werden bestimmte Handlungs- oder Leistungspflichten auferlegt, ohne daß diese bei der Erfüllung der auferlegten Pflichten in den staatlichen Bereich eingegliedert werden. Dies ist z. B. der Fall bei der Abwälzung der Reinigungs- und Streupflicht auf die Straßenanlieger. Auch die Betriebsbeauftragten, die Immissionsschutzbeauftragten nach § 53 ff. BImSchG oder die Beauftragten für die Abfallbeseitigung nach §§ 11 a ff. AbfG können in diesem Sinne rechtlich eingeordnet werden (dazu *Tettinger*, DVBl. 1976, 752).

❑ **Einschaltung Privater aufgrund privatrechtlicher Verträge.** 79
Grundlage des Tätigwerdens des Privatrechtssubjektes ist hier der mit dem
Verwaltungsträger geschlossene zivilrechtliche Vertrag.
Beispiel: Autofahrer F parkt im Halteverbot. Die Polizei beauftragt einen Abschleppunternehmer im Rahmen der unmittelbaren Ausführung, den PKW auf der Grundlage
eines Werkvertrages nach § 631 BGB zu entfernen und auf den Stellplatz bei der Polizeidienststelle zu verbringen.

III. Privatrechtlich organisierte Verwaltungsträger

1. Allgemeines

Es wurde bereits ausgeführt, daß die Verwaltung im Rahmen bestimmter Gren- 80
zen ihre Aufgaben auch in den Formen des Privatrechts erledigen kann. Bei der
privatrechtlichen Erledigung von Verwaltungsaufgaben ist zu unterscheiden
zwischen

❑ **Einsatz privatrechtlicher Handlungsformen** (z. B. privatrechtliche Verträge);
❑ **Übertragung von Aufgaben zur Wahrnehmung auf Organisationen des Privatrechts.**

Um deutlich zu machen, daß die Organisationen des Privatrechts, soweit sie 81
Verwaltungsaufgaben wahrnehmen, eigenständige Zurechnungssubjekte von
Rechten und Pflichten sind, können diese durchaus als Verwaltungsträger, wenn
auch in privatrechtlich organisierter Gestalt, bezeichnet werden. Ihre Besonderheit ergibt sich aus dem institutionellen Einfluß des öffentlichen Gewährträgers.
Gerade bei der Einschaltung von Organisationen des Privatrechts in die Erfüllung von Verwaltungsaufgaben sichert sich der öffentlich-rechtliche Gewährträger seinen Einfluß entweder im Rahmen der Satzung oder durch Innehabung der
Mehrheitsanteile (**Organisationsprivatisierung**).

Privatrechtlich organisierte „Verwaltungsträger" sind bei diesem Verständnis 82
unter folgenden Voraussetzungen gegeben:

❑ **Rechtsfähige Organisationen des Privatrechts** (z. B. Aktiengesellschaft, GmbH,
KG);
❑ **bestimmender Einfluß des öffentlich-rechtlichen Verwaltungsträgers,** z. B. durch
Innehabung der Mehrheit von Anteilen oder durch satzungsmäßige Regelung.
❑ **Übertragung von Verwaltungsaufgaben zur eigenständigen Wahrnehmung.**

2. Privatisierung

In den Zusammenhang der privatrechtlichen Erfüllung von Verwaltungsaufga- 83
ben gehört die aktuelle Problematik der Privatisierung von Verwaltungsaufgaben
(*Lecheler*, BayVBl. 1994, 555 m. w. N).

a) Der Privatisierungsgedanke, der insbesondere im Zusammenhang mit der 84
Neuordnung der Deutschen Bundesbahn und der Deutschen Bundespost eine
besondere Aktualität erhalten hat, geht vor allem auf folgende Überlegungen
zurück:

❑ Steigerung der Effizienz durch Einbeziehung Privater in die Erfüllung von Verwaltungsaufgaben.

❑ Entlastung der öffentlichen Haushalte als Folge der Aufgabenentlastung.

❑ Einbeziehung privaten Kapitals zur dauerhaften Sicherstellung der Aufgabenerfüllung.

❑ Einfluß des Rechts der Europäischen Union, insbesondere des Begünstigungsverbotes für staatliche Unternehmen nach Art. 90 EGV.

b) Im Hinblick auf die Struktur der öffentlichen Verwaltung ist es wichtig, die Formen der Privatisierung auseinanderzuhalten:

85   ❑ **Materielle Privatisierung** (Aufgabenprivatisierung) bedeutet, daß sich der Staat aus der zu erledigenden Aufgabe selbst zurückzieht. Die privatisierten Aufgaben werden nicht mehr vom Staat, sondern von privaten Organisationen nach den Gesetzen des Marktes wahrgenommen.

86   ❑ **Formelle Privatisierung** (Organisationsprivatisierung) bezeichnet eine eingeschränkte Form der Privatisierung insofern, als der Staat zur Erfüllung der Verwaltungsaufgaben zwar private Organisationsformen (z. B. AG oder KG) einschaltet, sich gleichzeitig jedoch den bestimmenden Einfluß sichert.

87   c) Die **Privatisierung** wirft eine Reihe von verfassungsrechtlichen und verwaltungsrechtlichen, aber auch, wie die öffentlichen Unternehmen belegen, von unternehmensrechtlichen Problemen auf.

88   Aus dem GG selbst läßt sich ein prinzipielles Privatisierungsgebot nicht ableiten. Zu seiner Begründung wird teilweise auf den Grundsatz der Subsidiarität Bezug genommen, der sich indessen im GG nicht wiederfindet (dazu umfassend *Lecheler*, S. 47 ff.). Allerdings wird man den Staat für verpflichtet halten, immer zu überprüfen, ob sich aus der Grundrechtsgewährleistung nicht die Notwendigkeit zur Privatisierung von bestimmten Staatsaufgaben ergibt.

89   Soweit das GG positiv regelt, daß eine Aufgabe durch die öffentliche Verwaltung erfüllt werden muß, folgt daraus gleichzeitig ein Privatisierungsverbot (Art. 87 I 1 GG; vgl. zur Privatisierung der Bundeseisenbahn u. ä. *Sachs*, GG, Art. 87e, Rn. 1 ff.). Wo solche Verbote fehlen, ist der Staat jedenfalls grundsätzlich frei, Aufgaben aus der öffentlichen Verwaltung auszugliedern (*Lecheler*, BayVBl. 1994, 557). Das „offene System des GG" läßt im Hinblick auf die Abgrenzung der Staatsaufgaben Spielraum. Wie die Privatisierung der Deutschen Bundesbahn und der Deutschen Bundespost zeigt, ist eine Privatisierung auch im Bereich der sog. „notwendigen Staatsaufgaben" nicht ausgeschlossen (ausf.: *Sachs*, GG, Art. 87e Rn. 31 ff.)

90   d) Bei der Privatisierung von Verwaltungsaufgaben unterliegt der Staat keinem **allgemeinen Gesetzesvorbehalt**. Dies folgt u. a. daraus, daß eine Grundrechtsbeeinträchtigung bei der Freistellung staatlicher Aufgaben zur Wahrnehmung durch Private meist nicht gegeben ist. Ein Gesetzesvorbehalt ergibt sich insoweit jedenfalls nicht aus Art. 1 III GG.

Beispiel: Der Übertragung der Bundesautobahnen auf private Rechtsträger steht ein grundrechtlicher Anspruch des einzelnen auf Aufrechterhaltung der hoheitlichen Organisation nicht entgegen. Insb. sichert der Gemeingebrauch an öffentlichen Wegen nicht den Fortbestand der staatlichen Aufgabenwahrnehmung.

Eine gesetzliche Ermächtigung ist demgegenüber erforderlich, wenn mit der Privatisierung von entgegenstehendem Recht abgewichen wird oder wenn Grundrechte tangiert werden. **91**

Beispiel: Nach Art. 25 I Nr. 4 BayKrG können Krankenhäuser und die damit verbundenen Einrichtungen in Rechtsformen des privaten Rechts geführt werden. Die Organisationsprivatisierung wäre ohne gesetzliche Regelung angesichts der Vorbehalte der Art. 89 I BayGO, Art. 79 I BayLKrO, Art. 77 I BayBezO ausgeschlossen gewesen (*Schmitt-Glaeser/Horn*, BayVBl. 1993, 8).

Interessant sind in diesem Zusammenhang die begleitenden Bestimmungen des Art. 25 II BayKrG. Dort wird nämlich geregelt, daß der Körperschaft ein angemessener Einfluß in den Überwachungsgremien erhalten bleiben muß; außerdem enthält das Gesetz die Vorgabe, daß die Haftung der Körperschaft auf einen bestimmten Betrag begrenzt sein muß. So wurde nämlich in einem Fall der Organisationsprivatisierung die Haftung der Gewährträgerkörperschaft für die Schulden einer in Konkurs gegangenen AG uneingeschränkt bejaht, weil die öffentlich-rechtliche Köperschaft die Möglichkeit gehabt habe, bestimmenden Einfluß auszuüben (*LG Hannover*, FAZ v. 30.6.1994 Nr. 149 S. 13). **92**

e) Ein aktuelles Beispiel ist die Organisations- und beschränkte **Aufgabenprivatisierung der Deutschen Bundesbahn.** Diese Privatisierung ist nicht zuletzt ein gutes Beispiel für die mit der Privatisierung verbundene Erwartung der Schonung öffentlicher Haushalte. Der Bericht der von der BReg eingesetzten Regierungskommission Bundesbahn vom Dezember 1991 prognostizierte unter status quo-Bedingungen in den kommenden zehn Jahren für den Bundeshaushalt kaum verkraftbare Verluste der beiden Bahnen (DB, DR) in Höhe von rund 266 Mrd. DM (*Sachs*, GG, Art. 87e Rn. 2). **93**

Art. 87 III 1 GG enthält jetzt einen verfassungsrechtlichen Auftrag zur Aufgaben- und Organisationsprivatisierung der Eisenbahnen des Bundes. Die Einführung des Art. 87e GG machte mit seiner Trennung zwischen der hoheitlichen Eisenbahnverkehrsverwaltung (Art. 87e I GG) und den Eisenbahnen des Bundes, die als Wirtschaftsunternehmen in privatrechtlicher Form geführt werden (Art. 87e III 1 GG) den Weg für eine Neuordnung frei. Art. 87e III 1 GG verlangt jetzt eine formelle Privatisierung der Eisenbahnen des Bundes. Sie sind in privatrechtlicher Form zu organisieren und müssen sich dabei der für jedermann von der geltenden Privatrechtsordnung zur Verfügung gestellten, im allgemeinen Rechtsverkehr zugelassenen Organisationsformen bedienen. Eine Staatsbahn als autonome rechtsfähige Anstalt des öffentlichen Rechts wäre danach unzulässig (*Sachs*, GG, Art. 87e Rn. 33 ff.).

Erhebliche Probleme bei der Privatisierung der Deutschen Bundesbahn und der Deutschen Bundespost ergeben sich aus der Tatsache, daß diese Verwaltungsaufgaben bislang auch von Beamten wahrgenommen worden sind (dazu und insbesondere zu den strukturellen Auswirkungen der Privatisierung auf das Deutsche Beamtenrecht: *Lecheler*, BayVBl. 1994, 559).

3. Öffentliche Unternehmen

94   Mit der Organisationsprivatisierung können sich unternehmensrechtliche Probleme ergeben, wenn sich der Staat der Rechtsform der juristischen Personen des Privatrechts bedient, gleichzeitig aber die Gewährleistungsverantwortung für die Erfüllung der Aufgaben behält (dazu *Zöllner* – Kölner Kommentar, Vorb. § 394 Rn. 3 ff.).

95   Sofern sich die Anteile einer AG ausschließlich in der Hand des öffentlich-rechtlichen Verwaltungsträgers befinden, ergeben sich aktienrechtlich in der Regel keine besonderen Probleme, weil das Interesse der Gesellschaft mit dem des öffentlichen Interesses des Verwaltungsträgers identisch ist. Konflikte können sich jedoch bei sog. gemischtwirtschaftlichen Unternehmen ergeben, wenn die Gesellschaft weder rein dem erwerbswirtschaftlichen Prinzip noch ausschließlich dem öffentlichen Interesse zu dienen hat. Unternehmensrechtlich sind dabei vor allem folgende Konfliktlagen zu beachten (*Zöllner* – Kölner Kommentar, Vorb. § 394 Rn. 8 ff.):

❏ Konflikt zwischen Gewinninteresse und öffentlichem Aufgabenerfüllungsinteresse.

❏ Das Interesse der privaten Anteilseigner an einer möglichst hohen Gewinnerzielung kann mit demjenigen des öffentlichen Verwaltungsträgers kollidieren, die Unternehmensleistungen möglichst preiswert den Abnehmern zur Verfügung zu stellen (z. B. Energieversorgung).

❏ Konflikt zwischen den Geheimhaltungsinteressen der privatrechtlichen Unternehmen und den Prüfungsinteressen der öffentlichen Hand.
Bei den gemischtwirtschaftlichen Unternehmen kann das öffentliche Interesse an möglichst umfassender Überprüfung von Vermögensvorgängen mit dem privaten Interesse kollidieren, der öffentlichen Hand nicht uneingeschränkten Einblick in die Bücher und Unterlagen einer privaten Gesellschaft zu gewähren (*Ipsen*, JZ 1955, 593). Dies betrifft vor allem folgende Sachverhalte:

➤ Konflikt zwischen der Verschwiegenheitspflicht und der Berichtspflicht von Aufsichtsratsmitgliedern.

➤ Aufsichtsratsmitglieder, die von Gebietskörperschaften entsandt worden sind, können einem Interessenkonflikt insofern ausgesetzt sein, als bei ihnen die aktienrechtliche Verschwiegenheitspflicht mit ihrer Berichtspflicht gegenüber der Gebietskörperschaft kollidiert. § 394 AktG löst diesen Konflikt zu Lasten der AG. Allerdings trägt § 395 AktG der Tatsache Rechnung, daß der Kreis der Informierten erweitert ist.

D. Wiederholung

I. Zusammenfassung

❑ Verwaltungsträger sind rechtsfähig, aber nicht handlungsfähig (Ausnahme: Natürliche Person als Beliehener). Für den Verwaltungsträger treten Verwaltungsorgane als organisatorisch selbständige Einrichtungen in Erscheinung, die bestimmte Zuständigkeiten wahrnehmen. Das Rechtsverhältnis zum Bürger entsteht indessen nicht zwischen diesem und dem Verwaltungsorgan, sondern zum Verwaltungsträger, für den das Verwaltungsorgan und der Amtswalter handeln.

❑ Unmittelbare Staatsverwaltung bedeutet, daß die öffentliche Verwaltung durch staatliche Behörden – Bundes- oder Landesbehörden – wahrgenommen wird. Diese Form der Verwaltungsorganisation bezeichnet man als Dekonzentration.

❑ Bei der mittelbaren Staatsverwaltung handelt der Staat nicht durch eigene Organe, sondern durch „unterstaatliche" Verwaltungsträger. Diese Form der Verwaltungsorganisation bezeichnet man als Dezentralisation.

❑ Zur mittelbaren Staatsverwaltung gehören auch die Beliehenen oder beliehenen Unternehmer. Es handelt sich insoweit um Privatrechtssubjekte, die mit der hoheitlichen Wahrnehmung bestimmter Verwaltungsaufgaben im eigenen Namen betraut sind.

II. Fragen

1. Wodurch unterscheiden sich Körperschaften, Anstalten und Stiftungen des öffentlichen Rechts?

2. Wodurch unterscheiden sich Beliehene, Verwaltungshelfer und die Heranziehung Privater aufgrund bürgerlich rechtlicher Verträge?

3. Ist die Zwangsmitgliedschaft in einer öffentlich-rechtlichen Körperschaft zulässig?

4. Was versteht man unter Organleihe?

III. Lösungen

1. Die öffentlich-rechtlichen Körperschaften haben Mitglieder, die mit eigenen Mitgliedschaftsrechten ausgestattet sind. Die öffentlich-rechtlichen Anstalten haben Benutzer, die aufgrund eines privatrechtlichen oder öffentlich-rechtlichen Benutzungsverhältnisses die Leistungen der öffentlich-rechtlichen Anstalt in Anspruch nehmen. Die Entscheidung über den Zugang zu den Anstaltsleistungen beurteilt sich ausschließlich öffentlich-rechtlich. Die Stiftung des öffentlichen Rechts hat als verselbständigte Vermögensmasse, deren Erträge bestimmten Personen zuzuwenden (Destinatäre).

2. Der Beliehene ist mit der selbständigen Wahrnehmung hoheitlicher Kompetenzen betraut, während der Verwaltungshelfer Hilfstätigkeiten im Auftrag und nach Weisung der Behörde wahrnimmt. Bei der Heranziehung Privater aufgrund privatrechtlicher Verträge handelt das Privatrechtssubjekt im Rahmen des Auftrags selbständig; es wird nicht in den staatlichen Bereich eingegliedert.

3. Die Zwangsmitgliedschaft in öffentlich-rechtlichen Körperschaften ist verfassungsrechtlich zulässig, wenn und soweit die Körperschaften öffentliche Aufgaben verfolgen, die gerade von allen Angehörigen der Zwangsbindung wahrgenommen werden müssen (Art. 2 I GG); str.

4. Organleihe liegt vor, wenn ein bestimmtes Organ neben den Aufgaben seines Verwaltungsträgers auch Aufgaben eines anderen Verwaltungsträger wahrzunehmen hat und insoweit als dessen Organ tätig wird. Dies ist z. B. in den meisten Bundesländern beim Landratsamt (Landrat) der Fall, das sowohl Kreisverwaltungsbehörde als auch untere staatliche Verwaltungsbehörde ist.

2. Kapitel. Das Recht der öffentlichen Verwaltung

§ 3. Öffentliches Recht und Privatrecht

Literatur: *Bachof*, Über öffentliches Recht, Festgabe aus Anlaß des 25jährigen Bestehens des BVerwG, 1978, 1 (zit.: *Bachof*, Festgabe); *Berg*, Das Hausrecht des Landgerichtspräsidenten, JuS 1982, 260; *Bettermann*, Vom Rechtsschutz und Rechtsweg des Bürgers gegen Rundfunk-Rufmord, NJW 1977, 513; *Burmeister*, Der Begriff des „Fiskus" in der heutigen Verwaltungs-rechtsdogmatik, DÖV 1975, 698; *Götz*, Das Recht der Wirtschaftssubventionen, 1966 (zit.: *Götz*); *Horn*, Das Zivil- und Wirtschaftsrecht im neuen Bundesgebiet, 2. Aufl. 1993 (zit.: *Horn*, Zivil- und Wirtschaftsrecht); *Ipsen/Koch*, Öffentliches und privates Recht – Abgrenzungspro-bleme bei der Benutzung öffentlicher Einrichtungen, JuS 1992, 813; *Köhler/Steindorff*, Öffent-licher Auftrag, Subvention und unlauterer Wettbewerb, NJW 1995, 1705; Kopp, Der beliehene Unternehmer, DVBl. 1970, 724; *Krüger*, Die Auflage als Instrument der Wirtschaftsverwal-tung, DVBl. 1955, 380; *Menger*, Zu den Handlungsformen bei der Vergabe von Subventionen, VerwArch. Bd. 69 (1978), 93; *Notthoff*, Die Haftung von Trägern öffentlicher Gewalt für durch Handlungen Privater verursachte Schädigungen, NVwZ 1994, 771; *Ossenbühl*, Staats-haftungsrecht, 1991 (zit.: *Ossenbühl*, StHR); *Renck*, Über die Unterscheidung zwischen öffent-lichem und privatem Recht, JuS 1986, 268; *Siebert*, Privatrecht im Bereich öffentlicher Verwal-tung, Festschrift für Niedermeyer, 1953, 215 (zit.: *Siebert*, FS Niedermeyer); *Stober*, Die privatrechtlich organisierte öffentliche Verwaltung, NJW 1984, 449; *Wolff*, Der Unterschied zwischen öffentlichem und privatem Recht, AöR Bd. 76 (1950/51), 205; *Würkner*, Kfz-Wunschkennzeichen als zusätzliche Einnahmequelle der Verwaltung, NJW 1991, 2816; *v. Danwitz*, Die Benutzung kommunaler öffentlicher Einrichtungen – Rechtsformenwahl und gerichtliche Kontrolle, JuS 1995, 1; *v. Zezschwitz*, Rechtsstaatliche und prozessuale Probleme des Verwaltungsprivatrechts, NJW 1983, 1873; *Zuleeg*, Beleihung mit Hoheitsgewalt, Verwal-tungshilfe und privatrechtliches Handeln bei Schülern, DÖV 1970, 627; *ders.*, Die Zweistufen-lehre, Festschrift für Fröhler, 1980 (zit.: *Zuleeg*, FS Fröhler).

Die deutsche Rechtsordnung beruht auf der Zweiteilung in öffentliches Recht 1
und Privatrecht. Wie bereits erwähnt, kann die öffentliche Verwaltung grundsätzlich öffentlich-rechtlich oder privatrechtlich handeln. Die Zuordnung des
Verwaltungshandelns zum privatrechtlichen oder öffentlich-rechtlichen Bereich
bestimmt u. a. die Rechtmäßigkeitsvoraussetzungen, die Rechtsfolgen und die
Art und Weise der gerichtlichen Durchsetzung der Rechte des betroffenen Bürgers. Daraus folgt die Notwendigkeit, öffentliches Recht und Privatrecht gegeneinander abzugrenzen.

A. Allgemeines

I. Öffentlich-rechtliches und privatrechtliches Handeln der Verwaltung

2 Das Verwaltungsrecht ist ein **Teilbereich des öffentlichen Rechts**. Das öffentliche Recht betrifft den Staat sowie die Verwaltungsträger der mittelbaren Staatsverwaltung. Es stellt einerseits den Hoheitsträgern die öffentlich-rechtlichen Handlungsformen zur Verfügung bindet aber gleichzeitig die hoheitlichen Befugnisse. Ein besonderes Charakteristikum des öffentlich-rechtlichen Handelns ist die Befugnis der Hoheitsträger, Rechte und Pflichten des Bürgers einseitig begründen zu können.

Beispiele:
❑ Das Sozialamt des Landkreises L bewilligt dem Mieter M nach §§ 3, 8 WoGG Wohngeld als Mietzuschuß. Nachdem das Sozialamt festgestellt hat, daß der Sozialhilfeempfänger E erhebliche Unterhaltsansprüche gegenüber seinen Eltern hat, leitet das Sozialamt nach § 90 BSHG seine Ansprüche in Höhe der Sozialhilfeaufwendungen durch Überleitungsanzeige über.
❑ Die kreisfreie Stadt S erteilt dem A auf Antrag eine Baugenehmigung für einen Cash & Carry-Markt in einem bauplanungsrechtlich ausgewiesenen Gewerbegebiet.

3 Die Befugnis zu hoheitlichem Handeln bedeutet nicht, daß sich Hoheitsträger nicht auch der Formen des Privatrechts bedienen können. Da das Privatrecht dem **Grundsatz der Privatautonomie** verpflichtet ist, ist allerdings umstritten, in welchem Umfang und mit welchen **Bindungen Hoheitsträger** sich der privatrechtlichen Handlungsformen bedienen dürfen (vgl. dazu § 3 Rn. 23).

Beispiele: Die Stadt S errichtet eine in ihrem Anteilseigentum stehende Stadtwerke GmbH, die auf privatrechtlicher Grundlage Strom liefert. Die städtischen Theater und Museen verlangen Eintrittsgelder aufgrund privatrechtlichen Nutzungsvertrages. Die Stadt M verpachtet ihr Weingut an P (§ 581 BGB). Die Gemeinde G gibt dem Heizölhändler H den Auftrag, sämtliche öffentlichen Einrichtungen von G mit Heizöl zu beliefern (§ 433 BGB).

II. Bedeutung der Unterscheidung von öffentlichem Recht und Privatrecht

4 Die Unterscheidung von öffentlichem Recht und Privatrecht ist nicht nur von theoretischer Bedeutung, vielmehr ergeben sich daraus Konsequenzen für die Rechtmäßigkeitsvoraussetzungen des Verwaltungshandelns (z. B. Bindung der Verwaltung). Die Rechtsfolgen bei öffentlich-rechtlicher Beurteilung eines Lebenssachverhaltes sind unterschiedlich, z. B. hinsichtlich des zu beschreitenden Rechtsweges. Die Unterscheidung zwischen öffentlichem Recht und Privatrecht ist vor allem in folgenden Zusammenhängen von Bedeutung (*Maurer*, Allg. VerwR, § 3 Rn. 12; *Schweickhardt*, Rn. 92):
❑ Der Verwaltungsakt setzt nach § 35 VwVfG ebenso wie der verwaltungsrechtliche Vertrag nach § 54 VwVfG ein Handeln auf „dem Gebiet des öffentlichen Rechts" voraus.

❏ Das VwVfG gilt nur „für die öffentlich-rechtliche Verwaltungstätigkeit" von Behörden (§ 1 I VwVfG).

❏ Die Verwaltungsvollstreckung ist grundsätzlich nur zur Durchsetzung öffentlich-rechtlicher Forderungen und Verpflichtungen zulässig (vgl. §§ 1, 6 VwVfG).

❏ Der Verwaltungsrechtsweg ist nach § 40 VwGO nur für öffentlich-rechtliche Streitigkeiten zu den Verwaltungsgerichten eröffnet; für privatrechtliche Steitigkeiten steht der Zivilrechtsweg offen (§ 13 GVG).

❏ Die Amtshaftung nach Art. 34 GG, § 839 BGB greift nur bei Schädigungen in Ausübung eines öffentlichen Amtes; bei privatrechtlicher Tätigkeit gelten die zivilrechtlichen Regeln der §§ 823 ff. BGB.

B. Abgrenzungskriterien

I. Ausgangslage

Für die Abgrenzung von öffentlichem Recht und Privatrecht kann zunächst von   5 einigen Grundsätzen ausgegangen werden. Auf die bekannten Abgrenzungstheorien kommt es nur in seltenen Fällen an (dazu § 3 Rn. 9).

❏ Werden Verwaltungsaufgaben von natürlichen oder juristischen Personen   6 des Privatrechts wahrgenommen, handeln diese privatrechtlich. Hoheitliches Vorgehen ist ihnen grundsätzlich verschlossen. Ausnahmen gelten nur im Falle der Beleihung sowie für die Tätigkeit der Verwaltungshelfer (vgl. oben § 2 Rn. 75).

❏ Handelt ein öffentlich-rechtlicher Verwaltungsträger, kann er kraft seiner   7 Hoheitsgewalt öffentlich-rechtlich handeln; er kann sich jedoch unter bestimmten Voraussetzungen auch privatrechtlicher Handlungsformen bedienen. Wird der öffentlich-rechtliche Verwaltungsträger fiskalisch tätig, so erfolgt dies stets in privatrechtlicher Form. Maßnahmen der Eingriffsverwaltung (v. a. Polizei- und Ordnungsrecht) ergehen demgegenüber grundsätzlich öffentlich-rechtlich, ohne daß dies näher thematisiert werden müßte.

❏ Vor allem im Bereich der Leistungsverwaltung hat die öffentliche Verwaltung   8 ein Wahlrecht, ob sie öffentlich-rechtlich oder privatrechtlich tätig werden will. Ergeben sich auch unter Berücksichtigung der Abgrenzungstheorien nicht aufzuklärende Zweifel ob öffentliches oder privates Recht anzuwenden ist, so folgt aus der Stellung des handelnden Hoheitsträgers grundsätzlich die Vermutung, daß dieser auch mit den ausschließlich ihm zur Verfügung stehenden Formen des **öffentlichen Rechts** tätig werden will (*BGH*, NJW 1972, 210; *BVerwG*, JZ 1990, 446; *Renck*, JuS 1986, 268).

Beispielsfall: Die kreisfreie Stadt S beauftragte das Bauunternehmen B mit dem Umbau einer Straßenkreuzung. In dem Werkvertrag übernahm B auch die Verpflichtung zur Verkehrsregelung. Da eine Verkehrsumleitung erforderlich wurde,

wurden auf Anordnung des Amtes für öffentliche Ordnung Vorfahrtszeichen
gesetzt. Am Folgetag war das negative Vorfahrtszeichen entfernt. Autofahrer P
glaubte sich deshalb zu Unrecht als vorfahrtsberechtigt und stieß mit einem anderen PKW zusammen. P fragt nach der Rechtslage im Hinblick auf den Ersatz
des ihm entstandenen Schadens. Dabei macht er auch geltend, S sei bekanntge-
wesen, daß B gerade was die Verkehrsregelung angehe, auch in anderen Zusammenhängen nachlässig gewesen sei. Nach den landesrechtlichen Bestimmungen
oblag S als Träger der Straßenbaulast die Erfüllung der Verkehrssicherungspflicht
als hoheitlich zu erfüllende Amtspflicht.

K könnte gegen S einen Anspruch aus Amtshaftung nach Art. 34 GG, § 839 BGB
haben. Dies setzt in Abgrenzung zu §§ 823 ff. BGB hoheitliches Tätigwerden voraus. Ein Amtshaftungsanspruch gegen S ließe sich darauf stützen,
daß sich S bei der Auswahl und Überwachung von B amtspflichtwidrig verhalten
hat (*OLG Nürnberg* JZ 1967, 61; *BGHZ* 60, 54). Kann ein derartiges Fehlver-
halten nicht nachgewiesen werden, käme ein Amtshaftungsanspruch nur dann in
Betracht, wenn sich S das Verhalten des B als hoheitliches Handeln zurechnen
lassen müßte. Ausnahmsweise ist hoheitliches Handeln von Privatpersonen im
Falle der Beleihung und der Tätigkeit als Verwaltungshelfer möglich. Da eine
generelle Übertragung von Kompetenzen zur eigenen hoheitlichen Wahrnehmung (Beleihung) nicht vorlag, käme eine hoheitliche Tätigkeit nur als Verwaltungshelfer in Betracht. In Rspr. und Lit. ist str., ob die Grundsätze der Amtshaftung auch dann eingreifen, wenn, wie vorliegend, der Staat zur Erfüllung seiner
Aufgaben selbständige Privatunternehmen heranzieht (*Ossenbühl*, StHR, S. 19).
Der *BGH* stellt bei der Heranziehung selbständiger Privatunternehmen darauf
ab, ob diese von ihrem hoheitlichen Auftraggeber in einem solchen Maße durch
Weisungen oder sonstige Einflußmöglichkeiten gelenkt und dirigiert werden, daß
sie i. E. als Werkzeug erscheinen (sog. Werkzeugtheorie). Zum vorl. Fall führte
der *BGH* aus, daß die übernommene privatrechtliche Verpflichtung den Unternehmer nicht zum Träger von Sonderbefugnissen gemacht habe, die nur der öffentlichen Verwaltung zustehen. Neuerdings hat der *BGH* bei der Beschädigung
von PKWs bei Abschleppmaßnahmen darauf abgehoben, daß das Abschleppen
unmittelbar im Zusammenhang mit einer polizeilichen Zwangsmaßnahme stehe.
Allerdings war im konkreten Fall eine enge Überwachung der Abschleppmaß-
nahme durch die Polizei gegeben (*BGH*, NJW 1993, 1258). Daraus schon eine
Lockerung der Rspr. abzuleiten, erscheint zweifelhaft. In der Lit. wird demgegenüber nicht auf die Ingerenz des Hoheitsträgers abgehoben, sondern darauf,
ob ein Privater funktionell staatliche Aufgaben wahrnimmt (zur Kritik an der
Werkzeugtheorie *Notthoff*, NVwZ 1994, 771). Allerdings sind mit dieser Formel
die Grundprobleme der Abgrenzung zwischen staatlichen und nichtstaatlichen
Aufgaben nicht gelöst. Im Ergebnis führt die von der Lit. vertretene Auffassung
zur Ausdehnung der Amtshaftung. Die privatrechtliche Haftung wird i. E. auf
den engeren fiskalischen Bereich staatlicher Tätigkeit zurückgedrängt (*Ossen-*

bühl, StHR, S. 23). Der *BGH* hat seine Auffassung auch darauf gestützt, daß die Übertragung hoheitlicher Kompetenzen nur durch Gesetz oder aufgrund eines Gesetzes erfolgen dürfe. Da der Verwaltungshelfer jedoch nur mit Bagatellfunktionen betraut wird, dürften an die Qualität der Ermächtigung des beauftragenden Hoheitsträgers keine allzu großen Anforderungen gestellt werden (*Zuleeg*, DÖV 1970, 627). Käme man zum Ergebnis, daß sich lediglich eine privatrechtliche Haftung des S begründen läßt, so könnten Ansprüche des P i. E. gegen S bestehen, wenn der zwischen S und B geschlossene Vertrag Schutzwirkung zugunsten des P entfalten würde (*BGH*, DVBl. 1974, 287 – *„fehlendes Vorfahrtszeichen“*).

II. Abgrenzungstheorien

1. Grundsätzliches

Die Abgrenzungstheorien dienen der Unterscheidung von **privatrechtlichen** und 9 **öffentlich-rechtlichen Rechtssätzen**. Die Qualifizierung einer Rechtsnorm als öffentliches Recht oder Privatrecht ist in der Praxis meist nicht problematisch, vielmehr bereitet die Zuordnung eines Lebenssachverhaltes zu bestimmten Rechtsnormen Schwierigkeiten. Der Unterschied zwischen öffentlichem Recht und Privatrecht ist deshalb meist kein Qualifikationsproblem, sondern ein Zuordnungsproblem (*Maurer*, Allg. VerwR, § 30 Rn. 20).

> **Merke:** Nur in den seltenen Fällen, in denen zweifelhaft ist, ob die für die Entscheidung eines Lebenssachverhaltes heranzuziehende Norm dem öffentlichen oder privaten Recht angehört, ist auf die Abgrenzungstheorien zurückzugreifen.

Ist demgegenüber der konkrete Fall nach einer eindeutig zugeordneten Rechtsnorm zu entscheiden (z. B. Ausländergesetz; Gaststättengesetz), so genügt der Hinweis darauf, daß die einschlägige Norm auf die sich die Verwaltungsmaßnahme stützt, dem öffentlichen Recht oder dem Privatrecht angehört.

2. Subordinationstheorie

Nach der Subordinationstheorie (Subjektionstheorie) liegt öffentliches Recht 10 vor, wenn zwischen den Beteiligten ein **Über- und Unterordnungsverhältnis** besteht. Das öffentliche Recht wird nach dieser Theorie durch die Über- und Unterordnung, das Privatrecht durch die Gleichordnung gekennzeichnet (*BGH*, NJW 1970, 811; *BSG*, NJW 1990, 342). Diese Theorie hat letztlich den Obrigkeitsstaat des 19. Jahrhunderts im Blick, der dem einzelnen einseitig hoheitlich anordnend gegenübertrat.

Beispiele: Die Bauordnungsbehörde ordnet den Abbruch eines im Außenbereich gelegenen Wochenendhauses wegen formeller und materieller Baurechtswidrigkeit an. Die Ausländerbehörde erläßt eine Ausweisungsverfügung wegen Spionagetätigkeit. Die Ordnungsbehörde ordnet nach Ausbruch der Schweinepest im Anwesen des X die Tötung sämtlicher Schweine an.

Diese Theorie beschreibt zutreffend, daß bei vielen öffentlich-rechtlichen Rechtsverhältnissen ein Über- und Unterordnungsverhältnis besteht. Allerdings sind auch dem Privatrecht Subordinationsverhältnisse nicht fremd.

Beispiele: Weisungsrecht des Arbeitgebers im Rahmen eines Dienst- oder Arbeitsvertrages. Personensorgerecht der Eltern für ihre Kinder nach § 1631 I BGB.

Auf der anderen Seite gibt es auch im öffentlichen Recht Gleichordnungsverhältnisse, die sich einer Bewertung nach der Subordinationstheorie entziehen.

Beispiele: Subventionsverträge nach § 54 VwVfG zwischen Hoheitsträger und Subventionsempfänger. Vereinbarungen zwischen Verwaltungsträgern z. B. im Hinblick auf die Beseitigung von Abwässern.

3. Interessentheorie

11   Die Interessentheorie differenziert nach dem **im Rechtssatz verankerten Interesse**. Diese Theorie geht auf den römischen Juristen Ulpian zurück (170 – 228 n. Chr.), der folgenden Satz prägte: „Publicum ius est quod ad statum rei Romanae spectat, privatum quod ad singulorum utilitatem." Nach dieser Theorie gehört ein Rechtssatz dem öffentlichen Recht an, wenn er dem Interesse der Allgemeinheit verpflichtet ist; demgegenüber sollen private Interessen durch Normen des Privatrechts geregelt sein (*BVerwGE* 15, 296; 19, 308).

Diese Theorie bringt zutreffend zum Ausdruck, daß das Handeln des Staates grundsätzlich am Gemeinwohl ausgerichtet sein sollte. Allerdings ist vielfach fraglich, was im Einzelfall Gemeinwohl ist und welches Gewicht unterschiedlichen Interessen bei der Lösung von Interessenkonflikten zukommen soll. So gibt es öffentlich-rechtliche Rechtssätze, die gerade den Schutz einzelner bezwecken.

Beispiel: Nachbarschützende Vorschriften im Baurecht und im Immissionsschutzrecht.

Auf der anderen Seite sind zahlreiche privatrechtliche Vorschriften nicht nur dem Einzelinteresse verpflichtet, sondern dienen der Durchsetzung öffentlicher Interessen.

Beispiel: § 138 BGB gehört unzweifelhaft dem Privatrecht an. Die Nichtigkeitsfolge verfolgt aber durchaus Interessen der Allgemeinheit. Privatautonomen Rechtsgeschäften werden nämlich dort Grenzen gezogen, wo sie die Sittenwidrigkeitsschwelle überschreiten.

4. Sonderrechtstheorie

12   Nach der Sonderrechtstheorie (Zuordnungstheorie) ist auf die Zuordnungssubjekte der einzelnen Rechtssätze abzuheben. Öffentliches Recht liegt nach dieser Theorie vor, wenn der **Rechtssatz ausschließlich** einen **Träger hoheitlicher Gewalt berechtigt** oder **verpflichtet**. Privatrechtliche Rechtssätze sind dagegen solche, die für jedermann gelten. Das öffentliche Recht wird nach dieser Theorie als Sonderrecht des Staates, das Privatrecht als Jedermannsrecht qualifiziert. Begründet wurde diese Theorie von *Hans J. Wolff* (AöR Bd. 76 (1950), 205 ff.). Sie wurde zwischenzeitlich dahingehend modifiziert, daß der **Hoheitsträger gerade in seiner Eigenschaft** als Hoheitsträger durch den Rechtssatz berechtigt und verpflichtet

wird (modifizierte Subjektstheorie; *Bettermann*, NJW 1977, 715; *Bachof*, Festgabe, S. 9 ff.; *Erichsen*, Allg. VerwR, § 2 Rn. 16; *BVerwG*, DÖV 1981, 678).

Beispiel: Nach § 928 II BGB steht dem Fiskus das Recht zur Aneignung eines aufgegebenen Grundstückes zu. Nach Wolff handelt es sich bei dieser Bestimmung um öffentliches Recht, weil sie allein den Staat berechtigt. Demgegenüber machen Bettermann und Bachof geltend, daß es sich um privates Recht handele, weil der Staat nicht als Hoheitsträger, sondern als Teilnehmer am bürgerlich-rechtlichen Rechtsverkehr Anspruchsinhaber sei.

Der Vorteil der modifizierten Subjektstheorie liegt in ihrem formalen Anknüpfungspunkt. Sie führt von daher für Rechtssätze in der Regel zu tragbaren Abgrenzungsergebnissen. Die Theorie vermag indessen dort keine Lösung zu vermitteln, wo Hoheitsträger ohne Rechtssätze handeln (zu den sonstigen Abgrenzungstheorien *Maurer*, Allg. VerwR, § 3 Rn. 19 m. w. N.).

5. Pragmatische Abgrenzung

a) Für die Lösung von Klausurfällen wird es meist nicht auf die Abgrenzungs- **13** theorien ankommen. Vielmehr läßt sich eine Problemlösung auf der Grundlage einer **sorgfältigen Abgrenzung des Sachverhalts** und anhand pragmatischer Prüfungsschritte erreichen. Hilfreich ist es, sich anhand von Beispielen aus der Rechtsprechung ein Gefühl dafür zu verschaffen, welchem Rechtskreis einzelne Lebenssachverhalte typischerweise zugeordnet werden.

b) Ist im Gesetz bestimmt, nach welchen Grundsätzen die Verwaltung zu handeln **14** hat, so wäre es verfehlt, das Wissen um die Abgrenzungstheorien in der Klausur auszubreiten; zugrunde zu legen ist in diesen Fällen die gesetzliche Vorgabe.

Beispiele:
- ❑ Nach § 9 FAG sind die Rechtsbeziehungen aus der Inanspruchnahme der Einrichtungen der TELEKOM privatrechtlicher Natur.
- ❑ § 16 PostG enthält die Beleihung der Deutschen Bundespost – Postdienst – mit dem Recht, Schriftstücke nach den Regeln des Prozeß- und Verfahrensrechts förmlich zuzustellen.
- ❑ Nach § 28 II BauGB wird das Vorkaufsrecht durch Verwaltungsakt ausgeübt. Damit ist die frühere Streitfrage im Sinne der öffentlich-rechtlichen Qualifizierung des Vorkaufsrechts entschieden (dazu *OVG Münster* OVGE 23, 280 – öffentlich-rechtlich, *BGHZ* 60, 275 – privatrechtlich). Diese gesetzliche Regelung wird auch die rechtliche Einordnung der Vorkaufsrechte in anderen Gesetzen prägen (*VGH Ba.-Wü.* NVwZ 1992, 898, der die Ausübung des Vorkaufsrechts nach § 46 Ba.-Wü. NatSchG als privatrechtsgestaltenden Verwaltungsakt sieht).

c) Sofern die Behörde eindeutig hoheitlich handelt, ist diese Maßnahme öffent- **15** lich-rechtlich zu beurteilen, und zwar unabhängig davon, ob ein öffentlich-rechtliches Handeln zulässig war. Die Maßnahme kann aber wegen fehlender Ermächtigungsgrundlage durch die Verwaltungsgerichte aufgehoben werden (*Ipsen/Koch*, JuS 1992, 813).

Beispielsfall: S führte für das Unternehmen U Kiestransporte mit seinem Binnenmotorschiff durch. In wechselseitiger Absprache hatte S nicht die gesetzlich festgesetzten Frachtbeträge erhalten. Die zuständige Bundesbehörde er-

ließ einen Einziehungsbescheid über den verkürzten Frachtbetrag. – Das
BVerwG hielt fest, daß der Einziehungsbescheid nur dann rechtmäßig gewesen
wäre, wenn die Voraussetzungen des § 1 VwVG vorgelegen hätten. Da es sich
jedoch nicht um eine öffentlich-rechtliche Geldforderung des Bundes gehandelt habe, sei ein Vorgehen im Wege der Verwaltungsvollstreckung unzulässig
gewesen, vielmehr hätte die Forderung von der nach § 39 BSchVG zuständigen
Wasser- und Schiffahrtsdirektion eingezogen werden müssen. Der Leistungsbescheid mußte mangels rechtlicher Grundlage aufgehoben werden
(*BVerwGE* 17, 242 – *„privatrechtlicher Frachtbescheid“*).

16 d) Nach diesen Grundsätzen verbleiben einige typische Konstellationen bei denen die Abgrenzung zwischen öffentlichem und privatem Recht bedeutsam
werden kann:

   ❑ Für den Sachverhalt liegt eine streitentscheidende Norm vor; unklar bleibt,
   ob sie dem öffentlichen oder dem privaten Recht zugeordnet ist (Konstellation der Abgrenzungstheorien);

   ❑ für den Sachverhalt gibt es keine streitentscheidende Norm (Konstellation
   der Indizienabgrenzung);

   ❑ auf den zu entscheidenden Lebenssachverhalt können sowohl Normen des
   öffentlichen wie des privaten Rechts Anwendung finden.

17 e) Liegt eine gesetzliche Regelung nicht vor und sind auch die sonst „eindeutigen“ Fallkonstellationen nicht gegeben, ist die rechtliche Einordnung aufgrund von Indizien anhand einer umfassenden Würdigung des Einzelfalles
vorzunehmen (Indizienabgrenzung).

So kann aus den von dem Hoheitsträger verwendeten Begriffen auf die öffentlich-rechtliche oder privatrechtliche Handlungsform geschlossen werden.
Begriffe wie Satzung, Gebühr, Beitrag sprechen für öffentlich-rechtliche
Handlungsformen, allgemeine Geschäftsbedingungen, Kündigung oder Lei-
stungsentgelt für privatrechtliche Handlungsformen. Schließlich ist für die
Abgrenzung zwischen öffentlichem Recht und Privatrecht auf den Sachzusammenhang abzustellen, in dem die zu beurteilende Maßnahme steht.

Beispielsfall: Gemeinde G schließt mit der Firma H einen Straßenbeleuch-
tungsvertrag, wonach die Firma H die Beleuchtungskörper einzurichten, zu
unterhalten und zu betreiben hat. Die Beleuchtungskörper verbleiben im Eigentum der Firma H. Grundstückseigentümer E verlangt von G und H, daß die
Straßenlampe vor seinem Haus so versetzt wird, daß das Licht nicht in sein
Schlafzimmer fällt. Ohne Durchführung eines förmlichen Vorverfahrens erhebt E Klage vor dem VG. G macht die Unzulässigkeit der Klage geltend. – Der
VGH Kassel stellte zunächst eine öffentlich-rechtliche Streitigkeit fest, für die
der Verwaltungsrechtsweg nach § 40 I 1 VwGO gegeben sei. Der Streit um die
Versetzung der Straßenlampe teile die Rechtsnatur desjenigen Verwaltungshandelns, das die abzuwehrende Immission verursache, im gegebenen Fall also
die des Aufstellens und Betreibens der kommunalen Beleuchtungseinrichtun-

gen. Nach Auffassung des *VGH Kassel* handelte es sich dabei um schlicht hoheitliches Verwaltungshandeln der Gemeinde, und zwar unabhängig davon, ob sie sich zur Erfüllung der ihr obliegenden Aufgabe eines privaten Dritten bediene. Die Beleuchtung der innerörtlichen Verkehrsflächen sei eine öffentliche Aufgabe der Gemeinde, die in hoheitlicher Form wahrgenommen werde. Sie diene letztlich der Aufrechterhaltung der öffentlichen Sicherheit und Ordnung sowie der Förderung des kulturellen und wirtschaftlichen gemeindlichen Lebens. Nach diesen Ausführungen wurde der Rechtsweg für zulässig erachtet. Ein vorgängiges förmliches Vorverfahren war allerdings nicht erforderlich, weil es nicht um den Erlaß eines Verwaltungsaktes, sondern um die Abwehr sonstigem hoheitlichen Tätigwerdens ohne Regelungscharakter ging (*VGH Kassel*, NJW 1989, 1500 – *„störende Straßenlampe"*).

Läßt sich auch nach dem konkreten Sachzusammenhang keine verbindliche Festlegung treffen, kann darauf abgehoben werden, wie das Rechtsverhältnis üblicherweise eingeordnet wird.

f) Die folgenden **Beispiele geben Anhaltspunkte** für die klausurbezogene Einordnung von Lebenssachverhalten in privates oder öffentliches Recht: **18**

Beispielsfälle:

❑ Ministerialrat X unternahm eine Dienstfahrt zum Flughafen, um grundlegende Fragen der Flugsicherung abzustimmen. Auf der Rückfahrt verschuldete er einen Unfall. Der Geschädigte G macht Amtshaftungsansprüche nach Art. 34 GG, § 839 BGB geltend. – Der *BGH* hielt fest, daß die Dienstfahrt in „Ausübung eines öffentlichen Amtes" erfolgte. Die Abwehr von Gefahren für die Sicherheit des Luftverkehrs gehöre zu den Aufgaben, die der Staat nach Maßgabe des öffentlichen Rechts erfülle. Die Dienstfahrt stehe in einem engen äußeren und inneren Zusammenhang mit der hoheitlichen Betätigung mit der Folge, daß die Fahrt als Bestandteil der Erfüllung der hoheitlichen Aufgabe gelten müsse. Dabei komme es nicht darauf an, ob der Beamte ein Dienstfahrzeug, ein beamteneigenes oder ein privateigenes Kraftfahrzeug führe. Eine unter Verwendung eines privaten Kraftfahrzeuges zur Erfüllung einer hoheitlichen Aufgabe vorgenommene Dienstfahrt sei Ausübung eines öffentlichen Amtes, wenn die Wahl dieses Verkehrsmittels zur sinnvollen Verwirklichung des hoheitlichen Zweckes geboten war (*BGH*, DÖV 1979, 865 – *„Unfall auf der Dienstfahrt"*). **19**

❑ B möchte gegen den öffentlich-rechtlichen Rundfunksender R einen Gegendarstellungsanspruch durchsetzen. Er fragt, in welchem Rechtsweg der Anspruch geltend zu machen ist. Die Frage, ob die Zivilgerichte oder die Verwaltungsgerichte zuständig sind, wird in Rspr. und Lit. unterschiedlich beantwortet. Der *BGH* (*BGHZ* 66, 185) nimmt zivilrechtliche Ansprüche und damit den Rechtsweg vor die ordentlichen Gerichte an, während vor allem das öffentlich-rechtliche Schrifttum (*Bettermann*, NJW 1977, 513) überwiegend die Auffassung vertritt, daß es sich um öffentlich-rechtliche **20**

Ansprüche handelt, für die vorbehaltlich der Zuweisung der Streitigkeiten durch Gesetz an einen anderen Gerichtszweig der Verwaltungsrechtsweg gegeben sei. Die Zivilgerichtsbarkeit stellt vor allem darauf ab, daß der Streit die Ebene des privatrechtlichen 'Miteinander' betreffe, insbesondere die Abgrenzung des Schutzes der Individualsphäre. Dem wird u. a. entgegengehalten, daß die Veranstaltung von Rundfunk- und Fernsehsendungen durch öffentliche Rundfunkanstalten nicht nur eine öffentliche Aufgabe sei, sondern auch „eine Funktion des öffentlichen Rechts" (*BGHZ* 66, 185 – „*Gegendarstellung im öffentlichen Rundfunk*").

21   ❏ K stand wegen der Erteilung von Forschungsaufträgen mit dem Bundesverteidigungsministerium in Verhandlungen. Nachdem er sich abschätzig über Beamte dieser Behörde geäußert hatte, wurde ihm ein Hausverbot erteilt. – Das *BVerwG* hielt fest, daß sich die Rechtsnatur des Hausverbotes nach dem zugrundeliegenden Rechtsverhältnis bestimme. Es seien im vorliegenden Fall zwischen zwei Rechtssubjekten Verhandlungen geführt worden, die die Abgabe rechtlich verbindlicher Willenserklärungen zum Gegenstand hatten. Die in den Vorverhandlungen abgegebenen Erklärungen seien deshalb in der gleichen Weise privatrechtlich zu beurteilen. Der Umstand, daß der Staat gewissen öffentlich-rechtlichen, insbesondere grundgesetzlichen Bindungen unterliegen könne, wenn er sich zur Erfüllung seiner Aufgaben privatrechtlicher Mittel bediene, sei nicht geeignet, den erstrebten Forschungsaufträgen einen öffentlich-rechtlichen Charakter zu verleihen (*BVerwGE* 35, 103 – „*Hausverbot*"; demgegenüber wird das Hausrecht z. T. öffentlich-rechtlich beurteilt mit dem Hinweis darauf, daß es der Sicherstellung der unbeeinträchtigten Ausübung der im öffentlichen Recht wurzelnden Aufgaben der Behörden diene; *Berg*, JuS 1982, 260).

22   ❏ Die Mutter des K bezog Wohngeld. Nach ihrem Tod wurde das Wohngeld weiter auf das Konto der Verstorbenen überwiesen. K hob als Erbe das Guthaben ab. Die Gemeinde G fordert die Zurückzahlung der zuviel gezahlten Beträge. K macht die Unzulässigkeit des Verwaltungsrechtswegs geltend. Das BVerwG hielt fest, daß ein Anspruch auf Erstattung einer Wohngeldzahlung, die versehentlich nach dem Tode des Antragsberechtigten an dessen Erben gelangt ist, privatrechtlicher Natur sei. Ein solcher Anspruch könne nicht durch einen Leistungsbescheid, sondern nur durch eine bürgerlich-rechtliche Willenserklärung geltend gemacht werden. Ob sich im Einzelfall die Ausgleichspflicht aus dem privaten oder dem öffentlichen Recht ergebe, hänge davon ab, wie es zu der Bereicherung gekommen sei. Ansprüche auf Ausgleich einer ungerechtfertigten Bereicherung richteten sich auf Rückabwicklung; es seien Ansprüche, mit denen ein vermeintlicher Leistungsanspruch gleichsam umgekehrt werde; dementsprechend teilten sie die Rechtsqualität des Anspruches, den sie umkehren. Ein öffentlich-rechtliches Leistungsverhältnis habe zwar zur Mutter bestanden, nicht dagegen zu K (*BVerwGE* 84, 274 – „*Rückzahlung des Wohngeldes*").

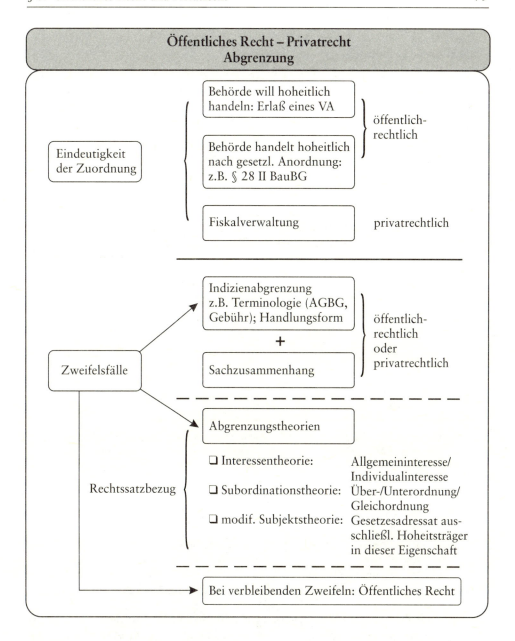

C. Verwaltungsprivatrecht

Die Rechtsregeln, die unter dem Oberbegriff „Verwaltungsprivatrecht" zusam- 23
mengefaßt werden, betreffen nicht das Problem der Rechtskreisabgrenzung. Es
geht vielmehr darum festzustellen, welchen **Bindungen die öffentliche Verwaltung**
im Falle privatrechtlichen Handelns unterliegt, und welche Folgen das Handeln
in Privatrechtsform für die Haftung und den Gerichtsstand hat.

I. Allgemeines

1. Praktische Bedeutung

24 Die Anwendungsbereiche für verwaltungsprivatrechtliches Verwaltungshandeln sind vielfältig (*v. Zezschwitz*, NJW 1983, 874; *v. Danwitz*, JuS 1995, 1). Die öffentliche Verwaltung bedient sich zunehmend zur Wahrnehmung von Verwaltungsaufgaben privatrechtlicher Handlungsformen. Es stellt sich dabei die Frage, ob die öffentliche Verwaltung in gleicher Weise privatautonom handeln darf wie Rechtssubjekte des Privatrechts. Die Bedeutung privatrechtlichen Handelns der öffentlichen Verwaltung wird an dem nachfolgenden Überblick deutlich.

Sachbereiche privatrechtlichen Verwaltungshandelns zur Erfüllung öffentlicher Aufgaben

Daseinsvorsorge
- Stromlieferungsverträge
- Öffentliche Einrichtungen wie Schwimmbäder, Museen, Schlachthöfe

Privatisierung
- Privatisierung in neuen Bundesländern
- Abfallentsorgung

Öffentliche Förderung
- Wohnungsbauförderung
- Existenzgründungshilfen
- Subventionen

Beteiligung an privaten Gesellschaften
- Wirtschaftsförderungsgesellschaften
- gemischt-wirtschaftliche Unternehmen

Interventionsmaßnahmen
- Geldpolitische Steuerung der Bundesbank
- Bevorratungsmaßnahmen

Beschäftigungs- und Erhaltungsmaßnahmen
- lenkende Beschäftigung
- Ankäufe von Austauschgrundflächen

Beispielsfall: Das private Wasserversorgungsunternehmen, an dem die Stadt A als Mehrheitsaktionärin beteiligt ist, versorgt das Gebiet der Stadt A mit Wasser. Der vom Land L errichtete Neubau eines Verwaltungsgebäudes soll aus einem Hydranten mit Löschwasser versorgt werden. Das Wasserversorgungsunternehmen verlangt laufende Bereitstellungsbeiträge für die Vorhaltung von Löschwasser. – Der *BGH* hält zunächst fest, daß die Wasserversorgung als Maßnahme der Daseinsvorsorge grundsätzlich öffentlich-rechtlicher Natur sei. Gleichwohl sei anerkannt, daß die Wasserversorgung auch in den Formen des Privatrechts sichergestellt werden könne. – Der *BGH* kommt zum Ergebnis, daß bei öffentlich-rechtlicher Ausgestaltung des Wasserbezugsverhältnisses die streitigen Beiträge mangels Rechtsgrundlage nicht verlangt werden können. Dasselbe gelte auch, wenn diese öffentliche Aufgabe auf privatrechtlicher Grundlage erfüllt werde (*BGHZ* 91, 84 – *„Löschwasserversorgung"*).

2. Begriff

Verwaltungsprivatrecht findet Anwendung, wenn die öffentliche Verwaltung un-   25
mittelbar Verwaltungsaufgaben in der Form des Privatrechts erledigt. *Wolfgang Siebert* (FS Niedermeier, S. 215) kommt das Verdienst zu, die Kriterien herausgearbeitet zu haben, durch die sich das Verwaltungsprivatrecht vom fiskalischen Handeln der Verwaltung unterscheidet. Der öffentlichen Verwaltung stehen bei der Erfüllung öffentlicher Aufgaben grundsätzlich auch die privatrechtlichen Handlungsformen zur Verfügung. Im Zivilrecht kann sich jeder Teil einer vertraglichen Vereinbarung seiner grundrechtlich verbürgten Handlungsfreiheit begeben. Soweit jedoch die öffentliche Verwaltung in den Formen des Privatrechts öffentliche Aufgaben wahrnimmt, werden die Normen des Privatrechts durch Bestimmungen des öffentlichen Rechts ergänzt, überlagert und modifiziert (*BGHZ* 91, 96; *Stober*, NJW 1984, 449). Der Begriff Verwaltungsprivatrecht bringt somit zum Ausdruck daß die Verwaltung, soweit sie öffentliche Aufgaben in Formen des Privatrechts wahrnimmt, nicht in der gleichen Weise privatautonom handeln darf, wie dies Privatrechtssubjekte aufgrund ihrer verfassungsrechtlich verbürgten Vertragsfreiheit tun können.

In diesem Zusammenhang ist darauf hinzuweisen, daß die Herausbildung privat-   26
rechtlicher Organisationsformen- und Handlungstechniken historisch einmal darauf zurückging, daß den Verwaltungsbehörden bei öffentlich-rechtlichen Handlungsformen nicht die erforderliche Formenvielfalt zur Verfügung stand (*v. Zezschwitz*, NJW 1983, 1875 m. w. N.). Durch verstärkten Einsatz der privatrechtlichen Handlungsformen sollte der **Formenmangel des öffentlichen Rechts überwunden werden**. Vielfach wird in diesem Zusammenhang das auf Fleiner zurückgehende Wort von der „Flucht in das Privatrecht" gebraucht. Diese Feststellung beschreibt zutreffend die Gefahr, daß sich die öffentliche Verwaltung durch Einsatz privatrechtlicher Gestaltungsmittel von den ihr vorgegebenen Bindungen entziehen könnte; historisch war dies indessen nicht der Grund für die breite Inanspruchnahme privatrechtlicher Handlungsformen zur Erfüllung öffentlicher Aufgaben. Die Regelungen des sog. Verwaltungsprivatrechts enthalten Grundsätze, die dieser Gefahr steuern sollen. Es mag sein, daß der „Entfesselung" der Verwaltung durch das Privatrecht der Charakter der Zwiespältigkeit anhaftet (*Krüger*, DVBl. 1955, 383). Auf der anderen Seite bleibt die Feststellung, daß ohne privatrechtliche Handlungsformen weite Bereiche, insbesondere auch der Wirtschaftsverwaltung, nicht angemessen geregelt werden könnten. Zum anderen führt das verstärkte Bemühen nach Privatisierung dazu, daß unter diesem Vorzeichen privatrechtliche Handlungsformen der öffentlichen Verwaltung auch in Zukunft verstärktes Gewicht haben werden (vgl. dazu auch § 2

Rn. 83; kritisch zum Handeln der Verwaltung in privatrechtlichen Formen, *v. Danwitz*, JuS 1995, 1).

27   Die Begrenzung der Grundsätze des sog. Verwaltungsprivatrechts auf die Erfüllung von Verwaltungsaufgaben mit privatrechtlichen Mitteln bedeutet nicht, daß die öffentliche Verwaltung dort, wo sie erwerbswirtschaftlich oder fiskalisch tätig ist, keinen besonderen Bindungen unterliegen würde. Allerdings sind in diesen Bereichen Notwendigkeit und Umfang der öffentlich-rechtlichen Bindungen noch stärker umstritten (dazu § 1 Rn. 58).

28   Merke: Die Bindungen des Verwaltungsprivatrechts sind der Verwaltung auferlegt, wenn sie in privatrechtlichen Formen unmittelbar Aufgaben der öffentlichen Verwaltung erfüllt.

29   Die öffentlich-rechtlichen Bindungen gelten auch dann, wenn die Verwaltungsbehörden nicht selbst in privatrechtlicher Form handeln, sondern Aufgaben in Gestalt eines von einem Verwaltungsträger beherrschten, privatrechtlich verfaßten Rechtssubjektes – etwa einer Gesellschaft des Handelsrechts – wahrgenommen werden. Ein Betrieb, der einer öffentlichen Aufgabe gewidmet ist, übt Verwaltung im funktionellen Sinne aus (*BGHZ* 91, 98; *Erichsen*, Allg. VerwR, § 56 II 3).

II. Grundsätze des Verwaltungsprivatrechts

1. Grundrechtsbindung

30   Im Rahmen des Verwaltungsprivatrechts ist die Grundrechtsbindung allgemein anerkannt (*Sachs*, GG, Art. 1 Rn. 95; *Horn*, Zivil- und Wirtschaftsrecht, § 18 Rn. 268).

Beispielsfall: Das Land L ist Rechtsnachfolger in das Eigentum an einem Exerzierplatz der Deutschen Wehrmacht geworden. Nach dem einschlägigen Landesgesetz sollen diese Ländereien zum Zwecke der Siedlung entwurzelten Menschen zu Eigentum übertragen werden. K hatte zunächst über ein Grundstück einen Mietvertrag abgeschlossen. Bei der Eigentumsübertragung wurde er, anders als andere Siedler, nicht berücksichtigt. Er fragt, ob er einen Anspruch hat? – Der BGH stellte fest, daß der einzelne Siedler von der Zuteilung des Bodens zu Eigentum nicht nach Belieben ausgeschlossen werden durfte. Das verfassungsmäßige Gleichheitsprinzip binde die öffentliche Verwaltung auch dort, wo sie sich bei der unmittelbaren Erfüllung ihrer Verwaltungsaufgaben gegenüber einer bestimmten Interessengruppe privatrechtlicher Rechtsformen bediene. Dem K stehe deshalb ein Leistungsanspruch zu, wenn er von den anderen Siedlern gewährten Leistungen aus sachfremden und unbilligen Gründen ausgeschlossen worden sei (*BGHZ* 29, 76 – „*Zuteilung von Siedlungsland*").

2. Verhältnismäßigkeitsgrundsatz

Zu den Bindungen, denen die öffentliche Verwaltung bei der Erfüllung von Ver-   31
waltungsaufgaben in privatrechtlicher Form unterliegt, gehört auch der Verhältnismäßigkeitsgrundsatz.

Beispielsfall: K betreibt eine Druckerei. Die Stadtwerke der Stadt S stellten fest,
daß die Wasserenthärtungsanlage nicht gesetzentsprechend eingebaut war. Trotz
mehrfacher Aufforderung nahm K keine Änderungen vor. Die Vertreter der
Stadtwerke drohten mit einer fristlosen Sperrung der Wasserversorgung. K beantragt daraufhin beim Amtsgericht eine einstweilige Verfügung, in welcher S untersagt werden soll, eine Wassersperre zu verhängen. – Die angedrohte Wassersperre beruht auf den privatrechtlichen Versorgungsbedingungen von S. In ihr
liegt die Geltendmachung eines Zurückbehaltungsrechts. Obgleich die angedrohte Wassersperre von den Wasserversorgungsbedingungen der S gedeckt ist,
ist sie nicht rechtmäßig, weil sie K unverhältnismäßig stark belastet. An das
Verbot, unverhältnismäßig belastende Mittel einzusetzen, sind S und ihr Eigen-
betrieb auch bei privatrechtlicher Regelung der Wasserversorgung gebunden. K
der zur Produktion Wasser benötigt, darf die Wasserversorgung nicht gesperrt
werden, um die Durchsetzung einer zwischen den Parteien umstrittenen Bestimmung der Versorgungsbedingungen zu erzwingen (*LG Braunschweig*, NJW
1974, 800 – *„kommunale Wasserversorgung"*).

3. Zuständigkeitsregelungen

Der öffentliche Verwaltungsträger und das für ihn handelnde Verwaltungsorgan   32
sind an die Zuständigkeitsregelungen gebunden. Der Einsatz privatrechtlicher
Handlungsformen eröffnet nicht eine Befugnis zur Zuständigkeitsüberschrei-
tung. Es gilt generell, daß der Gesetzesvorbehalt nicht durch Ausweichen in das
Privatrecht umgangen werden kann. Wahlfreiheit bedeutet daher, daß sie nur im
Rahmen der Kompetenz des Verwaltungsträgers besteht.

Beispielsfall: Die zuständige Behörde des Landes L erhebt für die Erteilung eines
Wunschkennzeichens von B aufgrund eines privatrechtlichen Vertrages eine sog.
Ergänzungsvergütung. Die Zuteilung von amtlichen Kfz-Kennzeichen (§ 23 II
1,3 StVZO) ist ein gebührenpflichtiger Tatbestand. Die Gebührenordnung wurde auf der Grundlage der § 6 a II – IV StVG erlassen. Deren Anlage enthält unter
der Gebührennummer 235 lediglich eine Einheitsgebühr für die „Zuteilung der
Erkennungsnummer eines Kennzeichens". Aus dem verfassungskräftigen
Grundsatz des Vorbehalts des Gesetzes folgt, daß die Gebührenerhebung einer
gesetzlichen Grundlage bedarf. Da der Verwaltung kein Gebührenfindungsrecht
zusteht, war der Verwaltung die Einforderung einer Sondervergütung auch im
Rahmen privatrechtlicher Handlungsformen untersagt (*BVerwG*, NJW 1991,
2851 – „Wunschkennzeichen"; dazu *Würkner*, NJW 1991, 2816).

Ein weiteres Problem stellt sich dann, wenn zwar der Verwaltungsträger die   33
erforderliche Kompetenz hat, jedoch eine unzuständige Behörde (das falsche Ver-

waltungsorgan) tätig geworden ist. Einvernehmen besteht grundsätzlich darüber, daß im Bereich des Verwaltungsprivatrechts die Zuständigkeitsregelungen zu beachten sind (*Maurer*, Allg. VerwR., §§ 17 Rn. 1; 3 Rn. 9). Für die Rechtsfolge des unzuständigen Handelns kann bei privatrechtlicher Beurteilung dieses Sachverhalts § 134 BGB herangezogen werden. Sieht man in der Zuständigkeitsordnung ein zwingendes gesetzliches Verbot, so wäre z. B. der privatrechtliche Vertrag nichtig. Denkbar wäre auch eine Lösung über die sinngemäße Anwendung der Grundsätze des VwVfG, insbesondere der § 54 ff. VwVfG (dazu *Kopp*, VwVfG, Vorb. § Rn. 40; *Stelkens*, VwVfG, § 1 Rn. 65; auch *v. Danwitz*, JuS 1995, 1.

4. Haftung

34 Das Tätigwerden der öffentlichen Verwaltung in Formen des Privatrechts wirft im Schädigungsfalle die Frage nach den einschlägigen Haftungsregelungen auf. Die h. M. geht davon aus, daß im Falle privatrechtlichen Handelns Amtshaftungsansprüche ausgeschlossen sind; es sollen die allgemeinen Haftungsregelungen des Zivilrechts, insbesondere des Deliktsrechts, gelten. Es wird darauf hingewiesen, daß allein beim Einsatz des öffentlich-rechtlichen Handlungsinstrumentariums die öffentliche Verwaltung im Verhältnis zu den Privatrechtssubjekten eine die Anwendung des besonderen Haftungsrechts rechtfertigende Sonderstellung einnehme. Bei Amtsausübung auf der Grundlage des öffentlichen Rechts trete die Verwaltung in einer rechtlichen Überlegenheit auf, die eine besondere Schutzbedürftigkeit des Bürgers begründe (*Papier*, MK, § 839 Rn. 125). Der h. M. wird zunehmend entgegengehalten, daß die Abgrenzungsfrage nach dem einschlägigen Haftungssystem nicht anhand der Handlungsformen beantwortet werden darf, sondern es einer funktionellen Betrachtungsweise bedürfe (*Ossenbühl*, StHR, S. 24 ff.). Die Abgrenzung nach dem Inhalt der zu erfüllenden Aufgabe wird als sachgerechter angesehen. Auch der Sinn und Zweck der Amtshaftung fordert nach dieser Auffassung ihre Anwendung, denn sie soll Schäden kompensieren, die ein Amtswalter in Erfüllung öffentlicher Aufgaben einem Dritten zufügt. Dieser hoheitliche Charakter der Aufgabenwahrnehmung gehe indessen nicht verloren, wenn sich die Verwaltung der Mittel und Formen des Privatrechts bediene (*Schröder*, JuS 1969, 26).

5. Prozessuale Fragen

35 Die Wahl der Handlungsform wirkt sich schließlich auf den zu beschreitenden Rechtsweg aus. Obgleich es um die Erledigung von Verwaltungsaufgaben und damit zusammenhängende Ansprüche geht, sind im Bereich des Verwaltungsprivatrechts die ordentlichen Gerichte zuständig (*W/B/S I*, § 23 Rn. 33). Der Rechtsweg zu den Verwaltungsgerichten würde das Vorhandensein einer öffentlich-rechtlichen Streitigkeit voraussetzen. Nach den Abgrenzungsgrundsätzen ist für die Einordnung des Charakters der Rechtsstreitigkeit grundsätzlich die Rechtsform bestimmend, in der der Handelnde tätig wird (*Burmeister*, DÖV, 1975, 698). Die h. M., die die gerichtliche Kontrolle im Bereich des Verwaltungsprivat-

rechts den ordentlichen Gerichten zuordnet, wird teilweise kritisiert. Vor allem wird darauf abgehoben, daß die Überprüfung der Verwaltungstätigkeit verschiedenen Gerichtsbarkeiten anvertraut sei, was einer einheitlichen Bewertung der Rechtsverhältnisse entgegenstehe. Außerdem könne die öffentliche Verwaltung dann aufgrund der Wahlfreiheit der Handlungsformen grundsätzlich über den Rechtsweg disponieren. Dem ist entgegenzuhalten, daß der Zivilrechtsweg und der Verwaltungsrechtsweg unter dem Gesichtspunkt des effektiven Rechtsschutzes gleichwertig sind und auf Verwaltungsprivatrecht beruhende Ansprüche auch in der ordentlichen Gerichtsbarkeit wirksam durchgesetzt werden können (*W/B/S* I, § 23 Rn. 33; *BVerwG*, NVwZ 1991, 59). Im übrigen dürfte es praktisch für die Entscheidung der Verwaltung, privatrechtlich oder öffentlich-rechtlich zu handeln, ohne Bedeutung sein, in welchem Rechtsweg potentielle Streitigkeiten geklärt werden müssen.

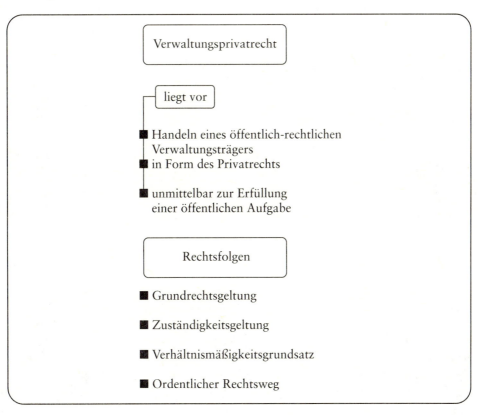

D. Zweistufentheorie

I. Allgemeines

1. Abgrenzung

36   Ein Lebenssachverhalt kann mehrere Rechtsverhältnisse umfassen, die je nach Sachlage privat- und/oder öffentlich-rechtlich beurteilt werden müssen.

Beispiele: Das private Grundeigentum ist Voraussetzung für die privatrechtlich zu erfüllende Verkehrssicherungspflicht aber auch für die öffentlich-rechtliche Grundsteuerpflicht.

37   Die Zweistufentheorie trägt der Tatsache Rechnung, daß Rechtsverhältnisse zwischen dem einzelnen und der öffentlichen Verwaltung im Hinblick auf private oder öffentlich-rechtliche Handlungsformen eine differenzierte rechtliche Beurteilung erfordern können (kritisch *v. Danwitz*, JuS 1995, 1). Die Zweistufentheorie ist vom Verwaltungsprivatrecht zu unterscheiden, weil es dieser Theorie nicht darum geht, Grundsätze über die Bindung der öffentlichen Verwaltung im Privatrecht festzulegen. Sie steht aber dann in engem Zusammenhang mit dem Verwaltungsprivatrecht, wenn sich die zweite Stufe privatrechtlich beurteilt. Dann gelten für diese Stufe die Grundsätze des Verwaltungsprivatrechts.

Mit der Abgrenzung des öffentlichen vom privaten Recht hat die Zweistufentheorie insoweit zu tun, als sie selbst zwar keine Abgrenzung zwischen Privatrecht und öffentlichem Recht ermöglicht, sondern diese voraussetzt (*W/B/S I*, § 22 Rn. 65). Die Abgrenzung von öffentlichem und privatem Recht hat jedoch im Anwendungsbereich der Zweistufentheorie eine besondere praktische Bedeutung.

2. Begriff

38   Der Zweistufentheorie liegt die Erkenntnis zugrunde, daß die öffentliche Verwaltung in ein und derselben Angelegenheit dem Bürger teils hoheitlich und teils privatrechtlich gegenübertreten kann. In diesem Gemisch öffentlich-rechtlichen und privatrechtlichen Tätigwerdens stellt die Zweistufentheorie eine **Erklärungstheorie für gestufte Rechtsverhältnisse** dar. Der Ausgangspunkt dieser Theorie ist, daß der Vollzug hoheitlicher Grundentscheidungen nach öffentlich-rechtlichen oder privatrechtlichen Grundsätzen erfolgen kann. Die zweistufigen Rechtsverhältnisse sind dadurch gekennzeichnet, daß sie aus zwei getrennten Verfahrensabschnitten bestehen, von denen der erste Verfahrensabschnitt (das „Ob") stets dem öffentlichen Recht angehört (Grundentscheidung) und der zweite Verfahrensabschnitt (das „Wie") sowohl öffentlich-rechtlich als auch privatrechtlich ausgestaltet sein kann (Vollzug; *W/B/S I*, § 22 Rn. 65; *Maurer*, Allg. VerwR, § 17 Rn. 11; *Peine*, VerwR, Rn. 316).

Beispielsfälle:

39   ❏ K begehrt vom Land L ein Darlehen zur Eingliederung in die Landwirtschaft. Nachdem er bislang als Angestellter bei der „Wilhelma" in S. tätig war, will er nunmehr eine eigene Gärtnerei aufbauen. Das zuständige Landesamt für

Flurbereinigung und Siedlung lehnte das Darlehen ab. Nach Durchführung des Vorverfahrens erhebt K Klage beim *VG*. Dort wendet L ein, der Rechtsweg sei unzulässig, da es sich nicht um eine öffentlich-rechtliche Streitigkeit handele; im übrigen bestehe auf das Darlehen kein Anspruch. – Zunächst ist zu klären, ob der Verwaltungsrechtsweg im Hinblick auf die Darlehensbewilligung zulässig ist. Maßgebend hierfür ist, ob es sich um eine öffentlich-rechtliche Streitigkeit handelt. Die Rechtsnatur des Leistungsbegehrens richtet sich nach der Rechtsnatur der Anspruchsgrundlage. Der für die Bewilligung des Darlehens maßgebliche § 42 I Bundesvertriebenengesetz ist eine öffentlich-rechtliche Norm. Das *BVerwG* führt aus, daß sich die umstrittene Darlehensgewährung zweistufig abwickle. Der öffentlich-rechtlich geregelten ersten Stufe der Bewilligung, die Gegenstand der gerichtlichen Auseinandersetzung sei, folge die privatrechtlich geregelte zweite Stufe der Darlehensauszahlung nach. Im Hinblick auf die Bewilligung, das „Ob" der Leistungsberechtigung, hatte die zuständige Behörde ermessensfehlerhaft entschieden. Vor diesem Hintergrund hat das *BVerwG* L verpflichtet, den Antrag auf Bewilligung eines Darlehens erneut zu bescheiden (*BVerwGE 45, 13 – „Eingliederungsbeihilfe"*).

❑ Der Beamte B erhielt aus Mitteln zur Förderung des Wohnungsbaus für Landesbedienstete ein Darlehen von L. Die Landesregierung hatte in einem Runderlaß Regelungen zur vorzeitigen Ablösung der Darlehen getroffen. B löste das Darlehen innerhalb der vorgesehenen Zeiträume vorzeitig ab. L meint, die Voraussetzungen für die Ablösung hätten nicht vorgelegen. Vor dem zuständigen Landgericht erhob L Klage auf rückständige Zinsen. – Das Landgericht vertrat die Auffassung, daß es sich bei dem vorzeitigen Ablösungsbegehren um einen Vornahmeantrag gehandelt habe, der öffentlich-rechtlich beurteilt werden müsse. Der BGH führte differenzierend aus, daß die Bewilligung des Darlehens öffentlich-rechtlich zu beurteilen sei. Bei der Beschaffung von Wohnraum für Landesbedienstete habe es sich nicht nur um die Wahrung der Vermögensinteressen des L gehandelt, sondern diese seien der Fürsorge des öffentlichen Dienstherrn zuzuordnen und damit öffentlich-rechtlich zu beurteilen. Die Bewilligung des Darlehens habe jedoch den Weg zum zweiten Verfahrensabschnitt eröffnet, in dem die angeordnete Hilfeleistung durchgeführt werde, und zwar durch den Abschluß des Darlehensvertrages und die Auszahlung der Darlehensmittel. Insoweit seien sich die öffentliche Hand und der Darlehensnehmer auf bürgerlich-rechtlicher Ebene gegenübergestanden. Soweit es um Ansprüche aus diesem Darlehensvertrag gehe, seien die Rechtsbeziehungen nach bürgerlichem Recht zu beurteilen. Sei der Darlehensvertrag aber insgesamt nach bürgerlichem Recht zu beurteilen, so gelte dies nicht nur für seinen Abschluß und seine Durchführung, sondern ebenso für seine Beendigung und seine Abwicklung (*BGH, DVBl. 1972, 612 – „Wohnungsbaudarlehen"*).

40

3. Kritik

41 Die von der Rspr. und h. L. vertretene Zweistufentheorie begegnet zunehmend Kritik (zusammenfassend *v. Danwitz*, JuS 1995, 1). Die Kritik trägt vor allem folgende Einwände vor:

❏ Die Zweistufentheorie spaltet ein einheitliches Lebensverhältnis nicht nur in zwei getrennte Rechtsverhältnisse auf, sondern unterstellt diese auch noch verschiedenen Rechtskreisen.

❏ Die Aufspaltung der Rechtsverhältnisse führt zu erheblichen Abgrenzungsschwierigkeiten, weil z. B. die privatrechtlichen Darlehensbedingungen (2. Stufe) vielfach bereits im öffentlich-rechtlichen Bewilligungsbescheid (1. Stufe) enthalten sind.

❏ Die Aufspaltung des Lebenssachverhaltes führt zu einer Zweispurigkeit des Rechtsweges. Es entspricht jedoch einer sinnvollen Ordnung der Rechtswege, daß über einheitliche Lebenssachverhalte möglichst nur in einem Rechtsweg entschieden wird (ausf. *Maurer*, Allg. VerwR., § 17 Rn. 14 ff.).

42 Demgegenüber werden verschiedene Modelle vertreten, um die Zweistufenverhältnisse als einstufige Rechtsverhältnisse zu erklären und rechtlich durchzuführen.

43 ❏ Teilweise wird in der Bewilligung der Geldleistung durch Verwaltungsakt die Begründung eines Dauerrechtsverhältnisses gesehen, das den gesamten Lebenssachverhalt öffentlich-rechtlich einschließlich der Abwicklung der bewilligten Leistung umfasse (*Zuleeg*, FS Fröhler, S. 286 ff.).

44 ❏ Teilweise wird versucht, diese Rechtsverhältnisse mit dem Instrument des Verwaltungsvertrages zu lösen. Zwischen der Verwaltung und dem Leistungsempfänger wird nach dieser Auffassung ein Vertrag abgeschlossen, der nicht nur die Voraussetzungen der Leistungsgewährung, sondern auch der Abwicklung enthält (*Menger*, VerwArch. Bd. 69 1978, 93).

45 ❏ Schließlich vertritt eine weitere Auffassung die privatrechtliche Deutung. Zwischen der Verwaltung und dem Leistungsempfänger werde ein privatrechtlicher Vertrag abgeschlossen, der allerdings angesichts der Wahrnehmung öffentlicher Verwaltungsaufgaben verwaltungsprivatrechtlich zu qualifizieren sei und damit öffentlich-rechtlichen Bindungen unterliege (*Götz*, S. 56 ff.).

Es ist indessen fraglich, ob diese Einheitslösungen tatsächlich der Zweistufentheorie überlegen sind (so *Maurer*, Allg. VerwR, § 17 Rn. 24).

46 Diesen kritischen Äußerungen ist zunächst zuzugeben, daß in der Praxis die Rechtsverhältnisse durchaus einstufig ausgestaltet sein können. Die Zulässigkeit der einstufigen Gestaltungsform folgt nicht zuletzt aus § 48 II 1 VwVfG, wo ausdrücklich festgehalten ist, daß ein Verwaltungsakt Leistungen gewährt oder hierfür Voraussetzung sein kann. In der Klausurpraxis ist deshalb vorab festzustellen, ob die Verwaltung selbst eine einstufige Ausgestaltung des Leistungsverhältnisses vorgenommen hat. Die Regeln über die Zweistufentheorie dürfen nur

dann angewandt werden, wenn die Prüfung ergibt, daß im konkreten Fall ein zweistufiges Rechtsverhältnis vorliegt (*W/B/S I*, § 22 Rn. 69).

Ansonsten erscheint es zweifelhaft, ob auf die Zweistufentheorie tatsächlich verzichtet werden kann. So ergeben sich v. a. Schwierigkeiten, wenn die Gewährung der Leistung unter Einschaltung eines privaten Dritten erfolgt. In diesem Dreiecksverhältnis handelt die privatrechtliche Auszahlungsstelle nämlich in allen Gestaltungsmodellen unzweifelhaft privatrechtlich, so daß ein einheitliches öffentlich rechtliches Erklärungsmuster nicht in Betracht kommt.

Beispiel: Das Land L legt ein Wirtschaftsförderungsprogramm auf, für das aus Landesmitteln zinsgünstige Darlehen zur Existenzgründung bereitgestellt werden. Bei der Bewilligung sollen insbesondere auch regionale Schwerpunkte berücksichtigt werden. Außerdem stehen nur begrenzte Mittel zur Vefügung, die mit einem entsprechenden Antragsvolumen bedacht werden können. Die Auszahlung der zinsgünstigen Darlehen erfolgt über die Sparkassen. Aus Landesmitteln werden den Sparkassen die erforderlichen Beträge zum Zwecke der Zinssubventionierung zugewiesen. Es liegt auf der Hand, daß in diesem Falle die Bewilligung des zinsgünstigen Darlehens öffentlich-rechtlich auf der ersten Stufe, seine Abwicklung privatrechtlich durch die Sparkassen erfolgt. Eine einheitliche öffentlich-rechtliche Betrachtung läßt sich in diesen Dreiecksverhältnissen nicht realisieren.

Dazu kommt, daß sich bestimmte Lebenssachverhalte nur mit der Zweistufentheorie sinnvoll erklären lassen. Dies gilt z. B. dann, wenn sich die Behörde verpflichtet, als Bürge für den Subventionsempfänger einzustehen. Der Abschluß des Bürgschaftsvertrages zwischen der Behörde und dem Gläubiger des Subventionsempfängers gehört dem Privatrecht an.   47

> **Merke:** Die Regeln über die Zweistufentheorie sind nur anzuwenden, wenn eine Prüfung ergibt, daß ein zweistufiges Rechtsverhältnis vorliegt.
> Verlorene Zuschüsse werden einheitlich durch Verwaltungsakt bewilligt
> und daraufhin ausbezahlt. Auch in anderen Zusammenhängen kann die
> öffentliche Verwaltung, sofern keine zwingenden gesetzlichen Bestimmungen vorliegen, das Rechtsverhältnis einstufig, und zwar öffentlich-rechtlich oder privatrechtlich ausgestalten.   48

II. Anwendungsbereiche

1. Fallgruppen

❑ **Nutzung öffentlicher Einrichtungen der Gemeinde**   49

Nach den Gemeindeordnungen sind die Einwohner im Rahmen des geltenden Rechts berechtigt, die öffentlichen Einrichtungen der Gemeinde nach gleichen Grundsätzen zu nutzen (§ 10 II 2 GemO Ba.-Wü.). Für diesen Bereich ist die Zulassung zur Benutzung öffentlich-rechtlich geregelt, weil die maßgebliche Vorschrift die Gemeinde gerade als Hoheitsträger verpflichtet. Die Benutzung selbst (also nicht die Zulassung) kann demgegenüber privatrechtlich geregelt sein, weil die Gemeindeordnungen insoweit keine Vorgaben enthalten. Ob die zweite Stufe privatrechtlich (z. B. AGB) oder öffentlich-rechtlich (z. B. Satzungen) ausgestaltet ist, ist anhand der einschlägigen Benutzungsvorschriften festzustellen.

Beispielsfall: Die Stadt S erhebt für die Müllabfuhr ein privatrechtliches Entgelt. B ist der Meinung, daß dies rechtswidrig sei. – Der *BGH* hat festgehalten, daß die Benutzungsverhältnisse im Bereich der Daseinsvorsorge öffentlich-rechtlich oder privatrechtlich ausgestaltet werden können. Die öffentlich-rechtliche Anordnung des Anschluß- und Benutzungszwangs könne zwar ein Indiz für eine öffentlich-rechtliche Regelung des gesamten Benutzungsverhältnisses sein, stehe aber einer privatrechtlichen Regelung der Benutzung nicht zwingend entgegen. Der Anschluß- und Benutzungszwang diene in erster Linie der Gefahrenabwehr. Gegenstand des durch den öffentlich-rechtlichen Zwang begründeten Benutzungsverhältnisses sei dagegen der Leistungsaustausch. Die Regelung des für die Leistungen der Stadtreinigung zu entrichtenden Entgelts diene ausschließlich fiskalischen Zwecken. Sie stehe mit dem Anschluß- und Benutzungszwang in keinem notwendigen tatsächlichen oder rechtlichen Zusammenhang (*BGH*, BayVBl. 1985, 27 – *„Benutzungszwang"*, dazu *Erichsen*, Allg. VerwR, § 44 III).

50 ❏ **Beschaffungswesen**
Das Beschaffungswesen der öffentlichen Hand beurteilt sich grundsätzlich einheitlich nach Privatrecht (*W/B/S I*, § 22 Rn. 67). Die Zweistufentheorie kann allerdings im Falle der öffentlichen Ausschreibung zur Anwendung kommen, wenn es darum geht, eine bevorzugte Auftragserteilung nach öffentlich-rechtlichen Normen festzulegen (§ 37 II SchwbG).

51 ❏ **Öffentliche Subventionen**
Öffentliche Subventionen können durch Verwaltungsakt, verwaltungsrechtlichen oder privatrechtlichen Vertrag vergeben werden, wobei sich unter Umständen im Sinne der Zweistufentheorie an ein öffentlich-rechtliches Verfahren über die Bewilligung (1. Stufe) ein privatrechtlicher Vertrag über die Gewährung der Subvention in Form eines Darlehensvertrages oder eines Schenkungsvertrages oder eines Bürgschaftsvertrages anschließen kann (2. Stufe). Bei der Subventionierung in Form verlorener Zuschüsse ist das Subventionsverhältnis jedoch in der Regel einstufig auch dann, wenn die Auszahlung durch ein Kreditinstitut bewirkt wird (*BGH*, NVwZ 1985, 517; *VGH Ba.-Wü.*, JuS 1979, 70).

52 ❏ **Vorkaufsrecht**
Das gemeindliche Vorkaufsrecht nach § 24 ff. BauGB wird in der ersten Stufe durch Verwaltungsakt, also öffentlich-rechtlich ausgeübt. Die zweite Stufe, die Abwicklung des Kaufvertrages, vollzieht sich demgegenüber privatrechtlich (*VGH Hess.*, JZ 1984, 99).

53 ❏ **Konkurrentenschutz bei fehlerhafter Subvention**
Ein interessantes Problem im Zusammenhang mit der öffentlich-rechtlichen Subventionierung von Wirtschaftssubjekten stellt sich im Falle der Rechts-

widrigkeit des Subventionsbescheides. Für diesen Fall hat man die öffentlich-rechtliche Konkurrentenklage von der zivilrechtlichen Konkurrentenklage zu unterscheiden. Liegt der Subvention in der 1. Stufe ein Bewilligungsbescheid zugrunde, so ist dieser im Wege der Anfechtungsklage anzugreifen. Die Klagebefugnis nach § 42 II VwGO ergibt sich bei der Subventionierung eines Konkurrenten aus der nach Art. 2 I GG geschützten Wettbewerbsfreiheit. Die zivilrechtliche Konkurrentenklage richtet sich nicht gegen den bewilligenden Hoheitsträger, sondern unmittelbar gegen den subventionierten Konkurrenten. Denkbar sind insoweit ein vorbeugender Unterlassungsanspruch, sofern die Fördermittel noch nicht ausgekehrt sind, im übrigen gegebenenfalls Schadenersatzansprüche, wobei als Anspruchsgrundlage § 1 UWG in der Fallgruppe der Konkurrenzvereitelung in Betracht kommt (dazu umfassend *Köhler/Steindorff*, NJW 1995, 170).

❑ **Nutzungsanspruch gegenüber von Verwaltungsträgern beherrschten juristischen Personen des Privatrechts.**   54

In den Zusammenhang der Zweistufentheorie gehört auch die Frage, ob und unter welchen Voraussetzungen der Bürger einen Anspruch gegen juristische Personen des Privatrechts auf Leistungsgewährung hat, die ihrerseits unter dem Einfluß eines Verwaltungsträgers stehen.

Beispielsfall: K ist körperbehindert und auf die Benutzung eines Rollstuhls angewiesen. Die beklagte GmbH hat vom Land Berlin eine Sporthalle gepachtet. K verlangt den Zutritt zu den Veranstaltungen in der Halle, unabhängig von der Verfügbarkeit von Rollstuhlfahrerlogen. Die Beklagte hält den von K beschrittenen Rechtsweg zum *VG* für unzulässig. – Das *BVerwG* führt dazu aus, daß bei der Benutzung von Einrichtungen der Gemeinde, die dem wirtschaftlichen, sozialen oder kulturellen Wohnen ihrer Einwohner dienten, zu unterscheiden sei zwischen dem Anspruch auf Zugang zu den Einrichtungen einerseits, der regelmäßig nach öffentlichem Recht zu beurteilen sei und darum nach § 40 I VwGO der Erkenntniszuständigkeit der Verwaltungsgerichte unterliege, und den Modalitäten der Benutzung andererseits, die auch privatrechtlich ausgestaltet sein könnten und über die bei solcher Ausgestaltung nach § 13 GVG vor den ordentlichen Gerichten gestritten werden müsse. Diese Grundsätze hätten auch Geltung für Einrichtungen, die die Gemeinde nicht selbst betreibe, sondern von einer von ihr begründeten und/oder beherrschten selbständigen juristischen Person des Privatrechts betreiben lasse. Sie seien in diesen Fällen wegen der Verschiedenheit der Anspruchsgegner sogar besonders augenfällig. Wolle K einen Zugangsanspruch durchsetzen, müsse er diesen gegenüber dem Land Berlin geltend machen. Wird ein **Zulassungsanspruch** bejaht, muß das Land Berlin aufgrund der zwischen ihm und der beklagten Träger GmbH bestehenden Rechtsbeziehung auf diese **einwirken**, um den Zulassungsanspruch des K sicherzustellen. Der gegen das Land Berlin zu richtende Anspruch, der auf die Verschaffung des Zugangs gerichtet sei, müsse vor dem *VG* geltend gemacht werden. Da eine öffentlich-rechtliche Handlungsbefugnis der Beklagten nicht gegeben sei, könnten Ansprüche ihr gegenüber, auch wenn sie im Dienst der Daseinsvorsorge des Staates tätig werde, demgegenüber nur vor den ordentlichen Gerichten geltend gemacht werden. Das *BVerwG* hält es jedoch für denkbar, daß unter dem Gesichtspunkt des Verwaltungsprivatrechts im ordentlichen Rechtsweg bereits ein Zulassungsanspruch auch gegen die Beklagte als juristische Person des Privatrechts durchgesetzt werden kann. Das *BVerwG* weist darauf hin, daß die Maßgeblichkeit des ordentlichen Rechtswegs nicht bedeute, daß die Beklagte keinerlei öffentlich-rechtlichen Bindungen unterworfen wäre. Immerhin sei der Betrieb einer öffentlichen Einrichtung, auch wenn er vom Verwaltungsträger privatrechtlich organisiert worden sei, materiell gesehen öffentliche Verwaltung und darum nach Art. 1 III GG im Einklang mit den Grundrechten zu führen. Diese Grundrechtsbindung der privatrechtlichen Träger GmbH könne zwar unter bestimmten Voraussetzungen zu einem Kontrahierungsanspruch führen, sie sei jedoch nicht Rechtsweg bestimmend (*BVerwG*, NvwZ 1991, 59 – *„Einwirkungsanspruch"*).

55   Errichtet ein Verwaltungsträger eine juristische Person des Privatrechts und betreibt diese eine öffentliche Einrichtung, so ergeben sich verschiedene Ansätze, um einen Nutzungsanspruch des Bürgers durchzusetzen. Der Betroffene kann sich unmittelbar an den Verwaltungsträger wenden und entsprechend der Zweistufentheorie („Ob") im Verwaltungsrechtsweg ihm gegenüber den Zulassungsanspruch geltend machen. Der Verwaltungsträger ist verpflichtet, aufgrund seiner beherrschenden Stellung oder auf Grundlage der satzungsmäßigen Regelungen durch i. d. R. organbezogene Einwirkung auf die juristische Person des Privatrechts dem Bürger den Zugang zu der Einrichtung zu verschaffen. Der Nutzungsvertrag selbst ist dann zwischen dem Einrichtungsträger und dem Bürger auf privatrechtlicher Grundlage abzuschließen.

56   Grundsätzlich kann der Bürger einen Zulassungsanspruch auch unmittelbar im ordentlichen Rechtsweg gegenüber der juristischen Person des Privatrechts geltend machen (str.). Ein derartiger Anspruch ist indessen nur dann begründet, wenn besondere Gründe vorliegen, um im Einzelfall zu einem Kontrahierungszwang der juristischen Person des Privatrechts zu kommen. Dies kann der Fall sein, wenn nach den Grundsätzen des Verwaltungsprivatrechts oder auch nach privatrechtlichen Regelungen (§ 138 BGB; Monopolstellung) ein Anspruch auf Abschluß eines Vertrages begründet werden kann (zur Privatisierung ehemaligen volkseigenen Vermögens durch die Treuhandanstalt vgl. *OVG Berlin*, DVBl. 1991, 584; *VG Berlin*, NJW 1991, 1969; a. A. *KG*, NJW 1991, 360).

2. Rechtswidrigkeitsproblem

57   Erweist sich der Bewilligungsbescheid (1. Stufe) als nichtig oder wird er nachträglich aufgehoben, so stellt sich die Frage, welche Auswirkungen dies auf die in der 2. Stufe gewährten Leistungen hat. *Maurer* (Allg. VerwR, § 17 Rn. 19) schlägt für das Subventionsverhältnis folgende Lösungen als Denkmöglichkeit

vor, die auch zur Problemlösung bei anderen Zweistufenverhältnissen herangezogen werden können:

❑ Der Bewilligungsbescheid ist Wirksamkeitsvoraussetzung des Darlehensvertrages. Erweist sich der Bewilligungsbescheid als unwirksam, hat dies die Nichtigkeit des Vertrages zur Folge.

❑ Der Bewilligungsbescheid ist Rechtsgrund des Darlehensvertrages. Die Unwirksamkeit des Bewilligungsbescheides führt zur Kondiktion des Vertrages und des darauf ausbezahlten Geldes.

❑ Der Bewilligungsbescheid ist Geschäftsgrundlage des Darlehensvertrages. Bei Unwirksamkeit des Bewilligungsbescheides kann der Vertrag grundsätzlich gekündigt werden.

❑ Mit Abschluß des Darlehensvertrages ist der Bewilligungsbescheid vollzogen und damit erloschen. Die Unwirksamkeit des Bewilligungsbescheides beeinflußt den Bestand des Darlehensvertrages nicht.

Es erscheint zweifelhaft, den Bestand des Darlehensvertrages unmittelbar vom 58 Fortbestand des Bewilligungsbescheides abhängig zu machen (Alt. 1). Dies wird nicht zuletzt an den Dreiecksverhältnissen deutlich, wenn z. B. eine private Bank in die Leistungsabwicklung eingeschaltet wird. Sachgerechter erscheint die Lösung, den Bewilligungsbescheid als Rechtsgrundlage des Darlehensvertrages und der ausgereichten Leistungen zu verstehen (Alt. 2).

E. Wiederholung

I. Zusammenfassung

❑ Die deutsche Rechtsordnung beruht auf der Zweiteilung in öffentliches Recht und Privatrecht. Der öffentlichen Verwaltung steht als Sonderrecht das öffentliche Recht zur Verfügung. Sie ist indessen nicht gehalten, hoheitlich zu handeln. Vielmehr kann sie sich grundsätzlich bei der Ausübung ihrer Verwaltungtätigkeit auch der privatrechtlichen Handlungsformen bedienen (Grundsatz der Wahlfreiheit).

❑ Ein öffentlich-rechtliches Rechtsverhältnis liegt vor, wenn der zu qualifzierende Sachverhalt im äußeren und inneren Zusammenhang mit der Erfüllung einer Aufgabe steht, die öffentlich-rechtlich erledigt wird. Nebenakte eines Rechtsverhältnisses teilen die rechtliche Qualifizierung des Grundverhältnisses.

❑ Verwaltungsprivatrecht enthält eine Gemengelage von öffentlichem und privatem Recht, die sich daraus ergibt, daß die Verwaltung auch bei der Wahrnehmung unmittelbarer Verwaltungsaufgaben in der Form des Privatrechts an bestimmte öffentlich-rechtliche Grundsätze und Regelungen gebunden bleibt.

❑ Die sog. Zweistufentheorie kommt sowohl im Bereich der Eingriffs- als auch der Leistungsverwaltung in Betracht. Der Zweistufentheorie liegt das Denkmodell zugrunde, daß der Vollzug öffentlich-rechtlicher Maßnahmen auch nach privatrechtlichen Grundsätzen erfolgen kann. Die zweistufigen Rechtsverhältnisse sind dadurch gekennzeichnet, daß sie aus zwei Verfahrensabschnitten bestehen, von denen der erste Verfahrensabschnitt („Ob") stets dem öffentlichen Recht angehört und der zweite Verfahrensabschnitt („Wie") entweder öffentlich-rechtlich oder privatrechtlich ausgestaltet sein kann.

II. Kontrollfragen

1. Welches sind die drei wichtigsten Abgrenzungstheorien zum öffentlichen und privaten Recht und was vermögen sie zu leisten?

2. Von welcher Formel geht die Rechsprechung aus, wenn ein Klageanspruch als öffentlich-rechtlich oder privatrechtlich qualifziert werden soll?

3. Was bedeutet das Schlagwort von der Flucht der öffentlichen Verwaltung in das Privatrecht?

4. Besteht eine uneingeschränkte Wahlfreiheit der öffentlichen Verwaltung im Hinblick auf privatrechtliches oder öffentlich-rechtliches Handeln?

III. Lösungen

1. Lit. und Rspr. haben zur Abgrenzung von öffentlichem und privatem Recht sog. Abgrenzungstheorien entwickelt. Die Abgrenzungstheorien vermögen nur die Unterscheidung von privatrechtlichen und öffentlich-rechtlichen Rechtssätzen zu leisten. In der Praxis kommt es demgegenüber meist darauf an, Rechtsverhältnisse zu qualifizieren, die auf keinem Rechtssatz beruhen. Eine unmittelbare Anwendung der Theorien ist dann nicht möglich. Sie sind im übrigen auch sonst nur einzusetzen, wenn sich die Abgrenzung nicht bereits anderweitig erreichen läßt. Die wichtigsten Theorien sind die Subordinationstheorie, die Interessentheorie und die modifizierte Subjektstheorie.

2. Die von der Rechtsprechung erarbeitete Formel stellt für die Abgrenzung auf die rechtliche Natur des Klageanspruches ab, wie er sich nach dem tatsächlichen Vorbringen des Klägers darstellt. Häufig reicht eine derartige Analyse aus, um das Rechtsverhältnis öffentlich-rechtlich oder privatrechtlich qualifizieren zu können. Sie versagt indessen dann, wenn die in Betracht kommende Anspruchsgrundlage nicht zweifelsfrei als öffentlich-rechtlich oder privatrechtlich eingeordnet werden kann.

3. Das Schlagwort von der „Flucht in das Privatrecht", das von *Fleiner* im Jahre 1928 geprägt worden ist, beschreibt die Gefahr, daß sich die Exekutive ihrer öffentlich-rechtlichen Bindungen dadurch entledigen könnte, daß sie ihr Handeln dem Privatrecht unterstellt. Die Grundsätze des Verwaltungsprivatrechts, die die Verwaltung auch bei privatrechtlichem Handeln bestimmten Bindungen unterwerfen, tragen dieser Gefahr Rechnung. Im übrigen darf nicht übersehen werden, daß historisch das privatrechtliche Handeln der öffentlichen Verwaltung eine

Wohltat für den Bürger war, weil es noch keinen oder nur einen eingeschränkten Verwaltungsrechtsschutz gab. Privatrechtliches Handeln eröffnete dem Bürger erst den Rechtsweg zur Kontrolle der Maßnahmen des Hoheitsträgers.

4. Wahlfreiheit der öffentlichen Verwaltung bedeutet, grundsätzlich öffentlich-rechtlich und privatrechtlich handeln zu dürfen. Die Wahlfreiheit gilt jedoch nicht unbeschränkt. Privatrechtliches Handeln ist z. B. ausgeschlossen, wenn Rechtsvorschriften ausdrücklich öffentlich-rechtliches oder privatrechtliches Handeln vorschreiben.

§ 4. Rechtsquellen des Verwaltungsrechts

Literatur: *Brödermann*, EuGH: Staatshaftung bei Verletzung europäischer Gemeinschaftsrechts, MDR 1996, 342; *Engisch*, Einführung in das juristische Denken, 8. Aufl. 1983; *Erbguth*, Normkonkretisierende Verwaltungsvorschriften, DVBl. 1989, 473; *Gusy*, Richterrecht und Grundgesetz, DÖV 1992, 461; *Haenel*, Studien zum Deutschen Staatsrecht, Bd. 2, 1888 (zit.: *Haenel*, Studien); *Hassemer*, Juristische Hermeneutik, ARSP 1986, 195; *Krebs*, Zur Rechtssetzung der Exekutive durch Verwaltungsvorschriften, VerwArch. Bd. 70 (1979), 259; *Hillgruber*, Richterliche Rechtsfortbildung als Verfassungsproblem, JZ 1996, 118; *Laband*, Das Budgetrecht nach den Bestimmungen der Preußischen Verfassungsurkunde unter Berücksichtigung der Verfassung des Norddeutschen Bundes, 1871 (zit.: *Laband*, Budgetrecht); *Maidowski*, Identität der Verfassung und Europäische Integration, JuS 1988, 114; *Mögele*, Neuere Entwicklungen im Recht der Europäischen Gemeinschaften, BayVBl. 1993, 129; *Oppermann*, Europarecht, 1991; *Ossenbühl*, Eine Fehlerlehre für untergesetzliche Normen, NJW 1986, 2805; *ders.*, Verwaltungsvorschriften und Grundgesetz, 1968 (zit.: *Ossenbühl*, Verwaltungsvorschriften); *Sachs*, Die Entstehungsgeschichte des Grundgesetzes als Mittel der Verfassungsauslegung in der Rechtsprechung des Bundesverfassungsgerichts, DVBl. 1984, 73; *Schack/Michel*, Die verfassungskonforme Auslegung, JuS 1961, 269; 274; *Windthorst*, Verfassungsrecht I, 1994 (zit.: *Windthorst*).

A. Allgemeines zur Rechtsquellenlehre

Im Rahmen dieses Abschnittes geht es um die Herkunft des Rechts, das die **1** öffentliche Verwaltung zur Erfüllung ihrer Aufgaben legitimiert. Die Rechtsquellenlehre bietet außerdem eine Hilfe bei der Ordnung der Vielzahl der das Verwaltungsrecht bildenden Rechtsnormen.

I. Begriff der Rechtsquelle

a) Der Begriff der Rechtsquelle ist vieldeutig. Die Rechtsquelle hat jedenfalls mit **2** der **Herkunft des anwendbaren Rechts** zu tun. Als Rechtsquellen werden die Rechtsgrundlagen verstanden, denen das geltende Recht unmittelbar entnommen werden kann (*W/B/S* I, § 24 Rn. 5; *Erichsen*, Allg. VerwR, § 6 Rn. 5

„Rechtserkenntnisquellen"). Im Hinblick auf die öffentliche Verwaltung kann es dabei außerdem nur um solche Rechtsquellen gehen, die Rechtsgrundlagen für das Handeln der öffentlichen Verwaltung vermitteln. Mit *Ossenbühl* (*Erichsen*, Allg. VerwR, § 6 Rn. 6) sind Rechtsquellen somit alle Handlungsanweisungen und Maßstäbe, die Verhaltensmuster vorschreiben, Ziele und Mittel des Verwaltungshandelns festlegen und die rechtlichen Entscheidungen von Konflikten bestimmen, gleichgültig in welcher äußeren Form sie auftreten.

3 Überwiegend wird der Begriff der **Rechtsquelle** nur auf das sog. **Außenrecht** bezogen (*Maurer*, Allg. VerwR, § 4 Rn. 3; differenzierend *W/B/S I*, § 24 Rn. 14 ff.) u. a. mit der Folge, daß Verwaltungsvorschriften als prinzipielles **Innenrecht** keine Rechtsquellen darstellen sollen. Nach dieser Auffassung betreffen Verwaltungsvorschriften lediglich die innere Ordnung einer Behörde oder das sachliche Verwaltungshandeln. Die Eingrenzung des Rechtsquellenbegriffs auf das Außenrecht unter gleichzeitiger Ausgrenzung von sog. Innenrechtssätzen wird in der Lit. kritisiert (*Erichsen*, Allg. VerwR, §§ 6 Rn. 8; 7 Rn. 41). Bei Verwaltungsvorschriften handele es sich in der Rechtswirkung nicht nur um Verwaltungsinterna, sondern sie wirkten in vielfacher Weise auf die Außenbeziehungen ein und bestimmten somit auch das Verhältnis zwischen Staat und Bürger. Außerdem wird auf die rechtliche Verbindlichkeit der Regelungen gegenüber den Behörden und den Bediensteten verwiesen. Insbesondere im Zusammenhang mit der Gehorsamspflicht (§ 55 BBG) zeige sich bei rechtswidrigen Verwaltungsvorschriften, deren Ambivalenz für die Rechtsstellung des einzelnen Beamten.

4 Die Einbeziehung des Innenrechts in die Rechtsquellen des Verwaltungsrechts nach dieser Auffassung bedeutet allerdings, daß im Hinblick auf die Besonderheiten des Innenrechts im Einzelfall bei der Rechtsanwendung und Rechtskontrolle doch wieder differenziert werden muß. Auf der anderen Seite kann ein weiter Rechtsquellenbegriff, der auf die Verbindlichkeit gesetzter Normen abhebt, eine sinnvolle Ordnung der verschiedenen Rechtsquellen unter Berücksichtigung der jeweiligen Besonderheiten erleichtern (so wohl *Peine*, VerwR, Rn. 50).

5 > **Merke:** Rechtsquellen sind Festlegungen, aus denen das geltende Recht entnommen werden kann. Umstritten ist, ob sich der Rechtsquellenbegriff nur auf das Außenrecht bezieht oder auch das Innenrecht umfaßt. Die auf die Verfassungsdogmatik des 19. Jahrhunderts zurückgehende Unterscheidung zwischen Außen- und Innenrecht ist im modernen Verfassungsstaat zweifelhaft. Es geht um den sachgerechten Einbau der Verwaltungsvorschriften in die Rechtsquellenlehre (*Ossenbühl* in: *Erichsen*, Allg. VerwR, § 5 bis 7 – unbedingt lesen).

6 b) Die Unklarheiten über den Begriff der **Rechtsnorm (Rechtssatz)** hängen ebenfalls eng mit der Differenzierung zwischen Außen- und Innenrecht zusam-

men. Im Staatsverständnis des 19. Jahrhunderts wurde der Staat als abgeschlossene Einheit verstanden, dessen innere Vorgänge sich außerhalb der Rechtsordnung bewegten. Der Rechtsnormbegriff wurde zudem beschränkt auf Regelungen, die in Freiheit und Eigentum des Bürgers eingreifen. Zahlreiche gewährende staatliche Leistungen waren bei diesem Verständnis der Regelungsnotwendigkeit entzogen.

Eine moderne Rechtsquellenlehre sollte vom modernen Verfassungsstaat ausgehen, wie er im Grundgesetz konkretisiert ist. Rechtsnormen (Rechtssätze) sind deshalb alle Tatbestände, die abstrakt subjektive Rechte und Pflichten begründen oder mit denen gewisse Rechte und Pflichten verknüpft sind (*Engisch*, Juristisches Denken, S. 20). Bei diesem Begriffsverständnis muß man sich jedoch klar sein, daß Rechtssatz nicht gleich Rechtssatz ist (*Erichsen*, Allg. VerwR, § 6 Rn. 9). Es ist Aufgabe der Rechtsquellenlehre, die Vielfalt der Rechtssätze zu klassifizieren und sie entsprechend ihrer Eigenschaften im Rechtsquellensystem einzuordnen.

II. Geschriebene und ungeschriebene Rechtsquellen

Es gibt geschriebene und ungeschriebene Rechtsquellen.   7

Zu den geschriebenen Rechtsquellen gehören z. B. die Verfassung, Gesetze im formellen Sinne, Verordnungen und Satzungen. Zu den ungeschriebenen Rechtsquellen gehören das **Gewohnheitsrecht** und nach bestrittener Auffassung auch das Richterrecht, sofern ihm nicht ohnehin Gesetzeskraft zuerkannt ist (z. B. § 31 II BVerfGG; dazu insg. *W/B/S I*, § 25 Rn. 21 ff.).

Dieser Überblick zeigt, daß die verwaltungsrechtlichen Rechtsquellen wesentlich vielfältiger sind, als die des Zivil- oder Strafrechts. Die Vielfalt der Rechtsquellen beruht u. a. auf dem Nebeneinander von Bund und Ländern, von staatlichem und autonomem Recht sowie von gesetztem und ungeschriebenem Recht. Die weite Fächerung der Rechtsquellen ist somit Korrelat zur horizontalen Gewaltenteilung des Grundgesetzes sowie Ausprägung des verfassungsrechtlich verankerten Selbstverwaltungsgedankens.

Merke: Geschriebenes Recht sind alle schriftlich niedergelegten Rechtsgrundlagen, die entweder in einem bestimmten förmlichen Verfahren zustande kommen oder auf einem solchen förmlichen Verfahren beruhen.   8

III. Gesetz im materiellen und formellen Sinn

a) Der Begriff der Rechtsquelle ist nicht identisch mit dem Gesetzesbegriff. Auf 9 *Laband* (Budgetrecht) geht der für die deutsche Verwaltungsrechtslehre maßgebliche dualistische Gesetzesbegriff zurück, der an den Inhalt und an die Form anknüpft. Unter dem inhaltlichen Aspekt, also materiell gesehen, ist Gesetz jeder Rechtssatz (Gesetz, Rechtssatz, Rechtsnorm als synonyme Begriffe). Der formelle Gesetzesbegriff knüpft demgegenüber am Verfahren des Zustandekommens an (*Erichsen*, Allg. VerwR, § 7 Rn. 4 ff.).

10 b) **Materielle Gesetze** sind alle abstrakten und generellen Rechtssätze, deren Adressaten Rechtspersonen sind (*W/B/S* I, § 24 Rn. 13). Gesetze im materiellen Sinne begründen somit Rechte und/oder Pflichten für den einzelnen. Es sind abstrakt-generelle Anordnungen, die menschliches Verhalten regeln. Gesetze im materiellen Sinn können vom parlamentarischen Gesetzgeber im förmlichen Gesetzgebungsverfahren beschlossen werden; dies ist aber nicht zwingend erforderlich. Gesetze im materiellen Sinn sind auch abstrakt generelle Regelungen, die von der Exekutive oder von Selbstverwaltungskörperschaften beschlossen werden. Im letzteren Fall handelt es sich nur um Gesetze im materiellen Sinn.

> **Beispiele:** Gesetze im formellen und materiellen Sinn sind z. B. das Bundesimmissionsschutzgesetz, das Abfallgesetz, das Wehrpflichtgesetz oder die Verwaltungsverfahrensgesetze der Länder. Gesetze im nur materiellen Sinn sind die Erholungsurlaubsverordnung, die Klärschlammverordnung oder die Friedhofssatzungen der Gemeinden.

11 c) **Gesetze im formellen Sinn** sind alle in einem verfassungsmäßigen (förmlichen) Gesetzgebungsverfahren zustande gekommenen Willensakte der Gesetzgebungsorgane ohne Rücksicht auf ihren materiellen Charakter (*W/B/S* I, § 24 Rn. 34). Nach der Verfassungsordnung des GG gehören dazu die vom Bundestag und den Landtagen beschlossenen Rechtsnormen (*Maurer*, Allg. VerwR, § 4 Rn. 7). Inhalt eines formellen Gesetzes kann also sowohl ein Gesetz im materiellen Sinne sein, als auch eine nur interne Ermächtigung.

> **Beispielsfall:** K begehrt eine Förderprämie für die langfristige Verpachtung seiner landwirtschaftlichen Flächen. Die Prämie ist in einer Verwaltungsvorschrift des Bundeslandwirtschaftsministers geregelt, die ihrerseits das Bundeshaushaltsgesetz ausführt. Die zuständige Bewilligungsbehörde weist den Antrag ab unter Hinweis darauf, daß die Betriebsgröße nicht ausreiche. Nach Duchführung des Vorverfahrens erhebt K Klage beim *VG* mit dem Antrag, den behördlichen Bescheid aufzuheben und das beklagte Land zu verpflichten, die beantragte Prämie zu gewähren. Die Klage blieb in allen Instanzen erfolglos. – Das *BVerwG* hielt zunächst fest, daß Rechtsgrundlage für die Bereitstellung der Fördermittel das Haushaltsgesetz in Verbindung mit dem Bundeshaushaltsplan sei. Das Haushaltsgesetz einschließlich des Bundeshaushaltsplanes sei zwar kein Gesetz im materiellen Sinne. Gleichwohl könne die im Haushaltsgesetz vorgenommene Bereitstellung der Fördermittel und deren Zweckbindung mit der Auflage, die Zuschüsse nach Maßgabe besonderer Richtlinien zu gewähren, in verfassungsrechtlicher Sicht als ausreichende Rechtsgrundlage für die vorgesehene Subventionierung angesehen werden. Die Bewilligungsbehörde habe auch keine Ermessensfehler begangen. In diesem Zusammenhang unterscheidet das *BVerwG* zwischen maßgeblichem Außenrecht und bloßem Innenrecht, dem die Verwaltungsvorschriften zuzuordnen seien. Es

führt aus, daß die Förderungsvoraussetzungen nicht in Rechtsnormen enthalten seien. Verwaltungsvorschriften der vorliegenden Art seien keine Rechtsnormen. Sie hätten keinen Rechtssatzcharakter. Selbst wenn unterstellt würde, daß den Verwaltungsvorschriften bei pflichtgemäßer Anwendung eine Außenwirkung zukomme, könne ihnen jedenfalls insoweit kein Rechtssatzcharakter beigemessen werden, als sie Voraussetzungen aufstellen, unter denen die Verpachtungsprämie zu gewähren sei. Ausdrücklich kritisiert das BVerwG die Vorinstanzen, die entsprechend dem Wortlaut der Richtlinien so verfahren seien, als habe es sich um Rechtsvorschriften gehandelt. Eine derartige Auslegung von Verwaltungsrichtlinien verstoße gegen Bundesrecht. Der Richter habe nach dem Grundsatz der Gewaltenteilung zu prüfen, ob aufgrund einer Verwaltungsvorschrift überhaupt eine Mittelverteilung vorgenommen werden dürfe (Vorbehalt des Gesetzes) und bejahendenfalls, ob bei Anwendung der Richtlinien in Einzelfällen, in denen die begehrte Leistung versagt worden sei, der Gleichheitssatz verletzt oder die Grenzen der gesetzlichen Zweckbestimmung nicht beachtet worden seien. Für diesen Fall sei nicht entscheidend, ob die Bewilligungsbehörde sich auf den schlichten Wortlaut der Richtlinien berufe, sondern, ob die Entscheidung des Einzelfalles im Widerspruch zum gesetzlich bestimmten Förderzweck stehe (*BVerwGE 58, 45 – „Landwirtschaftsprämie"*).

> **Merke:** Neben den Bundes- und Landeshaushaltsgesetzen sind Ratifizierungsgesetze nach Art. 59 II GG als Bestätigung völkerrechtlicher Verträge durch die Gesetzgebungsorgane ebenfalls nur Gesetze im formellen Sinne.

12

Gesetze im materiellen Sinne und Gesetze im formellen Sinne sind zwei verschiedene Begriffe, von denen jeder durch ein anderes Merkmal geprägt wird – der eine durch den Inhalt, der andere durch die Form. Die beiden Gesetzesbegriffe sind zwei sich teilweise deckenden, einander schneidenden Kreisen vergleichbar. Gesetze können zugleich formellen und materiellen Charakter haben, aber auch Gesetze im nur formellen oder nur materiellen Sinne sein (*Haenel*, Studien, S. 110 vgl. auch *Windthorst*, § 1 Rn. 14 ff.).

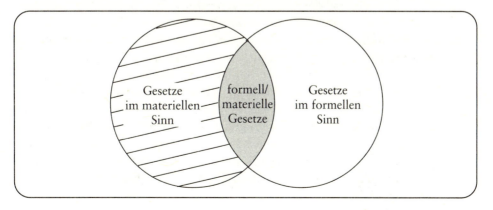

B. Arten der Rechtsquellen

13 Von den Rechtsquellen des Verwaltungsrechts werden im folgenden die in der Klausurpraxis wichtigsten dargestellt. Zu beachten ist, daß zur Konkretisierung des Verwaltungsrechts im Einzelfall außerdem grundlegende Rechtsprinzipien (**Rechtsgrundsätze**) herangezogen werden müssen, wie z. B. das Gebot der Wahrung des öffentlichen Interesses, die Grundsätze über die Verwirkung von Ansprüchen (*BVerwG*, NVwZ 1991, 1182), der Grundsatz von Treu und Glauben (*BVerwG*, NJW 1974, 1260). Letztere sind aber keine Rechtsquellen (dazu *Maurer,* Allg. VerwR, § 4 Rn. 23).

I. Europäisches Gemeinschaftsrecht

14 Das Europäische Gemeinschaftsrecht spielt in der nationalen Verwaltungspraxis eine immer stärkere Rolle. Dies zeigt sich z. B. an den Bereichen „Subventionen", „Ordnung des gemeinschaftsweiten Handels und Wirtschaftsverkehrs" sowie „Lebensmittelrecht".

Im Recht der Europäischen Gemeinschaften wird unterschieden zwischen dem primären Gemeinschaftsrecht und dem sekundären Gemeinschaftsrecht.

15 a) Das **primäre Gemeinschaftsrecht** umfaßt die sog. Gründungsverträge, die im Ergebnis die Verfassung der Europäischen Gemeinschaften ausmachen (EGKS-Vertrag von 1951; EWG-Vertrag von 1957; EAG-Vertrag von 1957). Durch den sog. *Maastrichter-Vertrag* vom 7.2.1992 wurden die drei Gemeinschaften als Europäische Union zusammengefaßt und ihre Kompetenzen erweitert (*Oppermann*, Europarecht, Rn. 694 ff.).

16 b) Das **sekundäre Gemeinschaftsrecht** umfaßt die aus der vertraglich begründeten EG-Rechtssetzungsgewalt abgeleiteten Rechtsakte, die von den Organen der Europäischen Gemeinschaften erlassen worden sind (Art. 189 EWGV). Beim sekundären Gemeinschaftsrecht sind insbesondere zu unterscheiden:

17 ❑ Die **Richtlinie** legt verbindliche Ziele fest, überläßt aber zur Umsetzung die Wahl der Form und der Mittel den innerstaatlichen Stellen. Die Richtlinie richtet sich grundsätzlich nur an die Mitgliedstaaten. Wenn man so will, kann die Richtlinie mit dem deutschen Rahmengesetz verglichen werden. Die Richtlinie begnügt sich damit, den Mitgliedstaaten verbindliche „Zielsetzungen" vorzugeben (Zielverbindlichkeit) und zwar mit der Verpflichtung, zu deren vollständiger Umsetzung in das nationale Recht (Umsetzungspflicht). Kommen die Mitgliedstaaten der Umsetzungsverpflichtung nicht nach, kann die Richtlinie zugunsten des Bürgers ausnahmsweise unmittelbar Geltung erlangen, sofern sie inhaltlich ausreichend bestimmt und unbedingt ist und keines weiteren Anwendungsaktes mehr bedarf (*Oppermann*, Europarecht, Rn. 466; *EuGHE* 1982, 53; *Windthorst*, § 1 Rn. 47, § 9).

Beispiel: Mit der Richtlinie 80/987/EWG des Rates vom 20.10.1980 sollte Arbeitnehmern ein Mindestschutz bei Zahlungsunfähigkeit des Arbeitgebers gewährleistet werden. In einem Mitgliedsstaat wurde diese Richtlinie nicht innerhalb der Vollzugsfrist umgesetzt. Der *EuGH* hat dazu festgestellt, daß die Betroffenen zwar mangels fristgemäß erlassener Durchführungsmaßnahmen, die nach der Richtlinie vorgesehenen Rechte nicht vor den nationalen Gerichten dem Mitgliedsstaat gegenüber geltend machen können, daß aber der Mitgliedsstaat die Schäden zu ersetzen habe, die dem einzelnen dadurch entstehen, daß die Richtlinie nicht umgesetzt worden ist. Die Verpflichtung der Mitgliedstaaten zum Ersatz dieser Schäden finde auch in Art. 5 EWGV eine Stütze, nach dem die Mitgliedstaaten alle geeigneten Maßnahmen allgemeiner oder besonderer Art zur Erfüllung ihrer Verpflichtungen aus dem Gemeinschaftsrecht zu treffen hätten. Zu diesen Verpflichtungen gehöre es auch, die rechtswidrigen Folgen eines Verstoßes gegen das Gemeinschaftsrecht zu beheben (*EuGH*, NJW 1992, 165 – „Frankovich-Urteil"; *Brödermann*, MDR 1996, 342).

Das Frankovich-Urteil und der darin anerkannte gemeinschaftsrechtliche Schadensersatzanspruch ergänzen im Sinne des „effet utile" die Lehre von der direkten Wirkung der Richtlinie. Die Direktwirkung gilt nur zwischen Mitgliedstaat und Einzelnem, soweit dieser begünstigt ist (keine horizontale Drittwirkung; *EuGH*, EuZW 1996, 205; *Oppermann*, Europarecht, Rn. 466). Schadensersatzansprüche haben dort Bedeutung, wo es in der Richtlinie um Ansprüche gegen andere als den Mitgliedstaat geht, oder wo dem Mitgliedstaat Ermessen bei der Bestimmung des Anspruchsgegners eingeräumt ist. Schadensersatzansprüche, die vor den nationalen Gerichten geltend gemacht werden müssen, scheiden im Bereich der Direktwirkung aus (*Ossenbühl*, DVBl. 1992, 993).

❑ **Verordnungen** sind diejenigen Rechtsakte des Rates und der Kommission,   **18** welche allgemeine Geltung haben, in allen ihren Teilen verbindlich sind und unmittelbar in jedem Mitgliedsstaat gelten. Mittels dieses Rechtsinstrumentes kann die Gemeinschaft somit unmittelbar für die Mitgliedstaaten und ihre Bürger verbindliches Recht setzen. Es bedarf keiner weiteren Umsetzung durch nationale Instanzen. Von außerordentlich praktischer Wichtigkeit sind z. B. der gemeinsame Zolltarif, die landwirtschaftlichen Marktordnungen und die lebensmittelrechtlichen Verordnungen.

❑ Die **Entscheidungen** (z. B. Art. 189 IV EWGV) sind Rechtsakte zur verbind   **19** lichen Einzelfallregelung. Die Entscheidungen sind in allen ihren Teilen für diejenigen verbindlich, die sie bezeichnen, wobei es sich sowohl um Einzelpersonen als auch um Mitgliedstaaten handeln kann (*Oppermann*, Europarecht, Rn. 470). Sie sind den Verwaltungsakten des deutschen Rechts vergleichbar. Beispiele für gegen ein Unternehmen gerichtete Entscheidungen der Kommission sind die Feststellung der Nichtigkeit einer Kartellvereinbarung nach Art. 85 ff. EWGV unter gleichzeitiger Festsetzung einer Geldbuße oder handelspolitische Schutzmaßnahmen nach Art. 115 EWGV gegenüber einem Mitgliedstaat.

II. Verfassungsrecht

20   Die Verfassung ist die rechtliche Grundordnung des Staates. Es ist die Gesamtheit der in der Verfassungsurkunde niedergelegten Normen, also z. B. der Inhalt des Grundgesetzes.

Für das Handeln der öffentlichen Verwaltung ist das Grundgesetz von grundlegender Bedeutung, weil sie bei der Rechtsanwendung selbstverständlich die Grundrechte (Art. 1 III GG) aber auch die verfassungsrechtlichen Grundprinzipien wie Rechtsstaats- und Sozialstaatsprinzip (Art. 20 III GG) beachten muß.

III. Formelle Gesetze

21   Formelle Gesetze sind Rechtsnormen, die von den verfassungsrechtlich dafür vorgesehenen Gesetzgebungsorganen im verfassungsrechtlich vorgeschriebenen Gesetzgebungsverfahren beschlossen worden sind. Gesetze im formellen Sinn sind die wichtigsten Rechtsgrundlagen für das Handeln der öffentlichen Verwaltung. Das Erfordernis der gesetzlichen Ermächtigung gilt nämlich unter der Geltungskraft des Grundgesetzes nicht mehr nur für Eingriffe in Freiheit und Eigentum, sondern es bezieht sich grundsätzlich auch auf die Leistungsverwaltung. Der Gesetzgeber ist nach der sog. Wesentlichkeitstheorie des *BVerfG* gehalten, alle wichtigen Lebensbereiche insbesondere bei Gundrechtsbetroffenheit und bei wichtigen Auswirkungen für die Allgemeinheit selbst zu regeln.

Beispielsfall: Die Schulbehörde des beklagten Landes erließ Richtlinien zur Sexualerziehung. K begehrt mit seiner Klage die Unterlassung der Sexualerziehung, da sie ohne gesetzliche Grundlage eingeführt sei und sowohl seine Grundrechte, als auch die seiner Kinder verletzte. – Das *BVerwG* gab dieser Klage statt. Es wies darauf hin, daß das Rechtsstaatsprinzip des Art. 20 III GG und das in Art. 20 II 1 GG niedergelegte Demokratieprinzip, die nach Art. 28 I 1 GG auch für die verfassungsmäßige Ordnung in den Ländern verbindlich seien, den Gesetzgeber dazu verpflichten, in grundrechtsrelevanten Bereichen die wesentlichen Entscheidungen selbst zu treffen und sie nicht der Verwaltung zu überlassen. Zu den in diesem Sinne wesentlichen Entscheidungen im Schulwesen gehöre es, daß der Gesetzgeber in den Grundzügen die Bildungs- und Erziehungsziele festlege (sog. Wesentlichkeitstheorie). Aus Art. 7 I GG ergebe sich nicht, daß die Schulverwaltung ohne gesetzliche Grundlage zur Regelung des Schulwesens befugt sei. Das Grundgesetz stehe der Einordnung des Schulverhältnisses als „besonderes Gewaltverhältnis" und damit als gesetzesfreiem Raum entgegen (*BVerwGE* 47, 194 – „*Sexualrichtlinien*").

IV. Rechtsverordnungen

22   Rechtsverordnungen sind abstrakte und generelle Rechtsnormen, die von Exekutivorganen (Regierung, Verwaltungsbehörden) erlassen werden. Durch die Rechtsverordnung wird die Exekutive selbst rechtserzeugend tätig. Dies stellt

jedoch keine Durchbrechung des Gewaltenteilungsgrundsatzes dar. Die Exekutive wird nämlich nicht aus eigenem Recht gesetzgeberisch tätig, vielmehr bedarf sie hierzu einer Ermächtigung durch Parlamentsgesetz. Art. 80 I GG fordert für eine verfassungsrechtlich zulässige Ermächtigung, daß diese nach Inhalt, Zweck und Ausmaß hinreichend bestimmt ist.

Die Rechtsverordnung ist als Gestaltungsinstrument aus dem modernen Staatswesen nicht mehr wegzudenken. Es ergeben sich insbesondere folgende Vorteile:
- ❑ Einfaches Rechtssetzungsverfahren, das eine kurzfristige Anpassung an veränderte Lebensbedingungen erlaubt.
- ❑ Entlastung des Gesetzgebers von Detailregelungen; sie können der Exekutive im Rahmen der Zielvorgaben des ermächtigenden Gesetzes überlassen bleiben.
- ❑ Unmittelbare Einbeziehung der Fachkenntnisse der Verwaltung.
- ❑ Einfachere Beteiligung externen Sachverstandes (dazu *W/B/S* I, § 25 Rn. 30).

V. Öffentlich-rechtliche Satzungen

a) Öffentlich-rechtliche Satzungen sind Rechtsnormen, die von einer dem Staat **23** eingeordneten juristischen Person des öffentlichen Rechts zur Regelung ihrer eigenen Angelegenheiten im Rahmen der verliehenen Autonomie mit Wirksamkeit für die ihr angehörenden und unterworfenen Personen erlassen werden (Instrument der mittelbaren Staatsverwaltung). Beispiele für Satzungsregelungen sind der Bebauungsplan, Benutzungssatzungen über gemeindliche Einrichtungen, Gebührensatzungen oder die Promotions- und Habilitationsordnungen als Satzungen aus dem universitären Bereich.

Beispielsfall: M ist Mitglied des Kreistages des Landkreises C. Er nimmt das einzige auf die Partei „Die Grünen" entfallende Mandat wahr. Sein Antrag auf Anerkennung als Fraktion wird unter Hinweis auf die Geschäftsordnung des Kreistages abgelehnt. Danach setzt die Anerkennung als Fraktion voraus, daß sie aus mindestens zwei Mitgliedern besteht. M geht gegen die Geschäftsordnung nach § 47 I Nr. 2 VwGO im Wege der verwaltungsgerichtlichen Normenkontrolle vor. – Das *BVerwG* führte aus, daß der Begriff der Rechtsvorschrift in § 47 I Nr. 2 VwGO gesetzlich nicht näher erläutert sei. Im allgemeinen würden dazu Rechtsverordnungen, Satzungen und rechtsetzende Vereinbarungen, teilweise auch gewohnheitsrechtliche Normen gerechnet. Die Geschäftsordnung eines kommunalen Vertretungsorganes lasse sich diesen Kategorien nicht ohne weiteres zuordnen. Die Geschäftsordnung regele die innere Organisation des Vertretungsorganes sowie den Ablauf seiner Meinungs- und Willensbildung. Geregelt werde nicht das Verhältnis zwischen Staat und Bürger, sondern die organinternen Rechtsbeziehungen. Es handele sich somit, ebenso wie bei einer abstrakt-generellen Regelung der Rechte des Bürgers durch Rechtsverordnung oder Satzung um einen Rechtssatz im materiellen Sinne. Daß dieser Rechtssatz ausschließlich den gemeindlichen Innenbereich betreffe, stehe seiner Anerkennung als Rechtsvorschrift nach § 47 I

Nr. 2 VwGO allerdings nicht entgegen. Verwaltungsvorschriften werde üblicherweise mangels Außenwirkung die Eigenschaft einer Rechtsvorschrift abgesprochen. Ausdrücklich hebt das *BVerwG* in dieser Entscheidung hervor, daß zweifelhaft sei, ob an diesem herkömmlichen Begriffsverständnis orientiert an der Unterscheidung zwischen außenwirksamen Rechts- und innenwirksamen Verwaltungsvorschriften weiter festgehalten werden könne. Jedenfalls müsse die Geschäftsordnung, weil sie die Rechte von Mitgliedern kommunaler Vertretungsorgane regele, trotz ihres Charakters als bloßer Innenrechtssatz einer verwaltungsgerichtlichen Kontrolle zugeführt werden (BVerwG, *NVwZ* 1988, 1119 – „*Geschäftsordnung als Rechtssatz*"; dazu *W/B/S* I, § 25 Rn. 47 m. w. N).

24   Der Rechtscharakter von Geschäftsordnungen ist noch nicht abschließend geklärt. Teilweise werden sie als Rechtssatz, als Verwaltungsvorschrift oder als Bestimmungen qualifiziert, die sowohl Rechtssatz als auch Verwaltungsvorschrift seien. *Maurer* sieht in ihnen einen Regelungstyp eigener Art (*Maurer*, Allg. VerwR, § 24 Rn. 12). Für Geschäftsordnungen verfassungsrechtlicher Kollegialorgane vertritt die h. M. die Auffassung, es handele sich um Satzungen (*BVerfGE* 1, 148; hier ist vieles umstritten).

25   b) Satzungen bedürfen als **abgeleitete Rechtssetzung** einer **gesetzlichen Ermächtigung**. Allerdings gilt Art. 80 I 2 GG für Satzungen nicht, weil die Rechtssetzung durch Satzungen auf dem Selbstverwaltungsgedanken beruht und durch gewählte Organe wahrgenommen wird. Auf der anderen Seite darf sich der Gesetzgeber seiner Rechtssetzungsbefugnis nicht völlig entäußern, v. a. dann, wenn die Autonomieverleihung auch Eingriffe in den Grundrechtsbereich eröffnet und sich nicht nur auf die Regelung der eigenverantwortlichen Wahrnehmung von übertragenen Aufgaben beschränkt. Im Eingriffsbereich ist der Parlamentsvorbehalt nachhaltig zu beachten, während für allgemeine Regelungen die pauschale Einräumung der Rechtssetzungsmacht in aller Regel ausreicht (*W/B/S* I, § 25 Rn. 49; *BGHZ* 40, 355). Neben der allgemeinen kommunalen Satzungsermächtigung sind in den Gemeindeordnungen deshalb besondere Ermächtigungen für den „Eingriffsbereich" enthalten z. B. zur Regelung des Anschluß- und Benutzungszwangs sowie zur Einführung kommunaler Abgaben.

26   c) Häufig sind Satzungen zusätzlich an **Genehmigungen** etwa der Rechtsaufsichtsbehörde gebunden. Die Genehmigung ist in diesen Fällen Wirksamkeitsvoraussetzung der Satzung und gegenüber dem Satzungsgeber als Verwaltungsakt zu qualifizieren.

Beispielsfall: Die Entwässerungsgebührenordnung der Gemeinde K wird von der Aufsichtsbehörde mit der Maßgabe genehmigt, daß sie ein Jahr nach dem Inkrafttreten eines neuen Landeskommunalabgabengesetzes außer Kraft trete. Zu dieser „Genehmigung" hat der Gemeinderat keinen Beschluß gefaßt. Die Gemeinde vertritt die Auffassung, daß die Gebührenordnung nicht rechtsgültig sei. – Das *OVG Münster* hat entschieden, daß die Maßgabe der Aufsichtsbehörde weder eine Bedingung noch eine Auflage darstelle. Die Beifügung einer Maßgabe, nach der der Inhalt der Satzung geändert werden soll, bedeute eine Ablehnung der Genehmigung der Satzung in der der Aufsichtsbehörde vorgelegten Fassung, verbunden mit der im voraus erklärten Genehmigung einer Satzung, sofern diese den von der Aufsichtsbehörde verlangten Inhalt aufweise. Trete der Rat der Gemeinde der verlangten Änderung bei, so sei es nicht erforderlich, den Beitrittsbeschluß der Aufsichtsbehörde erneut zur Genehmigung vorzulegen. Die Genehmigung einer Satzung bzw. deren Ablehnung ist gegenüber dem Satzungsgeber ein Verwaltungsakt (*BVerwG*, DÖV 1968, 290 – „*Satzungsgenehmigung*").

d) Die Bedeutung der Satzung entspricht in weiten Teilen den Gründen für die **27** Einrichtung mittelbarer Staatsverwaltung. Es ist vor allem auf folgende Gesichtspunkte zu verweisen:

❏ Entlastung des Gesetzgebers von Umständen, die für ihn schwer und nur mit großem Aufwand festgestellt werden können.

❏ Schnellere Anpassung an sich ändernde Bedingungen.

❏ Stärkere Beteiligung von Bürgern und gesellschaftlichen Gruppen im Bereich der Regelung eigener Angelegenheiten.

❏ Unmittelbare Einbeziehung von externer Fachkunde.

VI. Gewohnheitsrecht

1. Begriff

Gewohnheitsrecht ist ungeschriebenes verbindliches Recht. Es ist von der Verwaltung zu beachten. Gewohnheitsrecht entsteht durch **28**

❏ längere tatsächliche und gleichmäßige allgemeine Übung (**objektives Kriterium**);

❏ die Überzeugung der Beteiligten, die diese Übung als rechtlich geboten und verbindlich anerkennen (**subjektives Kriterium**);

❏ rechtssatzmäßige Formulierbarkeit (**formales Kriterium**).

Normgeber beim Gewohnheitsrecht sind also die Rechtsbetroffenen selbst. Es kommt darauf an, ob diejenigen, die es angeht, auf den Fortbestand der Übung auch in Zukunft vertrauen können. Sofern eine derartige Übung in einem ungeschriebenen Rechtssatz formulierbar ist, wird sie zur Rechtsquelle (*W/B/S* I, § 25 Rn. 12).

Beispielsfälle:

❏ Aufgrund Landesrechts wurden in den Jahren 1910 und 1920 in X Bebau- **29** ungspläne beschlossen. Die Bebauungspläne wurden nach dem damaligen § 173 III BBauG übergeleitet. Die tatsächlichen Verhältnisse in einem bestimmten Straßenbereich hatten sich über Jahre hinweg anders, als nach den Festsetzungen der Pläne entwickelt. Das beklagte Land vertrat die Auffassung, daß durch die tatsächliche Entwicklung die Bebauungspläne abgeändert worden seien. Dieses ergebe sich aus Gewohnheitsrecht. – Das *BVerwG* hielt fest, daß Bebauungspläne, mögen sie qualifizierte oder einfache Bebauungspläne sein, Rechtssätze seien. Ihre Abänderung oder Aufhebung unterliege dementsprechend den Anforderungen, die an eine Abänderung bzw. Aufhebung von Rechtssätzen zu stellen seien. Eine Abänderung könne grundsätzlich erfolgt sein, wenn in der den Plänen tatsächlich nicht entsprechenden Entwicklung eine Entstehung von Gewohnheitsrecht zu sehen wäre. Angesichts der sehr starken Wirklichkeitsbezogenheit von Bebauungsplänen hält das *BVerwG* diese zwar für anfälliger gegenüber einer tatsächlich abweichenden gewohnheitsrechtlichen Entwicklung. Einen wesentlichen Einwand gegen die Herausbildung derogierenden Gewohnheitsrechts hat das BVerwG jedoch im vorliegenden Fall darin gesehen, daß sich die tatsächliche Entwicklung nur partiell vollzogen habe und sich nicht insgesamt gegen die Pläne von 1910 und 1920 gerichtet habe (*BVerwGE 26, 282 – „Gewohnheitsrecht"*).

30 ❑ K betreibt eine Tankstelle, in der sie außerhalb der allgemeinen Ladenschlußzeiten bestimmte Waren verkauft. Durch Ordnungsverfügung gab ihr S auf, während der im Ladenschlußgesetz festgesetzten Ladenschlußzeiten die Veräußerung derartiger Artikel zu unterlassen. Die dagegen gerichtete Klage wurde abgewiesen. – Das *OVG Münster* hielt damals zunächst fest, daß es an einer Gesetzeslücke im Hinblick auf den Warenverkauf in Tankstellen fehle. Die Ladenschlußvorschriften dienten in erster Linie dem Schutz der Arbeitnehmer; eine planwidrige Unvollständigkeit des Ladenschlußgesetzes liege nicht vor. Schließlich wurde auch die Befugnis zur Abgabe von sog. Zubehörartikeln kraft Gewohnheitsrechts zurückgewiesen. Der Senat konnte nicht feststellen, daß sich eine bestimmte Norm herausgebildet hatte, die nach Überzeugung der Allgemeinheit, der Behörden und der Gerichte wirklich Recht sei (*OVG Münster*, NJW 1991, 1374 – „*gewohnheitsrechtlicher Ladenschluß*". Umstritten ist, ob die richterliche Anerkennung Voraussetzung des Gewohnheitsrechts ist; abl. *Maurer*, Allg. VerwR, § 4 Rn. 19, der aber darauf hinweist, daß ohne Anerkennung einer gewohnheitsrechtlichen Rechtsnorm durch die Gerichte deren Bindungswirkung zumindest im Streitfalle nicht existent sei).

Gewohnheitsrecht erlischt, wenn eine seiner Entstehungsvoraussetzungen wegfällt. Gewohnheitsrecht kann überdies durch geschriebene Normen aber auch durch anderes derogierendes Gewohnheitsrecht außer Kraft gesetzt werden.

2. Erscheinungsformen des Gewohnheitsrechts

31 Gewohnheitsrecht füllt Gesetzeslücken, ergänzt das geschriebene Recht und kann es im Einzelfall auch abändern. Gewohnheitsrecht gibt es auf sämtlichen Rechtsebenen (z. B. Gemeinschaftsgewohnheitsrecht, Bundesgewohnheitsrecht, Landesgewohnheitsrecht und Ortsgewohnheitsrecht).

Beispiele: Grundsatz „lex posterior derogat legi priori"; Grundsatz „pacta sunt servanda"; teilweise wird das behördliche Hausrecht gewohnheitsrechtlich begründet (*Ronellenfitsch*, VerwArch. Bd. 73 (1982), 470; zum Folgenbeseitigungsanspruch *Sproll*, JuS 1996, 220).

Die sog. Observanz ist Gewohnheitsrecht im örtlich-begrenzten Geltungsbereich. Sie kann wie auch anderes Gewohnheitsrecht nur gesetztes Recht desselben Geltungsbereiches derogieren, Recht höheren Geltungsbereichs hingegen nur ergänzen.

3. Abgrenzung Richterrecht

Richterrecht ist Recht, das auf der Rechtsprechung der Gerichte beruht. Man muß indessen beachten, daß Richterrecht letztlich Rechtsanwendung ist. Während der Gesetzgeber und die Exekutive, soweit sie entsprechend ermächtigt ist, rechtsgestaltend tätig werden können, hat der Richter vom geltenden Recht auszugehen und dieses allenfalls bei Lücken und Zweifeln weiterzuentwickeln, zu ergänzen oder zu konkretisieren. Richterrecht kann daher nur im Rahmen des gesetzten Rechts entstehen, dieses jedoch auf keinen Fall korrigieren (*Maurer*, Allg. VerwR, § 4 Rn. 29; *Gusy*, DÖV 1992, 461; kritisch *Hillgruber*, JZ 1996, 118). **32**

Richterrecht ist vom Gewohnheitsrecht zu unterscheiden, weil es nicht vom Volk selbst oder einem Teil davon durch längere Übung gesetzt werden muß (zum Richterrecht *W/B/S* I, § 25 Rn. 21 ff. im Sinne einer Rechtsquelle str.!). Anders als Richterrecht kann Gewohnheitsrecht als originäres Recht auch gesetztes Recht abändern. Auf der anderen Seite kann durch Richterrecht aber auch Gewohnheitsrecht vorbereitet werden (z. B. Herausbildung des Folgenbeseitigungsanspruches, sofern man ihn gewohnheitsrechtlich begründet). **33**

VII. Verwaltungsvorschriften

Verwaltungsvorschriften sind **verwaltungsinterne Regelungen**, die aber gleichwohl (mittelbare) Auswirkungen auf Außenstehende haben können. Dies ist unschwer nachvollziehbar, weil die Verwaltungsvorschriften gerade auch die Wahrnehmung der Verwaltungsaufgaben durch Behörden und Bedienstete gegenüber dem Bürger intern regeln. Deutlich wird dies, wenn man sich die vielfältigen Subventionsrichtlinien vor Augen hält, die die Mittelvergabe an Subventionsempfänger „verwaltungsintern" regeln oder Richtlinien, die Zuständigkeitsregelungen enthalten. **34**

Trotz dieser mittelbaren „Außenwirkungen" sieht die h. M. in Verwaltungsvorschriften lediglich verwaltungsinterne Regelungen, denen die Rechtsquelleneigenschaft fehlt. Teilweise wird zur Begründung auf Art. 84 II, 85 II und 86 I GG verwiesen, nach denen die Bundesregierung mit Zustimmung des Bundesrates allgemeine Verwaltungsvorschriften erlassen kann. Aus dieser Formulierung und der systematischen Stellung der Vorschriften im Grundgesetz soll folgen, daß Verwaltungsvorschriften nur zur Ausführung von Rechtsnormen dienen, nicht **35** aber selbst Rechtsnormen sind. Verwaltungsvorschriften seien Innenrecht, denen der Rechtsnormcharakter fehle (*Schweickhardt*, Rn. 195).

36 Unter Hinweis auf die Außenwirkung von Verwaltungsvorschriften wird in der Lit. neuerdings verstärkt die Auffassung vertreten, Verwaltungsvorschriften seien wie Rechtsnormen zu behandeln. *Ossenbühl* (Verwaltungsvorschriften; *Erichsen*, Allg. VerwR, § 7 Rn. 42) mißt den Verwaltungsvorschriften unmittelbare rechtliche Außenwirkung bei, die nicht erst über den Gleichheitssatz oder den Grundsatz des Vertrauensschutzes vermittelt werde. Der Exekutive wird nach dieser Auffassung in ihrem eigenen Funktionsbereich eine originäre Rechtssetzungskompetenz zuerkannt. Die in diesem Rahmen erlassenen Verwaltungsvorschriften sind originäres Administrativrecht mit Außenwirkung (auch *Krebs*, VerwArch. Bd. 70 (1979), 259; *Ergbuth*, DVBl. 1989, 473). Das *BVerwG* hat im sog. *Wyhl-Urteil* einer Verwaltungsvorschrift des Bundesministers des Innern zu § 45 StrahlenschutzVO eine unmittelbare Außenwirkung zuerkannt, indem sie als normkonkretisierende Verwaltungsvorschrift für die Verwaltungsgerichte innerhalb der gesetzlich gezogenen Grenzen für verbindlich erklärt worden ist (*BVerwGE* 72, 320 f.).

37 Gegen die „Außenrechtstheorie" werden u. a. folgende Einwendungen erhoben:
- ❑ Die Behauptung von der originären Rechtssetzungskompetenz der Exekutive läßt sich mit dem Gewaltenteilungsgrundsatz und dem Rechtsstaatsprinzip, insbesondere dem Grundsatz des Vorbehalts des Gesetzes, schwer in Einklang bringen.
- ❑ Art. 80 I GG richtet sich nach seinem Wortlaut an die rechtsetzende Exekutive und begrenzt deren Rechtssetzungsmacht. Eine vergleichbare Bestimmung gibt es hinsichtlich der Verwaltungsvorschriften nicht. Es stellt sich bei der Anerkennung von Verwaltungsvorschriften als Außenrecht das Problem der Flucht der Verwaltung in die Verwaltungsvorschrift.
- ❑ Die konsequente Durchführung der Lehre, die den Verwaltungsvorschriften Rechtsnormcharakter beimißt, müßte dazu führen, daß eine von den Verwaltungsvorschriften abweichende Verwaltungspraxis rechtswidrig wäre. Ohne normierten Vorbehalt wäre es der Verwaltung untersagt, auch in Sondersituationen von der Verwaltungsvorschrift abzuweichen.
- ❑ Der Richter hätte das Verwaltungshandeln an den Verwaltungsvorschriften zu messen; im Falle der Rechtswidrigkeit (Nichtigkeit) könnten sie nur im Rahmen der Inzidentkontrolle unbeachtet bleiben; im übrigen müßte die abstrakte Normenkontrolle gegen Verwaltungsvorschriften zugelassen werden (zu Verwaltungsvorschriften näher § 5 Rn. 48).

C. Rangordnung der Rechtsquellen

Der Überblick über die wichtigsten Rechtsquellen des Verwaltungsrechts zeigt, 38
aus welch vielfältigen Rechtsgrundlagen die Verwaltung ihre Legitimation zum
Handeln ableitet. Es liegt auf der Hand, daß diese verschiedenen Rechtsquellen
im Interesse der Widerspruchsfreiheit aufeinander zugeordnet werden müssen.

I. Bedeutung der Rangordnung

1. Grundsatz

Das Recht kann seine Ordnungsfunktion nur dann erfüllen, wenn es wider- 39
spruchsfrei bestimmte Sachverhalte regelt. Die Zuordnung der Rechtsquellen
geht vom **Grundsatz der Einheit der Rechtsordnung** aus. Dieser Grundsatz bedeutet, daß die Rechtsordnung auf eine Rechtsfrage nur eine richtige Antwort bereithalten darf. Finden auf einen Sachverhalt verschiedene Rechtssätze Anwendung, muß die Rechtsordnung Auskunft darüber geben, nach welchem
Rechtssatz bzw. welchen Grundsätzen das Rechtsproblem zu entscheiden ist
(*W/B/S* I, § 26 Rn. 1; *Maurer*, Allg. VerwR, § 4 Rn. 37).

2. Harmonisierung

Bei der Herstellung der Widerspruchsfreiheit der Rechtsordnung ist zu unter- 40
scheiden zwischen

❑ Harmonisierung der innerstaatlichen Rechtsquellen mit übernationalen
Rechtsquellen (Völkerrecht, Europäisches Gemeinschaftsrecht);

❑ Harmonisierung der innerstaatlichen Rechtsquellen.

Die Harmonisierung wird dadurch erreicht, daß die Rechtsquellen in eine Rangordnung gebracht werden, die sicherstellt, daß der Rechtssatz im Einzelfall festgestellt werden kann, der auf einen konkreten Lebenssachverhalt verbindlich
regelnd anzuwenden ist.

II. Rangordnung zu den übernationalen Rechtsquellen

1. Völkerrecht

Für die „allgemeinen Regeln des Völkerrechts" schreibt Art. 25 GG den Vorrang 41
vor nationalem Gesetzesrecht fest. Die „allgemeinen Regeln des Völkerrechts"
sind Bestandteil des Bundesrechts. Sie gehen den innerstaatlichen Gesetzen vor,
brechen also nationales Gesetzesrecht (*Sachs*, GG, Art. 25 Rn. 10).

Allgemeine Regeln sind solche, die von allen Völkerrechtssubjekten oder der
überwiegenden Mehrheit anerkannt werden. Die Allgemeinheit ist also kein in-
haltsbezogenes Merkmal, sondern stellt auf die allgemeine Verbindlichkeit der
Regel für die Völkerrechtssubjekte ab (*BVerfGE* 23, 316; 16, 33).

Beispiele: Bildet das Ufer eines Gewässers eine Staatsgrenze, gehören Anlandungen zum Gebiet
des Uferstaates (*Nds. OVG* OVGE 29, 487). Der Grundsatz der Territorialität verbietet die

Vornahme staatlicher Hoheitsakte im Ausland (*BGH*, NJW 1969, 1428; hoheitliche Leistungen sollen jedoch von diesem Verbot ausgenommen sein [*BSGE* 33, 284]). Anspruch auf Beiziehung eines Dolmetschers, zumindest für die mündliche Verhandlung, bei fehlender Sprachkundigkeit eines ausländischen Angeklagten (*BVerfG*, NJW 1988, 462).

> **Merke:** Verwaltungsbehörden müssen die „allgemeinen Regeln des Völkerrechts" beachten, unabhängig davon, ob sie sich an den Staat, den einzelnen oder beide richten. Sie sind bei behördlichen Ermessensentscheidungen in den Abwägungsvorgang einzustellen; innerstaatliches Recht ist völkerrechtskonform auszulegen (*BVerfGE* 75, 1).

Neben den „allgemeinen Regeln des Völkerrechts" gibt es völkerrechtliche Normen, die nach Art. 59 II GG in das nationale Recht transformiert sind. Dieses nach Art. 59 II GG transformierte Völkerrecht hat den Rang des transformierenden Zustimmungsgesetzes.

2. Europäisches Gemeinschaftsrecht

42　a)　Der Rang des Gemeinschaftsrechts gegenüber dem Recht der Mitgliedstaaten ist noch nicht abschließend geklärt (*Mögele*, Bay VBl. 1993, 129). Die h. M. geht zwischenzeitlich grundsätzlich vom Vorrang des Europäischen Gemeinschaftsrechts gegenüber dem nationalen Recht aus (W/B/S, I, § 26 Rn. 8; BVerfGE 31, 174; *Windthorst*, § 1 Rn. 50). Hierfür werden vor allem zwei Begründungen gegeben:

❑ Staatsrechtlich folge der Vorrang aus der Zustimmung des Gesetzgebers zu den Gemeinschaftsverträgen (Art. 59 II 2 GG sowie aus Art. 24 I GG).

❑ Europarechtlich folge der Vorrang aus den Art. 5, 189 EWGV sowie aus dem sich aus den Gründungsverträgen ergebenden Prinzip der Sicherung der Funktionsfähigkeit der Europäischen Gemeinschaften.

43　b)　Zweifelhaft war in der Vergangenheit der Vorrang des Gemeinschaftsrechts unter dem Aspekt der Verletzung grundlegender nationaler Verfassungsprinzipien und der Grundrechte (*Erichsen*, Allg. VerwR, § 8 Rn. 6 ff.). Während der *EuGH* sich stets für den Vorrang des Gemeinschaftsrechts auch gegenüber den nationalen Grundrechten ausgesprochen hat (*EuGH*, DÖV 1971, 309), hat das *BVerfG* in seiner *„Solange-Rechtsprechung"* zunächst eine zurückhaltende Position eingenommen.

Beispielsfall: Das Unternehmen U hat vor dem Verwaltungsgericht einen Bescheid der zuständigen Einfuhr- und Vorratsstelle angefochten, mit dem eine Kaution wegen Nichtdurchführung einer Ausfuhrlizenz für verfallen erklärt worden ist. Das Verwaltungsgericht hat das Verfahren durch Beschluß ausgesetzt und nach Art. 100 I GG dem *BVerfG* mit der Frage vorgelegt, ob die maßgebenden Vorschriften des Europäischen Gemeinschaftsrechts mit dem Grundgesetz vereinbar seien. – Das *BVerfG* hat festgestellt, daß das Normenkontrollverfahren zulässig sei, weil und soweit geltend gemacht werde, daß

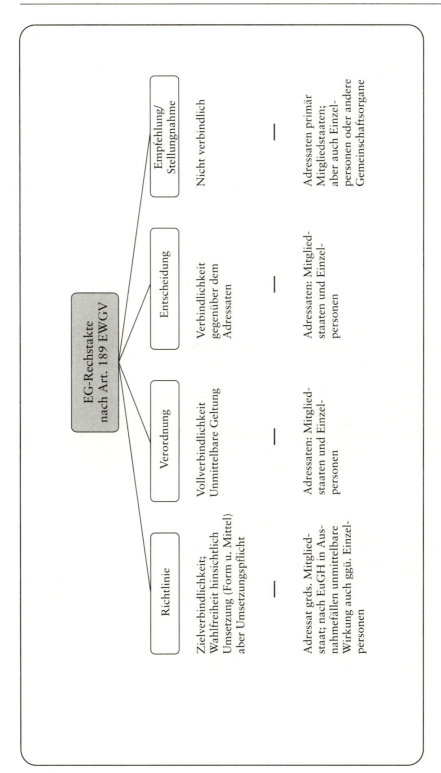

eine entscheidungserhebliche Vorschrift des Gemeinschaftsrechts mit einem Grundrecht kollidiere. Dies folge aus dem Stand der Integration der Gemeinschaft, der noch keinen kodifizierten Grundrechtskatalog aufweise. Bei einem Normenkonflikt setze sich die Grundrechtsgarantie des GG durch, solange nicht die zuständigen Organe der Gemeinschaft den Normenkonflikt behoben hätten (*BVerfGE* 37, 271 – „*Solange-Beschluß*").

Die „**Solange-Rechtssprechung**" des BVerfG *wurde* in der Lit. nachhaltig kritisiert (*Maidowski*, JuS 1988, 114). Das *BVerfG* hat nunmehr durch Beschluß vom 22.10.1986 erklärt, im Hoheitsbereich der Europäischen Gemeinschaften bestehe mittlerweile ausreichender Grundrechtsschutz. Der Grundrechtsschutz entspreche nach Konzeption, Inhalt und Wirkungsweise dem Grundrechtsstandard des GG. Alle Hauptorgane der Gemeinschaft hätten sich in rechtserheblicher Form dazu bekannt, daß sie sich in Ausübung ihrer Befugnisse und im Verfolg der Ziele der Gemeinschaft von der Achtung vor den Grundrechten, wie sie insbesondere aus den Verfassungen der Mitgliedstaaten und der Europäischen Menschenrechtskonvention hervorgingen, als Rechtspflicht leiten lassen würden (*BVerfGE* 73, 339).

44　c) Zu beachten ist jedoch, daß sich das Verhältnis von Gemeinschaftsrecht zu nationalem Recht nicht durch ein rigoroses „Entweder-Oder-Prinzip" erklären läßt. Die Vorschriften des primären und sekundären Gemeinschaftsrechts entfalten im innerstaatlichen Raum zwar unmittelbare Wirkung, überlagern und verdrängen entgegenstehendes nationales Recht aber nur im Sinne eines Anwendungsvorranges (*W/B/S* I, § 26 Rn. 9). Dem Gemeinschaftsrecht widersprechende nationale Normen sind deshalb nicht nichtig. Das nationale Recht wird nur insoweit verdrängt, als es die volle Wirksamkeit des Gemeinschaftsrechts und insbesondere der zu seinem Vollzug ergangenen Maßnahmen beeinträchtigt (*BVerwG*, DVBl. 1993, 559; *Erichsen*, Allg. VerwR, § 8 Rn. 5).

III. Rangordnung der innerstaatlichen Rechtsquellen

1. Grundsatz

45　Für die innerstaatliche Rangordnung gelten folgende Grundsätze:
- ❑ Die rangniedere Rechtsquelle geht allen ranghöheren Rechtsquellen nach (Art. 20 III Hs. 1 GG; Art. 20 III Hs. 2 GG; dazu *Windthorst*, § 1 Rn. 37 ff.).
- ❑ Bundesrecht bricht Landesrecht (Art. 31 GG).
- ❑ Staatliches Recht bricht autonomes Recht.
- ❑ Jüngerers Recht geht älterem Recht und spezielles Recht dem allgemeineren vor.

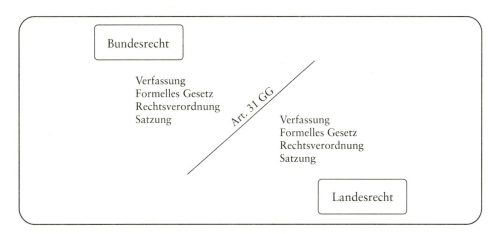

2. Vertikale Rangordnung

Innerhalb des staatlichen Rechts (Bund; Länder) steht die Verfassung an der 46 Spitze der Normenhierarchie. Ihr folgt das förmliche Gesetz und dann die auf formal gesetzlicher Grundlage erlassene Rechtsverordnung.

3. Dezentrale Rangordnung

a) Nach Art. 31 GG geht Bundesrecht jeglicher Rangstufe dem Landesrecht vor. 47 Jeder gültige Rechtssatz des Bundesrechts vernichtet jeden widersprechenden Rechtssatz jeden Ranges des Landesrechts (*W/B/S* I, § 26 Rn. 14). Bundesrecht bezeichnet dabei alle Rechtsnormen, die von einem Organ des Bundes herrühren. Dies hat z. B. zur Folge, daß auch Satzungen der mittelbaren Bundesverwaltung, Länderverfassungen oder Landesgesetzen vorgehen (*Sachs*, GG, Art. 31 Rn. 4).

b) Ein weiteres Prinzip der dezentralen Rangordnung ist, daß staatliches Recht 48 autonomes Recht bricht. Dies folgt schon daraus, daß das autonome Recht aus der staatlichen Rechtssetzungsgewalt hervorgeht. Das staatliche Recht ist insgesamt ranghöher als das von ihm anerkannte, von Körperschaften, Anstalten oder Stiftungen des öffentlichen Rechts aufgrund ihrer Autonomie selbst geschaffene Recht (*W/B/S* I, § 26 Rn. 15).

4. Ergänzungen

a) Die Rangordnung begründet einen Geltungsvorrang, aber keinen Anwen- 49 dungsvorrang für die höherrangige Rechtsnorm. Dies bedeutet, daß die Verwaltungsbehörde die einschlägige rangniedrigere Rechtsnorm anzuwenden hat. Die Verwaltungsbehörde darf nur dann auf eine höherrangige Rechtsnorm zugreifen, wenn die rangniedrigere Rechtsnorm lückenhaft ist. Geltungsvorrang bedeutet dagegen, daß eine rangniedrige Rechtsnorm, die im Widerspruch zu einer höherrangigen Rechtsnorm steht, nichtig ist.

Die Verwaltung ist nach Art. 1 III und 20 III GG berechtigt und verpflichtet, 50 die anzuwendenden Gesetze auf ihre Rechtmäßigkeit zu prüfen und im Sinne der Verfassung auszulegen. Von der **Prüfungskompetenz** ist die sog. **Verwer-**

fungskompetenz zu unterscheiden. Gelangt die Verwaltung bei der Normanwendung zum Ergebnis, daß ein Bundesgesetz verfassungswidrig ist, ist sie gleichwohl gehalten, daß formelle Gesetz anzuwenden. Aus Art. 100 I GG ergibt sich, daß für formelle Gesetze das Verwerfungsmonopol beim BVerfG liegt. Unter bestimmten Voraussetzungen kommt die Aussetzung des Verwaltungsverfahrens bis zur verfassungsgerichtlichen Entscheidung in Betracht (*BVerfGE* 12, 180).

Materielles Recht, das gegen höherrangiges Recht verstößt, ist nichtig. Auch insoweit besitzt die Verwaltung zwar ein Prüfungs-, nicht aber ein Verwerfungsrecht (*Windthorst*, § 1 Rn. 15).

51 b) Auf der anderen Seite setzt der Geltungsvorrang höherrangiges Recht natürlich nur dann durch, wenn die **höherrangige Norm** ihrerseits **gültig** ist. Ein Bundesgesetz, das unter Verstoß gegen Art. 70 ff. GG erlassen worden ist, ist nichtig. In diesem Falle wäre eine auf ein bestehendes Landesgesetz gestützte Verwaltungsmaßnahme deshalb auch dann rechtmäßig, wenn das Landesgesetz denselben Sachverhalt wie das nichtige Bundesgesetz regeln würde.

52 c) Der **Grundsatz der Nichtigkeit** rechtswidriger Rechtsnormen besteht für Satzungen bei entsprechender gesetzlicher Regelung nicht uneingeschränkt (z. B. §§ 214, 215 BauGB). Der Satzungsgeber darf deshalb nicht selbst die Unmaßgeblichkeit von Satzungsmängeln feststellen; vielmehr muß deren Unbeachtlichkeit im „höherrangigen Ermächtigungsgesetz" geregelt sein. Für diesen Fall erhält die rechtswidrige Satzung, sofern die gesetzlichen Voraussetzungen erfüllt sind, eine gewisse Bestandskraft. Soweit eine derartige Sonderregelung nicht besteht, bleibt es auch für Satzungen beim Grundsatz der Nichtigkeit rechtswidriger Rechtsnormen (*Ossenbühl*, NJW 1986, 2805; *Maurer*, Allg. VerwR, § 4 Rn. 41).

53 d) Das **Verhältnis gleichrangiger Rechtssätze** bestimmt sich zunächst nach dem Grundsatz, daß jüngeres Recht dem älteren Recht vorgeht. In aller Regel wird jedoch in den Schlußbestimmungen des Gesetzes gleichrangiges entgegenstehendes älteres Recht ohnehin aufgehoben.

Beispiel: Nach § 31 I LadenschlußG trat dieses Gesetz einen Monat nach seiner Verkündung in Kraft. § 31 II LadenschlußG listet einen Katalog von Vorschriften auf, die mit dem Zeitpunkt des Inkrafttretens ihrerseits außer Kraft treten.

Als weitere „Kollisionsregel" gilt zwischen gleichrangigen Rechtsgrundlagen der Vorrang von Sondervorschriften gegenüber Allgemeinvorschriften (lex specialis derogat legi priori). Das allgemeine Gesetz greift jedoch subsidiär ein, wenn das spezielle Gesetz keine abschließende Regelung enthält (*Schweickhardt*, Rn. 208).

D. Rechtsanwendung

Anwendung eines Rechtssatzes heißt, das für einen Interessenkonflikt maßgebli- 54
che Recht zu finden. Vielfach fühlen sich Studenten von der Vielzahl der in Betracht kommenden Rechtssätze überfordert. Dafür gibt es indessen keinen
Grund. Es trifft zwar zu, daß das Verwaltungsrecht anders als andere Rechtsgebiete eine Vielzahl von Rechtssätzen aufweist. Dazu kommt, daß es in vielen
Fällen darauf ankommt, den richtigen Inhalt des anzuwendenden Rechtssatzes
erst durch Auslegung zu erfassen. Auf der anderen Seite ist es gerade faszinierend,
auf der Grundlage methodischen Vorgehens die einschlägigen Rechtssätze zur
Lösung von Konflikten aufzuspüren und zur Anwendung zu bringen.

I. Methode der Rechtsanwendung

Die Anwendung eines Rechtssatzes läßt sich in drei Phasen gliedern, die allerdings nicht völlig eigenständig nebeneinander stehen. Es ist hilfreich, die Lösung
eines Problems nach diesen Schritten anzugehen.

❑ Feststellung des Lebenssachverhaltes
  In den Klausuren bereitet die Feststellung des Lebenssachverhaltes, d. h. derjenigen Tatsachen, die dem Konflikt zugrunde liegen, keine größeren Schwierigkeiten. Gleichwohl läßt sich immer wieder feststellen, daß durch „Weiterinter-
  pretieren" des festgestellten Sachverhaltes die Klausurlösung in eine
  bestimmte dem Bearbeiter sympatische Richtung gedrängt wird. Der richtige
  Einstieg in die Lösung des Interessenkonfliktes durch Anwendung eines
  Rechtssatzes besteht darin, zunächst den Lebenssachverhalt eindeutig und
  klar festzustellen.

❑ Feststellung der Rechtssätze und ihres Inhaltes, die für die Problemlösung in
  Betracht kommen.
  In dieser Phase geht es darum, die einschlägigen Normen festzustellen. Dabei
  wird es häufig erforderlich sein, neben dem besonderen Fachgesetz zusätzlich
  die einschlägigen Verwaltungsverfahrensgesetze zur Anwendung zu bringen.

❑ Feststellung der Rechtsfolge, die sich aus der Subsumtion des ermittelten
  Sachverhaltes unter den ermittelten Rechtssatz ergibt.

II. Auslegung und Lückenergänzung

1. Allgemeines

Die Auslegung soll den Sinn der Rechtssätze erschließen. Es geht um den richti- 55
gen Umgang mit dem Gesetz, die Klärung des Gesetzesinhaltes, das richtige Verstehen des Gesetzes und die richtige Anwendung des Gesetzes auf den Fall (*Hassemer*, ARSP 1986, 195). Es liegt auf der Hand, daß diese Aufgabe um so
erfolgreicher bewältigt werden kann, je größer das Allgemeinwissen, die Kennt-

nis der aktuellen politischen und gesellschaftlichen Entwicklungen sowie der Materie des Verwaltungsrechts ist.

Ergibt sich nach der Anwendung der Auslegungsgrundsätze, daß ein Rechtssatz lückenhaft ist, d. h., daß er eine Regelung des Interessenkonfliktes nicht enthält, so ist die Lösung im Wege der Lückenergänzung zu suchen. Es kommt dann darauf an, festzustellen, ob und welcher andere geschriebene oder ungeschriebene Rechtssatz zur Lösung des Interessenkonfliktes herangezogen werden kann (*W/B/S* I, § 28 Rn. 53). Noch einmal ist darauf hinzuweisen, daß die Auslegung und Lückenergänzung nichts mit der Interpretation des Sachverhaltes zu tun hat, sondern die Frage beantwortet, nach welchen rechtlichen Regeln ein festgestellter Sachverhalt gelöst werden soll.

2. Auslegungsmethoden

56   Im folgenden wird ein Überblick über die wichtigsten Auslegungsmethoden gegeben. In der Klausur lassen sich in aller Regel durch deren Anwendung angemessene Ergebnisse begründen (dazu auch *Windthorst*, § 2 Rn. 36 ff.).

57   a) Die **grammatikalische Auslegung** soll den Inhalt des Rechtssatzes anhand der verwendeten Begriffe und deren grammatikalischem Zusammenhang feststellen. Sie knüpft am Wortlaut an (*Windthorst*, § 2 Rn. 37).

Beispielsfall: Im Rahmen des Kostenfestsetzungsverfahrens macht B eine Verhandlungsgebühr geltend. Der gegnerische Anwalt wendet ein, daß ein „Verhandeln" nicht vorliege, weil er zwar Anträge gestellt, sich aber nicht zur Sache geäußert habe. – Das *RG* hielt fest, daß es auf die Auslegung des Begriffes „Verhandeln" ankomme. Da die ZPO eine Definition dieses Begriffes selbst nicht enthalte, komme es auf den Sprachgebrauch an. „Verhandeln" meine diejenige Tätigkeit der Parteien, in welcher sie untereinander vor dem Richter einen unter ihnen bestehenden Rechtsstreit erörtern. Bereits mit der Stellung von Anträgen könne ein „Verhandeln" gegeben sein (*RGZ* 10, 388 – *„grammatikalische Auslegung"*; vgl. auch *BVerfGE* 61, 149).

58   b) Die **systematische Auslegung** will den Inhalt eines Rechtssatzes aus dem Sinnzusammenhang erschließen, in dem er steht. Maßgeblich für die Abgrenzung seines Inhalts ist somit die Stellung des Rechtssatzes und seine Funktion im Gefüge der Rechtsordnung. Zur systematischen Auslegung gehört auch das Prinzip der verfassungskonformen Auslegung. Ist die Übereinstimmung von Rechtssätzen mit der Verfassung zweifelhaft, so gilt der Grundsatz, daß sie vor dem Hintergrund der Einheit der Rechtsordnung so auszulegen sind, daß sie mit der Verfassung in Einklang stehen (*Schack/Michel*, JuS 1961, 269).

Beispielsfall: § 8 I des Landesgesetzes über die Arbeitnehmerkammern ließ nur Wahlvorschläge von Gewerkschaften und Verbänden zu, die für das Arbeitsleben im Lande wesentliche Bedeutung haben. Der von einer kleineren Gewerkschaft eingereichte Wahlvorschlag wurde deshalb nicht zugelassen. Nachdem ihr Wahleinspruch zurückgewiesen worden war, reichte die Gewerkschaft Klage vor dem

VG ein. – Das *BVerfG* entschied nach Vorlage im Normenkontrollverfahren (Art. 100 I GG), daß eine verfassungskonforme Auslegung der Bestimmung nicht möglich sei. Diese finde nämlich dort ihre Grenzen, wo sie mit dem Wortlaut und dem klar erkennbaren Willen des Gesetzes in Widerspruch trete. Im Wege der Auslegung dürfe einem nach Wortlaut und Sinn eindeutigen Gesetz nicht ein entgegengesetzter Sinn verliehen, der normative Gehalt der auszulegenden Norm nicht grundlegend neu bestimmt oder das gesetzgeberische Ziel nicht in einem wesentlichen Punkt verfehlt werden. Die Grundsätze, die das *BVerfG* zur Chancengleichheit der Wahlbewerber bei allgemeinen politischen Wahlen entwickelt habe, würden jedenfalls bei Wahlen im Arbeits- und Sozialwesen dann gelten, wenn der Gesetzgeber für alle Arbeitnehmer, wie vorliegend, die Zwangsmitgliedschaft in einer Körperschaft des öffentlichen Rechts angeordnet habe (*BVerfGE* 71, 81 – „*Verfassungskonforme Auslegung*" vgl. auch *BVerfG*, NJW 1991, 1471).

c) Die **historische Auslegung** versucht den Sinngehalt eines Rechtssatzes durch   59
Erforschung seiner Entstehung zu erschließen (*Windthorst*, § 2 Rn. 40).

Beispielsfall: Im Zusammenhang mit der verfassungsrechtlichen Überprüfung des Staatshaftungsgesetzes vom 26.6.1981 kam es u. a. auf die Frage der Gesetzgebungszuständigkeit des Bundes an. – Das *BVerfG* hat entschieden, daß sich eine derartige Zuständigkeit auch nicht nach Art. 74 Nr. 1 GG ergibt, der eine Zuständigkeit zur konkurrierenden Gesetzgebung für das Gebiet des Bürgerlichen Rechts enthält. Das *BVerfG* ging auf die Bedeutung des Begriffes „Bürgerliches Recht" in der Weimarer Reichsverfassung und der Verfassung des Deutschen Reiches von 1871 ein. Daran anschließend hielt es fest, daß die stetige Verwendung und beinahe wörtliche Übernahme des Begriffes „Bürgerliches Recht" in den Kompetenzordnungen der neueren Deutschen Verfassungsgeschichte einen Fingerzeig gebe, daß dieser Begriff grundsätzlich in demselben Sinne wie früher verstanden werden sollte. Bei der Bestimmung von Inhalt und Umfang der Materie im Sinne des Art. 74 Nr. 1 GG komme daher neben dem Grundsatz des Art. 30 GG, dem Merkmal des „Traditionellen" und „Herkömmlichen" wesentliche Bedeutung zu. Der historische Zusammenhang in der Deutschen Verfassungsentwicklung und Gesetzgebung sei zu beachten. Entstehungsgeschichte und Staatspraxis gewännen für die Auslegung besonderes Gewicht (*BVerfGE* 61, 149 – „historische Auslegung"; unbedingt auch unter dem Gesichtspunkt der Staatshaftung lesen!).

d) Die **genetische Auslegung** knüpft am „Willen des Gesetzgebers" an. Maßgeb-   60
lich für die Erschließung des Sinnes eines Gesetzes sind hiernach die Motive und die bei seiner Vorbereitung und Beratung geäußerten Meinungen und Absichten. Allerdings ist zu beachten, daß sich Gesetze in geänderten gesellschaftlichen Verhältnissen bewähren müssen und daß sich der abstrahierte Gehalt der Gesetze, wie er sich aus anderen Auslegungsgrundsätzen ergibt, durchaus von dem historischen Willen des Gesetzgebers entfernen kann (*Sachs*, DVBl. 1984, 73; W/B/S I, § 28 Rn. 60).

61 e) Die wichtigste Auslegungsmethode ist die *teleologische Interpretation* eines Rechtssatzes. Diese Auslegungsmethode befaßt sich mit dem „objektivierten Willen des Gesetzes". Die Methode will die im Rechtssatz niedergelegte Interessenbewertung erschließen (Normzweck). Angesichts der Tatsache, daß in modernen Gesetzen, insbesondere in verwaltungsrechtlichen Gesetzen, der Zweck des Gesetzes in den Eingangsvorschriften näher beschrieben wird, kommt dieser Auslegungsmethode wachsende praktische Relevanz zu (*Windthorst*, § 2 Rn. 38).

Beispielsfall: Gegen F wurde von der zuständigen Oberfinanzdirektion wegen einer Devisenzuwiderhandlung ein Bußgeld festgesetzt. Nachdem neue Tatsachen aufgetaucht waren, erstrebte F die Aufhebung des Bußgeldbescheides. Der Bund lehnte den Antrag ab, weil die beigebrachten Tatsachen eine günstigere Entscheidung nicht rechtfertigen könnten. – Das *BVerfG* gab F Recht. Nach der damals gültigen Bestimmung des § 66 I OWiG konnte der Bußgeldbescheid bei Auftreten neuer Tatsachen abgeändert werden. Das *BVerfG* entnahm § 66 I OWiG keine Ermessensregelung, sondern lediglich die Befugnis (Kompetenz) der Verwaltungsbehörde zur Abänderung des Bußgeldbescheides. Aus der Gesamtsicht des GG vom Verhältnis des einzelnen zum Staat folge, daß im Zweifel diejenige Interpretation eines Gesetzes den Vorzug verdiene, die dem Bürger einen Rechtsanspruch einräume (*BVerfG*, DVBl. 1963, 362 – „*Teleologische Auslegung*").

62 f) Ein Überblick über die Auslegungsmethoden zeigt, daß sie an unterschiedlichen Aspekten anknüpfen, um den Sinn eines Rechtssatzes zu erschließen. Es ist von daher sachgerecht, die verschiedenen Auslegungsmethoden parallel heranzuziehen, um gegebenenfalls auf der Grundlage der Abwägung der einzelnen Ergebnisse den tatsächlichen Gehalt des Rechtssatzes feststellen zu können (*W/B/S* I, § 28 Rn. 62, insb. zur topischen Auslegungsmethode).

3. Lückenergänzung

63 Die Rechtsnormergänzung ist strikt von der Auslegung zu trennen. Raum für rechtsnormergänzende Feststellungen besteht erst dann, wenn die allgemeinen Auslegungsmethoden erschöpft sind, ohne daß ein Regelungsgehalt erschlossen werden konnte. Lückenhafte Rechtsnormen können nach den einschlägigen Schlußverfahren ergänzt werden, sofern es sich um planwidrige Unvollständigkeiten der Rechtsnormen handelt, etwa weil der Gesetzgeber eine Regelungsnotwendigkeit übersehen hat. Bewußte Lücken sind hinzunehmen; sie dürfen nicht im Wege der Schlußverfahren geschlossen werden.

64 Zur Lückenergänzung werden insbesondere folgende Verfahren angewandt:

- ❏ **Analogie:** Von einem Sachverhalt mit einer bestimmten Rechtsfolge ausgehend wird geschlossen, daß ein vergleichbarer Sachverhalt dieselbe Rechtsfolge nach sich zieht (Achtung wegen Gesetzesvorbehalt!).
- ❏ **Argumentum e contrario:** Dieses Verfahren geht vom Umkehrschluß aus. Ein gegensätzlicher Sachverhalt kann nicht die gleiche Rechtsfolge haben.

❑ **A majore ad minus:** Diesem Verfahren liegt der Gedanke zugrunde, daß von allgemeinen Regeln auch auf vergleichbare Rechtsfolgen bei von ihnen erfaßten besonderen Fällen geschlossen werden kann.

❑ **A fortiori:** Der „Erstrechtschluß" geht davon aus, daß, wenn schon auf einen Sachverhalt mit geringeren Anforderungen eine bestimmte Rechtsfolge zur Geltung gebracht wird, dies erst recht für einen Sachverhalt gilt, der mehr vergleichbare Voraussetzungen aufweist.

E. Wiederholung

I. Zusammenfassung

❑ Die Rechtsquellenlehre befaßt sich mit den Rechtsgrundlagen, die die öffentliche Verwaltung zum Handeln berechtigen und sie bei ihrem Handeln rechtlich binden. Die Rechtsquellenlehre stellt außerdem Regeln auf, die eine sinnvolle Zuordnung der verschiedenen Rechtssätze im Sinne der Einheit der Rechtsordnung ermöglicht.

❑ Rechtsquellen sind Festlegungen, aus denen das geltende Recht entnommen werden kann. Überwiegend wird der Begriff der Rechtsquelle auf das sog. Außenrecht begrenzt.

❑ Auf eine Rechtsfrage darf eine Rechtsordnung nur eine richtige Antwort bereithalten, weil sie anderenfalls weder Rechtssicherheit noch Rechtsfrieden gewährleisten könnte. Widersprüche zwischen Rechtssätzen verschiedener Rechtsquellen werden dadurch aufgelöst, daß die Rechtsquellen untereinander in eine Rangordnung gebracht werden, wobei der höherstufigen Rechtsquelle gegenüber der niedriger eingestuften Rechtsquelle Vorrang eingeräumt wird.

❑ Die Anwendung eines Rechtssatzes bedeutet Rechtsfindung zur Lösung eines konkreten Interessenwiderstreits. Sie vollzieht sich in drei Schritten, nämlich in der Feststellung des maßgeblichen Lebenssachverhaltes, in der Feststellung des Inhalts der zur Anwendung kommenden Rechtssätze und in der Feststellung der Rechtsfolge, die sich aus der Subsumtion des Sachverhaltes unter die maßgeblichen Rechtssätze ergibt.

II. Fragen

1. Was versteht man unter Innen- und Außenrecht? Nenne Rechtsquellen des Außenrechts.

2. Was versteht man unter Geltungsvorrang und was unter Anwendungsvorrang? Beispiele!

3. Wie ist das Gewohnheitsrecht in die Rangordnung der Rechtsquellen einzuordnen?

4. Nenne vier Auslegungsmethoden zur Erschließung des Inhalts von Rechtssätzen.

III. Lösungen

1. Außenrecht betrifft die Rechtsbeziehungen zwischen dem Staat einerseits und den Bürgern und sonstigen Rechtspersonen andererseits aber auch zwischen Verwaltungsträgern. Innenrecht betrifft dagegen die Regelung der Beziehungen innerhalb eines Verwaltungsträgers. Die Unterscheidung von Außenrecht und Innenrecht geht vor allem auf die Verfassungsdogmatik des 19. Jahrhunderts zurück. Nach wie vor werden von der h. M. nur Außenrechtssätze als Rechtsquellen anerkannt. Diese Auffassung wird in der Lit. zunehmend unter Hinweis auf die durch das Grundgesetz geprägte Verfassungslage, insbesondere den Gesetzesvorbehalt, kritisiert. Die Unterscheidung hat Bedeutung für die Einordnung der Verwaltungsvorschriften in die Rechtsquellen.

2. Die Begriffe haben Bedeutung im Zusammenhang mit der Rangordnung von Rechtsquellen. **Geltungsvorrang** bedeutet, daß die gegen das höherrangige Recht verstoßende niederrangigere Rechtsnorm nichtig ist. Die höherrangige Rechtsnorm hat Geltungsanspruch. **Anwendungsvorrang** beantwortet die Frage, welche Norm welcher Hierachie vorrangig anzuwenden ist. Regelt sich das Normverhältnis ausschließlich nach diesem Prinzip, so bedeutet dies, daß eine nachrangige Rechtsvorschrift trotz abweichenden Inhalts von einer höherrangigen Rechtsvorschrift wirksam ist. Das höherrangige Recht hat Anwendungsvorrang; die nachrangige Vorschrift ist bei widersprechendem Inhalt im Einzelfall unanwendbar. Dieses Prinzip gilt insbesondere im Verhältnis zwischen europäischem Gemeinschaftsrecht und innerstaatlichem Recht.

3. Gewohnheitsrecht kann auf jeder Rangstufe entstehen. Man spricht im Rang der Verfassung von Verfassungsgewohnheitsrecht, im Rang von Satzungen von Observanz. Gewohnheitsrecht auf der Rangstufe der Rechtsverordnung ist nicht denkbar. Entsprechend der jeweiligen Zuordnung bestimmt sich auch in Kollisionsfällen der Vorrang des Gewohnheitsrechts gegenüber anderen Rechtsquellen. So kann Verfassungsgewohnheitsrecht nicht durch formelle Gesetze beseitigt oder beschränkt werden.

4. Durch die Methoden der Auslegung soll der unklare Sinn von Rechtssätzen ermittelt werden. Die Auslegungsmethoden können parallel verwendet werden, da sie unterschiedliche Aspekte betreffen. Auslegungsmethoden in diesem Sinne sind die grammatikalische Auslegung, die am Wortlaut anknüpft, die systematische Auslegung, die an den systematischen Zusammenhang in dem der Rechtssatz steht, anknüpft, die genetische Ausleung, die vom Willen des historischen Gesetzgebers ausgeht, also die Motive des Gesetzes zu seiner Interpretation heranzieht und schließlich die teleologische Auslegung, die ausgehend von der Bewertung der beteiligten Interessen den objektiven Willen des Gesetzes erschließen will.

§ 5. Gesetzmäßigkeit der Verwaltung

Literatur: *Achterberg*, Kriterien des Gesetzesbegriffes unter dem Grundgesetz, DÖV 1973, 289; *Arndt*, Die Bindungswirkung des Grundgesetzes, BB 1960, 993; *Bachof*, Kritische Bemerkungen zur Methodenkritik, DÖV 1962, 659; *Beckmann*, Die gerichtliche Überprüfung von Verwaltungsvorschriften im Wege der verwaltungsgerichtlichen Normenkontrolle, DVBl. 1987, 611; *Di Fabio*, Verwaltungsvorschriften als ausgeübte Beurteilungsermächtigung, DVBl. 1992, 1338; *Friauf*, Bemerkungen zur verfassungsrechtlichen Problematik des Subventionswesens, DVBl. 1966, 729; *Gusy*, Der Vorrang des Gesetzes, JuS 1983, 189; *Häberle*, VVDStRL 30, 43; *Hall*, Prüfung von Gesetzen auf Verfassungsmäßigkeit, DÖV 1965, 253; Hill, Normkonkretisierende Verwaltungsvorschriften, NVwZ 1989, 401; *Jesch*, Gesetz und Verwaltung, 1961; *Kiepe*, Entwicklungen beim besonderen Gewaltverhältnis und beim Vorbehalt des Gesetzes, DÖV 1979, 399; *Kisker*, Neue Aspekte im Streit um den Vorbehalt des Gesetzes, NJW 1977, 1313; *Kloepfer*, Der Vorbehalt des Gesetzes im Wandel, JZ 1984, 685; *Lüers*, Baurechtliche Instrumente des Hochwasserschutzes, UPR 1996, 241; *Menger*, Höchstrichterliche Rechtsprechung zum Verwaltungsrecht, VerwArch. Bd. 52 (1961), 305; *Ossenbühl*, Verwaltungsvorschriften und Grundgesetz, 1968; *ders.*, Die Verwaltungsvorschriften in der verwaltungsgerichtlichen Praxis, AöR Bd. 92 (1967), 1; *Pietzcker*, Vorrang und Vorbehalt des Gesetzes, JuS 1979, 710; *Rönitz*, Nochmals: Die Aussetzung der Vollziehung von Steuerbescheiden bei verfassungsrechtlich zweifelhaften Steuergesetzen, NJW 1960, 226; *Ronellenfitsch*, Das besondere Gewaltverhältnis – ein zu früh totgesagtes Rechtsinstitut, DÖV 1981, 933; *ders.*, Das besondere Gewaltverhältnis im Verwaltungsrecht, DÖV 1984, 781; *Scholz*, Technisierung der Verwaltung – Steuerungs- und Kontrollproblem für den demokratischen Rechtsstaat, BayVBl. 1981, 193; *Selmer*, Der Vorbehalt des Gesetzes, JuS 1968, 489; *Windthorst*, Verfassungsrecht I, 1994 (zit.: *Windthorst*); *Wolf*, Die Kompetenz der Verwaltung zur „Normsetzung" durch Verwaltungsvorschriften, DÖV 1992, 849.

A. Allgemeines

Nach Art. 20 III GG sind die vollziehende Gewalt und die Rechtsprechung an 1 „Gesetz und Recht" gebunden. Der darin zum Ausdruck kommende Grundsatz der Gesetzmäßigkeit staatlichen Handelns ist ein Grundprinzip der grundgesetzlichen Verfassungsordnung (*Pietzcker*, JuS 1979, 710; *Gusy*, JuS 1983, 189; zur Bedeutung des Demokratieprinzips und der Grundrechte als Begründungszusammenhang vgl. § 5 Rn. 15). In der historischen Entwicklung ist das strikte Gesetzmäßigkeitsprinzip staatlichen Handelns Ergebnis der „Durchnormierung der Exekutive" (*Stern*, StaatsR I, § 20 IV 4). Im konstitutionellen Staat des 19. Jahrhunderts ging es darum, die Macht des Monarchen und seiner Exekutive durch gesetzliche Regelungen zu binden. Der Monarch und seine Exekutive waren bis dahin grundsätzlich als in ihrer Betätigungsfreiheit unbeschränkt angesehen worden. Die Gesetze führten zu einer **Bindung absolutistischer Macht** (vgl.

dazu auch *Renck*, JuS 1965, 132). Gleichwohl kann das Verhältnis zwischen Gesetz und Verwaltung im konstitutionellen Staat nicht so verstanden werden, daß die Exekutive zur Gesetzesausführung auch verpflichtet gewesen wäre. Die Gesetze hatten vielmehr den Sinn, die Handlungsmöglichkeiten des Monarchen und seiner Exekutive zu beschränken (*Selmer*, JuS 1968, 489; *Gusy*, JuS 1983, 189). Für die Reichweite der Gesetzesbindung der vollziehenden Gewalt prägte *Otto Mayer* die Begriffe vom „Vorrang" und „Vorbehalt" des Gesetzes (VerwR., S. 58).

> **Merke:** Die **Gesetzmäßigkeit der Verwaltung** umfaßt den Vorrang und den Vorbehalt des Gesetzes.

B. Grundsatz des Vorrangs des Gesetzes

I. Inhalt

2 Der **Vorrang des Gesetzes** bedeutet, daß der in Form des Gesetzes geäußerte Staatswille rechtlich jeder anderen staatlichen Willensäußerung, also insbesondere den Akten der Verwaltung, vorgeht (*Stern*, StaatsR I, § 20 IV; *Maurer*, Allg. VerwR, § 6 Rn. 2). Die Verwaltung darf keine Maßnahmen treffen, die einem Gesetz widersprechen. Die Bindung des Gesetzgebers an die Normen des GG kann man Art. 20 III Hs. 1 GG, die der Verwaltung an formelles Bundesrecht Art. 20 III Hs. 2 GG entnehmen (*Windthorst*, § 1 Rn. 37 ff.).

3 Zunächst enthält der Gesetzesvorrang ein **Anwendungsgebot** (*Erichsen*, § 5 Rn. 7). Das heißt, die Verwaltung ist verpflichtet, sobald ein Sachverhalt von einem Gesetzestatbestand erfaßt wird, diesen zur Anwendung zu bringen und die in ihm enthaltenen Rechtsfolgen durchzusetzen.

Das Gebot, die Gesetze anzuwenden, wird ergänzt durch das Abweichungsverbot (*Stern*, StaatsR I, § 20 IV; *Gusy*, JuS 1983, 191). Das **Abweichungsverbot** stellt sicher, daß die Verwaltung nicht gegen Gesetze verstößt. Die Verwaltung muß so tätig werden, daß sie den gesetzlichen Anforderungen tatsächlich entspricht. Im Rahmen der Gesetzesbindung verbleibt der Verwaltung aber eine gewisse Handlungsfreiheit, weil viele Gesetze nur einen Rahmen für das Verwaltungshandeln vorgeben, innerhalb dessen die Verwaltung grundsätzlich frei entscheiden kann (*Schweickhardt*, Rn. 230).

4 Der Grundsatz des Vorrangs des Gesetzes ist in seiner Geltung kaum umstritten. Er gilt grundsätzlich für jede Verwaltungtätigkeit, sei sie eingreifend oder begünstigend, seien es Rechtsakte oder Realakte, seien es Innen- oder Außenrechtssätze (*Erichsen*, § 3 Rn. 58; zur Bindung der Verwaltung bei privatrechtlicher Tätigkeit vgl. § 3 Rn. 23).

Beispielsfall: S, der eine Freiheitsstrafe verbüßt, rief gegen eine Maßnahme der Vollzugsbehörde das für Entscheidungen nach §§ 23 I 2, 25 EGGVG zuständige

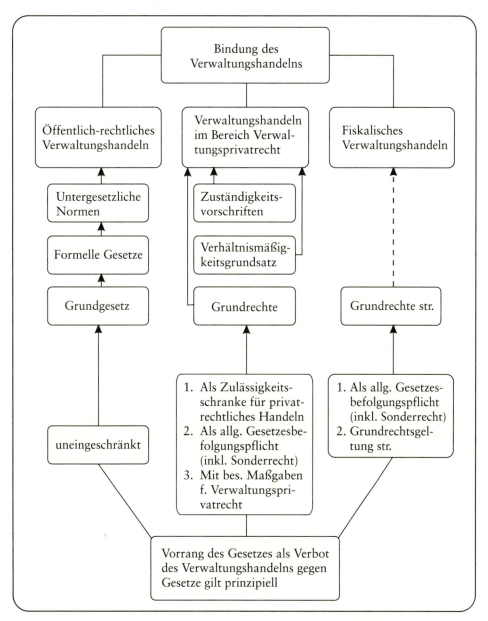

OLG an. Dieses verwarf den Antrag auf gerichtliche Entscheidung mit der Begründung, das durch Verwaltungsvorschrift der obersten Landesbehörde einge-
führte Vorschaltverfahren sei von S nicht eingehalten worden. S erhob Verfassungsbeschwerde. – Das *BVerfG* hielt fest, daß S weder in seinen Rechten aus
Art. 19 IV GG noch aus Art. 103 I GG verletzt werde, noch verstoße die Entscheidung gegen das in Art. 20 III GG verankerte Rechtsstaatsprinzip. Grund-
rechtseingriffe könnten vorliegen, wenn die Regelung des Vorschaltverfahrens
durch förmliches Gesetz oder durch Rechtsverordnung verfassungsrechtlich ge-

boten gewesen wäre. Ein solches „Gesetzesgebot" konnte das *BVerfG* indessen weder aus dem Grundsatz des Vorranges noch des „allgemeinen" Vorbehalts des Gesetzes noch unmittelbar aus den Grundrechten entnehmen. Nach dem Grundsatz des Gesetzesvorranges könne ein Gesetz nicht durch eine allgemeine Verwaltungsvorschrift oder durch eine niederrangigere Rechtsnorm außer Kraft gesetzt oder abgeändert werden. Diese dem Gesetz kraft Verfassungsrechts innewohnende Eigenschaft, staatliche Willensäußerungen niedrigeren Ranges rechtlich zu hindern oder zu zerstören, könne sich aber naturgemäß nur auswirken, wo ein Widerspruch zwischen dem Gesetz und der Willensäußerung niedrigeren Ranges bestehe. Halte sich jedoch, wie im vorliegenden Fall, die Verwaltungsvorschrift wegen Art. 24 II EGGVG an die gesetzlichen Vorgaben, so scheitere sie jedenfalls nicht am Grundsatz des Vorranges des Gesetzes. Auch der Vorbehaltsgrundsatz sei gewahrt, weil sich die Verwaltungsvorschrift nur auf Regelungsgegenstände von untergeordneter Bedeutung beziehe. (*BVerfG*, NJW 1976, 34 – „*Gesetzesvorrang*", abw. Sondervotum *Seuffert*).

II. Rechtsfolgen des Vorrangverstoßes

1. Verstoß gegen vorrangiges Gesetz

5 Während der Gesetzgeber beim Verstoß gegen Verfassungsbestimmungen nach h. M. nur nichtiges Recht erzeugt, führt ein Verstoß der Verwaltung gegen den Gesetzesvorrang, also die Nichtbeachtung bzw. falsche Anwendung eines Gesetzes, zu differenzierteren Rechtsfolgen:

6 Soweit die Verwaltung selbst rechtsetzend tätig geworden ist, führt ein Verstoß gegen das Vorrangprinzip, also gegen höherrangiges Recht, grundsätzlich zur Nichtigkeit der materiellen Rechtsnormen. Dies gilt für rechtswidrige Rechtsverordnungen uneingeschränkt (*Maurer*, Allg. VerwR, § 13 Rn. 15); für rechtswidrige Satzungen ist die Nichtigkeitsfolge durch **gesetzliche** Regelungen teilweise eingeschränkt (vgl. dazu § 4 Rn. 52).

7 Rechtswidrige Verwaltungsakte sind dagegen i. d. R. nicht nichtig, sondern grundsätzlich nur anfechtbar. Für rechtswidrige Verwaltungsverträge gilt § 59 VwVfG. § 59 VwVfG enthält eine einfachgesetzliche und eigenständige Ausgestaltung des Prinzips der Gesetzmäßigkeit der Verwaltung im Verwaltungsrecht (zur Nichtigkeit von Verwaltungsakten vgl. § 44 VwVfG; zum verwaltungsrechtlichen Vertrag *Stelkens*, VwVfG, § 59 Rn. 1).

2. Normenkontrolle durch die Verwaltung

8 Die Normenkontrolle durch die Verwaltung betrifft die **Prüfungskompetenz** und die **Verwerfungskompetenz** (vgl. § 4 Rn. 50). Zu den Befugnissen der Verwaltung werden unterschiedliche Auffassungen vertreten:

9 a) Die „**Nichtprüfungskompetenz-Theorie**" geht von der These aus, daß im parlamentarisch-demokratischen Rechtsstaat die gesetzgebenden Organe die verfassungsmäßigen Grundrechte der Bürger zu achten gewillt sind, und daß

deshalb ein ordnungsgemäß erlassenes und verkündetes Gesetz die Vermutung der Verfassungsmäßigkeit für sich hat. Das Gesetz sei jedenfalls bis zu einer gegenteiligen Entscheidung des BVerfG für die rechtsanwendende Verwaltung verbindlich. Eine Prüfungskompetenz der Verwaltung entmachte die Legislative und enthalte die Gefahr der Lahmlegung der Exekutive (*BFHE* 66, 497; 68, 451 ff.; *Rönitz*, NJW 1960, 226).

b) Die sog. „**Aussetzungstheorie**" räumt der Verwaltung zwar eine Prüfungskompetenz ein, gesteht ihr aber keine Verwerfungskompetenz zu (*M/D*, Art. 20 Rn. 30; *Menger*, VerwArch. Bd. 52 (1961), 305).   10

c) Schließlich geht die sog. „**Verwerfungskompetenz-Theorie**" davon aus, daß die   11 Verwaltung einem von ihr als verfassungswidrig festgestellten Gesetz den Gesetzesgehorsam verweigern könne. Gestützt wird dies u. a. auf § 61 BBG, wonach der Beamte einen Eid zu leisten habe, daß er Verfassung und Gesetze befolgen und verteidigen werde. Allerdings wird innerhalb dieser Theorie überwiegend vertreten, die Verwerfungskompetenz stehe lediglich der Regierung zu, während der einzelne Verwaltungsbeamte nur vorläufige Maßnahmen treffen dürfe (*Arndt*, BB 1960, 993; vgl. dazu auch *Bachof*, DÖV 1962, 659).

d) Die h. M. lehnt eine Verwerfungskompetenz der Verwaltung nach wie vor zu Recht ab. Dabei wird zunächst auf einen „Erst-Recht-Schluß" aus Art. 100 I GG verwiesen: Wenn schon die Gerichte die Verfassungswidrigkeit eines Gesetzes nicht von sich aus feststellen dürften, komme diese Befugnis erst recht nicht der Verwaltung zu. Aus der Kompetenzverteilung des GG folge im Regel-

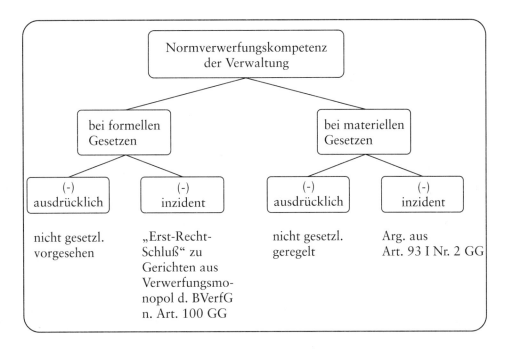

fall auch eine Bindung der Verwaltung an das für rechtswidrig gehaltene Gesetz. Sofern die Exekutive ein derartiges Gesetz nicht anwenden wolle, bleibe ihr nur der Weg über ein Vorgehen der Regierung nach Art. 93 I Nr. 2 GG. Im übrigen dürfe sich die Verwaltung nicht zum, wenn auch nur vorläufigen Richter, über das Parlament aufschwingen (*Windthorst*, § 1 Rn. 39).

3. Geltendmachung des Verstoßes

12 a) Der gegen höherrangiges Recht verstoßende Verwaltungsakt ist rechtswidrig. Trotz Rechtswidrigkeit bleibt er gültig, solange kein Anfechtungsbefugter ihn angegriffen hat. Die Rechtswirkung des Verwaltungsakts entfällt erst dann, wenn der Verwaltungsakt von der erlassenden Behörde, der Widerspruchsbehörde oder einem Gericht aufgehoben worden ist.

b) Rechtswidrige Rechtsnormen sind dagegen nach h. M. ipso iure nichtig. Ob und in welchem Umfang eine Behörde berechtigt ist, die nichtige Norm nicht zu beachten, folgt daraus, welcher Auffassung man zur Prüfungs- und Verwerfungskompetenz der Verwaltung folgt.

C. Grundsatz des Vorbehalts des Gesetzes

I. Inhalt

13 Neben dem Vorrangprinzip enthält der Grundsatz der Gesetzmäßigkeit der Verwaltung das sog. Vorbehaltsprinzip.

1. Begriff

14 Nach dem Grundsatz des **Vorbehalts des Gesetzes** darf die Verwaltung nur tätig werden, wenn sie hierzu durch Gesetz ermächtigt worden ist (*Maurer*, Allg. VerwR, § 6 Rn. 3; *Pietzcker*, JuS 1979, 711). Während das Vorrangprinzip die Bindung an Gesetze festschreibt, also den Verstoß gegen bestehende Gesetze verbietet, bezieht sich das Vorbehaltsprinzip auf die Frage, ob und in welchem Umfang die Verwaltung eine gesetzliche Grundlage für ihr Handeln benötigt.

Beispielsfall: Der Bund förderte kleine und mittlere Presseunternehmen aus dem ERP-Sondervermögen. Die Darlehen wurden nach Richtlinien des zuständigen Bundesministers vergeben. Der Darlehensantrag des Unternehmens U wurde abgelehnt, weil U kein Zeitungsverlag mittlerer Größe sei. – Das *VG Berlin* hat die Verpflichtungsklage des U abgewiesen. Der Rechtsweg und die Verpflichtungsklage seien zwar zulässig, weil der Auszahlung des Darlehens ein Verwaltungsakt in Gestalt der Bewilligung vorausgehe. Die Klage sei jedoch nicht begründet. Die Presse dürfe von Verfassungs wegen nur aufgrund eines Gesetzes subventioniert werden. Ein derartiges Gesetz sei im Land Berlin jedoch nicht vorhanden. Durch gezielte Subventionen greife der Staat gestaltend in die Wettbewerbslage der einzelnen Presseunternehmen ein. Die Verbesserung der Wettbewerbsfähigkeit begünstigter Unternehmen sei unlösbar verbunden mit einer Verschlechterung der Wettbewerbsfähigkeit der nicht geförderten Konkurrenzunternehmen. Die Gewährung von Kredithilfen erfordere zumindest im „Drittbelastungsfall" zwingend eine gesetzliche Grundlage. Offen blieb, ob diese Forderung aus dem allgemeinen Grundsatz der Gesetzmäßigkeit der Verwaltung abzuleiten sei, da es sich um eine gewährende Verwaltungsmaßnahme handelte. Jedenfalls folge der Vorbehalt des Gesetzes in der streitgegenständlichen Konstellation zwingend aus Art. 5 II GG. Diese Grundrechtsbestimmung setze voraus, daß Einschränkungen der Pressefreiheit nur durch Gesetz oder aufgrund eines Gesetzes erfolgen dürften. Angesichts der Wettbewerbsnachteile der nicht geförderten Presseunternehmern komme deshalb jedenfalls dieser grundgesetzliche Gesetzesvorbehalt zum Tragen (*VG Berlin*, DÖV 1974, 100 – „*Gesetzesvorbehalt*").

> **Merke:** Fehlt eine gesetzliche Grundlage, so schließt nicht das Vorrangprinzip ein Tätigwerden der Verwaltung aus, sondern das Vorbehaltsprinzip.

2. Begründung des Vorbehaltsprinzipes

a) Historisch ist das Vorbehaltsprinzip unmittelbar im Zusammenhang mit der Begrenzung der Machtbefugnisse des Monarchen und der Herausbildung einer konstitutiven Verfassungsordnung zu sehen. Im Laufe des 19. Jahrhunderts hat sich der Grundsatz durchgesetzt, daß die Verwaltung in „Freiheit und Eigentum" des Bürgers nur eingreifen darf, wenn ein Gesetz sie dazu ermächtigt. Damit waren der im übrigen frei handelnden Verwaltung solche Maßnahmen ohne gesetzliche Ermächtigung untersagt. Die aktuelle Diskussion um die Begründung und Erweiterung des Gesetzesvorbehalts hat diesen historischen Ausgangspunkt zu berücksichtigen, ist aber nach dem verfassungsrechtlichen Strukturzusammenhang des GG für das heutige Handeln der Verwaltung zu entscheiden (*Renck*, JuS 1965, 129 – „*Der König ist tot*"). **15**

b) Zum Teil wird in der Lit. die Auffassung vertreten, unter der Geltung des GG sei der allgemeine Gesetzesvorbehalt in den grundrechtlichen Gesetzesvorbehalten aufgegangen (*Vogel*, VVDStRL 24 1966, 151). Die Auflösung des allgemeinen Gesetzesvorbehalts in einen grundrechtlichen Gesetzesvorbehalt begegnet zunächst deshalb Bedenken, weil die einzelnen Grundrechte unterschiedliche Eingriffsvorbehalte aufweisen. Im übrigen bereitet es angesichts des Abwehrcharakters der Grundrechte erhebliche Probleme, das Vorbehaltsprinzip außerhalb von Eingriffen in die Grundrechtssphäre zu begründen. Festzuhalten ist, daß der allgemeine Gesetzesvorbehalt vom grundgesetzlichen Gesetzesvorbehalt auch nach seiner Reichweite zu unterscheiden ist (*Windthorst*, § 9 Rn. 28; vgl. auch § 5 Rn. 14). **16**

Das *BVerfG* hat zur Begründung des Vorbehalts wiederholt auf Art. 20 III GG und das dort verankerte Rechtsstaatsprinzip abgehoben. Das Rechtsstaatsprinzip gebiete, daß der Gesetzgeber die der staatlichen Eingriffsmöglichkeit **17** offenliegende private Rechtssphäre selbst abgrenzen müsse und dies nicht dem Ermessen der Verwaltungsbehörden überlassen dürfe (*BVerfGE* 8, 76). Für Eingriffe reiche nicht eine beliebige gesetzliche Ermächtigung aus, sondern sie müsse nach Inhalt, Gegenstand, Zweck und Ausmaß hinreichend bestimmt und begrenzt sein, so daß die Eingriffe meßbar und in gewissem Umfang für den Staatsbürger voraussehbar und berechenbar würden (*BVerfGE* 8, 76; auch *BVerwGE* 4, 24; *OVG Hamburg*, DVBl. 1951, 48).

18   Zutreffend dürfte sich die verfassungsrechtliche Begründung des Gesetzesvorbehaltes aus dem **Demokratieprinzip,** dem **Rechtsstaatsprinzip** sowie aus den **Grundrechten** ableiten.

Aus dem Demokratieprinzip folgt, daß das vom Volk gewählte Parlament die wesentlichen Entscheidungen zur Ordnung des Gemeinwesens selbst treffen muß. Der Gesetzesvorbehalt sichert unter dem Demokratieprinzip auch die Ordnungspräferenz des demokratisch gewählten Parlaments.

Aus dem Rechtsstaatsprinzip folgt, daß das Verwaltungshandeln für den einzelnen vorhersehbar und meßbar sein muß. Das ist gemeint, wenn das *BVerfG* u. a. Bestimmtheit und Meßbarkeit des Eingriffs für das ermächtigende Gesetz fordert. Nach dem Rechtsstaatsprinzip tritt somit die vorherige abstrakte und generelle Festlegung staatlichen Handelns in den Vordergrund mit dem Ziel, Mißbrauch und Willkür auszuschließen und das Handeln der Verwaltung vorhersehbar zu machen (*Pietzcker,* JuS 1979, 713).

Die Grundrechte schützen Freiheit und Eigentum des einzelnen umfassend. Sie können nur durch Gesetz oder aufgrund von Gesetzen beschränkt werden. Der „grundrechtliche Gesetzesvorbehalt" darf zwar nicht mit dem Vorbehaltsprinzip allgemein gleichgesetzt werden. Auf der anderen Seite ist aber nicht verkennbar, daß die rechtsstaatlich-demokratische Komponente durch den grundrechtlichen Gesetzesvorbehalt inhaltlich aufgeladen wird (*Kloepfer,* JZ 1984, 687).

Der allgemeine Gesetzesvorbehalt verdichtet sich zum **Parlamentsvorbehalt,** wenn der **parlamentarische Gesetzgeber selbst regelnd** tätig werden muß und die Rechtssetzung nicht auf die Exekutive delegieren darf.

19 c) Die Frage, unter welchen Voraussetzungen der Gesetzgeber selbst gehalten ist (**Parlamentsvorbehalt**), Angelegenheiten durch förmliches Gesetz zu regeln, wird sehr stark unter dem Aspekt des Demokratieprinzips diskutiert. Das *BVerfG* sieht eine Handlungsverpflichtung durch förmliches Gesetz unmittelbar für alle grundsätzlichen Fragen, die den Bürger oder die Allgemeinheit betreffen (*BVerfGE* 34, 165). Die vom BVerfG begründete sog. „Wesentlichkeitstheorie" macht die Verpflichtung des parlamentarischen Gesetzgebers, Angelegenheiten durch förmliches Gesetz selbst zu regeln, von der Bedeutung und dem Gewicht der Angelegenheit für den einzelnen oder die Allgemeinheit abhängig.

Neuerdings scheint sich indessen eine Entwicklung abzuzeichnen, daß das *BVerfG* den Parlamentsvorbehalt wieder relativieren will (*BVerfGE* 49, 89). In dieser Entscheidung stellt das *BVerfG* zum einen auf die verfassungsrechtliche Kompetenzzuordnung der verschiedenen Verfassungsorgane ab, zum anderen macht es auf die demokratische Legitimation auch der Exekutive aufmerksam. Die verfassungsgebende Gewalt habe in Art. 20 II und III GG auch die Exekutive als verfassungsunmittelbare Institution und Funktion geschaffen. Aus dem Verfahren zur Bestellung der Regierung folge zugleich eine mittelbare personelle demokratische Legitimation im Sinne des Art. 20 II GG.

Die Frage der Reichweite des Parlamentsvorbehaltes bedarf noch einer weiteren Klärung. Festzuhalten ist, daß es Angelegenheiten gibt, die nach der Verfassungsrechtsprechung zwingend vom parlamentarischen Gesetzgeber selbst einer Regelung zugeführt werden müssen. Nicht abschließend entschieden ist jedoch, in welchen Bereichen und mit welcher Regelungsintensität es zwingend eines förmlichen Gesetzes bedarf und was unter „wesentlichen" Entscheidungen zu verstehen ist (*Stern*, StaatsR II, § 37 I 4; *Maurer*, Allg. VerwR, § 6 Rn. 11; *Kisker*, NJW 1977, 1317).

> **Merke:** Gesetzesvorbehalt bedeutet, daß die Verwaltung eine normative Ermächtigung für ihr Handeln benötigt, sei es durch ein formelles Gesetz, sei es durch eine Rechtsverordnung aufgrund eines formellen Gesetzes oder durch eine gesetzlich legitimierte Satzung.

Nach gegenwärtigem Erkenntnisstand ergibt sich für den Gesetzesvorbehalt **20** eine Stufenfolge von „wesentlichen Angelegenheiten", die der Regelung in einem förmlichen Gesetz selbst bedürfen, von „Standardangelegenheiten", die auf den exekutivischen Gesetzgeber delegiert werden können bis zu „unwesentlichen" Angelegenheiten, die vom Gesetzesvorbehalt nicht erfaßt werden (*Maurer*, Allg. VerwR, § 6 Rn. 11).

II. Reichweite allgemein

Bis Ende der 60er Jahre hat die höchstrichterliche Rspr. im wesentlichen an dem **21** herkömmlichen Vorbehalt festgehalten, der sich auf Eingriffe in Freiheit und Eigentum beschränkte. In der Folge hat die Rspr. insb. auch unter dem Einfluß der Kritik aus der Literatur die Reichweite des Gesetzesvorbehalts überprüft und ausgedehnt. Im Mittelpunkt standen vor allem drei Bereiche, und zwar die Maßnahmen der Leistungsverwaltung, die „besonderen Gewaltverhältnisse" und die Verwaltungsvorschriften.

1. Eingriffsverwaltung

Der Gesetzesvorbehalt galt und gilt unstreitig für Eingriffe in Freiheit oder Eigen- **22** tum des einzelnen.

Beispielsfall: Beamter B schädigt grob fahrlässig während einer Dienstfahrt einen anderen Verkehrsteilnehmer. Das beklagte Land ersetzte den Drittschaden, ohne gegen B Rückgriff zu nehmen. Durch Leistungsbescheid der zuständigen Landesbehörde fordert L Schadenersatz für Reparaturkosten des landeseigenen Fahrzeuges, weil B grob fahrlässig gehandelt habe. – Die dagegen gerichtete Klage des B vor dem Verwaltungsgericht ist zulässig; im Streit steht ein Verwaltungsakt, womit der öffentlich-rechtliche Charakter der Streitigkeit gegeben ist. Fraglich ist jedoch im Rahmen der Begründetheit, ob L die Schadenersatzforderung gegenüber B durch Verwaltungsakt geltend machen durfte. Dies hängt davon ab, ob man es für ausreichend hält, daß der „durchzusetzende" Anspruch als solcher bereits gesetzlich geregelt ist und deshalb implizit auch die Befugnis einseitigen hoheitlichen Handelns einschließt, oder ob man in der Geltendmachung der Forderung durch Verwaltungsakt, also in der Art und Weise der Anspruchsdurchsetzung, einen eigenständigen Eingriff sieht. Das *BVerwG* stellt darauf ab, daß nach einem allgemeinen Rechtsgrundsatz des deutschen Verwaltungsrechts die Organe der vollziehenden Gewalt befugt seien, zur hoheitlichen Erfüllung ihrer Verwaltungsaufgaben Verwaltungsakte zu erlassen. Dies gelte grundsätzlich auch für die hoheitliche Heranziehung des einzelnen zu Leistungen. Soweit sich diese Befugnis nicht aus gesetzlichen Einzelvorschriften ergebe, beruhe sie auf Gewohnheitsrecht. Der Verwaltungsakt diene der demokratischen Verwaltung zur wirksamen Erfüllung ihrer wachsenden hoheitlichen Aufgaben ebenso wie dem Bedürfnis des betroffenen Bürgers nach Rechtssicherheit und Rechtsschutz. Die Befugnis der Behörden zum Handeln durch Verwaltungsakt entfalle nur dort, wo Gesetz oder besonderes Gewohnheitsrecht dies ausschließe. Das *BVerwG* begnügt sich also damit, daß der Anspruch als solcher gesetzlich geregelt ist, im vorliegenden Fall in einer Bestimmung des Beamtengesetzes des Landes (vgl. auch Parallelfall *BVerwGE* 18, 283 zu § 24 SG). Durch diese gesetzliche Regelung soll der einzelne bezüglich aller davon betroffenen Rechtsverhältnisse gleichsam gewaltunterworfen sein. Das Wesen dieses Gewaltverhältnisses ist nach Auffassung des *BVerwG* dadurch gekennzeichnet, daß die vollziehende Gewalt durch ihre Organe auch einseitig regelnd tätig werden darf (*BVerwGE* 19, 243 – *„Schadenshaftung"*; *BVerwGE* 18, 283 – *„Soldatenhaftung"*).

23   Im Schrifttum wird diese Rspr. angegriffen (*Renck*, JuS 1965, 129; *Bachof*, JZ 1966, 59). Im Ausgangspunkt wird dem *BVerwG* insoweit zugestimmt, daß die Frage, in welchen Fällen der Staat seine Rechtsbeziehungen gegenüber dem Bürger durch Verwaltungsakt regeln darf, auf der Grundlage des Gesetzmäßigkeitsprinzips entschieden werden müsse. Die Grundfrage geht dann dahin, ob das Prinzip des Gesetzesvorbehalts nur für das „Ob" des Handelns gilt oder auch das „Wie" des Verwaltungshandelns umfaßt. Der Entscheidung des *BVerwG* liegt letztlich die Überzeugung zugrunde, daß zum Wesen der öffentlichen Gewalt das auf Unterwerfung gerichtete Rechtsverhältnis gehört. Abgeleitet davon wird der Verwaltung die Befugnis zuerkannt, vorbehaltlich gerichtlicher Nachprüfung Verwaltungsakte zu erlassen. Die Argumentation aus dem der öffentlichen Ge-

walt impliziten allgemeinen Gewaltverhältnis ist indessen nicht nur eine petitio principii, sondern sie ist vor allem dem Verfassungsdenken des 19. Jahrhunderts verhaftet (*Renck*, JuS 1965, 132). Es ist nicht erkennbar, weshalb das Handeln der Verwaltung durch Verwaltungsakt im demokratischen Verfassungsstaat des GG mit einem gesteigerten Rechtsschutz auf seiten des betroffenen Bürgers verbunden sein soll. Die einseitige Befugnis zur Schaffung eines Vollstreckungstitels läßt das Gegenteil vermuten, insbesondere wenn man berücksichtigt, daß auch der rechtsfehlerhafte unanfechtbare Verwaltungsakt Vollstreckungsgrundlage sein kann. Die Exekutive beschränkt nicht nur den Freiheitsstatus des einzelnen, wenn sie von ihm eine Leistung fordert, sondern sie greift gerade durch die Handlungsform des Verwaltungsaktes in die Rechtssphäre des einzelnen ein. Deshalb hat die Handlungsform des Verwaltungsaktes schon wegen ihres Eingriffsgehalts unter Gesetzesvorbehalt zu stehen (ausführlich *Renck* JuS 1995, 129 m. w. N.). Schließlich begegnet auch die mit dieser Auffassung verbundene Meistbegünstigung Bedenken, die das *BVerwG* der Verwaltung offensichtlich zubilligt, nämlich, daß sie Ansprüche sowohl im Wege eines Leistungsbescheides als auch einer Leistungsklage geltend machen darf, wenn insoweit das Rechtsschutzbedürfnis zu bejahen ist.

Zwischenzeitlich hat das *BVerwG* ein Erstattungsverlangen durch Leistungsbescheid auch außerhalb besonderer Gewaltverhältnisse bejaht, wenn sich auch in diesem Fall die Vorbehaltsproblematik nicht so dezidiert stellte wie in den entschiedenen „Leistungsfällen". Diese Entscheidung betraf die Handlungsbefugnis durch **Verwaltungsakt** bei Rücknahme eines Bewilligungsbescheides, für dessen **Erlaß eine Ermächtigungsgrundlage** bestand. **24**

Beispielsfall: B erhält eine Wohnungsbeihilfe, die ihm aufgrund Bewilligungsbescheides ausgezahlt worden ist. Nachdem die zuständige Behörde festgestellt hatte, daß die Bewilligung zu Unrecht erfolgt ist, hat sie den Bewilligungsbescheid durch Verwaltungsakt zurückgenommen und auch die Geldleistung durch Verwaltungsakt zurückgefordert. – Zunächst weist das *BVerwG* darauf hin, daß ein Verwaltungsakt durch Verwaltungsakt zurückgenommen werden kann. Es sei gewohnheitsrechtlich allgemein anerkannt, daß die Rücknahme oder der Widerruf eines Verwaltungsaktes durch Verwaltungsakt erfolgen könne, und zwar auch, wenn dies mit belastenden Wirkungen verbunden ist. Wenn aber der begünstigende Bescheid durch Verwaltungsakt zurückgenommen werden könne, gelte das gleiche für die Rückforderung des aufgrund der Begünstigung Geleisteten, weil beide Ansprüche miteinander verzahnt seien. In diesem Falle bestehe auch keine besondere Belastung durch die Form der Rückforderung in Gestalt eines Verwaltungsaktes. Wenn nämlich die Rücknahme eines begünstigenden Verwaltungsaktes rechtswidrig sei, so müsse dieser Grundbescheid ohnehin angefochten werden. Deshalb sei nicht einzusehen, warum die Behörde nicht Rücknahme und Rückforderung in einem Verwaltungsakt solle verbinden können. Der Erstattungsanspruch stelle die Kehrseite des Leistungsanspruches dar. Aus dem Gewohnheitsrecht folge, daß im Verhältnis hohcitlicher Überordnung sich ergebende Rechtsfolgen durch Verwaltungsakt geltend gemacht werden könnten. Dem stehe nicht entgegen, daß durch öffentlich-rechtlichen Vertrag begründete Pflichten grundsätzlich nicht durch Verwaltungsakt durchgesetzt werden dürften (*BVerwG*, DÖV 1977, 606 – *„Erstattungsbescheid"*; beachte jetzt v. a. auch § 48 VwVfG).

2. Leistungsverwaltung

25 a) Umstritten ist, ob der Vorbehalt des Gesetzes auch und gegebenenfalls in welchem Umfang für die Leistungsverwaltung gilt oder darüber hinausgehend überhaupt sämtliche Verwaltungstätigkeit umfaßt.

26 b) Begründet man das Erfordernis des Gesetzesvorbehaltes vor allem mit dem Demokratieprinzip, so könnte es naheliegen, die Ausdehnung des Gesetzesvorbehaltes auf die gesamte Verwaltungstätigkeit zu fordern. Die Verwaltung soll ohne demokratische Legitimation durch ein parlamentarisches Gesetz nicht tätig werden dürfen. Der parlamentarische Gesetzgeber seinerseits wäre gehalten, sämtliche Verwaltungstätigkeit umfassend durch parlamentarische Gesetze, gegebenenfalls verbunden mit Delegationsermächtigungen, zu steuern (im Sinne eines Totalvorbehaltes, *Achterberg*, DÖV 1973, 295). Einen derartigen Totalvorbehalt kennt das österreichische Recht. In Art. 18 I des bis heute fortgeltenden österreichischen Bundesverfassungs-Gesetzes vom 1.10.1920 ist ausdrücklich geregelt, daß die gesamte staatliche Gewalt nur aufgrund der Gesetze ausgeübt werden darf (*Faber*, VerwR, § 13 IV). Das GG enthält eine derartige, auf einen Totalvorbehalt gerichtete Regelung nicht. Auf einfachgesetzlicher Grundlage gibt es den sozialrechtlichen Totalvorbehalt nach § 31 SGB AT. Nach dieser Vorschrift dürfen Rechte und Pflichten in den Sozialleistungsbereichen des Sozialgesetzbuches nur begründet, festgestellt, geändert oder aufgehoben werden, soweit ein Gesetz dieses vorschreibt oder zuläßt.

27 c) Ausgehend vom parlamentarisch-demokratischen Prinzip kommt *Maurer* über das Rechtsstaatsprinzip ebenfalls zu einem weitgehenden Gesetzesvorbehalt im Bereich der Leistungsverwaltung insb. für Subventionsleistungen (*Maurer*, Allg. VerwR, § 6 Rn. 13). Aus dem Rechtsstaatsprinzip folge, daß Leistungsgesetze die Vergabe von Leistungen bindend und für den einzelnen voraussehbar regeln müßten. Die Vorenthaltung einer staatlichen Leistung könne für den einzelnen unter Umständen nicht weniger gravierend sein, als ein Eingriff in Freiheit und Eigentum. Zum Teil wird ergänzend darauf hingewiesen, daß eine hinreichend scharfe Trennung zwischen leistender und eingreifender Verwaltungstätigkeit ohnehin nicht möglich sei. Für Fälle, in denen mit der Gewährung von Leistungen untrennbar eine Belastung des Leistungsempfängers oder eines Dritten verbunden sei, gelte der Vorbehalt des Gesetzes ohnehin einschränkungslos (*Jesch*, Gesetz und Verwaltung, 1961; *Friauf*, DVBl. 1966, 729).

d) Eine weitere Auffassung argumentiert aus dem grundrechtlichen Gesetzesvor- 28 behalt. Ausgangspunkt ist die Feststellung, daß die grundrechtlichen Freiheiten des einzelnen durch spezielle Schrankenvorbehalte geschützt sind. Diese Auffassung setzt jedoch voraus, daß man abweichend von der überwiegenden Auffassung in der Lit. und höchstrichterlichen Rspr. insb. des *BVerfG* in den Grundrechten nicht fast ausschließlich Abwehrrechte sieht, sondern den Grundrechten auch eine leistungsstaatliche Komponente entnimmt, die Leistungsansprüche vermittelt (*Häberle*, VVDStRL 30, 43). Vollzieht man diesen Schritt, so liegt die These nahe, daß der jeweilige grundrechtliche Gesetzesvorbehalt auch die leistungsstaatliche Seite erfaßt und eine gesetzliche Regelung der Leistungsgewährung erfordert. Genau besehen zeigt aber gerade der grundrechtlich fundierte Gesetzesvorbehalt, daß die grundrechtlichen Schrankenvorbehalte nach ihrer Konzeption auf den Schutz vor Eingriffen und nicht auf die Regelung von Leistungsgewährungen gerichtet sind. Die entscheidenden faktischen Grenzen staatlicher Leistungen liegen im übrigen nicht in einem aus den Grundrechten abgeleiteten theoretischen Regelungskonzept, sondern in der Knappheit der öffentlichen Mittel (*Faber*, VerwR, § 13 IV).

e) Die h. M. fordert einen **generellen Gesetzesvorbehalt nur für eingreifende** Akte 29 der **Verwaltung**. Dies gilt selbstverständlich auch, wenn Leistungsgewährungen gleichzeitig in Rechte Dritter eingreifen.

Beispielsfall: K ist ein der Osho-Bewegung angehöriger Meditationsverein; er wurde von der religiösen Vereinigung R wiederholt öffentlich angegriffen. R erhält vom Bund eine institutionelle und projektbezogene Förderung. Die Förderung wird aus einem Haushaltstitel gewährt, in dem R ausdrücklich auch als Förderungsempfänger genannt ist. K erhebt Feststellungsklage, daß die institutionelle und projektbezogene Förderung rechtswidrig sei. Er werde dadurch in seinem Grundrecht aus Art. 4 GG verletzt. – Eine Grundrechtsverletzung wäre gegeben, wenn die Förderung des K das Grundrecht des R aus Art. 4 GG verletzen würde. Im Zusammenhang mit dem Gesetzesvorbehalt führt das *BVerwG* aus, daß die Förderung des R in das Grundrecht von K aus Art. 4 GG eingreife, weil eine gesetzliche Grundlage fehle. Das Erfordernis der gesetzlichen Regelung der Förderung folge aus dem Rechtsstaatsprinzip in Verbindung mit den berührten Grundrechten. Die der Förderung zugrundeliegenden Ansätze im Bundeshaushaltsplan in Verbindung mit dem Haushaltsgesetz seien keine ausreichende Ermächtigungsgrundlage für Eingriffe in Grundrechte. Das *BVerwG* weist ausdrücklich darauf hin, daß es wiederholt entschieden habe, daß eine an Gesetz und Recht gebundene Verwaltung für geldliche Zuwendungen an Private nicht unter allen Umständen einer gesetzlichen Grundlage bedürfe. Diese Rechtsprechung beziehe sich jedoch nur auf den Normalfall der Subventionierung, nämlich auf Geldleistungen an Private, die keine besonderen Grundrechtsprobleme aufwerfe. Eingriffe in die **Grundrechtssphäre** von am Subventionsverhältnis **nicht beteiligten Dritten** seien aber

Eingriffe, die dem rechtsstaatlichen Gesetzesvorbehalt unterlägen (*BVerwG*, NJW 1992, 2496 – *„Drittwirkung von Subventionen"*).

30 f) Im übrigen hält die h. M. im Bereich der Subventionen Leistungen der Verwaltung für zulässig, ohne daß die Voraussetzungen oder das Verfahren der Leistungsgewährung gesetzlich geregelt sein müssen. Eine völlig ungebundene Leistungsgewährung wird indessen abgelehnt. Vielmehr bedarf es einer Legitimation des Verwaltungshandelns, die sich indessen aus jeder parlamentarischen Willensäußerung, insb. einem formellen Gesetz ergeben kann. Von daher wird das Haushaltsgesetz mit dem damit verbundenen Haushaltsplan als hinreichende Ermächtigungsgrundlage anerkannt (*BVerwG*, DVBl. 1978, 212; vgl. zur Bedeutung von Verwaltungsvorschriften in diesem Zusammenhang § 3 Rn. 51).

31 Für die h. M. spricht unter anderem, daß ein weitgehender Gesetzesvorbehalt im Bereich der Leistungsverwaltung zu einer deutlichen Einschränkung der Flexibilität staatlicher Leistungsgewährung führen würde. Der parlamentarische Gesetzgeber wäre nämlich gehalten, für die verschiedenen Förderungsbereiche jeweils gesetzliche Grundlagen zu schaffen. Über die damit verbundene Schwerfälligkeit des Verwaltungshandelns hinaus, würde ein derartig weitgehender Gesetzesvorbehalt den parlamentarischen Gesetzgeber auch quantitativ überfordern. Würde man zur Vermeidung eines Regelungsperfektionismus allgemeine gesetzliche Rahmenbedingungen ausreichend sein lassen, müßte erklärt werden, weshalb dann nicht auch das Haushaltsgesetz mit den zum Teil sehr eingehenden Zweckbestimmungen des Haushaltsplanes hinreichende gesetzliche Legitimierung sein kann. Dazu ist zu berücksichtigen, daß auch das *BVerfG* bereits auf die demokratische Legitimierung der vollziehenden Gewalt hingewiesen hat. Schließlich trifft es auch nicht zu, daß ohne Durchsetzung des Gesetzesvorbehalts die Verwaltung bei der Gewährung von Leistungen in ihren Entscheidungen völlig frei gestellt wäre. Zum einen ergibt sich eine Vergabebindung im Bereich der Subventionen aus dem Haushaltsgesetz. Darüber hinaus hat die Verwaltung bei der Gewährung der Leistungen das GG zu beachten, insbesondere den Gleichheitsgrundsatz nach Art. 3 I GG (*Schweickhardt*, Rn. 235; *BVerwG*, NJW 1972, 2325; *OVG Berlin*, DVBl. 1967, 92). Schießlich ist zu beachten, daß auch ohne gesetzliche Ermächtigung das Parlament Kontrollmöglichkeiten hinsichtlich der Ausführung des Haushaltsgesetzes hat; diese werden auch in der Praxis wahrgenommen. Die zuständigen parlamentarischenAusschüsse können Berichte der Minister zur Umsetzung der Haushaltsgesetze einfordern; die Abgeordneten haben die Möglichkeit, über parlamentarische Anfragen die Subventionsgewährung kontrollierend zu begleiten. Schließlich darf nicht übersehen werden, daß die Subventionsgewährung ihrerseits der Rechnungshofkontrolle unterliegt.

32 Eine Regelungspflicht kann sich unter dem Gesichtspunkt der Wesentlichkeitstheorie ergeben. Im Einzelfall kann sich das Erfordernis einer Ermächti-

gung durch förmliches Gesetz auch im Bereich der gewährenden Verwaltung ergeben, wenn die Beteiligung des einzelnen an staatlichen Leistungen die notwendige Voraussetzung für die Verwirklichung von Grundrechten darstellt, also sich als „regelungswesentlich" darstellt (*BVerfGE* 33, 306 für die Zulassung zum Hochschulstudium).

D. Besonderes Gewaltverhältnis

In der Diskussion um die Reichweite des Gesetzesvorbehalts spielten in der Ver- 33
gangenheit die „besonderen Gewaltverhältnisse" eine besondere Rolle. Zunächst hatte die höchstrichterliche Rspr. nach Inkrafttreten des GG Eingriffe in besonderen Gewaltverhältnissen ohne spezielle gesetzliche Grundlage für zulässig erachtet. In der Folgezeit wurde dann der Vorbehalt des Gesetzes auch in besonderen Gewaltverhältnissen durchgesetzt. Wegweisend hierfür ist die sog. *Strafvollzugs-Entscheidung* des *BVerfG* vom 14.3.1972 (*BVerfGE* 33, 1).

I. Abgrenzung

Jeder Bürger steht in einem allgemeinen Rechtsverhältnis zum Staat. Der Begriff 34
„besonderes Gewaltverhältnis" soll zum Ausdruck bringen, daß in bestimmten Fällen neben diesem allgemeinen Gewaltverhältnis, dem jeder einzelne unterworfen ist, eine besondere Pflichtenbindung bestehen kann, die nur die betrifft, die dem besonderen Gewaltverhältnis „unterworfen" sind. Besondere Gewaltverhältnisse wurden angenommen z. B. für Beamte, Schüler, Strafgefangene oder Studenten.

Nicht zu den besonderen Gewaltverhältnissen rechneten dagegen die Anstaltsbenutzungsverhältnisse, wie z. B. die Benutzung von Theatern oder Bibliotheken. Derartige Benutzungsverhältnisse sind grundsätzlich nicht geeignet, die aus dem allgemeinen Gewaltverhältnis folgenden Pflichten und Rechte zu tangieren, zumal es sich in aller Regel um kurzfristige Bindungen handelt (*W/B/S* I, § 32 IV c IV). Allerdings müssen die Voraussetzungen des Zugangs geregelt sein. Die i. d. R. als Satzungen, Rechtsverordnungen oder Allgemeinverfügungen erlassenen Anstaltsordnungen und Benutzungsregelungen erfüllen diesen Anspruch; sie enthalten insbesondere auch weitergehende Regelungen, soweit mit der Anstaltsnutzung Eingriffe in die rechtlich geschützte Sphäre des einzelnen verbunden sein können (z. B. Verspätungsgebühr bei Überschreitung der Leihfrist; vgl. *Maurer*, Allg. VerwR, § 24 Rn. 14).

II Bedeutung des Gesetzesvorbehalts

a) Der **historische Ursprung** der besonderen Gewaltverhältnisse geht auf die spät- 35
   konstitutionelle Staatsrechtslehre des ausgehenden 19. Jahrhunderts zurück (*Kiepe*, DÖV 1979, 400). Dem lag die Vorstellung zugrunde, daß dem allge-

meinen, zwischen dem Bürger und Staat bestehenden Gewaltverhältnis ein der rechtlichen Regelung nicht zugängliches Reservat der Exekutive, des Innenbereiches der Verwaltung, gegenübersteht. Dieser abgeschlossene Innenbereich der Verwaltung entsprach, wenn man so will, der absolutistischen Haus- und Herrengewalt des Monarchen. *Otto Mayer* definierte das Institut des besonderen Gewaltverhältnisses als „die verschärfte Abhängigkeit, welche zugunsten eines bestimmten Zweckes öffentlicher Verwaltung begründet wird für alle einzelnen, die in den vorgesehenen besonderen Zusammenhang treten" (*Mayer*, VerwR., S. 101; *Ronellenfitsch*, DÖV 1981, 933 m. w. N.). Das besondere Gewaltverhältnis wurde somit dem als prinzipiell rechtsfrei angesehenen Innenbereich zugerechnet. Dies hatte u.a . folgende Konsequenzen:

❑ Der Grundsatz des Gesetzesvorbehalts galt nicht mit der Folge, daß die Exekutive im Innenbereich Eingriffe auch ohne gesetzliche Ermächtigung vornehmen konnte.

❑ Die Maßnahmen im Innenbereich waren dem Rechtsschutz entzogen.

❑ Die zur Regelung des besonderen Gewaltverhältnisses getroffenen abstrakt generellen Regelungen waren Verwaltungsvorschriften ohne Rechtsnormcharakter (Innenrecht; vgl. dazu § 4 Rn. 34).

36 b) **Unter der Geltung des GG** wurde die Lehre vom besonderen Gewaltverhältnis zunehmend in Zweifel gezogen. Die Kritik speiste sich u. a. aus der verwaltungsgerichtlichen Generalklausel des § 40 VwGO, die Rechtsschutz nicht mehr enumerativ, sondern gegenüber allen Verwaltungsmaßnahmen gewährte, sowie aus der grundgesetzlichen Rechtsschutzgarantie gegen die öffentliche Gewalt nach Art. 19 IV GG (*BVerfGE* 60, 253). Dabei setzte sich zunehmend die Erkenntnis durch, daß Maßnahmen der Exekutive im Innenbereich des besonderen Gewaltverhältnisses durchaus nicht grundrechtsneutral sind, sondern den im besonderen Gewaltverhältnis Stehenden in seiner grundrechtlich geschützten Position nachhaltig tangieren können.

37   Der Durchbruch der rechtlichen Zerschlagung des rechtsfreien Exekutivreservates erfolgte durch die sog. *Strafvollzugsentscheidung* des *BVerfG* vom 14.3.1972.

Beispielsfall: S war in der Strafanstalt Celle inhaftiert. Er richtete einen Brief an Frau K, die ihn während des Strafvollzugs betreute. In diesem Brief äußerte er sich abfällig über den Leiter der Strafanstalt. Der Brief wurde wegen beleidigender Äußerungen und wegen der Erörterung des Anstaltsverhältnisses angehalten. Als Rechtsgrundlage bezog man sich auf die Dienstvollzugsordnung. Nach Durchführung des Beschwerdeverfahrens stellte S Antrag auf gerichtliche Entscheidung nach §§ 23 ff. EGGVG. – Das *OLG Celle* verwarf diesen Antrag und verweigerte S zudem das Armenrecht unter Hinweis darauf, daß Grundrechte des Strafgefangenen im Strafvollzug nicht tangiert sein könnten. S erhob Verfassungsbeschwerde und rügte die Verletzung der Grundrechte aus Art. 1 II, 5 I, 10, 19 I, 20 III und 103 I GG. – Das *BVerfG* stellte fest, daß auch die Grundrechte von Strafgefangenen nur durch Gesetz oder aufgrund eines Gesetzes eingeschränkt werden dürfen. Es treffe zwar zu, daß auch nach Inkrafttreten des GG in der Rspr. und teilweise in der Lehre die Auffassung vertreten worden sei, die „besonderen Gewaltverhältnisse" stellten eine eigenständige implizite Beschränkung der Grundrechte der Strafgefangenen dar. Diese Auffassung, so das BVerfG, sei rückblickend nur damit zu erklären, daß die traditionelle Ausgestaltung des Strafvollzuges als eines „besonderen Gewaltverhältnisses" es zugelassen habe, die Grundrechte des Strafgefangenen in einer unerträglichen Unbestimmtheit zu relativieren. Das GG sei jedoch eine wertgebundene Ordnung, die den Schutz von Freiheit und Menschenwürde als den obersten Zweck allen Rechts erkenne. Art. 1 III GG erkläre die Grundrechte für Gesetzgebung, vollziehende Gewalt und Rechtsprechung als unmittelbar verbindlich. Dieser umfassenden Bindung der staatlichen Gewalt widerspreche es, wenn im Strafvollzug die Grundrechte beliebig oder nach Ermessen eingeschränkt werden könnten. Eine Einschränkung von Grundrechten komme nur in Betracht, wo dies nach gemeinschaftsbezogenen Zwecken unerläßlich sei und in den dafür verfassungsrechtlich vorgesehenen Formen geschehe. Die Grundrechte von Strafgefangenen könnten deshalb nur durch oder aufgrund eines Gesetzes eingeschränkt werden, das allerdings auf – möglichst eng begrenzte – Generalklauseln nicht werde verzichten können (*BVerfGE* 33, 1 – „*Strafvollzugsentscheidung*").

Diese Rspr. wurde dann vom *BVerfG* auch für andere Bereiche, in denen besondere Gewaltverhältnisse angenommen worden waren, übernommen.   **38**

c) Für den Bereich des Schulwesens hat das *BVerfG* festgestellt, daß sich aus dem Rechtsstaatsprinzip und dem Demokratieprinzip ergibt, daß der Schulbereich jedenfalls in den wesentlichen Entscheidungen vom parlamentarischen Gesetzgeber ebenfalls selbst geregelt werden muß und daß es einen rechtsfreien Raum nicht gibt.   **39**

Beispielsfall: A und B besuchen gemeinsam das Gymansium G. Zum Schuljahresende wird A wegen unzureichender Leistungen nicht versetzt; B wird auf Beschluß der zuständigen Lehrerkonferenz wegen dreier Verweise von der Schule verwiesen. Die Schulleitung verweist auf die einschlägigen Bestimmungen des Schulverwaltungsgesetzes, in dem die Rechtsbeziehungen im Schulverhältnis, insbesondere die Voraussetzungen für Versetzungen und den Ausschluß von der Schule geregelt seien. Daran habe sich die Schulleitung und die Lehrerkonferenz gehalten. A und B tragen vor, daß das Schulverwaltungsgesetz nur allgemeine Formulierungen enthalte und im übrigen auf eine Schulverordnung gerade im Hinblick auf die Voraussetzungen der Entlassung und Versetzung verweise. A und B fragen, ob es aussichtsreich sei, sich gegen die Maßnahmen zu wehren.

Die Schulentlassung des B tangiert sein Grundrecht aus Art. 12 GG (*BVerfGE*   **40** 58, 257). Die Schulentlassung bedarf daher einer gesetzlichen Ermächtigungsgrundlage. Im Schulverwaltungsgesetz selbst sind die Entlassungsvoraussetzungen nicht geregelt, vielmehr wird auf die allgemeine Schulordnung, eine Rechtsverordnung, verwiesen. Der Grundsatz vom Vorbehalt des Gesetzes setzt grundsätzlich nicht voraus, daß alle Einzelheiten in einem parlamentarischen Gesetz geregelt sein müssen, vielmehr genügt es, wenn entsprechende Regelungen in einer zulässig delegierten untergesetzlichen Norm (RVO, Satzung) enthalten sind. Etwas anderes würde allerdings gelten, wenn die Schulentlassung eine für B so wichtige Entscheidung darstellen würde, daß sie nach der Wesentlichkeitstheorie im förmlichen Gesetz selbst geregelt werden müßte. Die dem Parlamentsvorbehalt (vgl. § 5 Rn. 19) unterfallenden Regelungsbereiche darf der Gesetzgeber nämlich nicht, auch nicht in an sich rechtsgültiger Form, auf den Verordnungs- oder Satzungsgeber übertragen (*VGH Mannheim*, NVwZ 1990, 87). Nach Auffassung des *BVerfG* gehört zu den wesentlichen Maßnahmen auch der Schulausschluß, der zum Abbruch des Schulverhältnisses führt. Zwar sei zu berücksichtigen, daß Ordnungsmaßnahmen zur Sicherung des Schulfriedens nicht verzichtbar seien, wegen ihrer folgenschweren Auswirkung für den Betroffenen sei es jedoch unerläßlich, daß für den Schulausschluß soweit wie möglich für Klarheit über Tatbestand, Dauer, Rechtsfolgen, Zuständigkeit und Verfahren gesorgt werde. Die im Schulverwaltungsgesetz enthaltene allgemeine Ordnungsermächtigung an die Exekutive entspreche diesen Anforderungen nicht (*BVerfGE* 41, 251 – „*Schulausschluß*").

41   Auch für die Nichtversetzung des A findet sich die Ermächtigungsgrundlage in der allgemeinen Schulordnung i. V. m. der Ermächtigungsnorm im Schulverwaltungsgesetz. Bei der Nichtversetzung handelt es sich ebenfalls um eine grundrechtsrelevante Maßnahme, die dem Gesetzesvorbehalt unterfällt. Anders als bei der Schulentlassung wird durch die bloße Nichtversetzung Art. 12 GG wohl nicht tangiert, wohl aber Art. 2 I GG, der die freie Entfaltung der Persönlichkeit sichert (*BVerfGE* 58, 257). Es stellt sich auch hier die Frage, ob die Nichtversetzung für die grundrechtlich gesicherte Sphäre des A einen so intensiven Eingriff darstellt, daß er auch hinsichtlich seiner Voraussetzungen und hinsichtlich des Verfahrens dem Parlamentsvorbehalt und nicht nur dem allgemeinen Gesetzesvorbehalt unterliegt. Das *BVerwG* hält in einem vergleichbaren Fall zunächst fest, daß sich das *BVerfG* mit der Frage der Geltung des Gesetzesvorbehalts für die Versetzung in der Schule nicht ausdrücklich befaßt habe. Das *BVerwG* kommt dann zum Ergebnis, daß die Versetzungsentscheidung in ihren Grundzügen einer Regelung durch Gesetz oder aufgrund gesetzlicher Ermächtigung durch Rechtsverordnung bedürfe. Angesichts der weniger einschneidenden Folge der Nichtversetzung einerseits und angesichts der Vielfalt der zu regelnden Gründe für die Nichtversetzung wird eine Regelung durch RVO zugelassen. Die Voraussetzungen des Art. 80 I 2 GG müßten von der Ermächtigungsnorm natürlich erfüllt sein, d. h. die Verordnung muß nach Inhalt, Zweck und Ausmaß hinreichend bestimmt sein (*BVerwGE* 56, 155 – „*Nichtversetzung*").

d) Die Lehre vom „besonderen Gewaltverhältnis" wird heute *nicht mehr vertre-* **42**
ten. Es ist übereinstimmende Auffassung in Rspr. und Lit., daß das Rechtsinstitut des „besonderen Gewaltverhältnisses" unter der Geltung des GG nicht
zu rechtsfreien Räumen führen kann.

Auf der anderen Seite darf nicht übersehen werden, daß es Rechtsverhältnisse **43**
gibt, die durch eine besonders intensive Pflichtenbindung geprägt sind. Daß es
derartige **Sonderrechtsverhältnisse** gibt, ist ebenfalls nicht bestritten. Das Beamtenverhältnis oder das Strafvollzugsverhältnis sind Beispiele dafür. Aus den
besonderen Bedingungen dieser Sonderrechtsverhältnisse ergibt sich auch die
Befugnis, ggf. stärker in die Grundrechte der Betroffenen einzugreifen. Dies
darf indessen nur durch oder aufgrund eines Gesetzes erfolgen. Nach der vom
BVerfG vertretenen Wesentlichkeitstheorie, sind bestimmte Regelungsinhalte
dem förmlichen Gesetz vorbehalten.

Auf der anderen Seite gibt es eine Reihe von Regelungsgegenständen zur **44**
Durchführung dieser „Sonderrechtsverhältnisse", die den Grundrechtsbereich der Beteiligten offensichtlich nicht tangieren. So ist es z. B. erforderlich,
Zeichnungsbefugnisse, Vertretungsbefugnisse und Beteiligungspflichten bei
der Sachbearbeitung im öffentlichen Dienstverhältnis zu regeln. Dies kann
durch Dienstordnungen geschehen; es handelt sich insoweit um organisations-
bezogene verwaltungsinterne Verwaltungsvorschriften. Auch im Strafvollzug
ist es z. B. erforderlich, Regelungen zur Gestaltung des Tagesablaufes zu treffen. Im Schulverhältnis ist es notwendig, den Unterrichtsbeginn, Pausenrege-
lungen, die Fachzuständigkeiten der verschiedenen Lehrkräfte oder den Ablauf von Elternbeiratsitzungen zu regeln. All dies geschieht im Wege
verwaltungsinterner Regelungen.

Die entscheidende Schwelle für die Geltung des Gesetzesvorbehalts liegt bei **45**
der Grundrechtswirkung von Maßnahmen im Sonderrechtsverhältnis. Festzuhalten ist, daß es Maßnahmen gibt, die ausschließlich zur betrieblichen Ordnung getroffen werden, ohne daß sie die Grundrechtssphäre der Beteiligten
tangieren. Alle anderen Maßnahmen unterliegen dem Gesetzesvorbehalt; sie
weisen gegenüber dem für das allgemeine Gewaltverhältnis bestehenden Gesetzesvorbehalt keine Besonderheiten auf, sieht man von den strukturbeding-
ten Besonderheiten im Abwägungsbereich bei Grundrechtseingriffen ab (*Kie-*
pe, DÖV 1979, 403; *Erichsen*, Allg. VerwR, § 7 Rn. 61 f.; *Stern*, StaatsR. II., §
38 15).

III. Sonderverordnung

Im Zusammenhang mit den „besonderen Gewaltverhältnissen", vor allem bei **46**
Anstaltsnutzungsverhältnissen, wurde als besondere Rechtsquelle von der Lit.
die „Sonderverordnung" eingeführt (vgl. insb. *Wolff* I, 1974, § 25 VIII). Mit der
„Sonderverordnung" sollten **„Verwaltungsvorschriften" zur Regelung der „besonderen Gewaltverhältnisse"** erfaßt werden, die Eingriffswirkungen aufweisen und

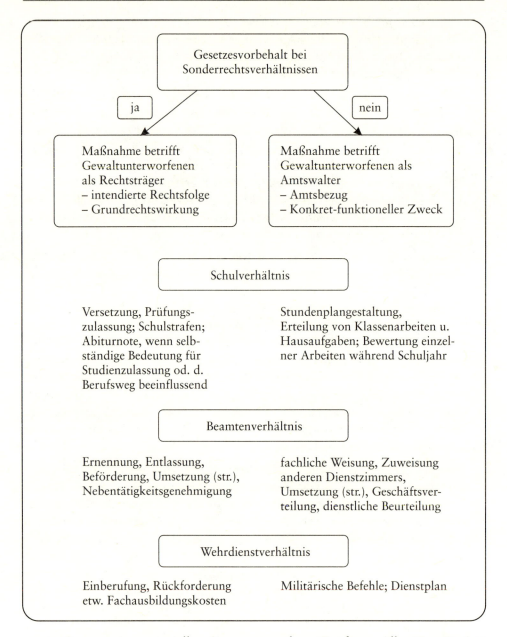

somit Gesetzen im materiellen Sinn entsprechen (*Erichsen*, Allg. VerwR, § 7 Rn. 61 f.). Die erforderliche Ermächtigung der Verwaltung zum Erlaß derartiger Rechtsnormen wurde im Gewohnheitsrecht gesehen, das seit je Verwaltungs- organen die Befugnis zur abstrakt generellen Regelung der besonderen Gewalt- verhältnisse zuerkannt habe (*Wolff* I, § 25 VIII).

47 Die Lehre von der Sonderverordnung hatte ihre Verdienste im Zusammenhang mit der Erklärung von Eingriffswirkungen von „Verwaltungsvorschriften" im

besonderen Gewaltverhältnis. Sie hatte auch eine spezifische Funktion bei der Überleitung der besonderen Gewaltverhältnisse in rechtsstaatlich ordnungsgemäß geregelte Sonderrechtsverhältnisse. Angesichts der Tatsache, daß zwischenzeitlich die Regelung der Sonderrechtsverhältnisse weitgehend vollzogen ist, hat die Sonderverordnung schon aus diesem Grund an praktischer Bedeutung verloren. Im übrigen ist festzuhalten, daß mit dem Begriff der „Sonderverordnung" der rechtsstaatlich und demokratisch fundierte Gesetzesvorbehalt nicht unterlaufen werden darf. Der Gesetzesvorbehalt gilt in den Sonderrechtsverhältnissen uneingeschränkt. Es gibt keine „Rechtsverordnung minderer Art", die unter Befreiung von den Anforderungen des Art. 80 I 2 GG als Sonderverordnung erlassen werden darf. Eingriffe in den grundrechtlich geschützten Bereich dürfen nur durch oder aufgrund eines Gesetzes erfolgen. Die Sonderverordnung ist historischer Ballast; sie sollte nicht weiter als eigenständige Kategorie geführt werden (*Ronellenfitsch*, DÖV 1984, 784; auch *Maurer*, Allg. VerwR, § 8 Rn. 31).

E. Verwaltungsvorschriften

I. Vorbemerkung

Verwaltungsvorschriften betreffen sowohl den **Vorrang des Gesetzes** als auch den **Vorbehalt des Gesetzes**.   48

Soweit Verwaltungsvorschriften im gesetzlich geregelten Bereich z. B. zur Interpretation von Gesetzen an die nachgeordneten Behörden erlassen werden, ist der Vorrang des Gesetzes tangiert. Grundsätzlich ergibt sich aus der Gesetzesbindung, daß Verwaltungsvorschriften insoweit keine eigenständige Bedeutung haben. Maßgeblich ist der von den Gerichten festzustellende Inhalt der Gesetze. Insbesondere ist es der Verwaltung untersagt, von den Gesetzen abweichende Verwaltungsvorschriften zu erlassen. Allerdings gibt es im **Bereich der technischen Regelungen** Konstellationen, die eine differenzierende Betrachtungsweise erfordern.

Soweit der Gesetzesvorbehalt reicht, ist es der Verwaltung untersagt, ohne gesetzliche Ermächtigung zu handeln. Die Frage, ob und in welchem Umfang Verwaltungsvorschriften erlassen werden dürfen, hängt auch von der Reichweite des Gesetzesvorbehalts ab.   49

Forsthoff (VerwR AT, S. 139) hat im Jahre 1973 festgestellt, daß Verwaltungsverordnungen allgemeine Verwaltungsvorschriften seien, die nur verwaltungsinterne Verbindlichkeit besäßen und sich dadurch von Rechtsverordnungen unterscheiden. Ausgehend hiervon bildete er drei Kategorien, nämlich Anordnungen im Rahmen eines besonderen Gewaltverhältnisses, sog. Dienstvorschriften, die das dienstliche Verhalten in Ergänzung von Rechtsnormen regeln sollten und schließlich Vorschriften, die lediglich Interna der Verwaltungsgebahrung betreffen sollten. Ausgehend von der Innenrechtsnatur von Verwaltungsvorschriften kam *Forsthoff* zum Ergebnis, daß das Recht, Verwaltungsverordnungen zu erlassen, in die allgemeine Hoheitsgewalt der Verwaltung eingeschlossen sei. Es bedürfe also dazu keiner besonderen Ermächtigung (VerwR AT, S. 141).

50   Die Rechtslage stellt sich indessen, wie die Rechtsquellenlehre und auch das „besondere Gewaltverhältnis" gezeigt haben, sehr viel differenzierter dar. Es gibt überdies nicht nur die „Verwaltungsvorschrift", sondern Verwaltungsvorschriften sind in ihrer Bedeutung und in ihrer Erscheinungsform außerordentlich vielfältig. Schließlich nötigt der grundgesetzliche Gesetzesvorbehalt zu einer intensiven Auseinandersetzung im Hinblick auf die autonome Regelungsbefugnis der Verwaltung durch Verwaltungsvorschriften.

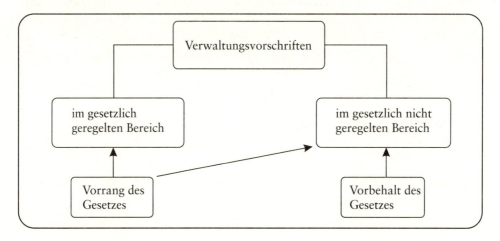

II. Begriff und Bedeutung

1. Allgemeines

51   a) Verwaltungsvorschriften sind Regelungen, die innerhalb der Verwaltungsorganisation i. d. R. von übergeordneten Verwaltungsbehörden oder Vorgesetzten an nachgeordnete Behörden oder Bedienstete zur Regelung der Organisation und des Handelns der Verwaltung (Dienstbetrieb) ergehen und diese rechtlich binden (*Peine*, Allg. VerwR, Rn. 56).

Die Verwaltungsvorschriften dienen dem **Zweck, ein einheitliches Verwaltungshandeln** sicherzustellen. Dies bedeutet indessen nicht, daß Verwaltungsvorschriften ausschließlich Innenwirkungen hätten, vielmehr liegt es auf der Hand, daß die Sicherstellung einer einheitlichen Verwaltungspraxis Außenwirkung haben kann. Die rechtlichen Folgerungen, die aus dieser Außenwirkung gezogen werden, sind mit eine der schwierigsten Fragen, die im Hinblick auf Verwaltungsvorschriften zu klären sind.

Die Terminologie für diese Art von Innenrecht ist uneinheitlich. Teilweise wird die Bezeichnung Erlaß, Richtlinie, Verwaltungsanordnung oder Dienstanweisung verwandt. In Rspr. und Lit. setzt sich indessen zunehmend der Begriff der

Verwaltungsvorschrift durch (grundlegend *Ossenbühl*, Verwaltungsvorschriften und Grundgesetz).

b) Nach h. M. sind **Verwaltungsvorschriften sog. Innenrecht** mit der Folge, daß   52
Verwaltungsvorschriften grundsätzlich nur rechtliche Bedeutung innerhalb
der Verwaltung haben. Es fehlt ihnen die unmittelbare Außenwirkung gegenüber dem Bürger. Verwaltungsvorschriften können jedoch mittelbar Wirkungen gegenüber dem Bürger entfalten, wenn sie Sachverhalte regeln, die
gegenüber dem Bürger faktische Außenwirkung entfalten (*mittelbare Außenwirkung*). Die rechtliche Bewertung der Verwaltungsvorschriften wird erleichtert, wenn man unterscheidet zwischen (*Schweickhardt*, Rn. 190):

❑ Verwaltungsvorschriften zur Regelung des internen Dienstbetriebs   53
   Beispielsfall: Die Bayerische Staatsregierung hat eine allgemeine Dienstordnung erlassen, in der unter anderem geregelt ist, daß Akteneinsicht nur dann
   gewährt werden darf, soweit dies in Rechtsvorschriften geregelt ist. Außerdem
   wird die Art und Weise der Registratur von Schriftgut geregelt. – K erhob
   Popularklage zum *BayVerfGH* und beantragte festzustellen, daß die Akten-
   einsichtsregelung mit der Verfassung des Freistaates Bayern unvereinbar sei.
   Der *BayVerfGH* führt aus, daß nach Art. 98 S. 4 BayVerf nur Gesetze und
   Verordnungen für nichtig erklärt werden dürften. Verwaltungsanweisungen
   seien der Normenkontrolle des *VerfGH* nicht unterstellt. Verwaltungsvorschriften seien insbesondere dienstliche Anordnungen, die von der Staatsregierung oder einem Staatsministerium zu technischen Zwecken der Verwaltung
   an die unterstellten Behörden gerichtet würden und ausschließlich für diese
   bindend seien. Soweit sie, wie im vorliegenden Fall, im Gesetz- und Verordnungsblatt veröffentlicht worden seien, sei damit keine Außenwirkung verbunden, sondern die Veröffentlichung habe nur informatorische Bedeutung.
   Der *VerfGH* wies darauf hin, daß die Auskunftsregelungen die Rechte des
   Bürgers unberührt lassen. Ob dieser Auskunft erhalten könne, beurteile sich
   ausschließlich nach dem geltenden Recht. Die Gewährung von Akteneinsicht
   könne bei einem sich aus Rechtsnormen ergebenden Anspruch nicht unter
   Hinweis auf die allgemeine Dienstordnung versagt werden. Die allgemeine
   Dienstordnung gehöre zur Kategorie der Dienstvorschriften. Sie habe ein
   dienstliches Verhalten zum Gegenstand. Dienstliche Vorschriften dieser Art
   könnten dem Gesetz weder etwas nehmen noch etwas hinzufügen. Die allgemeine Dienstordnung gelte nur außerhalb des rechtsnormativ geregelten Be-
   reichs der Verwaltungstätigkeit und enthalte für die öffentlichen Bediensteten
   sonst vielfach ungeschriebene Richtlinien für das Verwaltungshandeln (*Bay-
   VerfGH*, BayVBl. 1976, 173 – „*Regelung des internen Dienstbetriebes*“).
❑ Verwaltungsvorschriften im gesetzlich geregelten Bereich
❑ Verwaltungsvorschriften im gesetzlich ungeregelten Bereich.

2. Interne Verwaltungsvorschriften

54   Den Verwaltungsvorschriften zur Regelung des internen Dienstbetriebes fehlt es
      in der Regel schon an der tatsächlichen Außenwirkung (gegenüber Bürgern und
      Angehörigen des Sonderrechtsverhältnisses), weil sie nur den internen Dienstbe-
      trieb betreffen und sich darauf beschränken (*Maurer*, Allg. VerwR, § 24 Rn. 28).
      Solche Verwaltungsvorschriften regeln z. B. die Dienstzeit, die Kassenverwal-
      tung, die wechselseitige Vertretung oder das Beschaffungswesen.

III. Verwaltungsvorschriften im gesetzlich geregelten Bereich (Vorrang des Gesetzes).

55   a) Im Hinblick auf Verwaltungsvorschriften im gesetzlich geregelten Bereich
      spielt der Gesetzesvorbehalt grundsätzlich keine, wohl aber der Gesetzesvor-
      rang eine Rolle. Dem Gesetzesvorbehalt ist dadurch Rechnung getragen, daß
      sich z. B. die Befugnis zum Erlaß eines Verwaltungsakts aus einer gesetzlichen
      Regelung ergibt. Die Einzelheiten der Rechtsanwendung (z. B. Ermessensaus-
      übung) sind auch unter dem Gesichtspunkt des Gesetzesvorbehalts nicht im
      Gesetz selbst regelungspflichtig.

      Im gesetzlich geregelten Bereich sind grundsätzlich drei Arten von Verwal-
      tungsvorschriften zu unterscheiden (*Maurer*, Allg. VerwR, § 24 Rn. 27 ff.;
      Schweickhardt, Rn. 190):

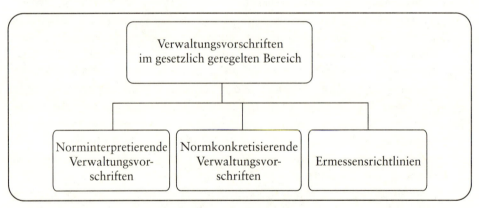

56   b) **Norminterpretierende Verwaltungsvorschriften** sollen die einheitliche Ausle-
      gung von Gesetzen sicherstellen. Norminterpretierende Verwaltungsvor-
      schriften ergehen in Bereichen, in denen ein Entscheidungsspielraum der Be-
      hörde nicht besteht. Nach h. M. sind sie im Verhältnis zum Bürger
      grundsätzlich ohne Bedeutung, weil ausschließlich das Gesetz maßgebend ist.
      Legen die Verwaltungsvorschriften das Gesetz zutreffend aus, bestätigen sie
      das ohnehin im Gesetz Festgelegte.

57   Verstößt eine Verwaltungsvorschrift und die auf sie gestützte Verwaltungspraxis
      gegen das Gesetz, so könnte allenfalls zu fragen sein, ob sich ein benachteiligter
      Bürger auf den Gleichheitssatz berufen kann. Allerdings ist anerkannt, daß der

Konflikt zwischen Gesetzesbindung und Gleichbehandlung nur zugunsten der Gesetzesbindung gelöst werden darf. Es gibt „keine Gleichheit im Unrecht" (*Maurer*, Allg. VerwR, § 24 Rn. 30). Im Streitfall haben also die Gerichte über die zutreffende Auslegung des Gesetzes ohne Rücksicht auf die Verwaltungsvorschrift zu entscheiden.

Beispielsfall: K wurde für das Studium der Medizin vom Wehrdienst zurückgestellt. Wegen Überfüllung der medizinischen Fakultät ließ er sich für Veterinärmedizin einschreiben und nahm auch nicht innerhalb einer ihm vom Kreiswehrersatzamt bestimmten Frist das Studium der Humanmedizin auf. Daraufhin wurde K zum Wehrdienst einberufen. K erhob Anfechtungsklage unter Hinweis auf § 12 IV 2 Nr. 3 WpflG. Nach dieser Vorschrift kann von einer Einberufung abgesehen werden, wenn die Einberufung des Wehrpflichtigen einen bereits weitgehend geförderten Ausbildungsabschnitt unterbrechen würde. – Das Verwaltungsgericht gab zunächst der Klage unter Hinweis auf eine „Verwaltungsvorschrift für die Musterung und Einberufung ungedienter Wehrpflichtiger" des Bundesverteidigungsministers statt. Nach dieser Vorschrift galt ein Ausbildungsabschnitt an einer Hochschule nach Abschluß von zwei Semestern als weitgehend gefördert. Das *BVerwG* wies auf Revision der Bundesrepublik Deutschland die Klage ab. Das *BVerwG* wies auf die st. Rspr. des *BVerwG* hin, wonach von einem „weitgehend geförderten" Ausbildungsabschnitt nur dann gesprochen werden könne, wenn schon mindestens ein Drittel der Ausbildungszeit zurückgelegt sei. Tatsächlich habe K erst zwei der für sein tierärztliches Studium regelmäßig notwendigen zehn Semester abgeschlossen. Die Verwaltungsvorschrift des Bundesverteidigungsministers könne keine andere Beurteilung der Rechtslage herbeiführen. Diese Verwaltungsvorschrift beziehe sich zunächst nicht auf die in § 12 IV 2 Nr. 3 WpflG ermöglichte Ermessensentscheidung, sondern sie befasse sich ausschließlich mit der Beantwortung der Rechtsfrage, unter welchen Voraussetzungen eine weitgehende Förderung eines Ausbildungsabschnittes anzunehmen sei. Für solche rechtsauslegende Verwaltungsvorschriften habe das BVerwG entschieden, daß sie schon ihrer rechtlichen Qualität wegen weder für sich allein noch in Verbindung mit dem Gleichheitssatz und dem Vertrauensgrundsatz zu einer für den Bürger anspruchsbegründenden Selbstbindung der Verwaltung führen könnten, auch wenn sie von der Verwaltung regelmäßig angewendet würden. Die einschlägige Bestimmung der Verwaltungsvorschrift sei mit der Rspr. des *BVerwG* unvereinbar. Der Einberufungsbescheid sei deshalb rechtsfehlerfrei ergangen, soweit er unter Verneinung der gesetzlichen Zurückstellungsvoraussetzungen des § 12 IV S. Nr. 3 WpflG ergangen sei (*BVerwGE* 36, 313 – „*Einberufungsbescheid*").

c) Eine gewisse Sonderstellung nehmen sog. **normkonkretisierende Verwaltungs-** 58 **vorschriften** ein. Diesen Verwaltungsvorschriften wird eine eingeschränkte unmittelbare Außenwirkung insoweit zuerkannt, als sie verbindlich unbestimmte Rechtsbegriffe ausfüllen können. In welchem Umfang normkonkretisierende Verwaltungsvorschriften verbindliche Außenwirkung entfalten, ist in der Rspr. noch nicht letztgültig geklärt (vgl. *BVerwG*, NVwZ 1988, 824). In der Lit. wird demgegenüber zunehmend von einer unmittelbaren Außenwirkung normkonkretisierender Verwaltungsvorschriften ausgegangen (*Hill*, NVwZ 1989, 401; *Di Fabio*, DVBl. 1992, 1338, krit. *Wolf*, DÖV 1992, 853).

59   Entwickelt wurde diese Kategorie der Verwaltungsvorschriften zunächst im Immissionsschutzrecht. Das Immissionsschutzrecht ist durch zahlreiche unbestimmte Rechtsbegriffe gekennzeichnet. Nach § 48 BImSchG kann die Bundesregierung durch Verwaltungsvorschrift Immissionsrichtwerte festlegen. Dies ist in den sog. technischen Anleitungen (TA-Luft und TA-Lärm) erfolgt. Nach überkommener Auffassung könnten diese Verwaltungsvorschriften nur verwaltungsinterne Wirkungen entfalten. In der sog. Voerde-Entscheidung des *BVerwG* wurde der TA-Luft als sog. „antizipiertes Sachverständigengutachten" in typischen Fällen zur Konkretisierung des unbestimmten Gesetzesbegriffes der „schädlichen Umwelteinwirkungen" Verbindlichkeit und somit Außengeltung zuerkannt (*BVerwGE* 55, 250).

Beispielsfall: K erstrebt vor dem VG die Verpflichtung des Landes L gegenüber der Betreiberin eines Kohleelektrizitätswerks nachträgliche Anordnungen zur Luftreinhaltung durchzusetzen. Dem hält L entgegen, daß das Kohleelektrizitätswerk der TA-Luft entpreche. – Das *BVerwG* führt zunächst aus, daß die technische Anleitung zur Reinhaltung der Luft (TA Luft) auf gesetzlicher Grundlage, nämlich § 48 BImSchG (§§ 1, 3 und 5 BImSchG) erlassen worden sei. Damit sei jedoch über den Umfang der gerichtlichen Kontrolle im einzelnen noch nichts gesagt. Das *BVerwG* hält dann fest, daß die TA-Luft ihrerseits zunächst die im Gesetz getroffenen Wertungen beachten müsse, und daß dies der gerichtlichen Kontrolle unterliege. Ebenfalls hätten die Gerichte zu überprüfen, daß die Verwaltungsvorschrift nicht durch Erkenntnisfortschritte in Wissenschaft und Technik überholt sei. Im übrigen seien jedoch die in der TA-Luft festgelegten Immissionswerte wegen ihres naturwissenschaftlich fundierten fachlichen Aussagegehalts auch für das kontrollierende Gericht bedeutsam. Andererseits dürfe die TA-Luft vom Gericht nicht ohne Rücksicht auf Erkenntnisfortschritte „originär" wie ein Gesetz angewendet werden, was auch mit der Bezeichnung der TA-Luft als „normkonkretisierender Verwaltungsvorschrift" nicht zum Ausdruck gebracht werden solle. Offen gelassen wurde vom BVerwG, ob es im Hinblick auf die Verbindlichkeit einen Unterschied macht, ob die TA-Luft als „antizipiertes Sachverständigengutachten" oder als „normkonkretisierende Verwaltungsvorschrift" eingeordnet wird. Im Ergebnis dürfte dies indessen keinen Unterschied machen, weil jedenfalls grundsätzlich das BVerwG von der Bindung des Gerichts ausgeht und nur in besonders gelagerten Ausnahmen, z. B. Erkenntnisfortschritt „eine Abweichung" von den in der TA-Luft enthaltenen Immissionswerten für zulässig erachtet (*BVerwG*, NVwZ 1988, 824 – „*Immissionswerte*").

Die Kategorie der „norminterpretierenden Verwaltungsvorschrift" ist dann   **60**
vom BVerwG über den Bereich der technischen Regelungen hinaus ausgedehnt
worden.

Beispielsfall: Studienrätin S hat an einer Klassenfahrt nach Paris teilgenommen. Weil sie einen Freiplatz erhielt, brauchte sie die Pauschalkosten in Höhe
von DM 148,-- (Übernachtung/Frühstück) nicht zu tragen. Gleichwohl beantragte sie nach dem landesrechtlichen Reisekostengesetz die Erstattung der
Reisekosten für eine normale Dienstreise in voller Höhe von DM 278,75. Der
Antrag wurde unter Hinweis auf die Verwaltungsvorschrift zu § 15 I Nr. 10
Schulverwaltungsgesetz abgewiesen. Dort werden u. a. für Klassenfahrten geringere Erstattungssätze vorgesehen. Mit dieser Regelung wird die gesetzliche
Bestimmung zur Reisekostenerstattung ausgefüllt, die eine Erstattung „entsprechend den notwendigen Mehrauslagen" vorsieht. – Das *BVerwG* stellte
zunächst fest, daß es sich bei der Verwaltungsvorschrift nicht um eine besonderen Formen unterliegende Rechtsnorm, sondern um eine norminterpretierende Verwaltungsvorschrift handele. Die gesetzliche Regelung „in deren Ausführung" die Verwaltungsvorschrift ergangen ist, sah eine Differenzierung
zwischen normalen Dienstgeschäften und solchen mit geringeren Aufwendungen vor. Damit, so das *BVerwG*, nehme bereits die gesetzliche Vorschrift bestimmte Dienstreisende von der normalen Reisekostenvergütung aus. Der näheren Bestimmung der obersten Dienstbehörde sei somit nur die inhaltliche
Ausgestaltung der Aufwandsvergütung überlassen. Das Reisekostenrecht gehöre zu dem Bereich der Fürsorgepflicht des Dienstherrn gegenüber dem Beamten. In st. Rspr. gehe das *BVerwG* davon aus, daß die Konkretisierung der
Fürsorgepflicht durch Gesetz, Verordnung oder verwaltungsinterne Regelung
erfolgen könne. Ein Nachteil entstehe dem Beamten bei einer Regelung durch
Verwaltungsvorschrift schon deshalb nicht, weil er einen Anspruch auf Fürsorge und auf Gleichbehandlung nach Art. 3 I GG habe. Bei Klassenfahrten
gelte jedoch der Grundsatz, daß der Aufwand nicht mit normalen Dienstfahrten vergleichbar sei, weil sich die gebotene bescheidene Lebenshaltung aus
dem besonderen Charakter der Dienstreise ergebe, der sich auch der Lehrer zu
unterwerfen habe. Die Auswahl der Verpflegungs- und Übernachtungsstätten
sowie der Beförderungsmittel, die der Lehrer mit den Schülern teile, verursachten geringere Aufwendungen. Im übrigen sei der Lehrer infolge seiner erzieherischen Pflicht gehalten, durch sein Vorbild die Schüler zur sozialen Rücksichtnahme auf finanzschwächere Mitschüler anzuhalten (*BVerwG*, VwRspr. Bd.
28, 400 – „*Klassenfahrt*").

Zur Abrundung sei darauf hingewiesen, daß der EuGH allerdings auch bei   **61**
normkonkretisierenden Verwaltungsvorschriften grundsätzlich vom Fehlen
einer Bindungswirkung ausgeht (*EuGH*, DVBl. 1991, 869).

d) In zahlreichen gesetzlichen Vorschriften ermächtigt der Gesetzgeber die Ver-   **62**
waltung, unter bestimmten Voraussetzungen nach ihrem Ermessen die für den

jeweiligen konkreten Fall zweckmäßigste und gerechteste Regelung zu treffen. Gerade vor dem Hintergrund des Zwecks von Verwaltungsvorschriften, eine einheitliche Verwaltungspraxis festzulegen, liegt es auf der Hand, daß im Bereich der Ermessensausübung Verwaltungsvorschriften eine besondere Bedeutung haben.

63   Zum Teil wird die Auffassung vertreten, daß **Ermessensrichtlinien** nicht nur die verwaltungsinterne Praxis verbindlich regeln, sondern sich auch im Außenverhältnis gegenüber dem Bürger die Rechtmäßigkeit der Ermessensausübung unmittelbar aus den Verwaltungsvorschriften ergibt (*Beckmann*, DVBl. 1987, 616; *Ossenbühl*, AöR 92, 16).

64   Die h. M. spricht den Ermessensrichtlinien indessen Rechtsnormcharakter ab. Ermessensrichtlinien wird rechtliche Außenwirkung nur mittelbar über die Selbstbindung der Verwaltung beigemessen. Im Bereich des Ermessens dienten Verwaltungsvorschriften dem Zweck, bei gleichliegenden Sachverhalten eine gleichmäßige Anwendung des Ermessens sicherzustellen. **Art. 3 I GG** verlange deshalb daß die Verwaltung ihr Ermessen gleichmäßig ausübe. Von dieser durch die Verwaltungsvorschriften vorgeprägten gleichmäßigen **Verwaltungspraxis** darf die Verwaltung nur aus sachlichem Grund abweichen.

Beispielsfall: K beantragte seine Zurückstellung vom Wehrdienst wegen Unentbehrlichkeit für die Erhaltung und Fortführung des landwirtschaftlichen Betriebes seines kriegsbeschädigten Vaters. Er beruft sich dabei auf eine Verwaltungsvorschrift des Bundesministers der Verteidigung, wonach die Wehrbehörden angewiesen sind, jeweils einen von mehreren Söhnen von Schwerkriegsbeschädigten nicht mehr zum Grundwehrdienst einzuberufen. K fragt nach der Erfolgsaussicht einer etwaigen Klage. – Ein Anspruch auf Rückstellung vom Wehrdienst würde bestehen, wenn eine entsprechende gesetzliche Grundlage gegeben wäre. Das *BVerwG* wies darauf hin, daß ein gesetzlicher Befreiungstatbestand im WpflG selbst nicht enthalten sei. Ein Befreiungstatbetand sei nur für den Fall des Todes des Vaters vorgesehen. Angesichts dieser gesetzlichen Regelung kam es darauf an, welche Bedeutung die Verwaltungsvorschrift des Bundesverteidigungsministers hat. Zunächst machte das *BVerwG* deutlich, daß es sich in diesem Fall nicht um eine norminterpretierende Verwaltungsvorschrift handele, die sich mit der tatbestandlichen Abgrenzung einer im Gesetz vorgesehenen Wehrdienstausnahme befasse, sondern um eine ermessenslenkende Verwaltungsvorschrift. Bei der Auswahl der Wehrpflichtigen handele die Wehrbehörde nach ihrem pflichtgemäßen Ermessen. Eine Ermessensausübung stoße dann jedoch auf rechtliche Bedenken, wenn sie einen Ausnahmetatbestand annehme, der nach der gesetzlichen Regelung gerade ausgeschlossen sein sollte. Die gesetzlichen Grenzen des Ermessen ergäben sich bei der Einberufungsentscheidung aus der vorausgehenden Auswahl der generell heranzuziehenden Wehrpflichtigen. Dies begrenze das Ermessen. Die Betätigung des Auswahlermessens nach anderen als Eignungsmerkmalen hat das *BVerwG* als eine Überschreitung der gesetzlichen Grenzen des Ermessens angesehen. K könne sich für seinen Anspruch auf Nichtheranziehung zum Wehrdienst deshalb auch nicht auf eine ständige Verwaltungsausübung auf der Grundlage der Verwaltungsvorschrift berufen (*BVerwGE* 36, 323 – *„Einberufungsbescheid"*).

> **Merke:** Ermessensrichtlinien können nur dann Rechtswirkungen im Außenbereich (über die **Selbstbindung der Verwaltung**) entfalten, wenn sie mit dem Gesetz im Einklang stehen. Dies bedeutet, daß insbesondere der Rahmen der gesetzlichen Ermächtigung eingehalten und dem Zweck der gesetzlichen Ermächtigung entsprochen werden muß.

65

IV. Verwaltungsvorschriften im gesetzlich ungeregelten Bereich (Vorbehalt des Gesetzes)

a) Verwaltungsvorschriften im gesetzlich ungeregelten Bereich betreffen u. a. **66** Leistungsgewährungen durch die Verwaltung. Bei diesen Verwaltungsvorschriften ergeben sich in der Regel zwei Problemkreise:

   ❑ Zunächst stellt sich die Frage, inwieweit die Verwaltung an den Grundsatz vom Vorbehalt des Gesetzes gebunden ist.

   ❑ Zum anderen stellt sich die bereits von den Ermessensrichtlinien im gesetzlich geregelten Bereich bekannte Frage, ob und in welchem Umfang derartige Verwaltungsvorschriften Außenwirkung erlangen d. h., für das Verhältnis zwischen Verwaltung und Bürger rechtlich-verbindlich sind.

b) Nach h. M. gilt das Prinzip vom Vorbehalt des Gesetzes nicht für jede Art von **67** Verwaltungstätigkeit. Im Hinblick auf die Vergabe öffentlicher Leistungen setzt die h. M. voraus, daß das „Ob" der Leistungsgewährung einer gesetzlichen Legitimation, zumindest durch Bereitstellung der Mittel im Rahmen des durch das Haushaltsgesetz verabschiedeten Haushaltsplanes bedarf. Im Haushaltsplan gibt die Zweckbestimmung wieder, für welche Zwecke die bereitgestellten Haushaltsmittel eingesetzt werden dürfen. Ohne eine derartige gesetzliche Legitimierung, ist die Leistungsgewährung grundsätzlich rechtswidrig.

Beispielsfall: Die K AG begehrte die Gewährung einer Zuwendung aus dem Sonderprogramm der Landesregierung zur Verbesserung der Ausbildungschancen von Problemgruppen. Die K AG stand im Eigentum der Stadt M. Der Förderungsantrag wurde vom Landesgewerbeamt abgewiesen mit der Begründung, nach Nr. 3.3 der Förderungsrichtlinien des Wirtschaftsministeriums könnten Ausbildungsverhältnisse bei öffentlich-rechtlichen Einrichtungen nicht gefördert werden. Trotz ihrer privatrechtlichen Organisationsform sei die K AG dem öffentlich-rechtlichen Bereich zuzuordnen.

Die Verpflichtungsklage der K AG blieb ohne Erfolg. Als Anspruchsgrundlage **68** kann die K AG zunächst nicht unmittelbar auf den Haushaltsplan zurückgreifen. Die Bereitstellung von Mitteln im Haushaltsplan stellt lediglich die Legitimation im Innenverhältnis zwischen Parlament und Regierung dar, im Haushaltsplan ausgewiesene Mittel im Rahmen der Zweckbestimmung zu verwenden. Unmittelbare Ansprüche des Bürgers ergeben sich aus dem Haushaltsplan jedoch nicht, da durch den Haushaltsplan Ansprüche oder Verbindlichkeiten weder begründet noch aufgehoben werden können (§ 3 II BHO). Die Anspruchsgrundlage könnte sich jedoch aus Art. 3 I GG i. V. m. der Verwaltungspraxis ergeben. Im vorliegenden Fall hat der *VGH Ba-Wü* festgestellt, daß die auf der Richtlinie gegründete Vergabepraxis sowohl mit Art. 3 I GG, als auch mit dem Zuwendungszweck vereinbar sei. Die in der Zuwendungsrichtlinie zum Ausdruck kommende Zielsetzung, die zur Förderung zur Verfügung stehenden Mittel nur solchen Einrichtungen zukommen zu lassen, die nicht schon ohnedies zur Ausbildung der in der Richtlinie angesprochenen Problemgruppen verpflichtet sind, rechtfertige den Ausschluß der K AG von der Zuwendung. Eine sachwidrige Ungleichbehandlung sei nicht erkennbar (*VGH Ba-Wü*, NVwZ-RR 1989, 245 – *„Sonderprogramm"*).

69   Insbesondere im Subventionsbereich ist die Selbstbindung der Verwaltung über Art. 3 I GG i. V. m. der Verwaltungspraxis ganz h. M. Die Verwaltungsvorschriften begründen angesichs ihrer verwaltungsinternen Bindungswirkung eine bestimmte Verwaltungspraxis, die über Art. 3 I GG einen Anspruch des Bürgers auf die staatliche Leistung vermittelt. Die Verwaltungsvorschriften erlangen damit mittelbar rechtliche Außenwirkung (*Maurer*, Allg. VerwR, § 24 Rn. 22).

70   Bereits mit dem Erlaß der Verwaltungsvorschrift legt sich die Verwaltung auf eine Verwaltungspraxis fest. Damit läßt sich auch der **„erste Fall"** angemessen regeln. Die Rspr. behilft sich mit der „antezipierten Verwaltungspraxis". Dieser Grundsatz unterstellt einen Verstoß gegen den Gleichheitssatz mit Blick auf die künftige durch die Verwaltungsvorschrift vorgeprägte Verwaltungspraxis.

Beispielsfall: K betreibt ein Steinkohlenkraftwerk. Nach der einschlägigen Bestimmung des Bundesgesetzes zur Sicherung des Steinkohleneinsatzes in der Elektrizitätswirtschaft beantragte K für den Mehrverbrauch von Steinkohle eine entsprechende Beihilfe. Der Antrag wurde mit der Begründung abgelehnt, wegen begrenzter Haushaltmittel könne nur noch solchen Inhabern von Kraftwerken ein Zuschuß gewährt werden, die über eine Zusage verfügten. Dabei berief sich das zuständige Bundesamt auf eine Richtlinie, die die bereitgestellten Haushaltmittel auf DM 1,65 Mrd. begrenzte. – Das *BVerwG* führte aus, daß das Bundesgesetz im Hinblick auf die Förderung ein Ermessen einräume. Dieses Ermessen sei gerade im Interesse der Erhaltung der Finanzkraft des Bundes verankert worden. Von diesem insoweit eingeräumten Ermessen habe der Bundesminister für Wirtschaft sachgemäß Gebrauch gemacht.

71   K hatte sich u. a. darauf berufen, der Bundesminister für Wirtschaft sei zum Erlaß der Verwaltungsvorschrift nicht befugt gewesen, weil nach Art. 86, 1

GG die Bundesregierung die allgemeinen Verwaltungsvorschriften erlassen müsse. Dieser in der Lit. vertretenen Auffassung ist das *BVerwG* nicht gefolgt. Zunächst verweist es auf die fehlende begriffliche Schlußredaktion des VIII. Abschnittes des GG, weshalb eine Identität der Bedeutung der identischen Wortfassungen zwischen Art. 86, 1 GG und Art. 62 GG nicht zwingend sei. Auch im Vergleich mit Art. 84 und 85 GG ergebe sich nicht die von K erstrebte Rechtsfolge. Art. 84 und 85 GG beträfen das Verhältnis zwischen Bund und Ländern, wogegen Art. 86 GG lediglich die bundeseigene Verwaltung betreffe. Art. 86 GG enthalte deshalb keine Kompetenzverteilung innerhalb der Bundesregierung und eine den Erlaß von Verwaltungsvorschriften ausschließende Einschränkung der den Bundesministern durch Art. 65, S. GG übertragenen Zuständigkeit zur selbständigen und eigenverantwortlichen Leitung ihres Geschäftsbereiches.

Im Anschluß daran widerspricht das *BVerwG* dann der Auffassung, wonach **72** Richtlinien Rechtsnormencharakter hätten und deshalb einer gesetzlichen Ermächtigung bedürften. Das *BVerwG* weist darauf hin, daß es wiederholt ausgesprochen habe, daß Richtlinien keinen Rechtssatzcharakter hätten, aber in einer verwaltungsgerichtlich beachtlichen Weise das Verwaltungsermessen zu steuern vermöchten. Richtlinien haben nach Auffassung des *BVerwG* in erster Linie Innenwirkung, können aber eine Außenwirkung über Art. 3 GG erzeugen, wenn die Behörde pflichtgemäß ihr Handeln nach diesen Richtlinien ausrichtet (*BVerwG*, NJW 1979, 280 – *„Fehlende Subventionsmittel"*).

V. Erlaß und Anwendung von Verwaltungsvorschriften

a) Verwaltungsvorschriften werden von der Exekutive erlassen. Während die **73** Rechtsverordnung einer spezialgesetzlichen Ermächtigung bedarf, stellt die Verwaltungsvorschrift lediglich ein Instrument der Verwaltung zur internen Regelung des Verwaltungshandelns dar. Einer gesetzlichen Ermächtigung bedarf es angesichts der fehlenden Außenverbindlichkeit nicht. Zweifel bestehen insoweit bei der Auffassung, die Verwaltungsvorschriften Rechtsnormcharakter beimißt. Diese Auffassung geht indessen davon aus, daß es sich um originäres Administrativrecht handele, das ohne Verletzung des Prinzips vom Gesetzesvorbehalt ergehen könne (dazu *Maurer*, Allg. VerwR, § 24 Rn. 25). Zu Recht weist Maurer auf die Problematik der Lehre vom originären Administrativrecht im Hinblick auf den Gewaltenteilungsgrundsatz, den Gesetzesvorbehalt sowie im Hinblick auf die Bedeutung des Art. 80 I GG hin.

b) Einheitliche Regelungen über die Form und das Verfahren beim Erlaß von **74** Verwaltungsvorschriften fehlen. Teilweise sind Vorgaben in den Gesetzen enthalten (§ 6 II StVG). Im übrigen darf nicht übersehen werden, daß Verwaltungsvorschriften in vielen Fällen nicht nur im verwaltungsinternen Bereich entwickelt und erlassen werden. Vielmehr geht dem Erlaß der Verwaltungsvorschriften teilweise ein ausführliches Beteiligungsverfahren nicht nur anderer Behörden, sondern auch gesellschaftlicher Gruppen voraus. Gerade im Subventionsbereich werden die Subventionsrichtlinien vielfach mit den Spitzenverbänden der potentiellen Subventionsempfänger abgestimmt.

75 c) Zwingende Vorschriften zur Publikation der Verwaltungsvorschriften vergleichbar den Rechtsverordnungen bestehen nicht. Allerdings wird man aus dem Rechtsstaatprinzip (Art. 20 III GG) sowie aus der Garantie effektiven Rechtsschutzes (Art. 19 IV GG) entnehmen müssen, daß jedenfalls Verwaltungsvorschriften, die für die Ausübung des gesetzlich eingeräumten Ermessens maßgeblich sind, veröffentlicht werden müssen, damit der Bürger seinen Anspruch auf Gleichbehandlung geltend machen kann (*Scholz*, BayVBl. 1981, 198). Dasselbe gilt für normkonkretisierende Verwaltungsvorschriften.

76 **Merke:** Verwaltungsvorschriften sind nach h.|M. keine Rechtsnormen und unterliegen deshalb nicht der Auslegung und Anwendung durch die Gerichte. Im Rahmen der Rechtmäßigkeitskontrolle richtliniengeprägten Verwaltungshandelns durch Gerichte sind folgende Besonderheiten zu beachten:

77 ❏ Eine mittelbare Außenwirkung von Verwaltungsvorschriften ist rechtserheblich, wenn eine gesetzliche Regelung fehlt und diese auch nicht aus Rechtsgründen geboten ist.

78 ❏ Verwaltungsvorschriften prägen die Verwaltungspraxis. Nach h. M. wird die Außenwirkung über die Verwaltungspraxis und den Gleichheitssatz hergestellt (sog. Selbstbindung der Verwaltung). Vor diesem Hintergrund

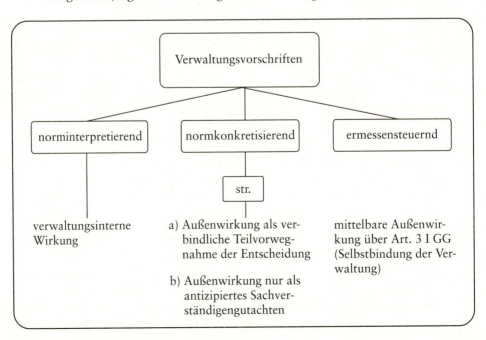

beschränkt sich die gerichtliche Prüfung darauf, ob der Gleichheitssatz im Einzelfall verletzt ist.

❑ Eine durch Verwaltungsvorschriften geprägte Selbstbindung der Verwal-   79
tung kann sich nur im Rahmen der Gesetze ergeben. Verwaltungsvorschriften, die eine Verwaltungspraxis entgegen der gesetzlichen Regelung begründen, können keine Gleichbehandlung im Unrecht zur Folge haben.

F. Verwaltungsorganisation und Verwaltungsverfahren

Der Gesetzesvorbehalt gilt nicht nur für die materiell-rechtlichen Beziehungen   80
zwischen Staat und Bürger, sondern erstreckt sich grds. auch auf die Verwaltungsorganisation und das Verwaltungsverfahren.

Aus der Wesentlichkeitstheorie ergibt sich, daß der Aufbau und die Strukturen
der Verwaltung, die Errichtung der Verwaltungsträger, die Zuständigkeiten der
Behörden und die Ausgestaltung des Verwaltungsverfahrens jedenfalls in den
Grundzügen durch Gesetz oder aufgrund Gesetzes festgelegt werden müssen
(*Maurer*, Allg. VerwR, § 6 Rn. 21; *BVerfGE* 40, 237 z. Behördenzuständigkeit
und Verwaltungsverfahren; auch *BVerfGE* 83, 130).

G. Wiederholung

I. Zusammenfassung

1. Der Grundsatz vom Vorrang des Gesetzes bedeutet, daß die Verwaltung keine
   Maßnahmen treffen darf, die einem förmlichen Gesetz widersprechen. Staatli-
   che Akte, die in der Form des Gesetzes erlassen werden, gehen allen anderen
   Akten der Verwaltung, insbesondere Rechtsverordnungen, Satzungen oder
   Verwaltungsakten vor.

2. Der Vorbehalt des Gesetzes bedeutet, daß bestimmte Entscheidungen dem
   Gesetzgeber von Verfassungs wegen vorbehalten sind. Die Verwaltung darf
   nur tätig werden, wenn sie dazu durch Gesetz ermächtigt worden ist. Das
   Fehlen eines ermächtigenden Gesetzes schließt nach dem Vorbehaltsprinzip
   ein Tätigwerden der Verwaltung aus.

3. Im Zusammenhang mit dem Gesetzesvorbehalt spielt das sog. besondere Gewaltverhältnis eine gewisse Rolle. Der Begriff beschreibt eine über das allgemeine Gewaltenverhältnis zwischen Staat und Bürger hinausgehende intensi-
   vere Pflichtenbindung, wie dies z. B. beim Beamtenverhältnis oder beim
   Schulverhältnis der Fall ist. Früher wurde angenommen, daß im besonderen
   Gewaltverhältnis Grundrechtseinschränkungen auch ohne gesetzliche Ermächtigung zugelassen seien. In der Strafvollzugsentscheidung hat das BVerfG

den Vorbehalt des Gesetzes auch im besonderen Gewaltverhältnis (jetzt besser: Sonderrechtsverhältnis) durchgesetzt.

4. Verwaltungsvorschriften sind innerdienstliche Anordnungen übergeordneter Verwaltungsstellen zum Vollzug von Rechtsvorschriften oder zur Regelung des internen Dienstbetriebes. Verwaltungsvorschriften binden nachgeordnete weisungsabhängige Behörden.

II. Fragen

1. Woraus ergibt sich der Grundsatz vom Vorrang des Gesetzes?

2. Woraus ergibt sich der Grundsatz vom Vorbehalt des Gesetzes?

3. Was bedeutet „Totalvorbehalt des Gesetzes"?

4. Haben Verwaltungsvorschriften anspruchsbegründende Wirkungen für den Bürger?

III. Lösungen

1. Das Vorrangprinzip erfaßt jede Tätigkeit der Verwaltung. Keine Tätigkeit der Verwaltung darf gegen Rechtsnormen verstoßen. Dies ergibt sich aus der Verbindlichkeit der geltenden Gesetze und wird durch Art. 20 III GG formuliert.

2. Der Grundsatz des Gesetzesvorbehalts wird aus Art. 20 III GG (Gesetzmäßigkeit der Verwaltung) hergeleitet (*BVerfGE* 49, 126). Darüber hinausgehend werden zu seiner Begründung teilweise auch das Demokratieprinzip sowie die Grundrechtsgewährleistungen im GG herangezogen.

3. Die Lehre vom Totalvorbehalt betrifft die Frage, in welchem Umfang die Verwaltung für ihr Tätigwerden einer gesetzlichen Grundlage bedarf. Während die h. M. das Vorbehaltsprinzip nicht für jede Art von Verwaltungstätigkeit, insbesondere nicht für die gewährende Verwaltung fordert, setzt die Lehre vom Totalvorbehalt voraus, daß jede Tätigkeit der Verwaltung einer gesetzlichen Grundlage bedarf.

4. Nach h. M. erlangen Verwaltungsvorschriften im Verhältnis zum Bürger mittelbare Außenwirkung im Rahmen der Selbstbindung der Verwaltung. Durch Verwaltungsvorschriften wird eine Verwaltungspraxis vorgeprägt. Anspruchsgrundlage des Bürgers auf Vergabe einer Leistung ist in diesem Fall Art. 3 I GG i. V. m. der entsprechenden Verwaltungspraxis.

3. Kapitel. Das Verwaltungsverfahren

§ 6. Das Verwaltungsverfahrensgesetz

Literatur: Berg, Die Rechtsprechung zum Verwaltungsverfahrensrecht, JZ 1993, 77; *Ehlers*, Die Anpassung der Landesverwaltungsverfahrensgesetze an das Verwaltungsverfahrensgesetz des Bundes, DVBl. 1977, 693; *Erichsen*, Höchstrichterliche Rechtsprechung zum Verwaltungsrecht, VerwArch. Bd. 69 (1978), 306; *Klein*, Das Verhältnis von Gesetzgebungszuständigkeit und Verwaltungszuständigkeit nach dem GG, AöR Bd. 88 (1963), 377; *Maurer*, Das Verwaltungsverfahrensgesetz des Bundes, JuS 1976, 485; *Ule*, Hat sich der Entwurf einer Verwaltungsrechtsordnung für Württemberg bewährt?, DVBl. 1960, 609; *ders.*, Verwaltungsverfahren und Verwaltungsgerichtsbarkeit, DVBl. 1957, 597; *v. Unruh*, Kodifiziertes Verwaltungsrecht, NVwZ 1988, 690.

A. Grundlagen und Entstehung

Das VwVfG des Bundes vom 25.5.1976 (BGBl. I S. 1253) sowie die im wesentlichen mit ihm übereinstimmenden Verwaltungsverfahrensgesetze der Bundesländer regeln das Verwaltungsverfahren und soweit es sich um sog. konnexe Materien handelt, auch teilweise materielles Verwaltungsrecht bzw. Materien, die über das eigentliche Verfahren hinaus die sonstige öffentlich-rechtliche Tätigkeit der Behörden betreffen (z. B. Amtshilfe). 1

I. Allgemeines

Das VwVfG trat am 1.1.1977 in Kraft. Es ist also in seinem Anwendungsbereich 2 zwischenzeitlich nahezu 20 Jahre die maßgebliche Rechtsgrundlage v. a. für die Gestaltung des Verwaltungsverfahrens.

Vor dem Inkrafttreten des VwVfG gab es in zahlreichen gesetzlichen Vorschriften 3 Teilregelungen des Verwaltungsverfahrensrechts und zum Teil auch des materiellen Verwaltungsrechts. Diese Regelungen waren unübersichtlich und ohne klare Linie (*Knack*, VwVfG, Teil I, S. 47). Sehr stark war das Verwaltungsverfahren auch durch allgemeine Grundsätze geprägt, die von der Rspr. und Lit. als Sätze des ungeschriebenen Rechts und als Mindesterfordernisse eines geordneten Verwaltungsverfahrens entwickelt worden waren. In der Praxis der Behörden wurden sie als geltendes Recht angewendet (*Kopp*, VwVfG, Vorbem. § 1 Rn. 1; *Erichsen*, VerwArch. Bd. 69 (1978), 306). Das VwVfG traf also nicht auf einen „rechtsfreien Raum", vielmehr führte es bereits vorhandene Teilregelungen und allgemeine Grundsätze in einer Kodifikation zusammen (konsumierende Kodifi-

kation). Zum überwiegenden Teil ist deshalb das VwVfG keine neue, eigenständige Schöpfung des Gesetzgebers, sondern eine Übernahme von bereits Bestehen-
dem in eine gesetzliche Kodifikation. Dies gilt sowohl für das VwVfG des Bundes
als auch für die mit ihm im wesentlichen übereinstimmenden VwVfGe der Bundesländer.

II. Entstehung

1. Historische Entwicklung

4 a) Das VwVfG brachte eine lange zurückreichende Diskussion zum Abschluß, in
deren Mittelpunkt die Forderung nach Schaffung rechtsstaatlicher Verfahrensregelungen für das Verwaltungsverfahren stand. Für die Notwendigkeit
einer solchen Regelung wurde angeführt, daß sie der Rechtssicherheit und der
Rechtseinheit sowie der Verwaltungsvereinfachung diene und damit gleicher-
maßen im Interesse der Verwaltung als auch des Bürgers liege (*Maurer*, JuS
1976, 485; *Stelkens*, VwVfG, Einl. Rn. 2). Den Befürwortern einer Kodifizierung wurde v. a. entgegengehalten, daß die verwaltungsrechtsdogmatischen
Grundlagen für eine umfassende Regelung noch nicht hinreichend geklärt
seien, daß die allgemeinen Grundsätze des Verwaltungsrechts ausreichende
Rechtsgrundlagen darstellten und daß eine Kodifizierung des Verwaltungsrechts einen Verlust an Anpassungsfähigkeit an sich wandelnde äußere Bedingungen mit sich bringe. Skepsis wurde schließlich dem Anspruch nach Rechtsvereinheitlichung entgegengebracht, weil die föderalistische Struktur der
Bundesrepublik Deutschland eine bundeseinheitliche Regelung verfassungsrechtlich nicht zulasse. Eine Bewertung seiner nunmehr nahezu 20jährigen
Wirkungsgeschichte bestätigt zwar, daß das VwVfG nicht das „Grundgesetz
der Verwaltung" geworden ist (*Berg*, JZ 1993, 77). Auf der anderen Seite kann
aber auch nicht übersehen werden, daß insbesondere mit Blick auf die weitgehend inhaltsgleichen LVwVfGe das Verwaltungshandeln insgesamt an Rechtssicherheit und für den Bürger an **Transparenz und Berechenbarkeit** gewonnen
hat (*Stelkens*, VwVfG, Einl. Rn. 3).

5 b) Der in § 10, 2 VwVfG zum Ausdruck gebrachte Grundsatz der **Einfachheit und
Zweckmäßigkeit des Verwaltungsverfahrens** hat schon Veit Ludwig von Secken-
dorff in seinem „Teutschen Fürsten-Stat" im Jahre 1656 bewegt. Eine seiner
Regeln richtiger Regierungs- und Verwaltungskunst lautete, daß jede „Ampts-
Verrichtung desto schleuniger auch ordentlicher und bequemer vonstatten zu
gehen" habe (*Stelkens*, VwVfG, Einl. Rn. 4; *v. Unruh*, NVwZ 1988, 690!).

Während der Weimarer Zeit gab es erste Versuche einer Kodifizierung des Verwaltungsverfahrensrechts. So wurde 1926 in Thüringen die Landesver-
waltungsordnung erlassen. Es handelte sich um den ersten Versuch einer
rechtsstaatlichen Erfordernissen entsprechenden Kodifikation des Verwaltungsverfahrensrechts (*Ule*, DVBl. 1957, 597). Der Entwurf eines Verwaltungsverfahrensgesetzes für Württemberg aus dem Jahre 1931 wurde wegen der Entwicklun-

gen nach 1933 nicht Gesetz, hat jedoch aufgrund seines exemplarischen Charakters die Diskussion maßgeblich beeinflußt (*Ule*, DVBl. 1960, 609).

Nach 1945 setzte in Bund und Ländern verstärkt die Diskussion um eine   6
bundeseinheitliche Kodifikation ein. Diese Diskussion wurde v. a. unter dem
Eindruck der im GG niedergelegten Verfassungsordnung forciert. Nicht zuletzt hatte auch das *BVerfG* wiederholt auf verfassungsrechtliche Bedenken
hingewiesen, die sich aus dem ungeregelten Zustand ergäben. Die Tätigkeit
der Verwaltung müsse im Gesetz inhaltlich normiert werden. Allgemein gehaltene Grundsätze seien mit dem Prinzip der Gewaltenteilung nicht in Einklang
zu bringen, weil sonst die Exekutive anstelle des Gesetzgebers entscheide
(*BVerfGE* 8, 325). Auf dem Weg zum VwVfG wirkte der **43. Deutsche Juristentag 1960** in München bahnbrechend. Dort wurde der Beschluß gefaßt, daß
eine einheitliche Regelung des Verwaltungsverfahrens wünschenswert und
notwendig sei und daß in diese Regelung auch „konnexe Materien des allgemeinen Verwaltungsrechts einbezogen werden sollten (Verh. des 43. DJT 1960
Bd. II 1962, S. 149; dazu *Maurer*, JuS 1976, 486). Die Vorarbeiten für das
VwVfG begannen dann mit der Einsetzung eines „Bund-Länder-Ausschusses
zur Erarbeitung des Musterentwurfes eines Verwaltungsverfahrensgesetzes im
Jahre 1960". Der 1963 vorgelegte Musterentwurf entsprach in seinen Grundprinzipien und seiner Gliederung und in den weiteren Teilen bereits dem später
beschlossenen VwVfG (ausf. *Stelkens*, VwVfG, Einl. 22). Die Bundesregierung legte den Musterentwurf in überarbeiteter Fassung dem Bundestag als
Gesetzentwurf vor (EVerwVerfG 1970 – BT Drs. VI/1173). Das **VwVfG** wurde
schließlich am 25.5.1976 beschlossen und trat am **1.1.1977 in Kraft**.

Nach dem Erlaß des VwVfG haben die Bundesländer mit Ausnahme des Lan-   7
des Schleswig-Holstein, das bereits 1967 ein eigenes Gesetz erlassen hatte, das
VwVfG teilweise bis hin zur Paragraphenzahl mit nur geringen Abweichungen
übernommen. Die „**Rechtsvereinheitlichung**" in der Bundesrepublik Deutschland wurde rechtstechnisch auf zwei Wegen erreicht: Zum einen wurde in
Verweisungsgesetzen (z. B. Rheinland-Pfalz) auf das VwVfG des Bundes verwiesen und dieses pauschal als Landesrecht übernommen; zum anderen wurden selbständige aber inhaltlich mit dem VwVfG des Bundes übereinstimmende Gesetze erlassen (z. B. Freistaat Bayern; Baden-Württemberg).In einigen
Verweisungsgesetzen wurde das VwVfG in der jeweils geltenden Fassung (sog.
dynamische Verweisung) übernommen (zu verfassungsrechtlichen Bedenken
hinsichtlich dynamischer Gesetzesverweisung vgl. *BVerfGE* 47, 285; *Ehlers*,
DVBl. 1977, 693). Die ursprüngliche weitgehende Übereinstimmung der Ge-
setzesregelungen in Bund und Ländern ist zwischenzeitlich gelockert worden,
weil die Landesgesetzgeber verschiedentlich ihr VwVfG ergänzt oder geändert
haben. Allerdings blieben die grundsätzlichen Strukturen hiervon unberührt.

c) Für die neuen Bundesländer enthielt der Einigungsvertrag zunächst eine Über- 8
    gangsregelung. In den neuen Bundesländern galt das VwVfG des Bundes auch

für dic Ausführung von Landesrecht durch Landesbehörden, solange die einzelnen Länder noch keine eigenen VwVfGe hatten, längstens jedoch bis zum
31.12.1992 (Art. 8 Einigungsvertrag i. V. m. Anlage I Kap. II Sachgeb. B
Abschn. III Nr. 1). Zwischenzeitlich liegen auch in den neuen Bundesländern
Landeskodifikationen vor, wobei die Länder Brandenburg, Mecklenburg-Vor-
pommern und Thüringen eigene VwVfGe erlassen haben; Sachsen und Sach-
sen-Anhalt haben vorläufig das VwVfG des Bundes für anwendbar erklärt.

2. Die „Drei Säulen-Theorie"

9 Nahezu gleichzeitig mit dem VwVfG sind zwei weitere, für das Verwaltungsrecht
wichtige Gesetze erlassen worden, nämlich das Sozialgesetzbuch – Allgemeiner
Teil vom 11.12.1975 und die Abgabenordnung 1977 vom 16.3.1976. Der Gesetzgeber war sich beim Erlaß dieser Gesetze ihres sachlichen Zusammenhangs
mit dem VwVfG bewußt; angesichts der Besonderheiten dieser Sachmaterien
wurde es gleichwohl für notwendig erachtet, sie nicht in den Anwendungsbereich
des VwVfG einzubeziehen (§ 2 II Nr. 1 u. 4 VwVfG, dazu *Stelkens*, VwVfG, Einl.
Rn. 49). Hinsichtlich des SGB wurde v. a. der in das Verfahren zu integrierende
Sozialschutz als Begründung angeführt; für den Bereich der Finanzverwaltung
wurden stärkere verfahrensrechtliche Mitwirkungspflichten des Steuerpflichti-
gen für erforderlich gehalten.

10 Den auf diese Weise entstandenen drei parallelen Kodifikationen zum Verwal-
tungsverfahren („*Drei-Säulen-Theorie*"; *Stelkens*, VwVfG, Einl. Rn. 49) sind
jeweils auch drei **verwaltungsgerichtliche Verfahrensordnungen** zugeordnet:
- ❑ VwVfG – VwGO vor den allg. Verwaltungsgerichten;
- ❑ AO – i. d. R. FGO vor den Finanzgerichten;
- ❑ SGB – i. d. R. SGG vor den Sozialgerichten.

3. Zielsetzungen des VwVfG

Mit dem Erlaß des VwVfG hat der Gesetzgeber folgende Ziele verfolgt:
- ❑ **Rechtsvereinheitlichung**

11 Die Rechtsvereinheitlichung sollte durch eine Zusammenfassung der in Spezialgesetzen geregelten Verfahrensbestimmungen und der allgemeinen Rechtsgrundsätze, die das Verwaltungsverfahren bislang bestimmten, gefördert werden.
Begleitet wurde die Rechtsvereinheitlichung auf Bundesebene von der Harmonisierung der Verfahrensgesetze des Bundes und der Länder. Angesichts fehlender
Gesetzgebungskompetenz (vgl. § 6 Rn. 17) konnte der Bund die vertikale Harmonisierung verfassungsrechtlich zwar nicht durchsetzen. Sie wurde aber aufgrund der Bund-Länder-Absprachen faktisch in breitem Maße erreicht.
- ❑ **Entlastung des Gesetzgebers**

12 Durch die einheitlichen Verfahrensgesetze sollten die Gesetzgebungsverfahren
entlastet werden. Im Hinblick auf neu zu erlassende Gesetze kann für das Verwaltungsverfahren auf das VwVfG bzw. die Landes VwVfGe „verwiesen" wer-

den. Für Verfahrensregelungen in zum Zeitpunkt des Erlasses des VwVfG bereits bestehenden Bundesgesetzen gilt das VwVfG nach § 1 I VwVfG zwar nur subsidiär. Allerdings sind die Verfahrensbestimmungen in den Gesetzen des besonderen Verwaltungsrechts zwischenzeitlich weitgehend auf der Grundlage des VwVfG überarbeitet bzw. abgelöst worden.

❑ **Vereinfachung und Rationalisierung der Verwaltung**

Mit der gesetzlichen Regelung des Verwaltungsverfahrens soll die Rationalität 13 des Verwaltungshandelns verbessert werden, weil die Verwaltung jetzt auf klare und verbindliche Normen zurückgreifen kann.

❑ **Stärkung der Rechtsstellung des Bürgers**

Die Verfahrensrechte des einzelnen wurden im VwVfG ausdrücklich festgelegt 14 und gewährleistet. Damit muß sich der einzelne für seine Beteiligung nicht mehr auf allgemeine Grundsätze berufen, sondern er kann sich direkt auf Vorschriften des VwVfG stützen (näher zu den Zielen: *Maurer*, Allg. VerwR, § 5 Rn. 6).

B. Anwendungsbereich

Wie bereits an dem Abriß zur Entwicklungsgeschichte deutlich geworden ist, ist 15 das VwVfG nicht die allgemeingültige Rechtsgrundlage für sämtliche Verwaltungsverfahren und alle Verwaltungsorgane, vielmehr gibt es, v. a. bedingt durch die verfassungsrechtliche Ausgangslage, verschiedene Verfahrensgesetze und verfahrensrechtliche Sonderregelungen, die in ihrem Anwendungsbereich gegeneinander abgegrenzt werden müssen.

In der vorliegenden Darstellung des allgemeinen Verwaltungsrechts wird grundsätzlich das VwVfG des Bundes zugrundegelegt. In der Fallösung muß jedoch jeweils geprüft werden, welches VwVfG im Einzelfall zur Anwendung zu bringen ist.

I. Verfassungsrechtliche Aspekte

Das Nebeneinander von Verwaltungsverfahrensgesetzen des Bundes und der 16 Länder geht auf die verfassungsrechtliche Ausgangslage zurück. Diese läßt es nicht zu, daß ein für alle Behörden des Bundes und der Länder geltendes allgemeines Verfahrensgesetz des Bundes erlassen wird. Hierzu **fehlt** dem Bund die **Gesetzgebungszuständigkeit.** Eine ausdrückliche Gesetzgebungszuständigkeit des Bundes für das Verwaltungsverfahren ist nämlich im Gegensatz zur Kompetenz zur Regelung des Gerichtsverfahrens nach Art. 74 Nr. 1 GG im GG nicht vorgesehen.

Das VwVfG beruht im Hinblick auf die **Gesetzgebungskompetenz des Bundes** auf 17 der rechtlichen Überlegung, daß dem Bund die Kompetenz zur Regelung des Verwaltungsverfahrens aus seiner Kompetenz zur Regelung von Sachmaterien als Annex zukommt. Letztlich stellt sich das VwVfG als ein „vor die Klammer gezogenes" Verfahrensgesetz im materiell-rechtlichen Kompetenzbereich des Bundes dar (*Stelkens*, VwVfG, § 1 Rn. 12). Wenn und soweit der Bund eine derartige materielle Gesetzgebungskompetenz hat und in Anspruch nimmt, wird Landesverwaltungsverfahrensrecht nach Maßgabe von Art. 30, 31, 70 ff. GG verdrängt, soweit der Bund nicht die Länder zur Regelung ausdrücklich ermächtigt hat. Dies ist in § 1 III VwVfG geschehen. Im einzelnen ergeben sich folgende Grundsätze:

18 ❏ Die Gesetzgebungszuständigkeit des Bundes für das Verfahren der Bundesbehörden ist unproblematisch. Sie folgt aus Art 70 ff. GG i. V. m. Art. 86 ff. GG und den Grundsätzen über die Zuständigkeit kraft Sachzusammenhangs.

Beispielsfall: Das Eisenbahnkreuzungsgesetz des Bundes enthielt u. a. Regelungen zum Planfeststellungsverfahren, insbesondere zur Planfeststellungsbehörde und zur Anhörung von Stellen, deren Belange durch die Gestaltung der Straßenkreuzung berührt sind. Die Bayerische Staatsregierung hat im Verfahren nach Art. 93 I Nr. 2 GG beantragt festzustellen, daß die einschlägigen Bestimmungen des Eisenbahnkreuzungsgesetzes nichtig sind. – Das *BVerfG* kam zum Ergebnis, daß der Bund die Gesetzgebungskompetenz für diese Verfahrensregelung hat. Das *BVerfG* weist darauf hin, daß sich die Kreuzungsregelung aus der Gesetzgebungskompetenz des Bundes für die Bundeseisenbahnen nach Art. 73 Nr. 6 GG ergebe. Es könne offenbleiben, ob sich auch die Befugnis des Bundes, das Verfahren der bundeseigenen Verwaltung der Bundeseisenbahn zu regeln, aus Art. 73 Nr. 6 GG allein ergebe, oder ob diese Kompetenz aus Art. 86, 87 I GG herzuleiten sei. Im Ergebnis unterliege es keinem Zweifel, daß der Bund das Verfahren der bundeseigenen Verwaltung gesetzlich regeln könne (*BVerfGE* 26, 338 – „*Eisenbahnkreuzungsgesetz*").

19 ❏ Die Gesetzgebungskompetenz für das Verfahren von Landesbehörden folgt im Bereich der Bundesauftragsverwaltung aus Art. 70 ff. GG i. V. m. Art. 85 I GG und den Grundsätzen über die Zuständigkeit kraft Sachzusammenhangs (*Klein*, AöR Bd. 88 (1963), 401).

20 ❏ Für den Verwaltungsvollzug von Bundesgesetzen, die die Länder als eigene Angelegenheit nach Art. 84 I GG ausführen, kann der Bund nur mit Zustimmung des Bundesrates Verfahrensregelungen treffen; die Kompetenz ergibt sich dann aus Art. 70 ff. GG i. V. m. Art. 84 GG. Zu beachten ist, daß sich die Zustimmung des Bundesrates nur jeweils auf konkrete Gesetzesentwürfe beziehen darf (dies allerdings dann auch in Form einer Verweisung auf eine generelle Regelung wie die des VwVfG insgesamt).

21 ❏ Im übrigen liegt die Kompetenz zur Regelung des Verwaltungsverfahrens bei den Ländern.

II. Bundes- und Landesverwaltungsverfahrensrecht

1. Allgemeines

Im Zuge des Erlasses des VwVfG bestand Übereinstimmung darüber, daß das **22** Verwaltungsverfahrensrecht in Bund und Ländern möglichst einheitlich geregelt werden sollte. Dieses Anliegen nach Rechtsvereinheitlichung wurde durch die **Harmonisierung der VwVfGe von Bund und Ländern** in gewisser Weise erreicht.

Die verfassungsrechtliche Ausgangslage erklärt die komplizierte Regelung des Anwendungsbereiches des VwVfG des Bundes. Der Anwendungsbereich der VwVfGe von Bund und Ländern ist zunächst vom Prinzip der Trennung zwischen Bundes- und Landesbehörden gekennzeichnet (*Stelkens*, VwVfG, § 1 Rn. 28). Als Grundsatz läßt sich zusammenfassen, daß nach der Regelungslage in Bund und Ländern die öffentlich-rechtliche Verwaltungstätigkeit der Behörden des Bundes durch das VwVfG des Bundes geregelt ist, für die entsprechende Tätigkeit der Länder- und Kommunalbehörden gelten – auch wenn sie Bundesrecht ausführen – die bis auf gewisse Abweichungen hiermit übereinstimmenden Landesverwaltungsverfahrensgesetze.

Zwar gilt nach § 1 I und II VwVfG dieses Gesetz für die Verwaltungstätigkeiten **23** der Bundesbehörden sowie für die Verwaltungstätigkeit der Landesbehörden, soweit sie Bundesrecht ausführen. Allerdings gilt das VwVfG für die Ausführung

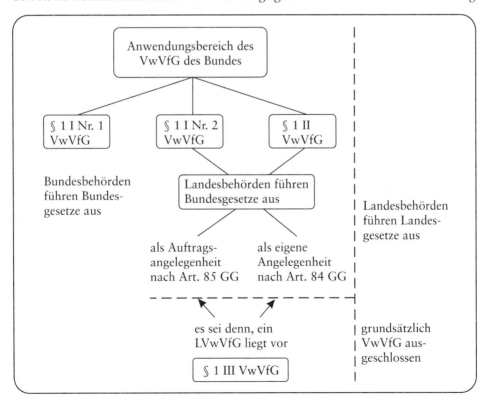

von Bundesrecht nach § 1 III VwVfG dann nicht, wenn und soweit die Verwaltungstätigkeit der Behörden landesrechtlich durch ein Verwaltungsverfahrensgesetz geregelt ist. Dies ist zwischenzeitlich, wie bereits dargestellt, in allen Bundesländern geschehen.

§ 1 III VwVfG wurde nach Anrufung des Vermittlungsausschusses auf Druck der Länder eingefügt. Diese Abgrenzung des Anwendungsbereiches ist sachgerecht, da andernfalls Landesbehörden, je nachdem, ob sie Bundesrecht oder Landesrecht vollziehen, verschiedenes Verfahrensrecht zu beachten hätten.

2. VwVfG des Bundes

24   Das VwVfG des Bundes gilt grundsätzlich für die Behörden des Bundes sowie der bundesunmittelbaren Körperschaften, Anstalten und Stiftungen des öffentlichen Rechts (§ 1 Nr. 1 VwVfG).

Für die Länderbehörden gilt es im Bereich der Bundesauftragsverwaltung (§ 1 I Nr. 2 VwVfG) und beim Vollzug von Bundesgesetzen als eigene Angelegenheit (§ 1 II VwVfG). Da die Länder jedoch eigene VwVfGe erlassen haben, beschränkt sich nach gegenwärtiger Rechtslage faktisch der Anwendungsbereich des VwVfG des Bundes auf die öffentlich-rechtliche Verwaltungstätigkeit der Bundesbehörden.

3. VwVfGe der Länder (§ 1 I Nr. 2, II und III VwVfG)

25   a) Das VwVfG des Bundes gilt schon angesichts fehlender Gesetzgebungskompetenz nicht für den Vollzug der Landesgesetze durch Landesbehörden, auch dann, wenn ein Land kein eigenes VwVfG erlassen haben sollte. Die Ausnahmeregelung des § 1 III VwVfG betrifft nur solche Rechtsmaterien, für die der Bund eine Zuständigkeit zur Regelung des Verwaltungsverfahrens hat.

26   b) Durch § 1 III VwVfG erfährt der Anwendungsbereich des VwVfG des Bundes eine starke Einschränkung. Diese Bestimmung unterstellt die Ausführung von Bundesgesetzen durch Länderbehörden Landesverwaltungsverfahrensrecht, soweit entsprechende Gesetze vorliegen. Im Ergebnis wird durch diese Ausnahmeregelung und die zwischenzeitlich erfolgte Gesetzgebungstätigkeit der Länder der Grundsatz verwirklicht, daß für das Verfahren vor Landesbehörden grundsätzlich Landesverfahrensrecht gilt (*Kopp*, VwVfG, § 1 Rn. 11). Dabei ist es unerheblich, wenn die LVwVfGe mit dem VwVfG nicht inhaltlich völlig übereinstimmen. Sie können Abweichungen in Detailfragen ebenso aufweisen, wie Vorbehalte zugunsten sondergesetzlicher Bestimmungen (*Kopp*, VwVfG, § 1 Rn. 14).

4. Anwendungsbereich des VwVfG

27   a) Da § 1 I VwVfG nur die öffentlich-rechtliche Verwaltungstätigkeit der Behörden regelt, wird Verwaltungstätigkeit in den Formen des Privatrechts von diesem Gesetz nicht erfaßt.

Der Begriff des öffentlichen Rechts hat auch in zahlreichen anderen Vorschriften des VwVfG Bedeutung. So wird bei der Definition des Verwaltungsverfahrens in § 9 VwVfG die öffentlich-rechtliche Verwaltungstätigkeit vorausgesetzt. Auf das öffentliche Recht müssen sich der Inhalt der hoheitlichen Maßnahmen nach § 35 VwVfG und der Gegenstand des öffentlich-rechtlichen Vertrages nach § 54 VwVfG beziehen. Diese Regeln zeigen, daß das VwVfG der überkommenen Unterscheidung zwischen öffentlichem und privaten Recht folgt. Allerdings enthält auch das VwVfG keine Definition dessen, was unter öffentlichem Recht zu verstehen ist.

Davon zu unterscheiden ist die Frage, ob Verwaltungsbehörden im Rahmen der öffentlich-rechtlichen Tätigkeit zivilrechtliche Normen anwenden dürfen. Dies hat nichts mit dem Anwendungsbereich des VwVfG zu tun, sondern mit der Frage, in welchem Umfang die zivilrechtlichen Vorschriften im öffentlich-rechtlichen Rahmen angewendet werden dürfen. Nach h. M. können im Rahmen der öffentlich-rechtlichen Verwaltungstätigkeit zivilrechtliche Regelungen grundsätzlich angewandt werden, soweit entsprechende öffentlich-rechtliche Normen nicht existieren und der allgemeine Rechtsgedanke im Zivilrecht bereits ausformuliert ist oder die Lücke durch eine analoge Anwendung der im Zivilrecht definierten Rechtsfolgen geschlossen werden kann (*Maurer*, Allg. VerwR, § 3 Rn. 28; *Stelkens*, VwVfG, § 1 Rn. 59 a). 28

b) Nach § 2 VwVfG sind einige Verwaltungsbereiche völlig aus dem **Anwendungsbereich des VwVfG ausgenommen**. Dies betrifft u. a. die Finanzverwaltung, das Gebiet des Sozialrechts wie auch die Verfolgung von Straftaten und Ordnungswidrigkeiten (dazu den Katalog des § 2 VwVfG). 29

c) Das VwVfG gilt überdies nur subsidiär, nämlich nur soweit, als nicht Rechtsvorschriften des Bundes inhaltsgleiche oder entgegenstehende Bestimmungen enthalten (§ 1 I und II VwVfG). 30

Die **Subsidiaritätsregelung** gilt nur gegenüber gesetzlichen Rechtsvorschriften des Bundes (formelle Gesetze, Rechtsverordnungen). Sie betrifft dagegen nicht landesgesetzliche Regelungen, da diese nach Maßgabe des Kompetenzrechts verdrängt werden (vgl. § 6 Rn. 26). Zu beachten ist, daß auch die LVwVfGe vielfach vergleichbare horizontale Subsidiaritätsklauseln gegenüber landesgesetzlichen Sonderregelungen aufweisen. Im Einzelfall kann sich, bis die angestrebte Rechtsbereinigung vollständig erreicht ist, immer wieder die dann nicht leicht zu beantwortende Frage stellen, ob und inwieweit spezielle Vorschriften eingreifen, ferner, ob und wie sie sich mit den lückenausfüllenden und zugleich grundsätzlichen Regelungen des allgemeinen Verwaltungsverfahrensgesetzes in Einklang bringen lassen (*Maurer*, JuS 1976, 496).

d) Schließlich führt auch die Legaldefinition des Verwaltungsverfahrens in § 9 VwVfG zu einer weiteren Einschränkung des Anwendungsbereiches dieses Gesetzes. Zum Verwaltungsverfahren kann grundsätzlich jede auf ein bestimmtes Ergebnis gerichtete Tätigkeit von Verwaltungsbehörden gerechnet werden. Ein derartig weiter Verfahrensbegriff liegt dem VwVfG nicht zugrun- 31 de (zum weitergehenden Begriffsinhalt bei Art. 84 I GG *Kopp*, VwVfG, Vorbem. § 1 Rn. 8). Das VwVfG schränkt den Begriff des Verwaltungsverfahrens ein auf „die nach außen wirkende Tätigkeit der Behörden, die auf die Prüfung der Voraussetzungen, die Vorbereitung und den Erlaß eines Verwaltungsaktes oder auf den Abschluß eines öffentlich-rechtlichen Vertrages gerichtet ist". Die einschränkenden Merkmale sind somit auf der einen Seite die Außenwirkung des Verwaltungshandelns, auf der anderen Seite die Zielrichtung des Verwaltungsverfahrens, nämlich der Erlaß eines Verwaltungsaktes oder der Abschluß eines Verwaltungsvertrages.

32   Während das einschränkende Merkmal der Außenwirkung für das Verhältnis der Verwaltung zum Bürger weniger bedeutungsvoll ist, da hierdurch verwaltungsinterne Verfahren und Vorgänge ausgeschieden werden, ist die Bezugnahme auf den Verwaltungsakt und den Verwaltungsvertrag bedeutsamer. Mit dieser objektbezogenen Beschränkung des Anwendungsbereichs werden nämlich durchaus Verfahren ausgeschlossen, die für den Bürger von erheblicher Bedeutung sein können, wie z. B. die Vornahme oder Korrektur von Realakten, der Erlaß von Rechtsverordnungen oder Planungsakten (*Maurer*, JuS 1976, 496).

33
> **Merke:** Nach der geltenden Regelungslage in Bund und Ländern findet das VwVfG praktisch nur auf die öffentlich-rechtliche Verwaltungstätigkeit der Behörden des Bundes Anwendung; für die öffentlich-rechtliche Verwaltungstätigkeit der Länder -und Kommunalbehörden gelten die Landesverwaltungsverfahrensgesetze auch dann, wenn diese Behörden Bundesrecht ausführen.

C. Anwendungsgrundsätze

I. Einheitliche Auslegung

34   Trotz der Trennung des Verwaltungsverfahrensrechts in solches des Bundes und der Länder und auf der horizontalen Ebene in das allgemeine VwVfG und die besonderen Verfahrensregelungen, besteht in der Praxis die Notwendigkeit zu einer grundsätzlich einheitlichen Auslegung und Anwendung des Verfahrensrechts in allen Fällen, in denen Unterschiede nicht offensichtlich in der Sache selbst begründet sind (*Kopp*, VwVfG, Vorbem. § 1 Rn. 18).

Da das Verwaltungsverfahrensrecht des Bundes und der Länder in weitem Umfang Ausdruck und **Konkretisierung derselben verfassungsrechtlichen Grundprinzipien** ist, und diese gesetzlichen Regelungen weitgehend sogar wörtlich übereinstimmen, kann die Anwendungspraxis und die Rechtsprechung zu den einzelnen Bestimmungen auch bei der Auslegung und Anwendung „paralleler" verfahrensrechtlicher Vorschriften der anderen Gesetze berücksichtigt werden.

Dem Zweck der Wahrung der Einheitlichkeit dient nicht zuletzt auch die Eröffnung der Revision zum Bundesverwaltungsgericht in §§ 97 Nr. 3, 137 I Nr. 2 VwGO wegen Verletzung einer Vorschrift des VwVfG eines Landes, die mit der entsprechenden Vorschrift des VwVfG wörtlich übereinstimmt. Dies bedeutet, daß die Auslegung und Anwendung der landesrechtlichen Bestimmungen durch das *BVerwG* überprüft werden können (*Maurer*, Allg. VerwR, § 5 Rn. 21).

II. Formstrenge und Formfreiheit

Das Verwaltungsverfahren hat den Zweck, durch die Beteiligung des einzelnen und durch formale Festlegung des Verfahrensablaufes die sachliche Richtigkeit und Gesetzmäßigkeit der Verwaltungsentscheidung sicherzustellen. Das Verwaltungsverfahrensrecht in diesem Sinne dient deshalb der Rechtssicherheit. Auf der anderen Seite darf nicht übersehen werden, daß das Verwaltungsverfahren andere Gestaltungs- und Ordnungsaufgaben als das verwaltungsgerichtliche Verfahren mit dem dort geltenden prozeßrechtlichen Grundsatz der Formstrenge wahrzunehmen hat.

35

Das VwVfG erweist sich vor dem Hintergrund der Handlungseffizienz der Verwaltung, die in der Lage sein muß, flexibel auf die unterschiedlichsten Aufgabenstellungen des gesamten Spektrums der öffentlichen Aufgaben zu reagieren, als Kompromiß zwischen der Formstrenge des Prozeßrechts einerseits und der beliebigen Formlosigkeit freier Ermessenstätigkeit der Behörden andererseits.

36

Das VwVfG stellt einen Rahmen für den Verfahrensablauf zur Verfügung, der auf der einen Seite Transparenz und Berechenbarkeit durch verfahrensrechtliche Regelungen bewirkt, auf der anderen Seite durch Beteiligungsregelungen des einzelnen sicherstellt, daß die Interessen des Betroffenen im Verfahren berücksichtigt werden (*Kopp*, VwVfG, Vorbem. § 1 Rn. 25).

D. Wiederholung

I. Zusammenfassung

1. Das VwVfG trat am 1.1.1977 in Kraft. Bis zum Inkrafttreten des VwVfG waren die verfahrensrechtlichen Regelungen unübersichtlich in Gesetzen des besonderen Verwaltungsrechts verstreut. Das Verwaltungsverfahren war im übrigen durch allgemeine Rechtsgrundsätze geprägt, die von Rechtsprechung und Schrifttum als Sätze des ungeschriebenen Rechts und als Mindesterfordernisse eines geordneten Verwaltungsverfahrens entwickelt worden waren.

2. Nach Erlaß des VwVfG haben die Bundesländer ihrerseits Landesverwaltungsverfahrensgesetze erlassen, die weitgehend textgleich mit dem VwVfG waren. Dies hat zu einer Rechtsvereinheitlichung des Verwaltungsverfahrens beigetragen, wobei die Bundesländer zum Teil in Verweisungsgesetzen das

VwVfG des Bundes in das Landesrecht übernommen, teilweise zwar selbständige, aber inhaltlich mit dem VwVfG des Bundes übereinstimmende Gesetze erlassen haben.

3. Das VwVfG sowie die VwVfGe der Länder verfolgen die Ziele der Rechtsvereinheitlichung, der Entlastung des Gesetzgebers, der Vereinfachung und Rationalisierung der Verwaltung und der Stärkung der Rechtsstellung des Bürgers.

4. Angesichts der fehlenden Gesetzgebungskompetenz des Bundes für ein alle Verwaltungsverfahren regelndes Gesetz konnte der Bund das Verwaltungsverfahren von Behörden der Länder nur soweit regeln, als dieses als Annex zum materiellen Sachbereich mitgeregelt werden konnte. Es gilt angesichts der Tatsache, daß die Länder eigene Verwaltungsverfahrensgesetze erlassen haben auf der Grundlage der Subsidiaritätsregelung des § 1 III VwVfG der Grundsatz, daß für öffentlich-rechtliche Tätigkeit der Bundesbehörden das VwVfG, für die öffentlich-rechtliche Tätigkeit der Landesbehörden dagegen die LVwVfGe gelten, und zwar unabhängig davon, ob die Landesbehörden Bundesgesetze ausführen oder landeseigene Gesetze.

II. Fragen

1. Was meint der Begriff „Drei-Säulen-Theorie" im Bereich des Verwaltungsverfahrens?

2. Gilt das VwVfG auch für die erwerbswirtschaftliche und fiskalische Tätigkeit der Behörden?

3. Gilt das VwVfG für beliehene Unternehmer?

4. Haben Kirchen und Religionsgesellschaften als öffentlich-rechtliche Körperschaften das VwVfG anzuwenden?

III. Lösungen

1. Die „*Drei-Säulen-Theorie*" bezieht sich auf den eingeschränkten Anwendungsbereich des VwVfG. Nach § 2 II Nr. 1 VwVfG gilt das Gesetz nicht für das Verfahren der Bundes- und Landesfinanzbehörden nach der AO; nach § 2 Abs. 2 Nr. 4 VwVfG ist das sozialrechtliche Verwaltungsverfahren ebenfalls ausgenommen. Der Gesetzgeber hat diese „Verfahrenskomplexe" bewußt getrennt und nicht horizontal vereinheitlicht, weil er der Auffassung war, daß die jeweilige Sachmaterie durch Besonderheiten gekennzeichnet ist, die es nicht tunlich erscheinen ließ, sie in ein einheitliches VwVfG einzubeziehen.

2. Nach § 1 I VwVfG gilt dieses Gesetz für die öffentlich-rechtliche Verwaltungstätigkeit von Behörden. Nach § 1 IV VwVfG ist Behörde im Sinne des VwVfG jede Stelle, die Aufgaben der öffentlichen Verwaltung wahrnimmt. Behörden in diesem Sinne sind auch die sog. beliehenen Unternehmer, soweit sie im

Rahmen der ihnen übertragenen öffentlich-rechtlichen Aufgaben und Zuständigkeiten tätig werden. Beliehene Unternehmer in diesem Sinne sind z. B. staatlich anerkannte Privatschulen, Luftfahrzeugführer.

3. § 2 VwVfG enthält Ausnahmen vom Anwendungsbereich dieses Gesetzes. Nach § 2 I VwVfG gilt dieses Gesetz nicht für die Tätigkeiten der Kirchen, der Religionsgesellschaften und Weltanschauungsgemeinschaften sowie ihrer Verbände und Einrichtungen. Diese Ausnahme trägt dem Umstand Rechnung, daß es bei diesen Einrichtungen nach h. M., auch soweit sie nach staatlichem Recht mit öffentlich-rechtlichem Sonderstatus und dem Recht der Selbstverwaltung bzw. mit besonderen öffentlich-rechtlichen Befugnissen ausgestattet sind, nicht um staatliche Einrichtungen handelt, und daß ihnen durch Art. 140 GG i. V. m. Art. 137 WRV Selbständigkeit in der Verwaltung ihrer Angelgenheiten garantiert ist (*Kopp*, VwVfG, § 2 Rn. 5). Zu den Verbänden und Einrichtungen der Kirchen, deren Tätigkeit ebenfalls von der Anwendung des VwVfG ausgenommen ist, gehören z. B. die Caritas, die von den Kirchen getragenen Hochschulen oder die von religiösen Orden getragenen Krankenhäuser.

§ 7. Das Verwaltungsverfahren

Literatur: *Bäumler*, Die Beteiligung mehrerer Behörden am Verwaltungsverfahren, BayVBl. 1978, 492; *Bender*, Zur normativen Tragweite des § 14 I WassHG, NVwZ 1984, 9; *Bettermann*, Das erfolglose Vorverfahren als Prozeßvoraussetzung des verwaltungsgerichtlichen Verfahrens, DVBl. 1959, 309; *Bunge*, Die Umweltverträglichkeitsprüfung von Projekten, DVBl. 1987, 819; *Eibert*, Die Beteiligung mehrerer Behörden am Verwaltungsverfahren – Stellungnahme zu Bäumler, BayVBl. 1978, 496; Eiselstein, Verwaltungsaufbau und Zuständigkeiten, JuS 1987, 30; *Friesecke*, Das Bundeswasserstraßengesetz, NJW 1968, 1267; *Fromm*, Öffentlich-rechtliche Fragen beim Bau von Untergrundbahnen, DVBl. 1969, 289; *Gaentzsch*, Konkurrenz paralleler Anlagengenehmigungen, NJW 1986, 2787; *Gusy*, Lehrbuch der Versammlungsfreiheit, JuS 1986, 608; *Hill*, Verfahrensermessen der Verwaltung, NVwZ 1985, 449; *Krasney*, Zur Anhörungspflicht im Verwaltungsverfahren, NVwZ 1986, 337; *Kronenbitter*, Die Kostenentscheidung im verwaltungsgerichtlichen Vorverfahren, MDR 1967, 718; *Lisken/Mokros*, Richter- und Behördenleitervorbehalte im neuen Polizeirecht, NVwZ 1991, 609; *Kühling*, Rechtsprechung des Bundesverwaltungsgerichts zum Fachplanungsrecht, DVBl. 1986, 221; *Martens*, Die Rechtsprechung zum Verwaltungsverfahrensrecht, NVwZ 1984, 556; *ders.*, Einführung in die Praxis des Verwaltungsverfahrens, JuS 1978, 99; 1977, 809; Menger, Rechtsschutz im Bereich der Verwaltung, DÖV 1969, 159; *Nehls*, Die Rechtsprechung des BSG zur Anhörung, NVwZ 1982, 494; *Redeker/v. Oertzen*, Verwaltungsgerichtsordnung, 11. Aufl. 1994 (zit.: *Redeker*, VwGO); *Renck*, Anm. zu BVerwG NJW 1980, 135, in: NJW 1980, 1011; *ders.* Nochmals: Ist der Betroffene anzuhören, bevor eine Vollziehungsanordnung nach § 80 II Nr. 4 VwGO ergeht?, DVBl. 1990, 1038; *ders.*, Probleme des verwaltungsgerichtlichen Vorverfahrens, DÖV 1973, 264; *Ronellenfitsch*, Die Planfeststellung, VerwArch. Bd. 80 (1989), 92; *Schmidt*, Der Verlust der örtlichen Zuständigkeit während des Verwaltungsverfahrens, DÖV 1977, 774; *Schmidt-Aßmann*, Thesen zur Einbindung der Umweltverträglichkeitprüfung nach

EG-Recht in das Raumordnungsverfahren, DVBl. 1987, 826; *Stelkens/Bonk/Sachs*, Verwaltungsverfahrensgesetz, 4. Aufl. 1993 (zit.: *Stelkens*, VwVfG); *Ule*, Verfassungsrecht und Verwaltungsprozeßrecht, DVBl. 1959, 537; *ders.* Verwaltungsverfahren und Verwaltungsprozeß, VerwArch. Bd. 62 (1971), 114; *Wolff*, Verwaltungsrecht III, 3. Aufl. 1973 (zit.: *Wolff* III).

A. Allgemeines

1   Als Verfahren bezeichnet man im allgemeinen einen in der Zeit gestreckten Ablauf von Maßnahmen, ausgerichtet auf die Erreichung eines bestimmten Ergebnisses. Von diesem allgemeinen Verfahrensbegriff wird auch das Verwaltungsverfahren erfaßt. Es zeigt sich jedoch, daß das Verwaltungsverfahren Besonderheiten aufweist, die eine eigenständige begriffliche Erfassung erfordern.

I. Begriff des Verwaltungsverfahrens

1. Verwaltungsverfahren im weiteren Sinne

2   Als Verwaltungsverfahren im weiteren Sinne kann jede Tätigkeit von Verwaltungsbehörden definiert werden, die auf eine Verwaltungshandlung gerichtet ist. Mit anderen Worten kann jede Verwaltungshandlung grundsätzlich als Ergebnis eines Verwaltungsverfahrens, d. h. eines Prozesses der Klärung und Herbeiführung der Entscheidung, verstanden werden (*Schweickhardt*, Rn. 773). Von dieser weiten Begriffsbestimmung werden eine Vielzahl unterschiedlicher Verwaltungsverfahren erfaßt, die zwar einerseits Gemeinsamkeiten aufweisen, andererseits aber nach ihrer jeweiligen Eigenart und nach den beteiligten Interessen große Unterschiede erkennen lassen.

Beispiele:
❑ Die Ordnungsbehörde der Stadt M erläßt eine Verordnung, in der das Füttern von Tauben im Stadtbereich untersagt wird.
❑ Der Gemeinderat der Gemeinde A beschließt das Kinderfest am dritten Augustwochenende durchzuführen; der Bürgermeister S bespricht mit den örtlichen Vereinen die Gestaltung des Festzuges; er vergibt den Auftrag an die Brauerei X für den Betrieb des Festzelts; außerdem werden die Standplätze für den Rummelplatz vergeben.
❑ Der Stadtrat von M beschließt eine verkehrsreiche Kreuzung zu untertunneln. In Ausführung dieses Beschlusses schreibt die Stadtverwaltung den Bauauftrag aus und erteilt den Zuschlag.
❑ Das Sozialamt von S lehnt den Antrag auf Sozialhilfe des X ab, weil dieser über großes Kapitalvermögen verfüge.
❑ Zur Verlegung einer Bundesstraße führt die zuständige Straßenbaubehörde ein Planfeststellungsverfahren durch.
❑ Minister M erläßt für sein Ministerium eine Dienstordnung, in der geregelt wird, wie die federführenden Referate sachlich mitbetroffene Referate zu beteiligen haben.

Die wenigen Beispiele zeigen, daß der Begriff „Verwaltungsverfahren" ganz unterschiedliche Verfahrensabläufe und Verfahrensziele einschließt. Sofern eine ausdrückliche gesetzliche Regelung fehlt, ist in jedem Einzelfall zu klären, was zu dem jeweiligen Verwaltungsverfahren gehört und welche rechtserheblichen Folgerungen zu ziehen sind (*Maurer*, Allg. VerwR, § 19 Rn. 1).

2. Verwaltungsverfahren nach § 9 VwVfG

§ 9 VwVfG definiert den **Begriff des Verwaltungsverfahrens** wie folgt: 3

„Das Verwaltungsverfahren im Sinne dieses Gesetzes ist die nach außen wirkende Tätigkeit der Behörden, die auf die Prüfung der Voraussetzungen, die Vorbereitung und den Erlaß eines Verwaltungsaktes oder auf den Abschluß eines öffentlich-rechtlichen Vertrages gerichtet ist; es schließt den Erlaß des Verwaltungsaktes oder den Abschluß des öffentlichen-rechtlichen Vertrages ein".

Von der Vielfalt der Verwaltungstätigkeiten mit darauf gerichteten Verfahren erfaßt § 9 VwVfG somit nur einen bestimmten Ausschnitt (*Erichsen*, Allg. VerwR, § 37 Rn. 8). Der Verfahrensbegriff des VwVfG wird durch zwei Merkmale bestimmt:

❑ Externe Wirkung des Verfahrens

   Zum Verwaltungsverfahren nach § 9 VwVfG gehören nur die „**nach außen**   4
   wirkenden" Tätigkeiten von Behörden. Es werden also nur solche Tätigkeiten erfaßt, bei denen die Behörden nach außen handelnd in Erscheinung treten. Unberücksichtigt bleiben daher die internen Verfahren, wie z. B. die Rechnungsprüfung durch den Rechnungshof, die Ordnung des internen Dienstbetriebes oder das ausschließlich interne Zusammenwirken zwischen Behörden ohne Außenwirkung.

❑ Zielrichtung des Verfahrens

   § 9 VwVfG betrifft nur Verwaltungsverfahren, die auf die Prüfung der Voraus- 5
   setzungen, die Vorbereitung und den Erlaß eines **Verwaltungaktes** oder auf den Abschluß eines **verwaltungsrechtlichen Vertrages** gerichtet sind *(Wolff* III, § 156 I; *Maurer*, Allg. VerwR, § 9 Rn. 2). Die begrenzte inhaltliche Zielrichtung des Verwaltungsverfahrens führt zur Ausgrenzung z. B. von Verfahren, die auf die Ausführung von Realakten gerichtet sind. Soweit durch solche Verfahren jedoch Rechte des einzelnen berührt werden und Sonderregelungen nicht vorliegen, kann grundsätzlich das VwVfG entsprechend herangezogen werden (str.;*Maurer*, Allg. VerwR, § 19 Rn. 2).

3. VwVfG und verwaltungsinterne Verfahren

a) Das Merkmal der „externen Wirkung" des Verwaltungsverfahrens darf nicht   6
dahin mißverstanden werden, daß nur nach außen wirkendes Handeln der Verwaltungsbehörden von § 9 VwVfG erfaßt würde, gewissermaßen in Entsprechung zur Außenwirkung der Definition des Verwaltungsaktes nach § 35 VwVfG. Es muß immer klar sein, daß § 9 VwVfG den Entscheidungsprozeß erfaßt, der auf das Ergebnis, nämlich den Erlaß eines Verwaltungsaktes oder den Abschluß eines öffentlichen Vertrages gerichtet ist. Um dieses Ergebnis zu erreichen, muß zwischen der Entscheidungsbehörde und außenstehen-

den Personen ein Verfahrensrechtsverhältnis begründet werden. Der Beginn und das Ende des Verwaltungsverfahrens bewirkt auch Beginn und Ende des Verfahrensrechtsverhältnisses. § 9 VwVfG erfaßt die Verwaltungtätigkeit im Rahmen dieses Verfahrensrechtsverhältnisses und für die Zeitspanne seines Bestandes (*Stelkens*, VwVfG, § 9 Rn. 67). Besteht ein derartiges Verfahrensrechtsverhältnis, kann es auf die Tatsache, ob die Handlung der Verwaltung den Bereich der Behörde verläßt, insbesondere dem Betroffenen oder dem Beteiligten bekannt wird, nicht ankommen. Maßgebend ist allein, ob die Tätigkeit der Behörde die Sachentscheidung beeinflussen kann, mag sie auch nur innerhalb der Behörde stattfinden (*Stelkens*, VwVfG, § 9 Rn. 70; einschränkend *Kopp*, VwVfG, § 9 Rn. 4, der Handlungen von Behörden nicht erfaßt sehen will, die nur verwaltungsintern wirken, insbesondere Rechte oder rechtliche Interessen der Betroffenen nicht tangieren).

Beispiel: Das Gesundheitsamt G kauft bei Metzger M Rindfleisch ein, um im Hinblick auf BSE dessen Herkunft zu überprüfen. Mit dieser Verwaltungshandlung ist ein Verfahrensrechtsverhältnis begründet worden, da es für den Beginn des Verfahrens und für die mit einem Verwaltungsverfahren verbundenen Verfahrensrechte des Betroffenen nicht darauf ankommen kann, ob dieser vom Verfahren Kenntnis erlangt hat oder nicht (*Stelkens*, VwVfG, § 9 Rn. 70).

Demgegenüber sind selbstverständlich verwaltungsinterne Maßnahmen ohne Zusammenhang mit einem konkreten Verwaltungsverfahren oder vor Beginn eines Verwaltungsverfahrens nicht von § 9 VwVfG erfaßt.

Beispiel: Organisationsüberlegungen in Vorbereitung eines erwarteten Verwaltungsverfahrens; Ausarbeitung und Erlaß von Verwaltungsvorschriften.

7   b) Nach diesen Grundsätzen bestimmt sich auch, ob und wie sich die Beteiligung anderer Behörden im Verwaltungsverfahren vollziehen muß. Wirkt eine Behörde im Rahmen eines Verwaltungsverfahrens einer anderen Behörde verwaltungsintern mit, ist sie grundsätzlich Teil dieses Verwaltungsverfahrens (*Bäumler* BayVBl. 1978, 492; a. A. *Eibert*, BayVBl. 1978, 496). Dabei macht es keinen Unterschied, ob die Mitwirkungsakte intern verbindlich sind oder ob die Beteiligungsbehörde nur beratend tätig wird. Die Beteiligungsbehörde muß im Rahmen ihrer Mitwirkungsbefugnis die allgemeinen Verfahrenspflichten des VwVfG erfüllen, insbesondere also den Sachverhalt ermitteln.

Beispielsfall: Die Stadt S wandte sich gegen die Erteilung einer Baugenehmigung für den Umbau einer Textilfachschule zum Sitz einer Verbandsgemeinde. S verwies auf § 36 I 1 BauGB. Die Baugenehmigungsbehörde B lehnte daraufhin den Bauantrag ab. Auf Widerspruch wurde die Baugenehmigungsbehörde verpflichtet, die Genehmigung zu erteilen. – Auf Klage der S hielt das *BVerwG* zunächst fest, daß B von der Widerspruchsbehörde nicht angewiesen werden durfte, die Baugenehmigung zu erteilen. Angesichts des fehlenden Einvernehmens der S war es B versagt, die Baugenehmigung auszusprechen. Im Hinblick auf die Verfahrenslage führte das *BVerwG* aus, daß die rechtliche Einordnung des **Einvernehmens als Verwaltungsinternum** nicht die Annahme hindere, die Baugenehmigungsbehörde sei an die Versagung des Einvernehmens gebunden. Anderenfalls hätte nämlich der Gesetzgeber nur die Anhörung der Gemeinde vorzusehen brauchen. Die verfahrensrechtliche Ausgestaltung der Erteilung oder Versagung des Einvernehmens als Verwaltungsinternum habe den Zweck, im Interesse auch des Bauantragstellers die bauordnungsrechtliche und die bauplanungsrechtliche Prüfung des Vorhabens in einem einzigen Verfahren zusammenzufassen. Bei dieser Konzentration wolle das Gesetz durch den Einvernehmensvorbehalt eine echte Mitentscheidungskompetenz der – nur verwaltungsintern – mitwirkenden Gemeinde sichern (*BVerwG*, NVwZ 1986, 556 – *„gemeindliches Einvernehmen"*).

c) Von der Verpflichtung der Behörden, die allgemeinen Verfahrensgrundsätze zu beachten, ist die Frage zu unterscheiden, ob den Beteiligten nur gegenüber der „Verfahrensbehörde" oder auch gegenüber der „Mitwirkungsbehörde" unmittelbar Verfahrensrechte zustehen.   **8**

Beispiel: X, der einen Bauantrag gestellt hat, mißtraut der Gemeinde G, die nach § 36 BauGB ihr Einvernehmen zu erteilen hat. Trotz wiederholter Anfrage hat er von G keine Sachstandsinformationen erhalten. Er möchte jetzt sein Akteneinsichtsrecht geltend machen. – Ein derartiges Einsichtsrecht besteht nach h. M. gegenüber der „Mitwirkungsbehörde" nicht. Er kann jedoch seine Verfahrensrechte gegen die das Verfahren führende Behörde richten. In diesem Rahmen kann S Einsicht in die Akten, die diese Behörde führt oder beigezogen hat, begehren (*Stelkens*, VwVfG, § 9 Rn. 76; *Knack*, VwVfG, § 9 Rn. 3; a. A. *Kopp*, VwVfG, § 9 Rn. 18, der entgegen der h. M. selbständige Subverfahren annimmt, dann wohl mit der Konsequenz, daß der einzelne auch gegenüber der Mitwirkungsbehörde eigenständige Verfahrensrechte geltend machen kann).

Beachte: Die **Verfahrenshandlungen** der beteiligten Behörde wie auch der „Erlaßbehörde" stellen eine **Einheit** dar. Eine Aufteilung in zwei Verfahrenszüge ist zwar theoretisch denkbar aber praktisch nicht sinnvoll, es sei denn, die beteiligte Behörde trifft gegenüber dem Bürger eine selbständige Entscheidung mit Außenwirkung.

Aus der Einheit des Gesamtverfahrens folgt, daß die beteiligte Behörde wie die Erlaßbehörde die internen Verfahrensregeln der § 9 ff. VwVfG zu beachten haben (z. B. § 20 VwVfG). Die externen Verfahrensregeln, also insbesondere die Verfahrensrechte des Bürgers sind dagegen nur für das Verhältnis des Bürgers zu der Behörde von Bedeutung, die das Verfahren insgesamt führt (*Knack*, VwVfG, § 9 Rn. 3.2; ähnlich *Eibert*, BayVBl. 1978, 496; a. A. *Bäumler*, BayVBl. 1978, 495, der dem betroffenen Bürger die Verfahrensrechte nach den §§ 28 bis 30 VwVfG offensichtlich auch gegenüber der Mitwirkungsbehörde zuerkennen will).   **9**

II. Arten der Verwaltungsverfahren

10 Das VwVfG enthält unter Teil II. **allgemeine Vorschriften** über das Verwaltungsver-
    fahren. Unter Teil V. sind **sog. „besondere Verfahrensarten"** geregelt, nämlich das
    „förmliche Verwaltungsverfahren" und das „Planfeststellungsverfahren". Noch
    einmal ist darauf hinzuweisen, daß diese VwVfG-Verfahrensregelungen nur im An-
    wendungsbereich des § 1 VwVfG gelten. Dies bedeutet, daß auch, soweit es sich um
    Verwaltung durch Bundesbehörden handelt, die allgemeinen Verfahrensvorschriften
    nur dann Anwendung finden, wenn nicht in Spezialvorschriften des Bundes beson-
    dere Verfahrensbestimmungen enthalten sind (z. B. SGB).

1. Allgemeines Verwaltungsverfahren

11 a) Entsprechend der Abschnittsüberschrift im VwVfG wird das Stand-
    ardverfahren des VwVfG als allgemeines Verwaltungsverfahren bezeichnet. Es
    ist geregelt in den §§ 9 ff. VwVfG.

    Für das allgemeine Verwaltungsverfahren gilt der Grundsatz der Nichtförm-
    lichkeit. Nach § 10 VwVfG ist das Verwaltungsverfahren, soweit gesetzlich
    nichts anderes vorgeschrieben ist, an bestimmte Formen nicht gebunden. Es
    soll einfach und zweckmäßig durchgeführt werden. Allerdings ist die Gestal-
    tung des Verwaltungsverfahrens gleichwohl nicht in das Belieben der Behör-
    den gestellt, vielmehr wird der Ablauf des Verfahrens im Einzelfall dadurch
    geprägt, daß u. a. die Verfahrensrechte der Beteiligten gewahrt oder allgemei-
    ne Verfahrensgrundsätze beachtet werden müssen (*Wolff* III, § 156 IV).

    Beispielsfall: K war vor 1930 führender Nationalsozialist. Er wurde 1934
    ausgebürgert. Seit 1950 bemühte er sich um seine Wiedereinbürgerung. Der
    Antrag vom November 1951 wurde trotz Fristsetzung nicht entschieden. Der
    Vornahmeklage des K wurde entsprochen. In Deutschland zurückgekehrt
    nimmt K die Bundesrepublik auf den Schaden in Anspruch, der ihm dadurch
    entstanden ist, daß er infolge der Hinauszögerung der Entscheidung und man-
    gelhafter Unterrichtung über den Sachstand erst 1955 habe zurückkehren
    können. – Der *BGH* hatte eine schuldhafte Amtspflichtverletzung der Einbür-
    gerungsbehörde zu prüfen. Eine solche wurde in der formellen Behandlung des
    Antrages gesehen. Der *BGH* führte aus, daß in einem Rechtsstaat jede Behör-
    de, die Amtspflicht habe, Anträge mit der gebotenen Beschleunigung zu bear-
    beiten und, sobald ihre Prüfung abgeschlossen sei, auch ungesäumt zu
    bescheiden. Die Ausbildung der Untätigkeits- und Vornahmeklage im Verwal-
    tungsprozeß sei nur Ausdruck und Folgerung jener Amtspflicht. Deshalb kön-
    ne eine Behörde ihre Untätigkeit nicht damit rechtfertigen, sie habe zuwarten
    dürfen, bis der Antragsteller einen der genannten Rechtsbehelfe ergreift oder
    gar, bis die VGe auf eine Untätigkeits- oder Vornahmeklage rechtskräftig
    entschieden hätten (*BGH*, MDR 1959, 467 – „*Verfahrensverschleppung*").

12 b) Die **Nichtförmlichkeit des allgemeinen Verwaltungsverfahrens** ermöglicht – an-
    ders als eine justizförmige Ausgestaltung – grundsätzlich einfaches und flexi-

bles Verwaltungshandeln. Der Begriff „Nichtförmlichkeit" ist zwar im Gesetz nicht definiert. Aus § 10 VwVfG im Vergleich zu den besonderen Verfahrensarten läßt sich indessen entnehmen, daß Nichtförmlichkeit des Verfahrens bedeutet, daß kein Formzwang für Anträge besteht, eine mündliche Verhandlung nicht zwingend geboten ist und an die Entscheidung und ihre Bekanntgabe keine besonderen Formerfordernisse gestellt werden (*Knack*, VwVfG, § 10 Rn. 2; *Hill*, NVwZ 1985, 449).

2. Förmliches Verwaltungsverfahren

a) Das förmliche Verwaltungsverfahren nach den § 63 ff. VwVfG findet nur statt, wenn es durch Rechtsvorschrift angeordnet ist (§ 63 I VwVfG). Rechtsvorschriften in diesem Sinne sind alle gültigen Rechtsnormen, insbesondere Parlamentsgesetze, aber auch Rechtsverordnungen und Satzungen (*Stelkens*, VwVfG, § 63 Rn. 3), nicht dagegen Verwaltungsvorschriften. Anordnung bedeutet dabei nicht, daß der Anwendungsbefehl im Gesetz ausdrücklich als solcher zum Ausdruck gebracht werden muß. Ausreichend ist es vielmehr, wenn die Geltungsanordnung der § 63 ff. VwVfG im Wege der Auslegung zu ermitteln ist (*Stelkens*, VwVfG, § 63 Rn. 28, a. A. *Knack*, VwVfG, § 63 Rn. 3.4.2, der offensichtlich eine genaue Bezeichnung der anzuwendenden Vorschriften des VwVfG voraussetzt). 13

b) Eine derartige Geltungsanordnung kann nur in Gesetzen enthalten sein, die nach Inkrafttreten des VwVfG am 1.1.1977 erlassen worden sind (*Knack*, VwVfG, § 63 Rn. 3.1; abstellend dagegen auf den Erlaß des VwVfG am 29.05.1976 *Kopp*, VwVfG, § 63 Rn. 3). Die §§ 64 ff. VwVfG finden vor diesem Hintergrund keine Anwendung, wenn bereits vor Inkrafttreten des VwVfG ein „förmliches Verfahren" angeordnet worden ist, wie dies z. B. in § 9 WHG oder in § 28 I 3 HRG der Fall ist. 14

c) Sind förmliche Verwaltungsverfahren spezialgesetzlich ausgestaltet, wie z. B. in § 10 BImSchG i. V. m. der 10. BImSchV, so ist das förmliche Verwaltungsverfahren nach dem VwVfG grundsätzlich ausgeschlossen. Allerdings ist es denkbar, einzelne Bestimmungen des VwVfG auch auf außerhalb dieses Gesetzes geregelte förmliche Verwaltungsverfahren analog anzuwenden, soweit hierdurch Lücken geschlossen und allgemeine Rechtsgedanken verwirklicht werden (*Knack*, § 63 VwVfG, § 63 Rn. 3.1; *Schweickhardt*, Rn. 913 b). 15

Beispielsfall: Nach Einlegung des Widerspruchs wurde K als Kriegsdienstverweigerer anerkannt. Im Widerspruchsbescheid wurde entschieden, daß die Kosten der Zuziehung eines Verfahrensbevollmächtigten nicht erstattungsfähig seien. K hat vor dem *VG* Verpflichtungsklage erhoben mit dem Antrag, den Anerkennungsbescheid in der Fassung des Widerspruchsbescheides aufzuheben und der Beklagten die Kosten aufzuerlegen. Der Erfolg der Klage hing nach Auffassung des *BVerwG* von der Auslegung des § 80 I 1 und II i. V. m. § 96 I und IV VwVfG ab, deren sachlicher Anwendungsbereich sich auch auf

Kriegsdienstverweigerungsverfahren erstrecke (§ 1 I Nr. 1 VwVfG). Entscheidend war zunächst, ob es für den Verfahrensabschluß nach § 96 IV VwVfG auf die mündliche Bekanntgabe des Widerspruchsbescheides oder auf die Zustellung des schriftlichen Bescheides ankam. Das *BVerwG* hielt die Zustellung des schriftlichen Widerspruchsbescheides für maßgebend. Es sah sich in seiner Auffassung insbesondere durch die Regelung in § 69 II VwVfG bestätigt, in der vorgeschrieben ist, daß Verwaltungsakte, die das förmliche Verfahren abschließen, schriftlich zu erlassen, schriftlich zu begründen und den Beteiligten zuzustellen sind. Unzweifelhaft sei das Verfahren auf Anerkennung als Kriegsdienstverweigerer ein „förmliches Verfahren". Von daher begegne es keinen Bedenken, den Rechtsgrundsatz des § 69 II VwVfG in Verwaltungsverfahren, die so förmlich gestaltet sind, wie das Kriegsdienstverweigerungsverfahren, analog anzuwenden. § 80 VwVfG sei ebenfalls anzuwenden. Die Beklagte habe dem Kläger die zur zweckentsprechenden Rechtsverfolgung notwendigen Aufwendungen des Vorverfahrens zu erstatten, da sein Widerspruch gegen die ablehnende Entscheidung des Prüfungsausschusses erfolgreich gewesen sei (*BVerwGE* 55, 299 – *„Verfahrenskosten bei erfolgreicher Kriegsdienstverweigerung"*).

16 d) Zwischenzeitlich wurde die Anwendung der §§ 63 bis 71 VwVfG in verschiedenen Bundesgesetzen angeordnet, z. B. in § 36 BBergG, in § 10 II KDVG oder in § 21 SortenschutzG für das Verfahren vor den Prüfabteilungen und den Widerspruchsausschüssen des Bundessortenamtes. In Landesgesetzen findet sich die Anordnung förmlicher Verwaltungsverfahren z. B. in den §§ 108, 108 a WG Ba-Wü.

17 e) Das **förmliche Verwaltungsverfahren** ist gegenüber dem allgemeinen Verwaltungsverfahren durch formalisierte Verfahrensstrukturen gekennzeichnet. Dem liegt die Überlegung zugrunde, daß Verwaltungsentscheidungen, die mit schwerwiegenden Eingriffen in die Rechtssphäre der Betroffenen verbunden sein oder sonst erhebliche Auswirkungen auf ihre wirtschaftliche Lage haben können, prozeßähnlicher als für Standardsituationen gestaltet werden müssen, und zwar im Interesse der Verfahrenssicherheit des Betroffenen (*Wolff* III, § 157 Vorbem.).

18 Das förmliche Verfahren ist mindestens durch folgende Besonderheiten gekennzeichnet:
- ❏ Im Falle der Verfahrenseinleitung durch Antrag ist dieser schriftlich oder zur Niederschrift zu stellen (§ 64 VwVfG)
- ❏ Mitwirkungspflicht von Zeugen und Sachverständigen (§ 65 VwVfG)
- ❏ Rechtliches Gehör der Beteiligten vor der Entscheidung (§ 66 VwVfG)
- ❏ Mündliche Verhandlung (§ 67 f. VwVfG)
- ❏ Förmlichkeit der verfahrensabschließenden Entscheidung (§ 69 VwVfG).

3. Planfeststellungsververfahren (§§ 72 ff. VwVfG)

a) Das Planfeststellungsverfahren ist eine weitere „besondere Verfahrensart", 19
die durch die Verankerung im VwVfG vor die Klammer der einzelnen Fachplanungsgesetze gezogen worden ist (*Stelkens*, VwVfG, § 72 Rn. 1). Das Planfeststellungsverfahren ist auf den Erlaß eines rechtsgestaltenden Verwaltungsaktes gerichtet, der aufgrund historischer Überlieferung im Gesetz als Planfeststellungsbeschluß (§ 74 VwVfG) bezeichnet wird. Das Verfahren mit „gesteigerter Förmlichkeit" soll den komplexen Gegenständen des Planfeststellungsverfahrens Rechnung tragen, und zwar insbesondere im Hinblick auf die Vielfalt der beteiligten Interessen, der Abwägungserfordernisse und der Förderung der Zügigkeit des Verfahrensablaufes (*Ronellenfitsch*, VerwArch. Bd. 80 (1989), 92; *Kühling*, DVBl. 1989, 221).

> **Merke:** Das Planfeststellungsverfahren zielt auf die Feststellung eines Planes, durch den ein bestimmtes raumbezogenes Vorhaben mit rechtsgestaltender Wirkung für zulässig erklärt wird. Der Planfeststellungsbeschluß ist Verwaltungsakt.

Das Planfeststellungsverfahren zielt darauf ab, eine Vielfalt von tangierten Inter- 20
essen zum Ausgleich zu bringen. Die besondere Verfahrensgestaltung wird v. a. auch durch die **Konzentrationswirkung des Planfeststellungsbeschlusses** bedingt. Der Planfeststellungsbeschluß ersetzt für das Vorhaben alle an sich erforderlichen anderen behördlichen Entscheidungen (Genehmigung, Verleihung, Erlaubnis, Planfeststellung) und regelt rechtsgestaltend alle öffentlich-rechtlichen Beziehungen zwischen dem Träger des Vorhabens und den vom Plan Betroffenen (§ 75 I VwVfG; dazu Ronellenfitsch, VerwArch. Bd. 80 (1989), 94).

b) Die Anwendung der Vorschriften des Planfeststellungsverfahrens nach dem 21
VwVfG setzt voraus, daß ein Planfeststellungsverfahren durch Rechtsvorschrift angeordnet ist (§ 72 I VwVfG). Im übrigen gilt grundsätzlich die generelle Einschränkung des Anwendungsbereiches zum VwVfG. Die §§ 72 bis 78 VwVfG sind z. B. nicht anwendbar, wenn spezielle Rechtsvorschriften des Bundes über Planfeststellungsverfahren inhaltsgleiche oder abweichende Bestimmungen enthalten. Das bedeutet für diese Konstellation einerseits den Vorrang der Spezialgesetze andererseits aber die Anwendung der Planfeststellungsregelungen des VwVfG ggf. als lückenfüllende Ergänzung (*Knack*, VwVfG, § 72 Rn. 3.2).

Ausgehend vom ursprünglichen Zweck der Planfeststellung, die darauf abziel- 22
te, ein die Umwelt veränderndes Vorhaben in die verbleibende Umwelt rechtlich einzuordnen (*Friesecke*, NJW 1968, 1268) bleibt festzustellen, daß sich der Gegenstand der Planfeststellung in den zurückliegenden Jahren in zweierlei Hinsicht erweitert hat:

❑ Über Verkehrsbauten hinaus sind neue Sachbereiche den planfeststellungsrechtlichen Verfahren unterstellt worden, wie z. B. der Bau von Abfallentsorgungsanlagen oder Lagerstätten für radioaktive Abfälle (*Knack*, VwVfG, vor § 72 Rn. 3.3.1).

❑ Über die Errichtung der Anlage hinaus ist zunehmend auch der Betrieb der Anlagen Gegenstand von Planfeststellungsverfahren. Dies gilt z. B. für den Bereich des Abfallrechts (§ 7 II 1 AbfG), für den Bereich des Atomrechts (§ 9 I AtomG) oder für die bergrechtliche Fachplanung (§§ 52 II a und 57 a BBergG).

Beispiele für Planfeststellungsverfahren:
❑ §§ 8 ff. LuftVG für Flughafen und Landeplätze;
❑ § 31 WHG für bestimmte Maßnahmen zur Umgestaltung von Gewässern;
❑ § 28 ff. PBefG für Straßenbahnen;
❑ § 17 ff. FStrG für Bundesfernstraßen;
❑ § 14 ff. WaStrG für Planfeststellungen zu Wasserstraßen.

23 c) Das **Verfahren der Planfeststellung** durchläuft grundsätzlich folgende Abschnitte.

❑ Scoping nach § 5 UVPG

24   Nach § 3 UVPG unterfallen im einzelnen aufgelistete Vorhaben der **Umweltverträglichkeitsprüfung.** Vor Beginn des eigentlichen Planfeststellungsverfahrens wird das sog. scoping nach § 5 UVPG durchgeführt. Dies bedeutet, daß sich Vorhabenträger und zuständige Behörden über Notwendigkeit, Umfang und Methoden der Umweltverträglichkeitsprüfung ein Bild machen. Nach § 2 I 1 UVPG ist die Umweltverträglichkeitsprüfung nämlich ein unselbständiger Teil der verwaltungsbehördlichen Verfahren, die der Entscheidung über die Zulässigkeit von Vorhaben dienen (*Bunge*, DVBl. 1987, 819; *Schmidt-Aßmann*, DVBl. 1987, 826).

❑ Verfahrensbeginn durch Planvorlage

25   Das förmliche Planfeststellungsverfahren beginnt damit, daß der private oder öffentliche Vorhabenträger den von ihm aufgestellten Plan bei der Anhörungsbehörde einreicht (§ 73 I 1VwVfG).

❑ Beteiligtenanhörung

26   Aufgabe der Anhörungsbehörde ist es zunächst, die Stellungnahmen der Behörden, die in ihren Aufgabenbereichen betroffen werden, einzuholen (§ 73 II VwVfG). Wegen der Planungshoheit gehören die Gemeinden in aller Regel zu den zu beteiligenden Behörden.

Daneben hat die Anhörungsbehörde für die Öffentlichkeits- und Betroffenenbeteiligung zu sorgen. Dazu legt die Anhörungsbehörde den Plan nach § 73 III 1 VwVfG in den Gemeinden aus, in denen sich das Vorhaben voraussichtlich auswirkt. Die Dauer der Auslegung beträgt ein Monat. Die Auslegung ist von den Gemeinden mindestens eine Woche vorher ortsüblich bekanntzumachen (§ 73 V VwVfG). Gegen den Plan kann jeder, dessen Belange durch das Vorhaben berührt werden, bis zwei Wochen nach Ablauf der Auslegungsfrist Einwendungen erheben (§ 73 IV VwVfG). Dabei können die tangierten Belange rechtlicher, wirtschaftlicher, sozialer oder auch nur ideeller Art sein (*Ronellenfitsch*, VerwArch. Bd. 80 (1989), S. 101).

❑ Beteiligung anerkannter Naturschutzverbände nach § 2 I Nr. 4 BNatSchG, 27 wenn mit dem Vorhaben ein Eingriff in Natur und Landschaft verbunden ist.

❑ Nach Ablauf der Einwendungsfrist hat der Erörterungstermin stattzufinden 28 (§ 73 VI VwVfG). In diesem Erörterungstermin werden die rechtzeitig erhobenen und die zugelassenen verspäteten Einwendungen gegen den Plan sowie die Stellungnahmen der Behörden zu dem Plan mit dem Träger des Vorhabens, den Behörden, den Betroffenen und den sonstigen Einwendern (§ 73 VI VwVfG) erörtert.

❑ Das Anhörungsverfahren wird durch eine Stellungnahme der Anhörungs- 29 behörde zum Ergebnis des Verfahrens abgeschlossen. Die Stellungnahme soll möglichst innerhalb eines Monats nach Beendigung des Erörterungstermins mit dem Plan, den Stellungnahmen der Behörden und den nicht erledigten Einwendungen der Planfeststellungsbehörde zugeleitet werden (§ 73 IX VwVfG).

❑ An das Anhörungsverfahren schließt sich die Feststellung des Plans durch den 30 Planfeststellungsbeschluß an. In ihm entscheidet die Planfeststellungsbehörde über etwaige noch strittige Einwendungen und über ggf. erforderliche Schutzanlagen. Die Planfeststellungsbehörde ist bei der Entscheidung an die Stellungnahme der Anhörungsbehörde nicht gebunden. Die Planfeststellung regelt die Beziehungen zwischen dem Vorhabenträger und den vom Plan Betroffenen (§ 75 I VwVfG). Der Planfeststellungsbeschluß ist schriftlich zu erlassen und dem Träger des Vorhabens, den bekannten Betroffenen sowie denjenigen, über deren Einwendungen entschieden worden ist, zuzustellen. Eine Ausfertigung des Beschlusses ist mit einer Rechtsbehelfsbelehrung und einer Ausfertigung des festgestellten Planes in den Gemeinden zwei Wochen zur Einsicht auszulegen. Sind mehr als dreihundert Zustellungen vorzunehmen, so können diese durch öffentliche Bekanntmachung ersetzt werden (§ 74 IV, V 1 VwVfG). Angesichts der formalen Ausgestaltung des Planfeststellungsverfahrens hat der Gesetzgeber auf die Durchführung eines Widerspruchsverfahrens verzichtet (§§ 74, 70 VwVfG).

d) Der Planfeststellungsbeschluß hat zwei besondere Wirkungen, die sich unmit- 31 telbar aus dem formalisierten Verfahrensablauf ergeben.

❑ **Konzentrations- und Ersetzungswirkung (§ 75 I VwVfG)**

Die Planfeststellung ersetzt alle für das Vorhaben an sich erforderlichen 32 anderen behördlichen Entscheidungen. Eine Ausnahme bildet qua gesetzlicher Regelung § 14 WHG, wonach eine wasserrechtliche Erlaubnis oder Bewilligung neben der Planfeststellung erforderlich ist. Die Konzentrationswirkung bedeutet in formeller Hinsicht eine Zuständigkeitskonzentration auf die Planfeststellungsbehörde. In materiell-rechtlicher Hinsicht haben die Vorschriften anderer Gesetze vollinhaltlich Geltung im Feststellungsverfahren. Sie sind nicht nur Abwägungsbelange, vielmehr hat die Entscheidungsbehörde die einzelgesetzlichen Regelungen daraufhin zu überprüfen, ob sie zwingende Zulassungsvoraussetzungen für bestimmte Vorhaben normieren und die Bestimmungen entsprechend anzuwenden (*Schweickhardt*, Rn. 913 n; zum Theorienstreit *Ronellenfitsch*, VerwArch. Bd. 80 (1989) S. 94).

Beispielsfälle:

❏ K beantragte die Durchführung der abfallrechtlichen Planfeststellung nach § 7 AbfG für einen Autoschrottplatz. Die zuständige Planfeststellungsbehörde lehnte den Antrag mit der Begründung ab, der Schrottplatz beeinträchtige Belange des Natur- und Landschaftsschutzes, was auch nicht durch Auflagen ausgeräumt werden könne. Wegen Verstoßes gegen § 35 BauGB müsse die beantragte Planfeststellung versagt werden, weil nach § 8 III 2 Nr. 4 AbfG sonstige öffentlich-rechtliche Belange entgegen stünden. – Das *BVerwG* wies diese Auffassung zurück, weil sie gegen § 38 BauGB verstoße. Aus dieser Vorschrift ergebe sich nämlich, daß bauliche Maßnahmen, die nach dem AbfG zugelassen werden müßten, nicht an den Vorschriften der §§ 29 ff. BauGB zu messen seien. Das *BVerwG* führte dann aus, daß die Planfeststellungsbehörde offenbar von der inzwischen überholten und überdies mit § 8 III 2 Nr. 4 AbfG nicht zu vereinbarenden Vorstellung ausgegangen sei, daß Planfeststellungsbeschlüssen eine materielle Konzentrationswirkung eigen sei, sie also ohne Bindung an die für die ersetzten Genehmigungen, Erlaubnisse etc. geltenden materiell-rechtlichen Vorschriften ergehen könnten. Tatsächlich ergebe sich aus dem AbfG, daß die mit dem Planfeststellungsbeschluß verbundene Konzentrationswirkung nur eine formelle sei, also die Bindung an das materielle Recht der ersetzten Genehmigungen gerade nicht ausgeschlossen werde. Deshalb habe § 38, 1 BauGB konstitutive Wirkung insoweit, als er feststelle, daß die §§ 29 ff. BauGB im Rahmen der abfallrechtlichen Zulassung keine Anwendung finden sollen, weil sie den Bedürfnissen einer geordneten Abfallwirtschaft nicht ausreichend Rechnung tragen könnten (*BVerwGE* 70, 242 – „*Konzentrationswirkung I*").

❏ Landwirt L klagt gegen einen Planfeststellungsbeschluß nach dem eine Trasse der B 16 seinen Hof durchschneiden soll. L trägt vor, der Planfeststellungsbeschluß verstoße gegen Planungsleitsätze des FStrG. Durch die Trassenführung, die zudem den Sicherheitsbereich eines Steinbruchs tangiere, sei ein möglichst störungsfreier Verkehr nicht gewährleistet. – Das *BVerwG* stellte fest, daß das Berufungsgericht § 17 I 2 FStrG verkannt habe. Es treffe zwar zu, daß ein Straßenbauvorhaben nicht nur daran zu messen sei, ob die rechtlichen Schranken des Abwägungsgebotes beachtet worden sind, sondern auch daran, ob anderweitige rechtliche Bindungen bestehen. Solche Bindungen könnten sich insbesondere aus gesetzlichen Planungsleitsätzen ergeben. Ein derartiger Leitsatz sei in § 1 III 1 FStrG enthalten, der zwingend vorschreibe, daß Bundesautobahnen keine höhengleichen Kreuzungen haben dürften. Ein derartiger Leitsatz eröffne nach seinem Inhalt dem Planer keinen Gestaltungsfreiraum. Insbesondere könne eine derartige Festlegung auch nicht durch planerische Abwägung überwunden werden. Seine Verletzung führe ohne weiteres zur Rechtswidrigkeit des Planfeststellungsbeschlusses und damit zu dessen Aufhebung soweit L in seinen Rechten verletzt sei. Von den gesetzlichen Planungsleitsätzen seien jedoch solche Regelungen zu unterscheiden, die ihrem Inhalt nach selbst nicht mehr als eine Zielvorgabe für den Planer enthalten würden. Typisch hierfür seien Regelungen mit einem „*Optimierungsgebot*", bei denen eine „möglichst weitgehende Beachtung" bestimmter Belange gefordert wird (§ 1 BNatSchG). Die Bedeutung solcher Vorschriften bestehe darin, den in ihnen enthaltenen Zielvorgaben ein besonderes Gewicht beizumessen und sie dementsprechend bei der planerischen Abwägung zu gewichten (*BVerwGE* 71, 183 – „*Konzentrationswirkung* II").

Beachte: Die h. M. vertritt die **Theorie der formellen Konzentrationswirkung,** nach der das Planfeststellungsverfahren eine Konzentration der Zuständigkeit, des Verfahrens und der Entscheidungsbefugnisse enthält. Die materiell rechtlichen Regelungen aller Rechtsgebiete werden durch die Konzentrationswirkung nicht verdrängt, aufgehoben oder in ihrem Geltungsanspruch gemindert, vielmehr sind sie von der Planfeststellungsbehörde zu beachten (*Bender,* NVwZ 1984, 12, *Gaentsch,* NJW 1986, 2779). Etwas anderes gilt nur bei ausdrücklicher gesetzlicher Regelung. **33**

❏ **Genehmigungswirkung**

§ 75 I 1 Hs 1 VwVfG verbindet mit der Planfeststellung die Feststellung der öffentlich-rechtlichen Zulässigkeit des Vorhabens einschließlich der notwendigen Folgemaßnahmen an anderen Anlagen im Hinblick auf alle von dem Vorhaben berührten öffentlichen Belange. Die Genehmigungswirkung bildet zugleich die Ermächtigung zum Eingriff in die Rechte und Interessen einzelner (*BVerwGE* 75, 230). **34**

❏ **Gestaltungswirkung**

Die Planfeststellung regelt schließlich rechtsgestaltend alle öffentlich-rechtlichen Beziehungen zwischen dem Träger des Vorhabens und den vom Plan Betroffenen, den Einwendern und den am Verfahren nach § 73 II VwVfG anderen beteiligten Behörden (*Stelkens,* VwVfG, § 75 Rn. 15). Positiv hat die Gestaltungswirkung zur Folge, daß mit ihr die öffentlich-rechtlichen **35**

Rechte verbindlich festgeschrieben werden; negativ hat sie zu Lasten des Vorhabenträgers zur Folge, daß er an den Inhalt des festgestellten Planes nebst dazugehörigen Unterlagen sowie an etwaige zusätzliche Schutzanordnungen gebunden ist. Im Verhältnis zu Privatrechtssubjekten wirkt die Planfeststellung dadurch, daß sie ihre Wirkung gegenüber allen objektiv Betroffenen entfaltet, auch gegenüber denjenigen, die am Anhörungsverfahren nicht beteiligt waren (*BVerwGE* 56, 110).

❏ **Präklusionswirkung**

36   Die Planfeststellung ist mit weitgehenden Präklusionswirkungen ausgestattet. Soweit und sobald der Planfeststellungsbeschluß unanfechtbar geworden ist, sind gesetzliche Ansprüche auf Unterlassung des Vorhabens, auf Beseitigung oder Änderung der Anlagen oder auf Unterlassung des Vorhabens oder seiner Nutzung ausgeschlossen (§ 75 II 1 VwVfG). Die Präklusionswirkung bezieht sich zunächst auf öffentlich-rechtliche Ansprüche und gilt für Betroffene sowie Behörden. Es handelt sich um eine Folge der Bestandskraft, die dem Bedürfnis nach Rechtssicherheit Rechnung trägt (*Stelkens*, VwVfG, § 75 Rn. 22; *BVerwG*, NJW 1981, 835). Die Präklusionswirkung erstreckt sich darüber hinaus auch auf privatrechtliche Unterlassungs- und Beseitigungsansprüche, insbesondere aus den §§ 861 ff., 903 ff., 1004 BGB (privatrechtsgestaltende Duldungswirkung; dazu *Fromm*, DVBl. 1969, 293). Ansprüche aus vertraglichen zivilrechtlichen Rechtstiteln bleiben indessen unberührt.

37   Zu beachten ist, daß die Unanfechtbarkeit des Planfeststellungsbeschlusses gegenüber Betroffenen zu verschiedenen Zeitpunkten eintreten kann. Wird z. B. der Planfeststellungsbeschluß Adressaten zu verschiedenen Zeitpunkten zugestellt, so laufen unterschiedliche Rechtsbehelfsfristen mit der Folge, daß der Verwaltungsakt zu unterschiedlichen Zeitpunkten bestandskräftig wird (*BVerwGE* 84, 66; *VGH München*, DöV 1979, 527).

38   Außerdem ist zu beachten, daß nach der Rspr. des *BVerwG* bei Anfechtung eines Planfeststellungsbeschlusses keine schlechthin umfassende Planprüfung erreicht werden kann, vielmehr beschränkt sich die gerichtliche Prüfung allein auf die **rechtlich geschützten Eigeninteressen** des anfechtenden Betroffenen. Die Aufhebung eines Planfeststellungsbeschlusses erfolgt im Falle der Rechtsverletzung nur „soweit" der Betroffene in „seinen Rechten" verletzt ist (§ 113 I VwGO). Eine für den Kläger positive Entscheidung kommt daher regelmäßig anderen Beteiligten nicht zugute.

Beispielsfall: K wendet sich gegen einen Planfeststellungsbeschluß zu einer 8,5 km langen Teilstrecke des Neubaus der B 42. Im Planfeststellungsverfahren machte er zusammen mit tausend weiteren Betroffenen Einwendungen geltend u. a., daß die Tallinie der Trasse zu Lärm- und Abgaseinwirkungen auf die Umgebung und zu dauernden Gesundheitsstörungen der Anwohner führe. – Im Zusammenhang mit der Überprüfung der planfeststellungsrechtlichen Abwägung führt das *BVerwG* aus, daß das Abwägungsgebot ein subjektiv öffentliches Recht auf eine gerechte Abwägung nur für die rechtlich geschützten eigenen Belange des Betroffenen verleihe. K könne sich deshalb nicht auf eine gleichartige oder doch vergleichbare Betroffenheit anderer Beteiligter berufen, also gewissermaßen das Gewicht der gegen den Plan vorgebrachten eigenen Belange durch die Summierung mit dem Gewicht fremder Belange anreichern. Zwar räume das Abwägungsgebot den von einer Planung Betroffenen das Recht auf eine gerechte Abwägung ein. Dieses Recht könne sich aber im Hinblick auf die in den Vorschriften der §§ 42 II und 113 I 1 VwGO zum Ausdruck gekommenen Grundsätze seinem Gegenstand nach immer nur auf die rechtlich geschützten eigenen Belange des Betroffenen beziehen. Der Betroffene habe Anspruch darauf, daß eine gerechte Abwägung seiner eigenen Belange mit entgegenstehenden anderen Belangen stattfinde, er habe aber nicht auch einen Anspruch darauf, daß die Belange anderer Beteiligter gerecht abgewogen sind, oder daß etwa die Planung insgesamt und in jeder Hinsicht auf einer fehlerfreien Abwägung beruhe (*BVerwGE* 48, 56 – *„subjektive Begrenzung der Planabwägung"*).

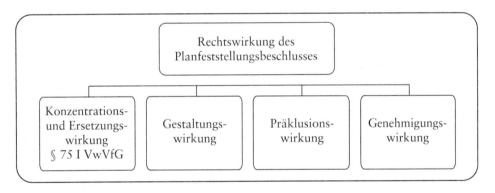

4. Rechtsbehelfsverfahren

a) Das VwVfG enthält unter Teil VI. zwei Vorschriften zum Rechtsbehelfsverfahren. Im übrigen verweist § 79 VwVfG auf die Vorschriften der VwGO über das Widerspruchsverfahren (§§ 68 ff. VwGO) und erklärt die Vorschriften des VwVfG für subsidiär anwendbar (§ 79 VwVfG).   **39**

Die VwGO bestimmt in den §§ 68 ff VwGO für bestimmte Klagearten, daß vor der Erhebung der Klage ein Vorverfahren, das Widerspruchsverfahren, vor den Verwaltungsbehörden durchzuführen ist. Für dieses Vorverfahren enthält die VwGO zwar einige Regelungen, sie sind aber weder umfassender noch abschließender Natur (*Renck*, DÖV 1973, 264; *BVerwGE* 61, 360). In der Rspr. (*BVerwGE* 21, 161) und Lit. sind vor allem drei **Zwecke des Vorverfahrens** herausgearbeitet worden, und zwar: **40**

❏ Entlastung der Verwaltungsgerichte;

❏ Rechtsschutz des Betroffenen;

❏ Selbstkontrolle der Verwaltung.

Diesen Zwecken wird unterschiedliches Gewicht beigemessen (*Knack*, VwVfG, vor § 79 Rn. 2.1 m. w. N.).

41   b) Die besondere Stellung des Widerspruchsverfahrens zwischen Verwaltungsverfahren und Verwaltungsprozeß (*Menger*, DÖV 1969, 159) hat zu unterschiedlichen Auffassungen über die Einordnung dieses „Verfahrensabschnittes" geführt. Teilweise wird die Auffassung vertreten, daß das Vorverfahren Bestandteil des in der VwGO geregelten gerichtlichen Verfahrens sei (*Kronenbitter*, MDR 1967, 720). Dem steht die Auffassung entgegen, die das Widerspruchsverfahren dem materiellen Verwaltungshandeln zurechnet (*W III*, § 161 V; *Renck*, NJW 1980, 1011; *Redeker/v. Oertzen*, VwGO, § 68 Rn. 1). Schließlich geht *Maurer* vom Doppelcharakter des Widerspruchsverfahrens als einem echten Verwaltungsverfahren aus, weil es von einer Verwaltungsbehörde durchgeführt werde. Auf der anderen Seite sei die Funktion als verwaltungsgerichtliches Vorverfahren zu sehen, weil seine Durchführung Voraussetzung für die Zulässigkeit der Anfechtungs- und Verpflichtungsklage in Form der Versagungsgegenklage sei (*Maurer*, Allg. VerwR, § 19 Rn. 6).

42   Man wird im Ergebnis von der Einordnung des Widerspruchsverfahrens als einem Verwaltungsverfahren auszugehen haben, wobei natürlich nicht übersehen werden kann, daß das Widerspruchsverfahren in einem Funktionszusammenhang zum verwaltungsgerichtlichen Verfahren steht. Da das Verwaltungsverfahren im formellen Sinne von Verwaltungsbehörden abgewickelt wird und nicht von Gerichten, ist es jedoch formal dem materiellen Verwaltungshandeln zuzurechnen. Der Widerspruch ist ein „klageunabhängiger Rechtsbehelf", der die Widerspruchsbehörde als Verwaltungsinstanz zu einem eigenständigen Verwaltungshandeln verpflichtet (*Bettermann*, DVBl. 1959, 309). Die Rechtmäßigkeit dieses Verwaltungshandelns kann in formeller und materieller Hinsicht unabhängig vom Verwaltungsprozeß nachgeprüft werden. Auch daraus läßt sich die materiell-rechtliche Natur der Bestimmungen über das Widerspruchsverfahren als einem besonders ausgeprägten Teil des Verwaltungsverfahrens entnehmen (*Ule*, VerwArch. Bd. 62 1971, 119; *Knack*, VwVfG, vor § 79 Rn. 3.2). Diese Einordnung des Widerspruchsverfahrens als verwaltungsbehördliches Verfahren wird durch das VwVfG insoweit gestützt, als es das Widerspruchsverfahren als förmlichen Rechtsbehelf aufführt und damit den anderen Bestimmungen über das materielle Verwaltungshandeln gleichsetzt (*BVerwGE 61*, 362). Durch § 9 VwVfG wird klargestellt, daß mit Erlaß des Verwaltungsaktes das Verwaltungsverfahren abgeschlossen ist. Bei dieser Sichtweise kann in der Erhebung des Widerspruchs grundsätzlich die Einleitung eines neuen Verwaltungsverfahrens, nämlich des Widerspruchsverfahrens, gesehen werden (*BVerwG* DVBl. 1984, 53; str.). Dieses endet dann mit Erlaß des Widerspruchsbescheides bzw. des Abhilfebescheides (*Stelkens*, VwVfG, § 79 Rn. 4). Das vorliegende Verständnis des Widerspruchs-

verfahrens als Verwaltungsverfahren führt z. B. dazu, daß die Verfahrensrechte nach § 28 ff. VwVfG grundsätzlich auch im Widerspruchsverfahren gelten.

B. Ablauf des Verwaltungsverfahrens

I. Allgemeines

Wie aus der bisherigen Darstellung deutlich geworden ist, gibt es nicht „das Verwaltungsverfahren" und es gibt auch nicht die „typische Gliederungsstruktur" des Verfahrensablaufes. Die Komplexität und Vielfalt der Verwaltungsaufgaben bestimmen die **Vielfalt der Verfahrensabläufe.** Dies zeigt sich allein am Vergleich zwischen den allgemeinen Verwaltungsverfahren einerseits und den förmlichen Verwaltungsverfahren, insbesondere den Massenverfahren andererseits. Verwaltungsverfahren betreffen so unterschiedliche Sachverhalte wie die Erteilung eines Reisepasses, die Genehmigung einer Abfallentsorgungsanlage, den Erlaß eines Rentenbescheides, die Planfeststellung zu einem Großflughafen oder die Ausweisung eines Asylbewerbers.

43

Die Beispiele zeigen, daß die Intensität des Verwaltungshandelns unterschiedlich ausgeprägt ist, daß die beteiligten Interessen von der Berücksichtigung eines Einzelinteresses bis zur komplexen Abwägung unterschiedlichster individueller und öffentlicher Belange im Planfeststellungsverfahren reicht, daß es Verwaltungsverfahren gibt, die nur von einer Behörde durchgeführt werden im Gegensatz zu solchen, bei denen die Beteiligung einer Vielzahl von Behörden und Verwaltungsträgern gefordert ist.

44

Schließlich ist zu beachten, daß das außenwirkende Verwaltungshandeln immer auch korrespondiert mit zahlreichen verwaltungsinternen Abläufen. So werden eingehende Anträge zunächst registriert und mit einem Aktenzeichen versehen; es werden Akten angelegt und innerhalb der Verwaltungshierarchie dem zuständigen Sachbearbeiter zugeleitet. Gegebenenfalls werden Vertretungsregelungen bedeutsam, wenn der Sachbearbeiter sich im Urlaub befindet. Der Sachbearbeiter wird, abhängig von der Größe der Verwaltungseinheit, weitere Zuarbeiter mit Teilfunktionen des Verwaltungsverfahrens betrauen. Es müssen ggf. Akten aus Parallelvorgängen beigezogen werden. Tangierte Abteilungen der eigenen Behörde müssen mit der Angelegenheit befaßt werden, ggf. müssen andere Behörden zur Mitwirkung aufgefordert werden. Besonders öffentlichkeitswirksame Verwaltungsverfahren werden im Verfahrensablauf oder vor Erlaß der verbindlichen Entscheidung der obersten Landes- oder Bundesbehörde zur Information vorgelegt. Gegebenenfalls ergehen Weisungen, wie die Angelegenheit weiter zu behandeln oder zu entscheiden ist.

45

All dies zeigt, daß der Verwaltungsakt oder der öffentlich-rechtliche Vertrag, als Ergebnis des Verwaltungsverfahrens, das Substrat umfänglichen Tätigwerdens und Zusammenwirkens sowie Abwägens ist.

II. Beginn des Verfahrens

1. Verfahrenseinleitung

46 Ein Verwaltungsverfahren kann durch Initiative der Behörde (von Amts wegen) oder durch Initiative eines Bürgers (auf Antrag) in Gang kommen. Nach § 22 VwVfG stehen diese Möglichkeiten der Verfahrenseinleitung jedoch nicht wahlweise nebeneinander, sondern sind wie folgt aufeinander zugeordnet:

47 a) Nach dem Grundsatz des § 22 VwVfG entscheidet die Behörde nach pflichtgemäßem Ermessen, ob und wann ein Verwaltungsverfahren durchgeführt wird. Dieser Grundsatz ergibt sich daraus, daß die Behörde im Verwaltungsverfahren nicht nur im Interesse einzelner Betroffener tätig wird, sondern daß sie in vielen Fällen in erster Linie die Belange der Allgemeinheit zu wahren hat (*Martens*, JuS 1978, 99).

   Beispielsfall: In der Nachbarschaft des Wohnhauses des K befinden sich drei Betriebsstätten einer Weberei. Nachdem es mehrfach zu Geräuschen und Erschütterungen gekommen ist, wurde K bei der Stadt vorstellig und beantragte den Betrieb des Entlüfters, der die Geräuschquelle darstellte, zu untersagen. Die Stadt lehnte ein Einschreiten ab. Nach Durchführung des Vorverfahrens verlangte K im Wege der Verpflichtungsklage ein Einschreiten der Ordnungsbehörde. – Die Klage war zulässig, da es angesichts des vorgetragenen Sachverhalts möglich erschien, daß der Kläger in seinen Rechten, insbesondere seinem Eigentum und seiner körperlichen Unversehrtheit verletzt sein könnte (§ 42 II VwGO). Die Klage war jedoch abzuweisen, weil K keinen Anspruch auf behördliches Einschreiten hatte und die Untätigkeit der Ordnungsbehörde ihm gegenüber auch nicht auf fehlerhaftem Ermessensgebrauch beruhte. Nach der Generalklausel des einschlägigen Polizeigesetzes, haben die Ordnungsbehörden die nach pflichtgemäßem Ermessen notwendigen Maßnahmen zu treffen, um von der Allgemeinheit oder dem einzelnen Gefahren abzuwehren, durch die die öffentliche Sicherheit und Ordnung bedroht wird. In der Grundidee gilt damit das Opportunitätsprinzip, dessen Wesensgehalt im Unterschied zu dem für die Strafverfolgung entwickelten Legalitätsprinzip (§ 152 StPO) deutlich wird. Die Verpflichtung zum Einschreiten im Rahmen des Opportunitätsprinzips unterliegt nur der Nachprüfung nach Maßgabe des § 114 VwGO. Das *OVG Lüneburg* hatte einen Ermessensfehler schon deshalb nicht feststellen können, weil es K nach Lage des Falles ohne weiteres möglich war, Rechtsschutz bei den Zivilgerichten einzuholen (*OVG Lüneburg*, DVBl. 1960, 648 – *„Pflicht zur Verfahrenseinleitung"*).

   b) Von dem Grundsatz des § 22, 1 VwVfG gelten zwei Ausnahmen:

48   ❑ In einer positiven Ausnahme verpflichtet § 22, 2 Nr. 1 VwVfG die Behörde, ein Verfahren durchzuführen, wenn durch Rechtsvorschrift bestimmt ist, daß sie entweder von Amts wegen oder auf Antrag tätig werden muß und ein entsprechender Antrag gestellt worden ist.

Beispiele für Amtsverfahren, mit rechtlicher Verpflichtung sind:
- ❑ § 1 ff. ImpfG (Impfpflicht);
- ❑ § 35 GewO (Gewerbeuntersagung);
- ❑ § 24 HandwO (Untersagen des Ausbildens);
- ❑ § 47 I WaffG (Rücknahme waffenrechtlicher Erlaubnisse und Zulassungen).

Beispiele für Antragsverfahren mit rechtlicher Verpflichtung sind:
- ❑ § 92 BBG (Dienstzeugnis);
- ❑ § 2 ApothekG (Apothekenerlaubnis);
- ❑ §§ 4, 6 BImschG (Genehmigung besonderer Anlagen);
- ❑ §§ 2, 12 PBefG (Genehmigung zur Personenbeförderung);
- ❑ § 8 I TierschG (Genehmigung von Tierversuchen).

❑ In negativer Hinsicht ist die Behörde nach § 22, 2 Nr. 2 VwVfG an der   **49**
Einleitung eines Verwaltungsverfahrens gehindert, wenn sie nur auf Antrag
tätig werden darf und ein entsprechender Antrag nicht vorliegt. Nach dieser Alternative ist der Antrag notwendige Verfahrensvoraussetzung
(*„Sperrwirkung"*). Leitet die Behörde gleichwohl ein Verfahren ein, so lei-
det das Verfahren an einem Verfahrensmangel, der jedoch nach § 45 I Nr.
1 VwVfG dadurch geheilt werden kann, daß der Antrag nachträglich gestellt wird (*Stelkens*, VwVfG, § 22 Rn. 17).

Beispiele für die Sperrwirkung fehlenden Antrags:
- ❑ § 8 RuStAG (Einbürgerung),
- ❑ § 6 I KriegswaffenG.

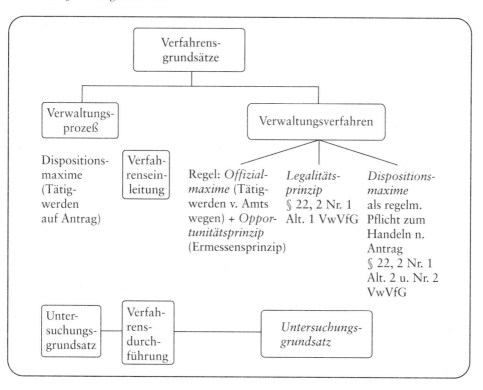

50   **Beachte:** Im Gegensatz zum Verwaltungsprozeß, der auf der Dispositions-
        maxime beruht (*Verfügungsgrundsatz*) gilt im Verwaltungsverfahren grund-
        sätzlich die Offizialmaxime (*Amtsverfahren*), verbunden mit dem Opportu-
        nitätsprinzip (*Ermessensprinzip*). Die Behörde entscheidet danach nach
        pflichtgemäßem Ermessen, ob und wann ein Verwaltungsverfahren durchge-
        führt wird. Die Offizialmaxime wird in den Fällen des § 22, 2 Nr. 1 Alt. 1
        VwVfG durch das Legalitätsprinzip ergänzt (*Stelkens*, VwVfG, § 22 Rn. 3).

2. Einzelfragen

51   a) Nicht selten ist unklar, ob und welche Rechtsvorschriften der Behörde ein
        Tätigwerden auf Antrag eines Bürgers gebieten. Anders als die gesetzliche
        Fassung des § 22 VwVfG nahelegt, entsteht die Verpflichtung zur Einleitung
        eines Verwaltungsverfahrens nicht nur dann, wenn Bestimmungen ein Tätig-
        werden auf Antrag der Behörde ausdrücklich vorsehen oder ein Antragsrecht
        des Bürgers ausdrücklich ausweisen (*Martens*, JuS 1978, 99). Meist lauten
        Formulierungen „auf Antrag" oder es wird im Gesetz mitgeteilt, bei welcher
        Behörde der Antrag einzureichen ist (§ 8 I StVZO). Diese Vorschriften sind so
        auszulegen, daß die zuständige Behörde auf einen Antrag hin zur Durchfüh-
        rung des Verfahrens auch verpflichtet ist (*Schweickhardt*, Rn. 853).

52   Unabhängig davon muß eine Behörde grundsätzlich auf jeden Antrag hin
        prüfen, ob die Voraussetzungen für den Erlaß der beantragten Entscheidung
        vorliegen. Insoweit bewirkt jeder Antrag zumindest ein „Prüfverfahren". Die-
        ses eingeleitete Verfahren muß jedoch nicht stets zu einer Sachprüfung führen,
        sondern kann auch mit der Entscheidung enden, daß der Antrag als unzulässig
        abgelehnt wird. Auch diese Entscheidung ergeht, sofern es sich bei der bean-
        tragten Verwaltungshandlung um einen Verwaltungsakt handelt, in Form ei-
        nes Verwaltungsaktes (*Martens*, JuS, 1978, 99).

53   b) Vom Antrag zu unterscheiden ist die Anregung des Bürgers, an die Verwaltung
        tätig zu werden. Die Anregung ist ein unverbindlicher Hinweis, der die Behör-
        de nicht dazu zwingt, ein Verfahren von Amts wegen oder auch nur als verfah-
        rensrechtliches Prüfverfahren einzuleiten (*Schweickhardt*, Rn. 854).

54   c) Ein Antrag ist, solange der Verwaltungsakt noch nicht erlassen ist, frei rück-
        nehmbar. Im Fall der Rücknahme hat die Behörde, sofern sie nur auf Antrag
        tätig werden darf, das Verfahren einzustellen (*Kopp*, VwVfG, § 22 Rn. 34).

55   d) Wie im gerichtlichen Verfahren ist auch im Antragsverfahren vor Behörden ein
        Antrag nur zulässig, wenn der Antragsteller ein schutzwürdiges Interesse an
        der von ihm beantragten Amtshandlung hat (**Sachbescheidungsinteresse**). Ein
        derartiges Sachbescheidungsinteresse fehlt, wenn die Verwaltungshandlung
        für unlautere Zwecke oder mißbräuchlich in Anspruch genommen werden soll
        (*BVerwGE* 42, 117). Auch im Verwaltungsverfahren gilt somit als Ausdruck
        allgemeiner Rechtsgrundsätze das Erfordernis des Rechtsschutzinteresses
        (*BVerwG*, NJW 1976, 1987).

Beispiel: B beantragt eine Baugenehmigung für ein Wochenendhaus auf einer Alm im Allgäu, die dem schwäbischen Albverein gehört. Der schwäbische Albverein teilt der zuständigen Baubehörde mit, daß man keinesfalls eine Verwirklichung des Bauvorhabens hinnehmen werde, da man auf dieser Alm Landschaftsschutzanliegen verfolge. Die privatrechtliche Eigentumslage würde der Erteilung einer Baugenehmigung zwar nicht entgegen stehen (vgl. § 59 I 1, III LBO Ba-Wü). Im vorliegenden Fall fehlt aber offensichtlich das Antragsinteresse angesichts der dezidierten Äußerung des Eigentümers; im übrigen kommt hinzu, daß die Baugenehmigung wegen Verstoßes gegen § 35 BauGB auch materiell-rechtlich offenkundig nicht erteilt werden dürfte.

III. Zuständigkeit

Die Darstellung der Verwaltungsorganisation hat gezeigt, daß die Erledigung der Aufgaben innerhalb der arbeitsteiligen Organisation auf unterschiedlichste Verwaltungsträger und Verwaltungsorgane verteilt ist. Im Verfahren kommt es darauf an, die für die einzelne Aufgabe zuständige Behörde herauszufinden. Verwaltungsbehörden dürfen entsprechend einem elementaren rechtsstaatlichem Gebot nur zur Erledigung der Aufgaben tätig werden, für die ihnen eine Zuständigkeit zugewiesen ist (*Erichsen*, Allg. VerwR, § 14 Rn. 5; *Maurer*, Allg. VerwR. § 21 Rn. 44). 56

Bei der Feststellung der Zuständigkeit ist grundsätzlich zu unterscheiden zwischen der vorrangigen **Zuständigkeit des Verwaltungsträgers** und der Frage, welches **Verwaltungsorgan** dieses Verwaltungsträgers zur Wahrnehmung der einzelnen Verwaltungsaufgabe berufen ist. Würde z. B. das Kreiswehrersatzamt über die Zulassung des Wehrpflichtigen zur Universität entscheiden, so wäre diese Behörde schon wegen fehlender Verbandskompetenz unzuständig, da der Bund, dem die Behörde angehört keine Kompetenz zur Regelung der Hochschulzulassung hat. Praktisch spielt die Verbandskompetenz allerdings in Klausurfällen eine geringe Rolle, weil bereits der Gesetzgeber in aller Regel die Zuständigkeit der Behörden festlegt. Die Verbandskompetenz darf nur dann problematisiert werden, wenn konkrete Bedenken aus verfassungsrechtlicher Sicht gegen die Zuständigkeit des angerufenen Verwaltungsträgers bestehen. 57

1. Sachliche Zuständigkeit

Die sachliche Zuständigkeit stellt auf den Gegenstand der zu erledigenden Verwaltungsaufgaben ab. Die sachliche Zuständigkeit beantwortet die Frage, ob eine bestimmte Behörde hinsichtlich einer konkreten Sachangelegenheit befugt ist, tätig zu werden. 58

Beispiele:
- ❑ Nach § 62 BauO NW ist für den Vollzug der Landesbauordnung die untere Bauaufsichtsbehörde zuständig. § 60 I Nr. 3 BauO NW regelt, welche Behörde untere Bauaufsichtsbehörde ist.
- ❑ § 2 TierSG regelt, daß die Durchführung des Gesetzes den zuständigen Landesbehörden obliegt. Für das Land Nordrhein-Westfalen sind die Verwaltungsbefugnisse im AG-TierSG-

NW geregelt. § 1 V AG-TierSG-NW legt fest, daß Polizeibehörde oder „sonstige zuständige Behörde" im Sinne des Tierseuchengesetzes die Kreisordnungsbehörde ist.

2. Instanzielle Zuständigkeit

59 In engem Zusammenhang mit der sachlichen Zuständigkeit steht die instanzielle Zuständigkeit (*Schweickhardt*, Rn. 783). Die instanzielle Zuständigkeit betrifft die Frage, welche Behörde bei einem mehrstufigen Behördenaufbau zur Aufgabenwahrnehmung berufen sein soll. Grundsätzlich ist die Erledigung von Sachaufgaben der unteren Verwaltungsbehörde zugewiesen. Es ist aber auch denkbar, daß der Gesetzgeber eine höherstufige Behörde zur Aufgabenwahrnehmung bestimmt.

Beispiel: Nach § 73 I Nr. 1 VwGO entscheidet, sofern die Ausgangsbehörde dem Widerspruch nicht abhilft, über den Widerspruch die nächsthöhere Behörde, soweit nicht durch Gesetz eine andere höhere Behörde bestimmt ist.

60 Die übergeordnete („vorgesetzte") Behörde ist im übrigen grundsätzlich nicht befugt, eine in die Zuständigkeit der ihr nachgeordneten Behörde fallende Angelegenheit zur eigenen Entscheidung an sich zu ziehen (sog. **Selbsteintrittsrecht**). Eine derartige Befugnis steht ihr nur im Falle einer ausdrücklichen gesetzlichen Ermächtigung zu oder wenn Gefahr im Verzuge ist oder unter engen Voraussetzungen dann, wenn die nachgeordnete Behörde eine ihr erteilte Weisung nicht befolgt (*Maurer*, Allg. VerwR, § 21 Rn. 49).

Beispiele:
❑ Nach § 25 III VermG kann das Landesamt zur Regelung offener Vermögensfragen Verfahren, die bei einem ihm nachgeordneten Amt zur Regelung offener Vermögensfragen anhängig sind, zur einheitlichen Entscheidung an sich ziehen.
❑ § 44 I 2 StVO sieht ein generelles Selbsteintrittsrecht der obersten Landesbehörden und der höheren Verwaltungsbehörden für erforderliche Maßnahmen der StVO vor.

61 Zu unterscheiden von der instanziellen Zuständigkeit ist der Fall, daß ein bestimmter Amtswalter entgegen der innerbehördlichen Zuständigkeitszuschreibung nach außen tätig wird. Die innerbehördliche Zuständigkeit betrifft ausschließlich die Geschäftsverteilung. Ein Verstoß ist in der Regel ohne Folgen für die Rechtmäßigkeit des Verwaltungshandelns nach außen, da es sich bei einer Überschreitung der Geschäftsverteilung um einen Verstoß gegen die zum Innenrecht gehörenden Geschäftsverteilungspläne handelt (*Eiselstein*, JuS 1987, 32; *Erichsen*, Allg. VerwR., § 14 Rn. 7; zu sog. „Behördenleitervorbehalten" vgl. *Lisken/Mokros*, NVwZ 1991, 609).

3. Örtliche Zuständigkeit

62 Die örtliche Zuständigkeit betrifft den räumlichen Tätigkeitsbereich der sachlich zuständigen Behörde. So sind z. B. sachlich zuständige Landesoberbehörden für das gesamte Gebiet des Landes zuständig. Sind mehrere gleichrangige Behörden sachlich zuständig, ist die örtlich zuständige Behörde jeweils nach den gesetzlichen Regelungen festzustellen.

Beispiele:
- ❑ § 206 I 1 BauGB erklärt die Behörde für örtlich zuständig, in deren Bereich das betroffene Grundstück liegt.
- ❑ Nach § 2 SGB X entscheidet bei mehreren örtlich zuständigen Behörden die Behörde, die zuerst mit der Sache befaßt worden ist, es sei denn, die gemeinsame Aufsichtsbehörde bestimmt, daß eine andere örtlich zuständige Behörde zu entscheiden hat.

4. Einzelfragen

a) In der Praxis kommt es nicht selten vor, daß sich die für die Zuständigkeit   63
maßgeblichen Umstände im Laufe des Verwaltungsverfahrens ändern. So kann es z. B. sein, daß der Handwerksmeister seinen Betrieb in einen anderen Ort verlegt. Teilweise ist das Problem gesetzlich geregelt, wie z. B. für die örtliche Zuständigkeit durch § 2 II und III SGB X. Im übrigen gilt der Grundsatz, daß ein Wechsel der behördlichen Zuständigkeit stattfindet und das Verfahren somit abzugeben ist (*Schmidt*, DÖV 1977, 774; *VGH Ba.-Wü.* BWVBl. 1970, 14).

b) Das Verhalten einer Behörde bei Unzuständigkeit spielt vor allem dann eine   64
besondere Rolle, wenn es sich um einen Antrag handelt, der innerhalb einer Frist der zuständigen Behörde vorliegen muß. Allgemein gilt, daß die unzuständige Behörde den Antrag nicht unbearbeitet liegen lassen darf, sondern zumindest den Antragsteller darüber zu belehren hat (*Schweickhardt*, Rn. 791). Teilweise ist das Verhalten der Behörden für diese Fälle gesetzlich geregelt. So hält § 35 IV VermG fest, daß der Antrag, der an ein örtlich unzuständiges Amt oder an eine andere unzuständige Stelle gerichtet worden ist, unverzüglich an das zuständige Amt abzugeben und der Antragsteller hierüber zu benachrichtigen ist.

Ein bei einer unzuständigen Behörde eingereichter Antrag und nicht an die zuständige Behörde weitergeleiteter und dort noch fristgerecht eingegangener Antrag kann eine Frist allerdings nur ausnahmsweise wahren.

Beispielsfall: K beantragte bei der unzuständigen Sozialbehörde die Zuerkennung einer Verletztenrente wegen unfallbedingter Erwerbsunfähigkeit. Die Sozialbehörde hat den Antrag nicht behandelt. Der zuständige Unfallversicherer beruft sich auf Verjährung. – Das *BVerwG* führte aus, daß nur unter besonderen Voraussetzungen ein bei einer unzuständigen Behörde eingereichter Antrag fristwahrende Wirkung entfalten kann, nämlich dann, wenn sich die behördliche Zuständigkeit geändert hat und der rechts- und behördenunerfahrene Bürger auf die Fortdauer der ursprünglichen Zuständigkeit vertrauen durfte (*BVerwG* 16, 198 – „*Fristversäumnis*").

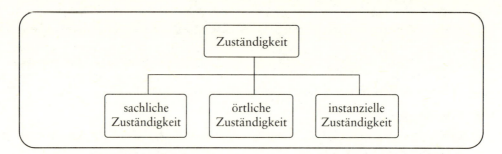

IV. Untersuchungsgrundsatz

65   a) Das Verwaltungsverfahren wird vom Untersuchungsgrundsatz beherrscht.
Die Behörde hat nach § 24 VwVfG den Sachverhalt von Amts wegen aufzuklä-
ren; sie ist dabei an das Vorbringen der Beteiligten nicht gebunden (Untersuchungsgrundsatz). Die Geltung des Untersuchungsgrundsatzes im Verwaltungsverfahren beruht darauf, daß das öffentliche Interesse an der Feststellung
des wahren Sachverhalts Vorrang vor dem Privatinteresse der Beteiligten hat.
Im übrigen setzt die angestrebte richtige Entscheidung aus rechtsstaatlichen
Gründen eine vollständige und zutreffende Aufkärung des Sachverhalts voraus (*Knack*, VwVfG, § 24 Rn. 2; *Kopp*, VwVfG, § 24 Rn. 2).

66   **Merke:** Der Untersuchungsgrundsatz ist von der Offizialmaxime und
            der Dispositionsmaxime zu unterscheiden. Letztere sind Grundsätze
            über die Einleitung eines Verfahrens und die Herrschaft über den Ver-
            fahrensgegenstand und -fortgang. Allerdings folgt zwangsläufig aus
            dem nach § 22 VwVfG geltenden Offizialprinzip der Untersuchungs-
            grundsatz als notwendigerweise korrespondierende Verfahrensmaxi-
            me (*Stelkens*, VwVfG, § 24 Rn. 4).

67   b) Der Untersuchungsgrundsatz bedeutet, daß die Behörde selbst Art und Umfang der Ermittlungen bestimmt (§ 24, 2 Hs. 1 VwVfG). Die Behörde ist
allerdings hinsichtlich der Verfahrensgestaltung nicht freigestellt. Vielmehr ist
sie zu einer umfassenden Ermittlung des für die Entscheidung maßgeblichen
Sachverhalts verpflichtet. Die Behörde muß die Ermittlungen auf alle für die
Entscheidung maßgeblichen Tatsachen erstrecken. Da die Behörde insbesondere auch im öffentlichen Interesse handelt, kann die Ermittlungstätigkeit über
den durch den Antrag zur Entscheidung gestellten Sachverhalt auch hinaus-
führen, insbesondere wenn dies im Interesse der Berücksichtigung öffentlicher
Interessen oder Interessen Dritter geboten ist.

Beispielsfall: K wendet sich gegen eine fernstraßenrechtliche Planfeststellung
für eine Bundesautobahn. Er vertritt die Auffassung, daß der Planfeststellungsbeschluß rechtswidrig sei und ihn in seinen Rechten verletze, weil es die
Planfeststellungsbehörde unterlassen habe, den Gesichtspunkt seiner mögli-

chen Existenzvernichtung zu berücksichtigen. Damit sei ein gewichtiger Belang des K in die Abwägung nicht eingegangen. Der Beklagte weist darauf hin, daß die Zusammenstellung des Abwägungsmaterials im verfahrenserforderlichen Umfang erfolgt sei; weder lägen bei der Ermittlung des Abwägungsmaterials noch bei der Abwägung selbst Fehler vor. – Das *BVerwG* weist im Ausgangspunkt darauf hin, daß die Zusammenstellung oder Ermittlung des Abwägungsmaterials erstens die abstrakt-begriffliche (tatbestandliche) Abgrenzung der Gesichtspunkte, die abwägungserheblich sind, umfasse, und zweitens die Entscheidung darüber, welche konkret vorliegenden Umstände unter diese Begriffe subsumiert werden könnten. Daß die Existenzbedrohung zu den abwägungserheblichen Gesichtspunkten einer fernstraßenrechtlichen Planung gehöre, sei nicht zweifelhaft. Die Planfeststellungsbehörde habe indessen den Anforderungen des § 17 I 2 FStrG genügt. Zwar habe die Planfeststellungsbehörde keine Ermittlungen hinsichtlich der von K im Anhörungsverfahren nach § 18 FStrG geltend gemachten Existenzvernichtung angestellt. Jedoch habe die Planfeststellungsbehörde dieses Vorbringen als wahr unterstellt und damit in der Planabwägung auch berücksichtigt. Das Wesen der Wahrunterstellung sei dadurch gekennzeichnet, daß eine entscheidungserhebliche Behauptung zu Gunsten eines Beteiligten so behandelt wird, als wäre die beabsichtigte Tatsache wahr. Für das verwaltungsgerichliche Verfahren, das ebenfalls vom Untersuchungsgrundsatz beherrscht werde, sei eine Wahrunterstellung gerechtfertigt, wenn zu Gunsten des Betroffenen von dem behaupteten Sachverhalt ohne jede inhaltliche Einschränkung ausgegangen werde, die behauptete Tatsache also in ihrem mit dem Parteivorbringen gemeinten Sinn so behandelt werde, als wäre sie nachgewiesen. Aus dem Planfeststellungsverfahren, insbesondere aus den Besonderheiten der Planung und der planerischen Abwägung, seien keine Gründe ableitbar, die gegen die Übernahme dieser Grundsätze sprächen. Der Betroffene werde nicht schlechter gestellt, wenn seine Behauptung ohne behördliche Sachverhaltsermittlung so in die Abwägung aufgenommen werde, wie sie von ihm vorgetragen wurde. Ob die Planfeststellungsbehörde von der Möglichkeit einer Wahrunterstellung im Einzelfall Gebrauch mache, liege dabei grundsätzlich in ihrem pflichtgemäßen Ermessen. Deshalb sei die Wahrunterstellung dann nicht zulässig, wenn sich die damit als nachgewiesen behandelte Beweistatsache in der Abwägung zum Nachteil eines anderen Planbetroffenen auswirken könne (*BVerwG*, DVBl. 1980, 999 – „*Untersuchungsgrundsatz*").

> **Merke:** Aus dem Prinzip der Amtsermittlung folgt, daß die Behörde an das Vorbringen und die Beweisanträge der Beteiligten nicht gebunden ist. Die Behörde ist verpflichtet, bei der Ermittlung des Sachverhalts alle vernünftigerweise zur Verfügung stehenden, geeignet erscheinenden Möglichkeiten auszuschöpfen (*Knack*, § 24 VwVfG Rn. 3.1; *Maurer*, Allg. VerwR., § 19 Rn. 18).

68

V. Ausgeschlossene Personen

69 § 20 VwVfG normiert den Ausschluß einer Reihe von Personen von der Mitwirkung im Verwaltungsverfahren. § 20 VwVfG soll sicherstellen, daß die Aufgaben
der Behörden sachlich und unvoreingenommen erfüllt werden. Deshalb werden
von der Beteiligung im Verfahren Personen ausgeschlossen, bei denen die Gefahr
bestehen könnte, daß sie sich durch sachfremde Erwägungen in ihrer Entscheidung beeinflussen lassen (*Knack*, VwVfG, § 20 Rn. 2).

> **Merke:** § 20 VwVfG bewirkt einen Ausschluß des betroffenen Amtsträgers
> kraft Gesetzes durch unwiderlegliche Fiktion der persönlichen Befangen-
> heit (*Kopp*, VwVfG, § 20 Rn. 4 u. 7). Eines Antrages von seiten der Betei-
> ligten bedarf es nicht, um die Ausschlußwirkung herbeizuführen.

Beispielsfall: Gemeinde G läßt die Wassermesser vierteljährlich durch ihren Bediensteten K ablesen. Schauspielerin F betrachtet K als ausgesprochenen Feind.
Nach Verweigerung des Zutritts forderte G die F unter Zwangsgeldandrohung
auf, K das Ablesen des Wasserzählers zu gestatten. – Die Klage gegen die Ordnungsverfügung und die Festsetzung des Zwangsgeldes war erfolgreich; F wurde
als berechtigt angesehen, die Ablesung des Wassermessers durch einen anderen
Mitarbeiter der G zu verlangen. Der *VGH Kassel* führte aus, daß der Staatsbürger ein Recht darauf habe, daß ihm gegenüber nur solche Bedienstete der öffentlichen Verwaltung tätig werden, die ihm in jeder Beziehung unbefangen, d. h.
auch ohne Belastung durch persönliche Beziehungen, gegenübertreten. Der
Grundsatz dieses für befangene Amtsträger anerkannten Handlungsverbotes folge aus dem allgemeinen Grundsatz, daß die Unparteilichkeit der öffentlichen
Verwaltung gewährleistet sein müsse. Zerwürfnisse zwischen dem Amtsträger
und dem einzelnen Staatsbürger als Adressaten der Amtshandlung könnten Ur-
sache dafür sein, daß ein persönliches Interesse des Amtsträger betroffen werde.
Zu dieser Entscheidung ist anzumerken, daß die Aufzählung der Ausschlußgrün-
de in §§ 20 u. 21 VwVfG nun mehr abschließend ist. Das persönliche Zerwürfnis
stellt deshalb keinen Ausschlußgrund nach § 20 VwVfG dar, wohl aber einen
Grund zur Besorgnis der Befangenheit nach § 21 VwVfG (*VGH Kassel*, DÖV
1970, 645 – „*Besorgnis der Befangenheit*").

70 Im nichtförmlichen Verwaltungsverfahren haben die Beteiligten nach dem
VwVfG kein förmliches Ablehnungsrecht wegen Besorgnis der Befangenheit
(*BVerwGE* 29, 70), es sei denn, es ist spezialgesetzlich vorgesehen (z. B. § 40 III
SchwbG). § 21 VwVfG schafft jedoch ein verwaltungsinternes Verfahren, in dem
Gründe, die die Besorgnis der Befangenheit rechtfertigen können, einer Überprü-
fung unterzogen werden und ggf. zur verwaltungsseitigen Anordnung einer Aus-
schließung des Amtsträgers von Amtshandlungen führen können (*Knack*,
VwVfG, § 21 Rn. 2 f.).

Beispielsfall: K begehrt erneute Zulassung zum mündlichen Teil des Wirtschaftsprüferexamens. Er trägt vor, daß Prüfungen unter dem Vorsitz des Ministerialrates Dr. S regelmäßig zu signifikant schlechteren Ergebnissen als bei anderen Prüfungen führten. Dies sei der Grund, weshalb er die Prüfung nicht bestanden habe. Die Verpflichtungsklage hatte keinen Erfolg. – Das BVerwG führte aus, daß prüfungsrechtliche Beurteilungen auch von der Persönlichkeit des jeweiligen Prüfers geprägt seien. Dem trage das Prüfungsrecht durch Einräumung eines innerhalb seiner Grenzen gerichtlich nicht überprüfbaren Beurteilungsspielraumes Rechnung (beachte die zwischenzeitlich erfolgte Rspr. zur Einschränkung des Beurteilungsspielraumes). Eine „Gleichschaltung" der Prüfer sei tatsächlich nicht möglich und auch rechtlich nicht geboten. Die Behauptung unterschiedlicher Mißerfolgsquoten sei deshalb kein Indiz für Prüfungsfehler. Die Annahme der Befangenheit sei nicht gegeben (*BVerwG*, NVwZ 1988, 440 – „*Mißerfolgsquote in Prüfungen*").

Beachte: Die Entscheidung des Behördenleiters nach § 21 VwVfG ist nach h. M. **71** kein Verwaltungsakt und kann weder vom Amtsträger noch vom Beteiligten angefochten werden (*Knack*, VwVfG, § 21 Rn. 3.5; a. A. *Kopp*, VwVfG, § 21 Rn. 10, der unberücksichtigt läßt, daß die Entscheidung gegenüber dem handelnden Amtsträger eine organisationsinterne Maßnahme ist, die den Grundrechtsbereich des Amtsträgers nicht tangiert). Wirkt ein befangener Amtsträger im Verfahren mit, ist der Verwaltungsakt oder der öffentlich-rechtliche Vertrag verfahrensfehlerhaft und rechtswidrig; die Rechtsfolgen ergeben sich aus § 46 VwVfG.

VI. Ende des Verwaltungsverfahrens

Aus der Eingrenzung des Verwaltungsverfahrens nach § 9 VwVfG folgt, daß das **72** Verfahren mit dem Erlaß bzw. der Ablehnung des Verwaltungsaktes oder mit dem Abschluß oder Scheitern eines öffentlich-rechtlichen Vertrages endet.

Das Verwaltungsverfahren kann aber auch auf andere Weise enden, z. B. weil der Antragsteller seinen Antrag zurücknimmt (Achtung: § 22 Nr. 2 VwVfG!) oder weil sich die Angelegenheit von selbst erledigt hat.

Beispiel: Nach § 30 I 3 VermG kann der Antrag auf Rückgabe eines Vermögensgegenstandes jederzeit zurückgenommen oder für erledigt erklärt werden. Der Antrag kann auch auf einzelne Verfahrensstufen beschränkt werden.

C. Die Beteiligten des Verwaltungsverfahrens

I. Allgemeines

73 Die Klärung, wer Beteiligter an einem Verwaltungsverfahren ist, ist nicht nur eine Frage der begrifflichen Abgrenzung, vielmehr sind mit der Beteiligtenstellung zahlreiche Rechte und Pflichten im Verfahren verknüpft (z. B. §§ 20, 28 VwVfG).

II. Beteiligte

1. Abgrenzung

74 § 13 VwVfG regelt nach formellen Gesichtspunkten, wer Beteiligter an einem konkreten Verwaltungsverfahren ist, zu wem also das Verfahrensrechtsverhältnis besteht, aus dem die einzelnen Rechte und Pflichten erwachsen (*Martens*, JuS 1977, 812). Bei den Beteiligten nach § 13 VwVfG ist zwischen zwei Gruppen zu unterscheiden:

- ❏ Beteiligte kraft Gesetzes (§ 13 I Nr. 1 – 3 VwVfG; z. B. Antragsteller, Antragsgegner, mögliche Adressaten eines Verwaltungsaktes).
- ❏ Beteiligte kraft Hinzuziehung der Behörde (§ 13 I Nr. 4 VwVfG; durch den Verfahrensausgang in rechtlichen Interessen tangierte Personen).

Die Aufzählung des Katalogs der Beteiligten in § 13 VwVfG ist für das VwVfG abschließend. In Spezialgesetzen des Bundes können allerdings auch andere Personen oder Stellen als Beteiligte bestimmt werden.

> **Merke:** Nicht zu den Beteiligten nach § 13 VwVfG gehört die handelnde Behörde. Die das Verfahren führende Behörde ist Träger des Verfahrens (*Wolff* III, § 156 III).

2. Beteiligungsfähigkeit

75 § 11 VwVfG bestimmt, wer überhaupt fähig ist, am Verwaltungsverfahren beteiligt zu sein (Beteiligungsfähigkeit). Die Beteiligungsfähigkeit nach § 11 VwVfG ist die rechtliche Fähigkeit, an einem Verwaltungsverfahren vor einer Behörde als Beteiligter nach § 13 teilnehmen zu können, also Antragsteller, Antragsgegner, Adressat eines Verwaltungsaktes oder Beigeladener zu sein. Beteiligungsfähig ist grundsätzlich, wer rechtsfähig ist; die Begriffe sind aber nicht deckungsgleich. So können Behörden, die für sich nicht rechtsfähig sind, gleichwohl kraft Gesetzes an einem Verfahren beteiligt sein, z. B., um die besonderen Gesichtspunkte ihrer fachlichen Zuständigkeit zur Geltung bringen zu können (*Maurer*, Allg. VerwR, § 19 Rn. 13).

Beispielsfall: In der Gemeinde G gründet sich eine Bürgerinitiative zur Verhinderung der Ansiedlung des Chemieunternehmens C. Die Bürgerinitiative wählt einen Vorsitzenden und legt fest, daß man sich zweimal im Monat zur Abstimmung des Vorgehens treffe. Die Bürgerinitiative reicht außerdem bei der nach

Art. 1 BayImSchG für die Anlagengenehmigung nach dem Bundesimmissionsschutzgesetz zuständigen Kreisverwaltungsbehörde einen „Antrag" ein mit dem
Ziel, die Anlage wegen schädlicher Luftverunreinigungen nicht nach § 4
BImSchG zu genehmigen. Der zuständige Sachbearbeiter der Kreisverwaltungsbehörde fragt, ob die Bürgerinitiative am Verwaltungsverfahren zu beteiligen sei.
– Eine Beteiligung nach Art. 13 II BayVwVfG käme nur dann in Betracht, wenn
die Bürgerinitiative nach Art. 11 BayVwVfG beteiligungsfähig wäre. Nach Art.
11 Nr. 2 BayVwVfG sind Vereinigungen beteiligungsfähig, soweit ihnen ein
Recht zustehen kann. Unter derartigen Vereinigungen sind Personenmehrheiten
zu verstehen, denen ein Mindestmaß an Organisation eigen ist, wenigstens soweit, daß sie die Repräsentanz der Mehrheit durch einzelne ermöglicht (*OVG
Lüneburg*, NJW 1992, 192). Dabei ist str., ob die Vereinigung eine feste, auf eine
gewisse Dauer gerichtete körperschaftliche Struktur haben muß (*VGH München*, NJW 1984, 2116; *Stelkens*, VwVfG, § 11 Rn. 17). Demgegenüber vertritt
Kopp (VwVfG, § 11 Rn. 17) die Auffassung, daß eine feste, auf gewisse Dauer
gerichtete Organisation nicht gefordert werden könne, sondern allenfalls ein ge-
wisses Maß an Ausrichtung und Zusammenwirken im Hinblick auf Zielsetzungen erforderlich sei. Die bloße Ansammlung von Menschen anläßlich eines Ver-
kehrsunfalles sei noch keine Vereinigung, wohl aber im Hinblick auf Art. 8 GG
die in einer Demonstration zusammengekommenen Teilnehmer (a. A. *OVG
Münster* DÖV 1974, 820; *VGH München*, NJW 1984, 2116; *Gusy*, JuS 1986,
610).

Die Bürgerinitiative hat im vorliegenden Fall nach beiden Auffassungen die er-   76
forderliche organisatorische Grundstruktur. Es stellt sich dann die Frage, ob der
Bürgerinitiative ein Recht im Sinne des § 11 Nr. 2 BayVwVfG zustehen kann.
Hierzu genügt nicht irgendein Recht, sondern erforderlich ist, daß das im konkreten Verwaltungsverfahren geltend gemachte Recht der Vereinigung zustehen
kann. An einem derartigen verfahrensbezogenen eigenen Recht fehlt es im vorliegenden Fall; es handelt sich um die kumulativ geltend gemachten Einzelinter-
essen der Mitglieder. Es genügt jedoch nicht, daß das Recht allen Mitgliedern der
Vereinigung je gesondert zustehen kann (*Stelkens*, VwVfG, § 11 Rn. 20). Eine
Beteiligung der Bürgerinititative als solcher scheidet deshalb aus; wohl aber wird
die Kreisverwaltungsbehörde die verschiedenen in der Gemeinde selbst ansässigen Mitglieder zu beteiligen haben. Sie wird auch abklären müssen, ob der Vorsitzende der Bürgerinitiative als Vertreter der in der Bürgerinitiative zusammen-
geschlossenen Mitglieder nach § 14 I BayVwVfG vertretungsberechtigter
Ansprechpartner der Mitglieder der Bürgerinitiative sein soll.

D. Verfahrensrechte

77 Als Beteiligter am Verwaltungsverfahren kann der Bürger durch die ihm zustehenden Verfahrensrechte auf das Verwaltungsverfahren einwirken.

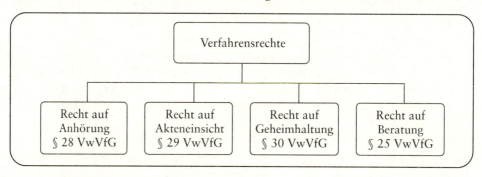

I. Recht auf Anhörung (§ 28 VwVfG)

1. Allgemeines

78 § 28 regelt das rechtliche Gehör der Beteiligten im Verwaltungsverfahren. Das rechtliche Gehör ergibt sich für das Verwaltungsverfahren nicht bereits unmittelbar aus Art. 103 I GG; diese Vorschrift gewährleistet nur das rechtliche Gehör vor Gericht (*Mayer*, BayVBl. 1960, 332; *BVerfGE* 9, 83). Teilweise wird der Anspruch auf rechtliches Gehör aus dem Recht auf Achtung der Menschenwürde nach Art. 1 I GG entnommen (*Schweickhardt*, Rn. 822; *Ule*, DVBl. 1959, 537; a. A. *Kopp*, VwVfG, § 28 Rn. 2; *Renck*, DVBl. 1990, 1040). Nach h. M. folgt das rechtliche Gehör im Verwaltungsverfahren als verfassungsrechtlich begründeter Rechtsgrundsatz aus dem Rechtsstaatsprinzip (*Knack*, VwVfG, § 28 Rn. 2.1 m. w. N.). Die Bedeutung des § 28 VwVfG ist jedoch weniger in der Begründung eines Rechts auf Gehör zu sehen, als vielmehr in der Festlegung des Umfangs dieses Rechts.

2. Anspruchsvoraussetzungen

79 a) Das Recht auf Anhörung nach § 28 VwVfG ist für die Beteiligten von außerordentlicher Bedeutung, um im Verwaltungsverfahren ihre Rechte und Interessen zur Geltung bringen zu können. Nicht zuletzt werden die Beteiligten durch die mit der Anhörung verbundene Hinweis- und Warnfunktion vor überraschenden Entscheidungen geschützt. Das Recht auf Anhörung nach § 28 VwVfG ist somit Ausdruck des „fairen Verfahrens".

Beispielsfall: Das Landratsamt L versagte dem türkischen Staatsangehörigen K die beantragte Aufenthaltserlaubnis. Gegen den am 12.9.1985 zugegangenen Bescheid ließ K durch seinen Rechtsanwalt mit Schriftsatz vom 26.9.1985 Widerspruch einlegen, der inhaltlich nicht näher begründet war. Im Widerspruch wurde jedoch eine Begründung angekündigt. Am 5.10.1985 unterrichtete das Landratsamt den Rechtsanwalt des K über die Weiterleitung des

Widerspruchs an das Regierungspräsidium mit der Bitte, dort die Begründung einzureichen. Das Regierungspräsidium erließ am 15.10.1985 den Widerspruchsbescheid, ohne daß die Begründung abgewartet worden ist. K vertritt die Auffassung, der Widerspruchsbescheid sei verfahrensfehlerhaft ergangen, weil er gegen § 28 VwVfG verstoßen habe. – Der *VGH Mannheim* führte aus, daß die Widerspruchsbehörde das Recht auf Gehör nicht verletzt habe. Dieses Recht bedeute, daß der Betroffene die Gelegenheit zur Äußerung haben müsse, d. h. rechtlich und faktisch die Möglichkeit, zu allen Tat- und Rechtsfragen Stellung zu nehmen. Daß er tatsächlich gehört werde, sei dagegen nicht erforderlich. Der Grundsatz des rechtlichen Gehörs sichere vor allem vor einem 'Überfahrenwerden' durch Überraschungsentscheidungen. Da ab Zugang des Bescheides des Landratsamtes bis zur Zustellung des Widerspruchsbescheides insgesamt ca. zwei Monate „ins Land gegangen seien", habe K nicht davon ausgehen können, daß das Regierungspräsidium noch weiter zuwarte. Angesichts des in § 10 VwVfG enthaltenen Grundsatzes der Verfahrensschnelligkeit habe die Widerspruchsbehörde ohne Verfahrensfehler über den Widerspruch entschieden (*VGH Mannheim*, NVwZ 1987, 1087 – *„rechtliches Gehör"*; dazu auch *Krasney*, NVwZ 1986, 337).

b) § 28 VwVfG enthält ein inhaltlich beschränktes Anhörungsrecht, das unter   80
folgenden Voraussetzungen besteht:

- ❏ Verwaltungsakt, der in die Rechte eines Beteiligten eingreift.
- ❏ Bezug auf entscheidungserhebliche Tatsachen.

Umstritten ist die Frage, ob die Ablehnung eines Antrags ebenfalls zur Anhörung verpflichtet.

Das *BVerwG* sowie ein Teil der Lit. vertreten die Auffassung, daß § 28 I VwVfG nur zur Anwendung kommt, wenn der zu erlassende Verwaltungsakt die Rechtsstellung des Beteiligten zum Nachteil verändert, nicht aber, wenn ein Verwaltungsakt abgelehnt wird, der erst eine Rechtsposition begründen soll. Dem steht die überwiegende Auffassung der Lit. entgegen, die eine Anhörung gerade auch in Fällen der Ablehnung eines Antrages für erforderlich hält (*Kopp*, VwVfG, § 28 Rn. 10; *Erichsen*, Allg. VerwR, § 40 Rn. 14).

Man wird vor dem Hintergrund der verfassungsrechtlichen Begründung des rechtlichen Gehörs im Verwaltungsverfahren der letzteren Auffassung zu folgen haben. Der ablehnende Verwaltungsakt kann für den Betroffenen häufig nachhaltigere Folgen haben, als ein eingreifender Verwaltungsakt (z. B. Ablehnung einer Existenzgründungshilfe). Das Recht, sich zu den entscheidungserheblichen Tatsachen äußern zu können, ist eine rechtsstaatliche Minimalforderung, die auch in den Ablehnungsfällen Geltung haben muß. Auf der anderen Seite wird die Anhörung vor der Ablehnung eines Verwaltungsaktes in der Praxis keine größere Bedeutung erlangen, weil in aller Regel ein Antrag vorausgeht, in dem der Antragsteller seine Rechtsposition ausführlich begründen kann (insg. *Martens*, NVwZ 1984, 556).

81 c) § 28 II VwVfG enthält zusätzliche Einschränkungen des Anhörungsrechts. Diese Bestimmung listet die Fälle auf, in denen von einer Anhörung abgesehen werden darf. Der Grundsatz, daß ein Absehen von der Anhörung zulässig ist, wenn die Anhörung nach den Umständen des Einzelfalles nicht geboten ist, wird durch besondere Beispiele konkretisiert. Diese Beispiele sind gleichzeitig Leitlinie für die Auslegung der generalklauselartig gefaßten Ausnahmebestimmung.

82 d) Schließlich unterbleibt die Anhörung nach § 28 III VwVfG vollständig, wenn der Anhörung ein zwingendes öffentliches Interesse entgegensteht. Zwingend ist ein öffentliches Interesse nicht schon dann, wenn die Anhörung die Durchsetzung öffentlicher Interessen zu vereiteln droht. Angesichts der verfassungsrechtlichen Fundierung des Anhörungsrechts können nur besonders gewichtige öffentliche Interessen, die gegenüber dem Anhörungszweck und dem Interesse des Betroffenen eindeutig und unzweifelhaft Vorrang haben, Berücksichtigung finden.

3. Folgen unterbliebener Anhörung

83 Die Unterlassung der Anhörung hat, sofern keine Ausnahmen Platz greifen, die Rechtswidrigkeit des Verwaltungsaktes, nicht dagegen seine Nichtigkeit zur Folge (*Nehls*, NVwZ 1982, 495; *Knack*, VwVfG, § 28 Rn. 6).

Eine im Verwaltungsverfahren unterbliebene Anhörung kann allerdings bis zum Abschluß des Vorverfahrens nachgeholt werden. Mit der nachgeholten Anhörung ist der Verfahrensfehler geheilt (§ 45 I Nr. 3, II VwVfG). Schließlich kann der Verfahrensfehler auch nach § 46 VwVfG unbeachtlich sein, wenn keine andere Entscheidung in der Sache hätte getroffen werden können.

Immerhin ist zu beachten, daß die schuldhafte Verletzung der Anhörungspflicht grundsätzlich eine Amtspflichtverletzung nach § 839 BGB, Art. 34 GG darstellt. Die Heilung nach § 45 VwVfG oder die Unbeachtlichkeit nach § 46 VwVfG schließt eine evtl. Schadenersatzpflicht unter dem Gesichtspunkt einer Amtspflichtverletzung nicht aus (Kopp, VwVfG, § 28 Rn. 61).

II. Recht auf Akteneinsicht (§ 29 VwVfG).

1. Allgemeines

84 Das Recht des Beteiligten auf Einsicht in die Verfahrensakten steht im unmittelbaren Zusammenhang mit seinem Anhörungsrecht. Beide Rechte zusammen sichern eine die Beteiligteninteressen wahrende Mitwirkung am Verfahren. Ohne Aktenkenntnis wäre eine wirksame Ausübung des Anhörungsrechts weitgehend ausgeschlossen (*Maurer*, Allg. VerwR, § 19 Rn. 21).

> **Merke:** Die Kenntnis der Akten ist für den Beteiligten von Bedeutung, um Verfahrenshandlungen vornehmen zu können. Das Akteneinsichtsrecht nach § 29 VwVfG ermöglicht es dem Beteiligten, die Sach- und Rechtslage zu beurteilen. Das Akteneinsichtsrecht ist Voraussetzung eines rechtsstaatlich fairen Verfahrens.

2. Anspruchsvoraussetzungen

a) § 29 VwVfG kennt ein Akteneinsichtsrecht nur der Beteiligten. Es gibt kein   85
allgemeines, von einem laufenden Verwaltungsverfahren losgelöstes Recht auf Akteneinsicht für jedermann (*Knack*, VwVfG, § 29 Rn. 4). Aus allgmeinen rechtsstaatlichen Gründen kann sich allerdings über § 29 VwVfG hinaus ein Recht auf Akteneinsicht für nicht am Verfahren beteiligte Dritte ergeben, wenn es einem auf andere Weise nicht zu befriedigenden wichtigen Interesse entspricht (*BVerwGE* 30, 154).

Beispielsfall: K begehrt Einsichtnahme in die Niederschriften der öffentlichen Sitzungen des Kreistages des Landkreises L. Zur Begründung teilte sie mit, daß sie sich für die in den letzten Jahren behandelten politischen Probleme des Landkreises interessiere. Insbesondere wolle sie eine entsprechende Ausarbeitung fertigen. Der Antrag wurde vom Landkreis abgelehnt. – Das *OVG Lüneburg* stellte fest, daß sich aus § 29 VwVfG i. V. m. § 1 Nds VwVfG ein solcher Rechtsanspruch schon deshalb nicht herleiten lasse, weil diese Regelung nur die Akteneinsicht im Rahmen eines bestimmten Verwaltungsverfahrens bei Vorliegen eines rechtlichen Interesses betreffe. Ein derartiges Interesse ergebe sich nicht zwangsläufig aus dem Grundsatz der Öffentlichkeit der Sitzungen. Der Zweck der Niederschriften beschränke sich darauf, für die Kreistagsmitglieder und die zur Durchführung der Beschlüsse verpflichtete Kreisverwaltung die Wahrung der vorgeschriebenen Förmlichkeiten und die Wahl- und Abstimmungsergebnisse zuverlässig festzuhalten. Die gesetzliche Regelung zum Akteneinsichtsrecht verstoße im übrigen auch nicht gegen Grundrechte der Antragstellerin (*OVG Lüneburg*, NVwZ 1986, 496 – „*Akteneinsicht*").

b) Das Recht auf Akteneinsicht wird nur für die das Verfahren betreffenden   86
Akten gewährt. Erfaßt sind damit solche Akten, die im Laufe des Verwaltungsverfahrens angelegt oder zum Verwaltungsverfahren von der Behörde beigezogen worden sind. Die Behörde, die ihre Akten zur Verfügung stellt, erklärt damit gleichzeitig ihre Zustimmung zur Einsichtnahme. Nicht zum Verfahren gehören andere Akten der Behörde, die mit dem Verfahren unmittelbar nichts zu tun haben.

Beispielsfall: K hatte sich um die Stelle des Direktors der staatlichen Kunsthalle Karlsruhe beworben. Das Kultusministerium als zuständige Behörde berücksichtigte einen anderen Bewerber, der in der Folge zum Professor ernannt wurde. Im Rahmen der Einsichtnahme in seine Pesonalakten stellte K fest, daß dort nur die Durchschrift eines an ihn gerichteten Schreibens des Kultusministeriums, nicht dagegen sonstige mit seiner Bewerbung zusammenhängende Vorgänge abgelegt waren. K begehrte Einsicht in diese Vorgänge. Seine Klage hatte Erfolg. – Das *BVerwG* hielt zunächst fest, daß sich der geltend gemachte Einsichtsanspruch in die seine Bewerbung betreffenden Unterlagen nicht aus beamtenrechtlichen Bestimmungen ergebe. Das Akteneinsichtsrecht nach § 113 V LBG bedeute nicht, daß einem Beamten Einsicht in andere Akten außerhalb seiner Pesonalakte zu gewähren sei. Die über das Recht des Beamten auf Einsicht in seine vollständigen Personalakten getroffenen Bestimmungen seien Spezialgesetze zu einem allgemeinen Akteneinsichtsrecht. Das Recht des K ergebe sich auch nicht aus § 29 I VwVfG Ba-Wü, denn diese Bestimmung beziehe sich nur auf noch nicht abgeschlossene Verwaltungsverfahren. Das Einsichtsrecht beginne frühestens mit der Einleitung des Verfahrens nach § 22 VwVfG Ba-Wü und ende mit seinem Abschluß nach § 9 VwVfG Ba-Wü. Das Akteneinsichtsrecht lasse sich jedoch aus einem allgemeinen Rechtssatz herleiten, wonach im Rahmen einer durch den Antrag eines Bewerbers auf Begründung eines öffentlich-rechtlichen Dienstverhältnisses zwischen diesem und einem öffentlich-rechtlichen Dienstherrn entstandenen Rechtsbeziehung letzterer grundsätzlich verpflichtet sei, dem abgewiesenen Bewerber diejenige Auskunft zu erteilen, die dieser zur Überprüfung und Durchsetzung von Ansprüchen im Zusammenhang mit dem Bewerbungsverhältnis benötige (*BVerwG*, DVBl. 1984, 53 – *„Stellenbesetzung"*).

> **Merke:** Das Akteneinsichtsrecht nach § 29 VwVfG beginnt frühestens mit der Einleitung des Verwaltungsverfahrens und endet spätestens mit dessen Abschluß.

87 c) Das Akteneinsichtsrecht besteht außerdem nur, soweit die Aktenkenntnis zur Geltendmachung oder Verteidigung rechtlicher Interessen erforderlich ist. Zur Wahrnehmung des Akteneinsichtsrechts genügt nicht nur ein **„berechtigtes Interesse"**, das jedes schutzwürdige Interesse rechtlicher, wirtschaftlicher oder ideeller Art einschließt (*Schweickhardt*, Rn. 814). Ein rechtliches Interesse ist nur dann gegeben, wenn die Einsichtnahme gerade bezweckt, eine tatsächliche Unsicherheit über ein Rechtsverhältnis zu klären oder eine gesicherte Grundlage für die Verfolgung eines Anspruches zu erhalten (*Stelkens*, VwVfG, § 29 Rn. 27).

88 d) § 29 II VwVfG enthält einen Ausnahmekatalog von Fällen, bei deren Vorliegen die Behörde von der Verpflichtung zur Gewährung der Akteneinsicht freigestellt ist.

> **Merke:** § 29 II VwVfG enthält kein Verbot der Akteneinsicht, sondern lediglich Verweigerungsgründe für die Behörde, Beteiligten Akteneinsicht zu gewähren.

Im einzelnen bestehen folgende Verweigerungsgründe:

- ❏ Beeinträchtigung der ordnungsgemäßen Aufgabenerfüllung der Behörde
- ❏ Bekanntwerden des Inhalts der Akten würde dem Wohl des Bundes oder eines Landes Nachteil bereiten.
- ❏ Die Akteneinsicht bezieht sich auf Vorgänge, die nach einem Gesetz oder ihrem Wesen nach geheim gehalten werden müssen.

In diesem Zusammenhang ist umstritten, inwieweit ein Akteneinsichtsrecht in Prüfungsakten besteht. Nach Auffassung des *BVerwG* sind Prüfungsakten ihrem Wesen nach geheim, weil es darum gehe, die innere Unabhängigkeit der Prüfer zu gewährleisten (*BVerwG*, DÖV 1964, 638). Die h. M. steht demgegenüber auf dem Standpunkt, daß nicht die Persönlichkeitssphäre des Prüfers, sondern die Rechtsstellung des Prüflings des Schutzes bedürfe. Von daher seien die vollständigen Prüfungsakten der Einsichtnahme zugängig (*OVG Koblenz*, NJW 1968, 1899; *OVG Münster* JZ, 1973, 242; *VGH München*, BayVBl. 1978, 309; *Kopp*, VwVfG, § 29 Rn. 26). Wie *Clausen* (in: *Knack*, VwVfG, § 29 Rn. 5.3) zutreffend anmerkt, ist spätestens seit der neuen Rspr. des *BVerfG*, daß auch Prüfungsbeurteilungen in berufsqualifizierenden Ausbildungen der vollen Nachprüfung unterliegen und kein der Nachprüfung entzogener Beurteilungsspielraum bestehe, ein Bedürfnis für die Geheimhaltung entfallen.

III. Recht auf Geheimhaltung (§ 30 VwVfG)

Das GG gewährt dem Bürger durch Art. 2 I, Art. 1 und Art. 19 II GG einen unantastbaren Bereich privater Lebensgestaltung. Das *BVerfG* hat im Volkszählungsurteil (*BVerfGE* 65, 1) im öffentlichen Recht einen Anspruch des Bürgers auf informationelle Selbstbestimmung anerkannt. Soweit es sich um geschäftliche und betriebliche Geheimnisse handelt, ist der besondere Schutz nach Art. 12 und Art. 14 GG offenkundig.   89

§ 30 VwVfG dient dem Zweck, einen allgemeinen Anspruch des Bürgers auf Respektierung und Schutz der persönlichen Intimssphäre und der betrieblichen oder geschäftlichen Geheimnisbereiche gegenüber unbefugter behördlicher Offenbarung zu schaffen. Damit dient § 30 VwVfG insbesondere dem Schutz des Beteiligten (*Knack*, VwVfG, § 30 Rn. 2).   90

Das Verbot, die genannten Geheimnisse zu offenbaren, umfaßt sowohl das Einsichtsbegehren dritter Personen, als auch anderer Behörden. Die Verletzung der Geheimhaltungspflicht ist nach §§ 203 II, 204, 353, b StGB strafrechtlich sanktioniert.

Der Geheimhaltungsschutz endet allerdings dort, wo die Behörde zur Offenbarung befugt ist. Eine derartige Befugnis kann sich insbesondere ergeben aus: 91

- ❏ Zustimmung des Betroffenen;
- ❏ gesetzlicher Vorschrift;
- ❏ entgegenstehenden überwiegenden Interessen der Allgemeinheit.

Beispielsfall: Der Untersuchungsführer in einem Disziplinarverfahren erbittet die Überlassung von Ehescheidungsakten aus einem Ehescheidungsverfahren. Der Präsident des Amtsgerichts fragt, ob er durch die Herausgabe der Akten gegen die Geheimhaltungsverpflichtungen verstoße. – Das *BVerfG* hat darauf hingewiesen, daß das verfassungskräftige Gebot der Achtung der Intimsphäre des einzelnen nicht den gesamten Bereich des privaten Lebens unter den absoluten Schutz der Grundrechte aus Art. 2 I i. V. m. Art. 1 I und 19 II GG stelle. Als gemeinschaftsbezogener Bürger müsse jedermann staatliche Maßnahmen hinnehmen, die im überwiegenden Interesse der Allgemeinheit unter strikter Wahrung des Verhältnismäßigkeitsgebotes erfolgen, soweit sie nicht den unantastbaren Bereich privater Lebensgestaltung beeinträchtigen. Akten eines Ehescheidungsverfahrens beträfen zwar den privaten Lebensbereich der Ehepartner. Sie könnten jedoch nicht dem schlechthin unantastbaren Bereich in dem Sinne zugerechnet werden, daß schon jeder Einblick durch Außenstehende von vorneherein unzulässig wäre. Die Grenzen seien entsprechend dem Verhältnismäßigkeitsgrundsatz zu ziehen (*BVerfG*, DÖV 1970, 204 – „*Ehescheidungsakten*").

IV. Recht auf Beratung und Auskunft (§ 25 VwVfG)

92 Der Beamte ist, wie der *BGH* (DVBl. 1960, 520) feststellt, nicht nur Diener des Staates, sondern „auch Helfer des Staatsbürgers". Dementsprechend wurden bereits früher in der Rspr. gewisse Beratungs-, Auskunfts- und sonstige Betreuungspflichten entwickelt. Nunmehr enthält § 25 VwVfG eine gesetzliche Regelung unter der Überschrift „Beratung, Auskunft".

Diese Bestimmung enthält
❑ Belehrungspflichten
❑ Auskunftspflichten.

Durch § 25 VwVfG werden die von der Rspr. entwickelten weitergehenden Pflichten nicht ausgeschlossen (*Schweickhardt*, Rn. 808; *Knack*, VwVfG, § 25 Rn. 2.4; *Stelkens*, VwVfG, § 25 Rn. 7).

1. Belehrungspflicht

93 § 25, 1 VwVfG enthält zunächst eine Belehrungspflicht der Behörde gegenüber den am Verwaltungsverfahren Beteiligten. Der Umfang dieser Belehrungspflicht richtet sich nach den konkreten Umständen des Einzelfalles, insbesondere auch nach dem vermutlichen Kenntnisstand der Beteiligten.

§ 25, 1 VwVfG enthält nur eine Soll-Vorschrift. Dies bedeutet, daß unter besonderen Umständen die Belehrung auch unterbleiben kann (*Hill*, NVwZ 1985, 153).

Eine schuldhafte Verletzung der Aufklärungs- und Beratungspflicht kann zu Schadenersatzpflichten nach Amtshaftungsgrundsätzen führen (*BGH*, DVBl. 1978, 146).

2. Auskunftspflicht

§ 25, 2 VwVfG enthält eine Auskunftspflicht gegenüber den am Verwaltungsver- 94
fahren Beteiligten, und zwar über die ihnen zustehenden Rechte und die ihnen
obliegenden Pflichten. Diese Auskunftspflicht beschränkt sich auf erforderliche
Auskünfte, das heißt, auf solche, die der Beteiligte zur Durchsetzung seiner Rechte und zur Wahrnehmung seiner Pflichten tatsächlich benötigt (*Knack*, VwVfG
§ 25 Rn. 4.3). Die Auskunftspflicht findet ihre Grenzen an den Rechten anderer,
insbesondere an den Geheimhaltungsinteressen oder anderen bei einer Abwägung vorrangigen höherwertigen Interessen.

Die Auskunft, die die Behörde erteilt, muß, selbst wenn zur Erteilung keine
Rechtspflicht bestand, richtig, klar und vollständig sein. Eine Verletzung dieser
Anforderungen kann ebenfalls zu Schadenersatzansprüchen des Bürgers nach
Amtshaftungsgrundsätzen führen (*BGH*, NJW 1978, 371; NJW 1980, 2573).

E. Wiederholung

I. Zusammenfassung

1. § 9 enthält eine gesetzliche Definition des Verwaltungsverfahrens. Von der
   Vielfalt der Verwaltungstätigkeiten wird von § 9 VwVfG nur ein bestimmter
   Ausschnitt verfahrensrechtlich geordnet. Das Verwaltungsverfahren in diesem
   Sinne sind nur nach außen wirkende Tätigkeiten von Behörden und nur sol-
   che, die auf den Erlaß eines Verwaltungsaktes oder den Abschluß eines verwal-
   tungsrechtlichen Vertrages gerichtet sind.

2. Das VwVfG unterscheidet zwischen dem allgemeinen Verwaltungsverfahren
   (Teil II), den besonderen Verfahrensarten (Teil V), sowie dem Rechtsbehelfsverfahren (Teil VI).

3. Das Planfeststellungsverfahren zielt auf die Feststellung eines Planes, durch den
   ein bestimmtes raumbezogenes Vorhaben mit rechtsgestaltender Wirkung für
   zulässig erklärt wird. Der Planfeststellungsbeschluß ist Verwaltungsakt.

4. Das Grundmuster eines Verwaltungsverfahrens läßt sich in drei Abschnitte
   aufgliedern, nämlich den Beginn des Verfahrens, das Verfahren vor der Entscheidung und die Enscheidung selbst. Der Bürger kann auf das Vewaltungs-
   verfahren insbesondere durch seine Verfahrensrechte Einfluß nehmen.

II. Fragen

1. Wodurch unterscheiden sich Gerichts- von Verwaltungsverfahren?

2. Welche Bedeutung hat der Untersuchungsgrundsatz im Verwaltungsverfahren?

3. Kann die vorgesetzte Behörde Vorgänge beliebig zur eigenen Bearbeitung an
   sich ziehen?

4. Ist die Behörde im Falle der Ablehnung eines Antrages zur Anhörung verpflichtet?

III. Lösungen

1. Das Verwaltungsverfahren betrifft die Tätigkeit der Behörden; das Gerichtsverfahren betrifft die Arbeitsweise der Gerichte. Beide Verfahren unterscheiden sich
grundlegend. Der im Gerichtsverfahren zur Entscheidung berufene Richter ist
sachlich und persönlich unabhängig, d. h. insbesondere nicht weisungsgebunden
(Art. 97 I GG). Im Verwaltungsverfahren entscheiden demgegenüber weisungsge-
bundene und persönlich abhängige Beamte (§§ 55, 26 BBG). Die Behörde ist
selbst beteiligt und hat vielfach am Ausgang des Verfahrens ein Eigeninteresse.
Das gerichtliche Verfahren unterliegt der Formstrenge der entsprechenden Verfahrensordnungen (VwGO, FGO, ZPO usw.). Das Verwaltungsverfahren ist
grundsätzlich formlos und ist auch dort, wo es förmlich geregelt ist, in der Formstrenge nicht mit gerichtlichen Verfahrensordnungen vergleichbar.

2. Das Verwaltungsverfahren ist vom Untersuchungsgrundsatz gekennzeichnet.
Dies bedeutet, daß die Ermittlung des Sachverhaltes Aufgabe der Behörde ist.
Der Untersuchungsgrundsatz beruht darauf, daß das öffentliche Interesse an
der Feststellung des wahren Sachverhalts Vorrang vor dem Privatinteresse der
Beteiligten hat. Der Zivilprozeß ist demgegenüber vom sog. Beibringungs-
grundsatz gekennzeichnet (§§ 272, 282 ZPO). Der Inhalt des Untersuchungsgrundsatzes für das Verwaltungsverfahren ergibt sich aus § 24 VwVfG.

3. Das Selbsteintrittsrecht, auf das sich die Frage bezieht, betrifft die Durchbrechung der instanziellen Zuständigkeit. Im Regelfall hat die Aufsichtsbehörde
kein Selbsteintrittsrecht, also keine Befugnis anstelle der eigentlich zuständigen nachgeordneten Behörde selbst tätig zu werden. Ein Selbsteintrittsrecht
steht den Aufsichtsbehörden ausnahmsweise vor allem in folgenden Fällen zu:
   ❑ Gefahr im Verzug (z. B. § 56 S. 2 NatSchG Ba-Wü; vgl. auch *BVerwGE* 12,
     87);
   ❑ bei gesetzlicher Regelung;
   ❑ bei Nichterfüllung der Pflichten durch das beaufsichtigte Organ (z. B.
     §§ 123, 124 GemO Ba-Wü);
   ❑ unter engen Voraussetzungen zur Vermeidung von Interessenkollisionen
     bei der sachlich zuständigen Behörde (str.).

4. Es ist umstritten, ob auch der Fall der Ablehnung eines Antrags zur Anhörung
verpflichtet. Während das *BVerwG* und ein Teil der Literatur dieses vor allem
unter Hinweis auf die Entstehungsgeschichte verneinen, vertritt die überwiegende Gegenmeinung in der Lit. die Auffassung, daß eine Anhörung auch in
allen Fällen der Ablehnung eines Antrags erforderlich ist. Diese Auffassung
argumentiert mit rechtsstaatlichen Erwägungen und kommt somit zu einer
Ausdehnung des Anhörungsrechts über den Wortlaut des § 28 VwVfG hinaus.

4. Kapitel. Handlungsform Verwaltungsakt

§ 8. Begriffsmerkmale des Verwaltungsaktes

Literatur: *Bettermann*, Urteilsanm., DVBl. 1967, 862; *Blümel*, Rechtsschutz gegen Raumordnungspläne, VerwArch. Bd. 84 (1993), 123; *Breuer*, Die Bedeutung der Entsorgungsvorsorgeklausel in der atomrechtlichen Teilgenehmigung, VerwArch. Bd. 72 (1981), 261; *Ehlers*, Die Rechtsnatur der Bekanntgabe von Smog-Alarm, DVBl. 1987, 972; *Geiger*, Nochmals: Rechtsschutz im Verfahren nach dem Landbeschaffungsgesetz, BayVBl. 1987, 106; *Henke*, DVBl. 1983, 1246; *Hill*, Das hoheitliche Moment im Verwaltungsrecht der Gegenwart, DVBl. 1989, 321; *König*, Der vorläufige Verwaltungsakt, BayVBl. 1989, 33; *König/Meins*, Verwaltungsverfahrensgesetz, 1992, (zit.: König/Meins, VwVfG); *Jacobs*, Amtshaftungs- und Entschädigungsansprüche bei rechtswidrigem Smog-Alarm, NVwZ 1987, 105; *Jarass*, Die Bekanntgabe des Smog-Alarms, NVwZ 1987, 95; *Lässig*, Registereintragungen als Verwaltungsakt, JuS 1990, 459; *Löwer*, Funktion und Begriff des Verwaltungsaktes, JuS 1980, 805; *Martens*, Die Rspr. zum Verwaltungsverfahrensrecht, NVwZ, 1982, 480; *Maurer*, Der Verwaltungsvertrag – Probleme und Möglichkeiten, DVBl. 1989, 798; *Obermayer*, Das Dilemma der Regelung eines Einzelfalles nach dem VwVfG, NJW 1980, 2387; *Ossenbühl*, Die Handlungsformen der Verwaltung, JuS 1979, 686; ders., Regelungsgehalt und Bindungswirkung der 1. Teilgenehmigung im Atomrecht, NJW 1980, 1353; Osterloh, Erfordernis ges. Ermächtigung für Verwaltungshandeln in der Form des Verwaltungsaktes? JuS 1983, 280; *Püttner*, Wider den öffentlichrechtlichen Vertrag zwischen Staat und Bürger, DVBl. 1982, 122; *Renck*, Hat der Verwaltungsakt im verwaltungsgerichtlichen Verfahren noch eine Bedeutung, BayVBl. 1973, 365; *Robbers*, Schlichtes Verwaltungshandeln, DÖV 1987, 272; *Ronellenfitsch*, Das besondere Gewaltverhältnis – ein zu früh totgesagtes Rechtsinstitut, DÖV 1981, 933; *Rupp*, Festgabe für BVerwG, 1978, (zit.: Rupp, FS BVerwG); *Schenke*, Rechtsschutz bei Divergenz von Form und Inhalt staatlichen Verwaltungshandelns, VerwArch. Bd. 72 (1981), 185; ders., Rechtsprobleme gestufter Verwaltungsverfahren am Beispiel von Bauvorbescheid und Baugenehmigung, DÖV 1990, 489; *Scherzberg*, Grundfragen des verwaltungsrechtlichen Vertrages, JuS 1992, 205; *Schmidt*, Die Aufrechnung mit einer in einem angefochtenen Leistungsbescheid konkretisierten Gegenforderung, JuS 1984, 28; *Specht*, Der Begriff des Verwaltungsaktes, JuS 1990, L 57; *Thieme*, Zur Systematik verwaltungsrechtlicher Handlungsformen, Festschrift für Schack, 1966 (zit.: Thieme, FS Schack); *Vogel*, Die Lehre vom Verwaltungsakt nach Erlaß der VwVfGe, BayVBl. 1977, 620; *Wilke*, Terminologisches zum Begriff des Verwaltungsaktes, JZ 1968, 221; *Zeitler*, Über die Technisierung der Verwaltung (zit.: Zeitler).

A. Allgemeines

Die Verwaltung kann sich öffentlich-rechtlicher und privatrechtlicher Handlungsformen bedienen. Die jeweilige Handlungsform bestimmt u. a. die Rechtmäßigkeitsvoraussetzungen, die Haftungsfolgen im Falle rechtswidrigen Han- 1 delns und schließlich den Rechtsweg, in dem sich der Bürger oder die Verwaltung ggf. ihr Recht verschaffen müssen.

I. Handlungsformen des öffentlichen Rechts

2   a) Erledigt die öffentliche Verwaltung ihre Aufgaben hoheitlich, kann dies grundsätzlich in mehreren Formen geschehen. Die öffentlich-rechtlichen Handlungsformen lassen sich unter verschiedenen Gesichtspunkten systematisch erfassen, wobei man sich allerdings bewußt sein muß, daß es **keinen „numerus clausus"** der öffentlich-rechtlichen Handlungsformen gibt (*Peine*, Allg. VerwR, Rn. 101; *Ossenbühl*, JuS 1979, 686). Handlungsformen sind zwar Zweckschöpfungen des Verwaltungsrechts, v. a. unter Rechtsschutzgesichtspunkten sollte das Verwaltungshandeln soweit wie möglich einer der anerkannten Formen zugeordnet werden.

3   Eine Systematisierung der öffentlich-rechtlichen Handlungsformen läßt sich nach **abstrakt-generellen** Handlungsformen einerseits und den **einzelfallbezogenen Handlungsformen** andererseits vornehmen. Von den abstrakt-generellen Handlungsformen darf die öffentliche Verwaltung nur Gebrauch machen, wenn sie nicht nur eine allgemeine gesetzliche Grundlage zum Tätigwerden überhaupt vorweisen kann, sondern wenn die gesetzliche Grundlage sie gerade dazu ermächtigt, in abstrakt-genereller Form, also durch Rechtsnorm (Rechtsverordnung, Satzung), tätig zu werden.

Innerhalb der öffentlich-rechtlichen Handlungsformen kann man folgende typische Formen unterscheiden:

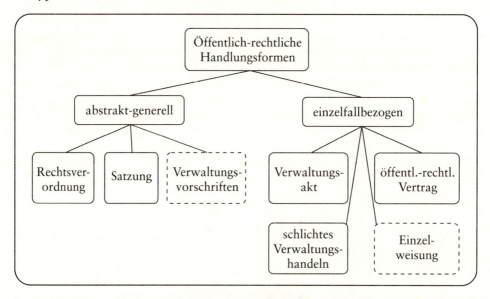

4   b) In der Lit. wird erörtert, den Plan als eigenständige Handlungsform einzuführen. Bund, Länder und Gemeinden sowie andere Hoheitsträger setzen das

Instrument der Pläne zur Bewältigung ihrer Aufgaben (z. B. Bebauungsplan, Abfallentsorgungspläne, Fachpläne des Straßenbaus) in vielfältiger Weise ein (*Ossenbühl*, JuS 1979, 684). Auffassungen in der Lit., die den Plan als eigengeartete Handlungsform sehen (*Thieme*, FS Schack, S. 166), haben sich bislang nicht durchgesetzt. Es ist schwer erkennbar, wie es „den Plan" als eigenständige Handlungsform mit eigenständigen, einheitlichen Rechtmäßigkeitsvoraussetzungen und eigenständigen Haftungsfolgen geben könnte. Vielmehr kommt es darauf an, die verschiedenen Arten der Pläne rechtlich auf ihre Eigenheiten zu prüfen und sie nach Möglichkeit den vorhandenen öffentlich-rechtlichen Handlungsformen zuzuordnen (*Ossenbühl*, JuS 1979, 685).

> **Merke:** Es gibt grundsätzlich keinen abschließenden Katalog zugelassener öffentlich-rechtlicher Handlungsformen.

So läßt sich z. B. der Flächennutzungsplan nach § 5 BauGB den herkömmlichen Handlungsformen nicht ohne weiteres zuordnen, da er mangels unmittelbarer Außenwirkung keine Rechtsnorm ist, andererseits aber über den Innenbereich der Verwaltung hinaus Rechtsfolgen entfaltet (*Finkelnburg/Ortloff*, Öffentliches Baurecht, S. 56; *Schrödter*, BauGB, § 1 Rn. 12; vgl. auch *Blümel*, VerwArch. Bd. 84 (1993), 123).

c) Für die Auswahl unter den verfügbaren Handlungsformen gilt das Erfordernis der gesetzlichen Ermächtigung, soweit abstrakt-generelle Handlungsformen eingesetzt werden. Im übrigen wird der Verwaltung grundsätzlich Wahlfreiheit hinsichtlich der Handlungsform zugebilligt, wenn nicht gesetzliche Vorgaben bestehen (*Scherzberg*, JuS 1992, 208; *Maurer*, DVBl. 1989, 804). Zu Recht weist *Ossenbühl* (JuS 1979, 687) allerdings darauf hin, daß insbesondere unter dem Gesichtspunkt der unterschiedlichen Rechtsfolgen der Grundsatz der freien Auswahl unter mehreren öffentlich-rechtlichen Handlungsformen einer weiteren Klärung bedarf (dazu auch *Rupp*, FS BVerwG, S. 539 ff.) **5**

d) Im Rahmen der **grundsätzlich** bestehenden **Wahlfreiheit** zwischen den öffentlich-rechtlichen Handlungsformen ist der Frage der spezifischen Zulässigkeit des Handelns durch Verwaltungsakt nachzugehen. Es geht dabei nicht um die Frage, ob die durch Verwaltungsakt geltend gemachten „Rechtsfolgen" materiell-rechtlich bestehen, sondern darum, ob die Verwaltung berechtigt ist, im konkreten Fall gerade durch Verwaltungsakt zu handeln. Die Beantwortung der Frage hängt letztlich von der Reichweite des Gesetzesvorbehalts ab. Dieser bezieht sich nach h. M. grundsätzlich nur auf den Inhalt der Maßnahme, nicht dagegen auf die Form des Tätigwerdens (*Maurer*, Allg. VerwR, § 10 Rn. 5; a. A. *Hill*, DVBl. 1989, 323). V. a. die ältere Rechtsprechung hielt die Verwaltung grundsätzlich für befugt, durch Verwaltungsakt zu handeln, solange dem keine Rechtsnormen entgegenstanden. Die Befugnis, durch Verwaltungsakt handeln zu dürfen, wird auf eine gewohnheitsrechtliche Ermächtigung gestützt (*BVerwGE* 19, 245; 41, 279; 71, 357; 67, 71).Dem wird entgegengehal- **6** ten, daß das Handeln durch Verwaltungsakt für den Bürger spezifische Belastungen bewirke, weshalb grundsätzlich eine normative Rechtfertigung auch für diese Form des Verwaltungshandelns erforderlich sei. (*Osterloh*, JuS 1983, 284). Nach aktuellem Stand der Auseinandersetzungen ist von folgenden Grundsätzen auszugehen:

7 ❑ Auszugehen ist von dem **gewohnheitsrechtlichen Grundsatz**, daß der Behörde mit der jeweiligen materiell-rechtlichen Gesetzesgrundlage auch ohne ausdrückliche Hervorhebung implizit das Handeln durch Verwaltungsakt eingeräumt ist (*BVerwGE* 72, 268). Dies gilt jedenfalls dort, wo die Behörde im Rahmen eines Über- und Unterordnungsverhältnisses handelt (*Maurer*, Allg. VerwR, § 10 Rn. 5). In diesem Zusammenhang ist auf die sog. Kehrseitentheorie der Rspr. für den Bereich der Leistungsgewährung zu verweisen, wonach eine Leistung, die aufgrund eines Verwaltungsaktes gewährt worden ist, auch durch Verwaltungsakt wieder zurückgefordert werden kann.

8 ❑ Hat sich die Verwaltung auf die **Ebene der Gleichordnung** zum Bürger begeben, wie beim Abschluß eines Verwaltungsvertrages, können Ansprüche aus diesem Gleichordnungsverhältnis nicht durch Verwaltungsakt festgestellt und mit seiner Hilfe zwangsweise durchgesetzt werden (*BVerwGE* 59, 60; 89, 348). In diesen Gleichordnungsverhältnissen dient der Verwaltungsakt nicht der Konkretisierung einer Rechtsnorm, sondern hat ausschließlich den Zweck, der Verwaltung einen schnellen Vollstreckungstitel zu verschaffen. In Gleichordnungsverhältnissen hat die Verwaltung deshalb ihre Ansprüche gerichtlich geltend zu machen.

Beispielsfall: K schloß mit der Stadt S einen Erschließungsvertrag, in dem die Stadt ihre „Zustimmung" zu einem Bauvorhaben in Aussicht stellt, sofern K seinerseits bestimmte Erschließungsmaßnahmen vornimmt. K führte einige Erschließungsmaßnahmen aus; S vertrat den Standpunkt daß diese noch nicht der vertraglichen Verpflichtung entsprächen. Der Oberstadtdirektor von S erließ einen Bescheid, der die Aufforderung enthielt, „den Zufahrtsweg ... entsprechend dem Vertrag ... auszubauen und mit den erforderlichen Entwässerungseinrichtungen ... zu versehen". K erhob gegen diesen Bescheid Anfechtungsklage und machte geltend, daß der Oberstadtdirektor nicht befugt gewesen sei, angebliche Ansprüche durch Verwaltungsakt geltend zu machen. – Der Leistungsbescheid der S ist aufzuheben, sofern er rechtswidrig ist und K dadurch in seinen Rechten verletzt wird (§ 113 I VwGO). Das *BVerwG* wies zunächst darauf hin, daß Verwaltungseingriffe in Freiheit und Eigentum einer gesetzlichen Grundlage bedürfen. Auf seiten des K seien sowohl Art. 2 GG als auch Art. 14 GG tangiert. In diese Rechte dürfe nur aufgrund eines Gesetzes eingegriffen werden. Der Bescheid der S beschränke sich nicht nur auf eine Leistungsanforderung, sondern es sollte die Leistungspflicht des K einseitig mit dem Ergebnis geregelt werden, daß nunmehr ohne weiteres und insbesondere ohne Zwischenschaltung einer gerichtlichen Entscheidung in den Vollzug eingetreten werden konnte. Der zwischen K und S abgeschlossene Vertrag scheide als Ermächtigungsgrundlage von vornherein aus, da er keine gesetzliche Grundlage sei. Der vorliegende Fall sei, so das *BVerwG*, dadurch gekennzeichnet, daß es für die Geltendmachung des Anspruchs an einschlägigen gesetzlichen Pflichten fehle und sich infolgedessen S für die von ihr geltend gemachten Ansprüche ausschließlich auf den Vertrag berufen könne. Die Annahme, daß vertragliche Ansprüche jedenfalls unter den streitgegenständlichen Voraussetzungen nicht mit Hilfe des Erlasses von Verwaltungsakten durchgesetzt werden dürften, entspreche der in Rspr. und Lit. h. M. (*BVerwGE* 50, 171 – „Leistungsbescheid").

❏ Str. ist, ob die Verwaltung befugt ist, gesetzlich begründete **Leistungsan-** 9 **sprüche** durch Verwaltungsakt festzustellen und ggf. selbst zu vollstrecken.

Beispiele: Rückerstattung zu viel gezahlter Dienstbezüge (*BVerwGE* 28, 1); Schadenersatzanspruch des Dienstherrn wegen einer Dienstpflichtverletzung (*BVerwGE* 19, 243); Ansprüche auf Rückerstattung von Subventionsleistungen, die aufgrund eines zurückgenommenen Verwaltungsakts gewährt wurden (*BVerwGE* 20, 297).

Die Rspr. läßt in diesen „Zahlungsfällen" ein Handeln der Verwaltung in Form des Verwaltungsaktes zu. Die Lit. vertritt demgegenüber übewiegend die Auffassung, daß der Grundsatz des Gesetzesvorbehalts dem Erlaß eines Verwaltungsaktes entgegenstehe. Gerade in den beamtenrechtlichen Fallkonstellationen wird man jedoch von der gewohnheitsrechtlichen Befugnis ausgehen können, Ansprüche des Dienstherrn durch Verwaltungsakt geltend zu machen. Dies insbesondere auch vor dem Hintergrund, daß es sich in diesen Fällen nicht um Gleichordnungs- sondern um Über-Unterordnungsverhältnisse handelt.

> **Merke:** Nach der Rspr. ist die Verwaltung berechtigt, nicht auch verpflichtet, Leistungsansprüche durch Leistungsbescheid festzustellen. Sie kann stattdessen eine einfache Zahlungsaufforderung an den Adressaten richten und ggf. Leistungsklage erheben (*BVerwGE* 29, 310).

❏ Im Rahmen privatrechtlicher Beziehungen ist ein Handeln der Behörde 10 durch Verwaltungsakt generell ausgeschlossen.

II. Bedeutung des Verwaltungsaktes

1. Allgemeines

Der Verwaltungsakt ist historisch gesehen ebenso, wie nach geltender Verwal- 11 tungspraxis, die typische Handlungsform der Verwaltung (*Specht*, JuS 1990, L 57; *Löwer*, JuS 1980, 805). Der Verwaltungsakt ermöglicht es der Verwaltung, schnell und verbindlich zu handeln. Im Bereich des Ordnungsrechts entfällt nach

§ 80 II VwGO die aufschiebende Wirkung, die Widerspruch und Anfechtungsklage nach § 80 I VwGO grundsätzlich entfalten. Der Erfolg der Handlungsform
„Verwaltungsakt", bedarf allerdings einer kritischen Bewertung. Diese Handlungsform führt nämlich grundsätzlich dazu, daß der Bürger in die „Defensive"
gelangt. Die Verwaltung erhält einen „Durchsetzungsvorsprung". Der Verwaltungsakt ist unter anderem für den Bürger deshalb gefährlich, weil er, wenn sich
der Bürger nicht wehrt, Bestandskraft erlangen kann und damit zur Vollstrek-
kungsgrundlage für die Behörde wird. Wo die aufschiebende Wirkung des Widerspruchs fehlt, ist der Adressat des Verwaltungsaktes gehalten, seine rechtlichen Interessen im einstweiligen Rechtsschutz durchzusetzen. Trotz dieser
Rechtsfolgen ist der Verwaltungsakt aber nach wie vor unverzichtbar. Dies wird
besonders deutlich am Beispiel der Ordnungsverwaltung, wo die zuständigen
Behörden darauf angewiesen sind, schnell und verbindlich zum Zwecke der Gefahrenabwehr handeln zu können. Dabei ist auch zu berücksichtigen, daß sich
der rechtliche Rahmen innerhalb dessen sich die Verwaltung dieser Handlungsform bedient mit dem Erlaß des GG grundlegend gewandelt hat. Vor allem durch
die rechtsstaatlichen Prinzipien des Vorranges und des Vorbehalts des Gesetzes
unterliegt die Verwaltung Bindungen, die auch gerichtlich durchgesetzt werden
können. Das VwVfG enthält zudem verfahrensrechtliche Absicherungen; die
Grundrechte schützen den einzelnen gegen hoheitliche Übergriffe der öffentlichen
Verwaltung. Gleichwohl bleibt die Aufgabe, die verschiedenen Verwaltungsbereiche daraufhin zu überprüfen, ob die Handlungsform „Verwaltungsakt" verstärkt
durch die Handlungsform „öffentlich-rechtlicher Vertrag" ersetzt werden muß.
Der öffentlich-rechtliche Vertrag führt nicht nur zu einer stärkeren Beteiligung des
Bürgers im Vorfeld der „Maßnahme", sondern in mehrdimensionalen Beziehungs-
geflechten kann die Handlungsform des öffentlich-rechtlichen Vertrages auch pro-
blemadäquatere Lösungsmöglichkeiten eröffnen (*Knack*, VwVfG, vor § 54
Rn. 8.1). Obwohl der Verwaltungsakt die für die öffentliche Verwaltung nach wie
vor typische und wichtigste Handlungsform darstellt, hat sich deshalb auch der
öffentlich-rechtliche Vertrag in den letzten Jahren zunehmend als Instrument der
Verwaltung etabliert (*Maurer*, DVBl. 1989, 798; skeptisch zu dieser Handlungsform *Püttner*, DVBl. 1982, 122 mit Beispielen zum Zusammenhang zwischen
gesetzlicher Bindung der Verwaltung und vertraglichem Gestaltungsspielraum).

2. Herkunft des Verwaltungsaktsbegriffes

12 a) Der Verwaltungsakt ist eine Schöpfung der Verwaltungsrechtslehre des 19.
       Jahrhunderts. Er wurde im ersten Drittel des 19. Jahrhunderts als Übersetzung
       des französischen Begriffes „act administratif" in der deutschen Verwaltungs-
       rechtsliteratur bekannt (*Schweickhardt*, Rn. 279). Die „Entdeckung" des Ver-
       waltungsaktes als Kategorie des Verwaltungshandelns wird für den deutschen
       Rechtskreis *Otto Mayer* zugeschrieben. *Mayer* definierte den Verwaltungsakt
       bereits im Jahre 1895 (VerwR., S. 95) in nach wie vor bestechender Aktualität
       wie folgt:

„Der Verwaltungsakt ist ein der Verwaltung zugehöriger obrigkeitlicher Ausspruch, der dem Unterthanen gegenüber im Einzelfall bestimmt, was für ihn rechtens sein soll."

b) In der Folgezeit entwickelte sich der Verwaltungsakt als gewohnheitsrechtlich anerkannter Begriff. In den Gesetzen erschien er z. B. als Verfügung oder Erlaubnis. Eine gesetzliche Definition des Verwaltungsaktes wurde jedoch erstmals nach dem 2. Weltkrieg 1948 in § 25 I VO Nr. 165 der britischen Militärregierung aufgenommen. Die VwGO 1960 setzte ebenso wie im übrigen bereits das SGG 1953 den Begriff des Verwaltungsaktes voraus, ohne diesen zu definieren. **13**

c) Das VwVfG brachte dann eine Legaldefinition des Verwaltungsaktes mit bundesweiter Geltung. Die Begriffsbestimmung des VwVfG stimmt wörtlich mit den Legaldefinitionen des § 118 AO für das Steuerrecht und des § 31 SGB X für die Bereiche des Sozialrechts überein. Sie wurde auch in die LVwVfGe übernommen. **14**

Trotz der Legaldefinitionen im VwVfG und in den LVwVfGen und obgleich sich neben den Disziplinen des allgemeinen Verwaltungsrechts auch das Sozialrecht und das Steuerrecht mit der Klärung des Vewaltungsaktsbegriffes befassen, bestehen im Hinblick auf die einzelnen Begriffsmerkmale nach wie vor Abgrenzungsprobleme. Auf der anderen Seite ist mit der gesetzlichen Regelung die „Freiheit im Umgang" mit dem Verwaltungsaktsbegriff geschrumpft (*Löwer*, JuS 1980, 805). Nach der gesetzlichen Konkretisierung des Begriffsinhaltes haben sich Wissenschaft und Praxis an dieser Definition zu orientieren. Auffassungen, die z. B. vor Inkrafttreten des VwVfG alle hoheitlichen Amtshandlungen als Verwaltungsakte einordneten (z. B. *Bettermann*, DVBl. 1967, 862), lassen sich de lege lata nicht mehr halten.

III. Verwaltungsakt im Fallaufbau

Der Verwaltungsakt und seine Begriffsmerkmale spielen im Fallaufbau vor allem in zwei Konstellationen eine Rolle:

❏ **Rechtmäßigkeitsproblem**

In dieser Fallkonstellation steht die Rechtmäßigkeit des Verwaltungshandelns im Mittelpunkt. Da die Rechtmäßigkeit des Verwaltungshandelns von der gewählten Handlungsform abhängt, ist meist als Vorfrage zu klären, ob die Maßnahme der Verwaltung als Verwaltungsakt zu qualifizieren ist. Die Verwaltung kann sich z. B. von einem einmal erlassenen Verwaltungsakt im Rechtswidrigkeitsfalle nur unter den Voraussetzungen des § 48 VwVfG wieder „lösen". Steht die Rechtmäßigkeit des Verwaltungshandelns in Frage, können beim Verwaltungsakt besondere formelle Voraussetzungen zu prüfen sein, wie das Vorliegen einer Begründung nach § 39 VwVfG oder die Einhaltung der Form nach § 37 VwVfG. **15**

❏ Prozeßrechtsproblem

16   In prozeßrechtlichen Konstellationen spielt die Frage, ob ein Verwaltungsakt
      vorliegt, bei der Beurteilung der Zulässigkeit der Klage eine Rolle. Der Verwal-
      tungsakt bestimmt nach § 42 VwGO die Klageart. Die Aufhebung eines Ver-
      waltungsaktes kann durch Anfechtungsklage, der Erlaß eines verweigerten
      Verwaltungsaktes durch Verpflichtungsklage erreicht werden. Diesen Klagen
      hat nach § 68 VwGO grundsätzlich (lesen!) ein Vorverfahren ('Widerspruchs-
      verfahren") voranzugehen.

B. Begriffsmerkmale im einzelnen

I. Verwaltungsaktsbegriff – Normalfall

1. Normalfall nach § 35 S. 1 VwVfG

17   Nach § 35 S. 1 VwVfG, der den Normalfall des Verwaltungsaktes definiert, ist
      ein Verwaltungsakt „jede Verfügung, Entscheidung oder andere hoheitliche
      Maßnahme, die eine Behörde zur Regelung eines Einzelfalles auf dem Gebiet des
      öffentlichen Rechts trifft und die auf unmittelbare Rechtswirkung nach außen
      gerichtet ist" (auswendig lernen!).

      Die **Begriffsbestimmung** des § 35 S. 1 VwVfG enthält insgesamt sechs Begriffs-
      merkmale.

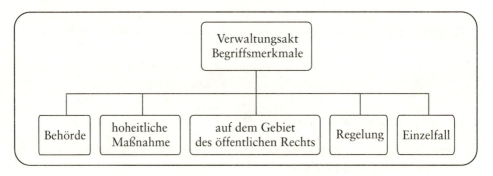

      Ein **Verwaltungsakt** liegt erst dann vor, wenn **sämtliche Begriffsmerkmale** erfüllt
      sind.

2. Allgemeinverfügung nach § 35 S. 2 VwVfG

18   Neben dem „Normalfall" enthält § 35 S. 2 VwVfG die Regelung eines „Spezial-
      falles", nämlich die Allgemeinverfügung. Mit der Allgemeinverfügung werden
      drei Typen von Verwaltungsakten positiv-rechtlich geregelt, deren rechtliche Ein-
      ordnung in der Vergangenheit Schwierigkeiten bereitet hat. § 35 S. 2 VwVfG
      erfaßt folgende Sonderfälle des Verwaltungsaktes:

      ❏ **Allgemeinverfügung i. e. S.** (Regelung gegenüber bestimmbarem Adressaten-
         kreis)

❑ **Dinglicher Verwaltungsakt** (Regelung der öffentlich-rechtlichen Eigenschaft einer Sache)

❑ **Benutzungsregelung** (Regelung der Benutzung einer öffentlich-rechtlichen Sache).

3. Sonstiges

Die Legaldefinition in § 35 S. 1 VwVfG legt fest, daß Verwaltungsmaßnahmen, welche die einzelnen Begriffsmerkmale erfüllen, Verwaltungsakte sind. Die einzelnen Begriffsmerkmale haben somit die Funktion, die Maßnahmen abzugrenzen, die als Verwaltungsakt gelten sollen. Dies bedeutet, daß eine Maßnahme schon dann nicht Verwaltungsakt ist, wenn auch nur ein Begriffsmerkmal nicht erfüllt ist.   **19**

Die besondere Schwierigkeit der Abgrenzung folgt daraus, daß die einzelnen Begriffsmerkmale nicht eindeutig sind, sondern selbst noch der Auslegung und Abgrenzung bedürfen (*Peine*, Allg. VerwR, Rn. 109). Deshalb ist es wichtig, sich zu jedem Begriffsmerkmal konkrete Vorstellungen zu machen, um in der Fallarbeit die Grenzfälle zutreffend erfassen zu können. Dies wird erleichtert, wenn zu jedem einzelnen Begriffsmerkmal folgende Aspekte geklärt werden: **20**

❑ Inhalt des Begriffsmerkmales

❑ Abgrenzungsfunktion des Begriffsmerkmales

❑ Sachverhalte, die typischerweise vom Merkmal erfaßt werden bzw. Sachverhalte, die typischerweise ausgegrenzt werden.

II. Begriffsmerkmal „Behörde"

Subjekt der Maßnahme muß eine Behörde sein.

1. Inhalt

a) Behörde ist nach § 1 IV VwVfG jede Stelle, die Aufgaben der öffentlichen Verwaltung wahrnimmt. Diese Vorschrift stellt klar, was im VwVfG unter einer Behörde zu verstehen ist. Der Begriff ist weit gefaßt; er ist insbesondere nicht identisch mit dem organisatorischen Behördenbegriff (vgl. § 2 Rn. 13). § 1 IV VwVfG liegt der funktionale Behördenbegriff zugrunde (*Knack*, VwVfG, § 1 Rn. 8; *Stelkens*, VwVfG, § 1 Rn. 126). Behörde ist danach jede Stelle, die vom Wechsel des Amtsinhabers unabhängig dazu berufen ist, in eigenem Namen Aufgaben der öffentlichen Verwaltung wahrzunehmen (*Stelkens*, VwVfG, § 1 Rn. 128; *Knack*, VwVfG, § 1 Rn. 8).   **21**

b) Der weite Behördenbegriff des § 1 IV VwVfG wird durch das Erfordernis eingeschränkt, daß die Stelle befugt sein muß, in eigenem Namen rechtsverbindliche Erklärungen nach außen abzugeben (*Schweickhardt*, Rn. 297; *Kopp*, VwVfG, § 1 Rn. 20). So ist z. B. nach § 13 LVG Ba.-Wü. das Landratsamt „untere Verwaltungsbehörde". Diese Behörde ist befugt, in eigenem Namen öffentliche Aufgaben wahrzunehmen. Demgegenüber sind keine Behör-   **22** den nach § 1 IV LVG Ba.-Wü. das Kreissozialamt oder das Kreisbauamt. Diese Einheiten handeln vielmehr im Namen des Landratsamtes. Zu beachten ist allerdings, daß diese Behörden ihr „Vertretungsverhältnis" für das Landratsamt regelmäßig offenlegen. Für diesen Fall liegt selbstverständlich ein Behördenhandeln vor, nämlich das der unteren Verwaltungsbehörde „Landratsamt" (dazu auch *König/Meins*, VwVfG, Art. 1 Rn. 17 f. für den Freistaat Bayern).

Beispielsfall: K klagt gegen die Stadtkasse der Stadt V. Der Kammervorsitzende des Verwaltungsgerichts überlegt, ob er die Bezeichnung der Beklagten von Amts wegen richtigstellen muß? – Nach § 78 I Nr. 2 VwGO i. V. m. dem einschlägigen AGVwGO NRW, sind Anfechtungsklagen abweichend von dem für die passive Prozeßführungsbefugnis grundsätzlich maßgebenden Rechtsträgerprinzip gegen die Behörde zu richten, die den angefochtenen Verwaltungsakt erlassen hat. Als Behörde kommt entweder die Stadtkasse oder aber der Stadtdirektor (NRW) in Betracht. Das *OVG Münster* stellte fest, daß die Stadtkasse keine Behörde ist. Die Stadtkasse handele nach außen nicht eigenständig für die Stadt. Die Maßnahmen der Kasse würden nämlich nach den für die Verwaltung der Gemeinde maßgebenden Grundsätzen des kommunalen Verfassungsrechts nicht unmittelbar der Stadt, sondern zunächst einer anderen Funktionseinheit, nämlich dem Stadtdirektor, zugerechnet. Ihm allein stehe die für eine derartige unmittelbare Zurechnung behördlicher Maßnahmen vorausgesetzte Befugnis zur gesetzlichen Vertretung der Gemeinde in ihren Rechts- und Verwaltungsgeschäften zu. Von daher könne die Stadtkasse nur als Teil der Gesamtbehörde handeln, mit der Folge, daß die von ihr erlassenen Verwaltungsakte rechtlich solche der Gesamtbehörde sind (*OVG Münster*, NVwZ 1986, 761 – *„Behördeneigenschaft der Gemeindekasse"*).

23

> **Merke:** Amtsträger oder Dienststellen, die nach den maßgeblichen organisationsrechtlichen Bestimmungen nur im Namen und mit Wirkung für und gegen andere Stellen handeln können, insbesondere die Referate und Abteilungen einer Behörde, sind keine Behörden. Behörde ist in diesen Fällen nur diejenige Stelle, für die diese Einheiten tätig werden.

24 c) Str. ist, ob als Behörden nur solche Stellen angesehen werden können, die „nach außen", also in den Rechtsbereich von Privatrechtssubjekten hineinwirken. *Erichsen* (Allg. VerwR, § 11 Rn. 10) fordert, daß der Stelle die Zuständigkeit für eine nach außen wirkende Verwaltungstätigkeit zugewiesen sein muß (wohl auch *BVerwGE* 66, 292). Diese Auffassung verengt jedoch den Behördenbegriff des VwVfG. Aus der Fassung des § 1 IV VwVfG läßt sich diese Einschränkung nicht entnehmen. Entscheidend kann nur sein, ob die Stelle im eigenen Namen Verwaltungsaufgaben eigenverantwortlich wahrnimmt. Die Gemeinde, die ihr Einvernehmen nach § 36 I BauGB bei der Erteilung einer Baugenehmigung durch die Baugenehmigungsbehörde verweigert, handelt

deshalb als Behörde, auch wenn das Erteilen oder die Verweigerung des Einvernehmens verwaltungsintern bleibt (*Peine*, Allg. VerwR, Rn. 110; *Kopp*, VwVfG, § 1 Rn. 22; *W/B* II, § 76 I d) und somit mangels Regelungswirkung kein Verwaltungsakt ist.

> Merke: „Behörde" i. S. des VwVfG ist nicht der Träger öffentlicher Verwaltung selbst. Juristische Personen sind keine Behörden, sie „haben" vielmehr eine oder mehrere Behörden, die für sie handeln (*W/B* II, § 76 I d 5).

2. Abgrenzungsfunktion

Das Begriffsmerkmal „Behörde" grenzt bestimmte Stellen als Subjekte des Verwaltungsakts aus: 25

❑ Maßnahmen von Privatpersonen   26
Es bedarf keiner näheren Begründung, daß Privatrechtssubjekte keine Behörden sind, da sie nicht zur Wahrnehmung von Verwaltungsaufgaben berufen sind. Sie können deshalb keine Verwaltungsakte erlassen. Etwas anderes gilt jedoch dann, wenn Privatrechtssubjekte durch Gesetz oder aufgrund eines Gesetzes in den Funktionsbereich des Staates oder seiner Untergliederungen einbezogen sind und mit einer Rechtsstellung ausgestattet werden, die sie in die Lage versetzt, Hoheitsgewalt gegenüber Dritten auszuüben. Die sog. **Beliehenen sind Behörden** i. S. des VwVfG (*BVerwG*, BayVBl. 1989, 247; *Erichsen*, Allg. VerwR, § 11 Rn. 14) und können in ihrem Funktionsbereich Verwaltungsakte erlassen.

Beispiel: Sozialbetreuer S hat sich wiederholt über das Amt für Ausländerfragen der Stadt M geärgert. Während er den Film „Hauptmann von Köpenick" sieht, entschließt er sich, dem Amtsleiter A einen „Verwaltungsakt" zukommen zu lassen. Unter dem Briefkopf des Finanzamtes M fordert er A unter Rechtsbehelfsbelehrung auf, aufgrund einer Neuberechnung seines Steuerbescheides binnen eines Monats DM 10.000,-- an die Finanzkasse zurückzuzahlen. A unternimmt nichts. Als er nach sechs Wochen die Hintergründe erfährt, fragt A, ob er gegen den Verwaltungsakt vorgehen müsse. – Im vorliegenden Fall scheitert die Einordnung der Maßnahme von S als Verwaltungsakt schon daran, daß kein Behördenhandeln vorliegt. Von diesem eindeutigen Fall sind Sachverhalte zu unterscheiden, in denen die Verwaltungsbehörde selbst den Schein rechtmäßiger Amtsausübung erweckt. Amtshandlungen sog. Scheinbeamter sind z. B. in gleicher Weise gültig, wie wenn sie ein Beamter vorgenommen hätte (§ 14 BBG). Grund ist, daß die Behörde selbst den Schein rechtmäßiger Amtsausübung erweckt hat und ihr somit das Handeln des Scheinbeamten zugerechnet wird (*Erichsen*, Allg. VerwR, § 11 Rn. 15).

❑ Maßnahmen der Organe der Gesetzgebung, Rechtsprechung und Regierung   27
Im Rahmen des Tätigwerdens in ihrem besonderen Rechtskreis sind diese Stellen keine Behörden, auch wenn sie gelegentlich als solche (wie z. B. Gerichtsbehörden) bezeichnet werden. Akte von Verfassungsorganen, die allein im „verfassungsrechtlichen Rechtskreis" ergehen, werden in aller Regel die Rechtssphäre des einzelnen nicht unmittelbar berühren; sie stellen ihm gegen-

über jedenfalls keine Regelung dar, so daß ein Verwaltungsakt auch wegen Fehlens dieses Begriffsmerkmals nicht gegeben wäre.

Beispiel: Die Ernennung oder Entlassung eines Bundesministers durch den Bundespräsidenten nach Art. 64 GG ist Regierungsakt, nicht dagegen Verwaltungsakt.

28 Etwas anderes gilt allerdings, wenn diese Organe nicht im Rahmen ihres besonderen Rechtskreises tätig werden, sondern Aufgaben der öffentlichen Verwaltung wahrnehmen. In diesem Falle sind die Maßnahmen, soweit die weiteren Voraussetzungen des Verwaltungsakts erfüllt sind, Verwaltungsakte (*Schweickhardt*, Rn. 300; *Peine*, Allg. VerwR, Rn. 100; *Maurer*, Allg. VerwR, § 9 Rn. 24). Die Organe handeln insoweit als Verwaltungsbehörde.

Beispiele: Der Gerichtspräsident entscheidet über die Zulassung von Prozeßagenten (*BVerwGE* 2, 89); die Präsidentin des deutschen Bundestages verweist den Zuhörer X aufgrund ihres Hausrechts aus dem Plenarsaal; bei der Ernennung und Entlassung von Bundesbeamten, Bundesrichtern und Offizieren nach Art. 60 I GG handelt der Bundespräsident als Verwaltungsbehörde, nicht als Verfassungsorgan; die Ernennung und Entlassung stellt einen Verwaltungsakt dar (*BVerwGE* 23, 295); bei der Festsetzung des den Parteien als Wahlkampfkostenpauschale zustehenden Erstattungsbetrages nach § 19 II ParteiG erläßt der Bundestagspräsident einen Verwaltungsakt (*BVerfGE* 27, 157). An diesen Beispielen zeigt sich, daß der Behördenbegriff des VwVfG im funktionalen Sinne zu verstehen ist.

Beispielsfall: Nach § 45 I StVO müssen Bauunternehmen auf Anordnung der Straßenverkehrsbehörde bei Bauarbeiten verkehrsregelnde Verkehrszeichen aufstellen. Stellt der Bauunternehmer Verkehrszeichen ohne eine solche Anordnung auf, handelt es sich, da er weder Behörde noch Beliehener ist, nicht um einen Verwaltungsakt, so daß die Verkehrszeichen nicht zu beachten sind. Etwas anderes gilt, wenn eine Zustimmung der Straßenverkehrsbehörde vorliegt. – Das *BVerwG* kam zunächst zum Ergebnis, daß das Bauunternehmen ein Verkehrsverbot erlassen habe, ohne hierzu befugt gewesen zu sein. Dennoch könne diese Anordnung nicht als nichtig angesehen werden. Ob ein Verwaltungsakt nur dann nichtig sei, wenn der ihm anhaftende schwere Mangel offenkundig sei oder ob auch bei bestimmten sehr schweren Mängeln seine Unwirksamkeit eintrete, bedürfe keiner näheren Klärung. Eine Unwirksamkeit habe schon deshalb auszuscheiden, weil das Landratsamt als zuständige Straßenverkehrsbehörde der Anbringung der Verkehrszeichen, durch die das Verkehrsverbot für Fahrzeuge aller Art zum Ausdruck gebracht wurde, zugestimmt habe. Durch die Zustimmung habe die Anordnung des Verkehrsverbotes durch das Bauunternehmen den Charakter einer allein von einer Privatperson unbefugt getroffenen Anordnung verloren. Da die Behörde nicht die ihr obliegende Aufgabe wahrgenommen, sondern durch die Erteilung der Zustimmung selbst fehlerhaft gehandelt habe, rechtfertige dies, daß zur Feststellung der Rechtswidrigkeit der Maßnahme der Träger dieser Behörde als Beklagter in Anspruch genommen werde (*BVerwGE* 35, 334 – *„verkehrsregelndes Bauunternehmen"*; dazu *Schweickhardt*, Rn. 302).

III. Begriffsmerkmal „hoheitliche Maßnahme"

Das Verwaltungshandeln muß eine hoheitliche Maßnahme sein.

1. Inhalt

a) Vom Verwaltungsaktsbegriff werden nur Verwaltungshandlungen erfaßt, die **29**
einseitige, zweckgerichtete, d. h. auf die Erzielung einer Rechtsfolge gerichtete
Maßnahmen sind (*Peine*, Allg. VerwR, Rn. 111 ff.; *Stelkens*, VwVfG, § 35
Rn. 45; *Kopp*, VwVfG, § 35 Rn. 4; abw. *Maurer*, Allg. VerwR, § 9 Rn. 11 ff.).

Die Legaldefinition des § 35, 1 VwVfG erwähnt neben der „Maßnahme" auch
„Verfügungen" oder „Entscheidungen". Verfügungen und Entscheidungen
sind nur Sonderfälle der hoheitlichen Maßnahmen, wie sich aus dem Wort
„andere" ergibt. Die hoheitliche Maßnahme ist der allgemeinere Begriff und
umfaßt selbstverständlich Verfügungen und andere Entscheidungen als die
spezielleren Tatbestandselemente (*Peine*, Allg. VerwR, Rn. 112).

b) In der Lit. ist umstritten, ob das Merkmal „hoheitlich" neben dem ebenfalls in **30**
der Legaldefinition enthaltenen Merkmal „auf dem Gebiete des öffentlichen
Rechts" überhaupt eine eigenständige Bedeutung hat.

Teilweise wird hervorgehoben, daß beide Merkmale inhaltlich gleichgesetzt
werden könnten (*Maurer*, Allg. VerwR, § 9 Rn. 11; *Meyer/Borgs*, VwVfG,
§ 35 Rn. 26; wohl auch *W/B/S I*, § 45 Rn. 42).

Entgegen dieser Auffassung hat jedoch das Tatbestandsmerkmal „hoheitlich"
eine eigenständige Bedeutung. Eine Behörde handelt nämlich nur dann hoheitlich, wenn sie einseitig öffentlich-rechtlich handelt. „Hoheitlich" fordert deshalb ein einseitiges Gebrauchmachen von der Befugnis zur Ausübung öffentlicher Gewalt (*Martens*, NVwZ 1982, 483).

Beispielsfall: Die Stadt S ließ auf dem Grundstück der E einen Rohrbruch
beheben. Mit Rechnung vom 18.5.1982 verlangte sie von E die Zahlung
von DM 1.231,46. Sie verwendete dabei einen Vordruck, in dem als Grund
der Forderung eingetragen war: „Beim Wasserrohrbruch im November
1981 sind Kosten in Höhe von DM 2.462,92 angefallen, davon entfallen
auf Ihren Wasseranschluß DM 1.231,46." Das Formblatt war nicht unter-
zeichnet und enthielt auch keine Rechtsmittelbelehrung. Auf den von E
hiergegen erhobenen Widerspruch wies das Landratsamt diesen zurück und
führte u. a. aus, „der Verwaltungsakt in Form der Rechnung vom
18.5.1982" sei rechtmäßig ergangen. E erhob hiergegen Anfechtungsklage. –
Da das Landratsamt durch den Widerspruchsbescheid eindeutig öffentlich-
rechtlich gehandelt hat, war der Rechtsweg zu den Verwaltungsgerichten
eröffnet. Fraglich war, ob E mit der Anfechtungsklage die zulässige Klageart ergriffen hatte. Dies hängt davon ab, ob nach der vorliegenden Sachver-
haltskonstellation ein Verwaltungsakt vorlag, der im Wege der Anfechtung
angegriffen werden konnte.

Das *BVerwG* differenzierte zwischen der Zahlungsaufforderung der Gemeinde G einerseits und dem Widerspruchsbescheid des Landratsamtes andererseits. In der Rechnungsstellung vom 18.5.1982 sah das *BVerwG* nur eine schlichte Zahlungsaufforderung. Dies habe E bei objektiver Würdigung auch erkennen können. G habe mit der Rechnung Zahlung verlangt, ohne dafür auch nur andeutungsweise einen öffentlich-rechtlichen („hoheitlichen") Leistungsgrund anzuführen. Eine Änderung der Rechtslage ergab sich jedoch nach Auffassung des *BVerwG* aus dem Handeln des Landratsamtes. Die Rechnung vom 18.5.1982 sei mit dem Erlaß des Widerspruchsbescheides zum Verwaltungsakt geworden. Die Widerspruchsbehörde habe ihr diese „Gestalt" gegeben (§ 79 I Nr. 1 VwGO). Ausdrücklich werde in den Gründen des Widerspruchsbescheides die von E angefochtene Rechnung als „Verwaltungsakt in Form der Rechnung vom 18.5.1982" bezeichnet. Der Bürger als Empfänger einer mißverständlichen Willensäußerung dürfe durch etwaige Unklarheiten nicht benachteiligt werden; das gebiete nicht zuletzt die Grundrechtsbestimmung des Art. 19 IV, 1 GG. Das *BVerwG* stellte fest, daß die Vorinstanzen die Anfechtungsklage zu Unrecht für unzulässig gehalten hätten. Es sei nach Zurückverweisung zu prüfen, ob der Anspruch der G überhaupt durch Verwaltungsakt habe geltend gemacht werden dürfen und bejahendenfalls, ob der Anspruch nach seinem materiellen Gehalt bestehe (*BVerwGE* 78, 3 – „*hoheitliche Maßnahme*").

31 Trifft die Behörde eine Maßnahme in der Form eines Verwaltungsaktes, so ist diese Maßnahme als Verwaltungsakt zu behandeln. Nimmt die Behörde nämlich formal einen Verwaltungsakt für sich in Anspruch, so kommt es nicht darauf an, ob die einzelnen Begriffsmerkmale materiell vorliegen. Die Frage, wie die Behörde hätte handeln müssen, ist nach h. M. dann keine Frage der rechtlichen Einordnung der Maßnahme, sondern ihrer Rechtmäßigkeit (vgl. auch § 8 Rn. 63).

32 | **Merke:** Will eine Behörde eine verbindliche einseitige Regelung kraft Hoheitsgewalt treffen, muß sie dies hinreichend deutlich machen. Unklarheiten gehen zu Lasten der Verwaltung (nicht auf die Form, sondern auf den Inhalt stellen dagegen ab *Schenke*, VerwArch. Bd. 72 (1981), 116; *Ronellenfitsch*, DÖV (1981), 940).

2. Abgrenzungsfunktion

Das Begriffsmerkmal „hoheitliche Maßnahme" hat Abgrenzungsfunktion in verschiedener Richtung:

❏ Behördliches Unterlassen

33 Eine „behördliche Maßnahme" setzt immer positives Tun voraus. Das schlichte „Nichtstun" einer Behörde kann deshalb niemals Verwaltungsakt sein. Zu beachten ist jedoch, daß die Verwaltung konkludent hoheitliche Maßnahmen äußern kann. Aus dem Verhalten der Behörde ist der Inhalt der Willensäußerung im Falle konkludenten Handelns zu erschließen, wie z. B. wenn die Behörde auf Leistungsantrag ohne gesonderten Bescheid die beantragte Summe auszahlt. Das Schweigen der Behörden ist grundsätzlich keine Willensäußerung und damit keine Maßnahme i. S. § 35 S. 1 VwVfG. Etwas anderes gilt allerdings dann, wenn im Schweigen der Behörde eine konkludente Willensäußerung liegt oder wenn gesetzliche Regelungen an das Schweigen Rechtsfolgen knüpfen (*Peine*, Allg. VerwR, Rn. 114 ff.).

Beispielsfall: K gab auf Vordruck gegenüber der Stadt S ihre Lohnsummensteuererklärung für den Monat März ab und erhob gleichzeitig gegen die Erhebung der Lohnsummensteuer Widerspruch. Der Widerspruch wurde zurückgewiesen unter Hinweis auf die Möglichkeit, den Steuermeßbetrag durch das Finanzamt festsetzen zu lassen. K stellte einen solchen Antrag nicht, sondern erhob Anfechtungsklage vor dem Verwaltungsgericht. – Das *BVerwG* hatte zunächst zu prüfen, ob nach Art. 40 I VwGO der Rechtsweg zu den Verwaltungsgerichten eröffnet war. In Betracht kam aufgrund der steuerrechtlichen Materie eine spezielle bundesgesetzliche Rechtswegzuweisung an die Finanzgerichtsbarkeit. Da im vorliegenden Fall die Gemeinde auf dem Gebiet der Gewerbesteuer tätig geworden war, war nach den einschlägigen Regelungen der AO der Rechtsweg zu den Finanzgerichten nicht gegeben; der Verwaltungsrechtsweg war somit zulässig. Die nächste Frage ging dahin, ob ein Verwaltungsakt vorlag. Das *BVerwG* bejahte dieses unter Hinweis auf § 26 Gewerbesteuergesetz i. d. F. v. 31.7.1963, aus dem sich ergebe, daß das Lohnsummensteuerverfahren in der Regel abgeschlossen sei, wenn der Steuerpflichtige die Lohnsummensteuer selbst errechnet habe, hierüber eine Steuererklärung der Gemeinde gegenüber abgegeben habe, den errechneten Betrag bezahlt und die Gemeinde keine Einwände erhoben habe. In der Abgabe der Steuererklärung und deren widerspruchsloser Annahme durch die Gemeinde sei ein formloser Steuerbescheid der Gemeinde zu erblicken, eine Rechtsfigur, die dem Abgabenrecht auch sonst nicht unbekannt sei und der Vereinfachung des Verfahrens und der Entlastung der Beteiligten diene. Da auch ein Vorverfahren nach den § 68 ff. VwGO stattgefunden hatte, wurde die Anfechtungsklage als zulässig erachtet und die Rechtmäßigkeit des Vorgehens materiell geprüft (*BVerwGE* 19, 68 – *„Schweigen der Behörde"*).

❏ **Vertragliche Regelung**   34

Durch den Zusatz „hoheitlich" wird die Einseitigkeit des Vorgehens der Behörde als Gegenstück zur vertraglichen Regelung zum Gegenstand des Verwaltungsaktsbegriffes gemacht (*Stelkens*, VwVfG, § 35 Rn. 45; *Peine*, Allg. VerwR., Rn. 111 ff.).

3. Sonstiges

a) Teilweise wird dem Begriff der Maßnahme eine weitergehende Abgrenzungs   35
funktion beigemessen. *Peine* entnimmt dem Maßnahmenbegriff ein finales Element in dem Sinne, daß das Behördenhandeln auf die Erzielung einer Rechtsfolge gerichtet sein müsse (*Peine*, Allg. VerwR, Rn. 117; wohl im Ausgangspunkt ähnlich *W/B/S* I, § 45 Rn. 42).

Ausgehend von der Einordnung der Maßnahme als verwaltungsrechtlicher Willenserklärung grenzt *Peine* bereits bei diesem Tatbestandsmerkmal geschäftsähnliche Handlungen, Wissenserklärungen sowie Meinungsäußerungen und Wertungen aus dem Verwaltungsaktsbegriff aus. Gerade wenn man jedoch in der „Maßnahme" das Tun und in der „Regelung" dessen Inhalt, also das Ergebnis, das Getane sieht, scheint es sinnfälliger, die Abgrenzung unter dem Begriff der „Regelung" vorzunehmen, da in all diesen Fällen erst vom Ergebnis her entschieden werden kann, ob eine rechtsfolgenbegründende verwaltungsrechtliche Willenserklärung vorlag oder nicht (unklar auch *Stelkens*, VwVfG, § 35 Rn. 31 f. einerseits und Rn. 65 andererseits).

36 b) Vielfach werden Verwaltungsentscheidungen unter Einsatz von Maschinen getroffen. Dies gilt z. B. für die Verkehrslenkung durch Ampelanlagen ebenso, wie durch computergefertigte Steuerbescheide. Ursprünglich wurden Zweifel daran geäußert, ob es sich bei diesen automatisierten Verwaltungsvorgängen um Maßnahmen i. S. der Definition des Verwaltungsaktes handelt (*Zeitler*, S. 15). Die Zweifel sind indessen nicht begründet. Auch Verwaltungsakte „durch Maschinen" sind Willenserklärungen, die Behörden zugerechnet werden können (h. M.; *BVerwGE* 45, 190; *BGH*, NJW 1987, 1945). Daß solche Maßnahmen Verwaltungsakte sind, geht im übrigen auch aus den §§ 37 IV; 39 II Nr. 3 VwVfG hervor, die ausdrücklich davon ausgehen, daß Verwaltungsakte mit Hilfe automatischer Einrichtungen erlassen werden können.

IV. Begriffsmerkmal „auf dem Gebiet des öffentlichen Rechts"

Die behördliche Maßnahme muß aufgrund öffentlichen Rechts ergehen.

1. Inhalt

37 a) Dieses Merkmal enthält eine „Gebietsklausel" (*Schweickhardt*, Rn. 303). Eine Maßnahme kann nur Verwaltungsakt sein, wenn sie dem öffentlichen Recht zuzurechnen ist, d. h., wenn sie in Vollzug öffentlich-rechtlicher Vorschriften ergangen ist oder die Behörde von ihr angeblich zustehenden öffentlich-rechtlichen Befugnissen Gebrauch gemacht hat (*Maurer*, Allg. VerwR, § 9 Rn. 11). Ob eine Maßnahme auf dem Gebiet des öffentlichen Rechts getroffen worden ist, richtet sich nach den allgemeinen Kriterien, die für die Abgrenzung zwischen öffentlichem und privatem Recht gelten (vgl. § 3 Rn. 9).

Das Merkmal „auf dem Gebiet des öffentlichen Rechts" darf nicht mißverstanden werden. Es kommt für die Zuordnung einer Maßnahme zum öffentlichen Recht nicht darauf an, ob die Rechtswirkungen der Maßnahme im öffentlichen Recht eintreten. Maßgebend ist allein, ob die Behörde nach Vorschriften des öffentlichen Rechts gehandelt hat.

Beispielsfall: Nach den damals gültigen bundesrechtlichen Mietbindungsvorschriften hatte eine Preisbehörde über die Zulässigkeit der vom Vermieter beanspruchten Mieterhöhung zu entscheiden. Die Preisbehörde wurde auf-

grund einer Altbaumietenverordnung tätig und beurteilte nach Maßgabe
dieser Vorschriften die Zulässigkeit der Mieterhöhung. – Das *BVerwG* führte
aus, daß die Preisbehörde darauf beschränkt sei, die preisrechtliche Zulässigkeit der in Anspruch genommenen Mieterhöhung zu prüfen. Die von
der Preisbehörde getroffene Entscheidung stehe einer preisrechtlichen Genehmigung gleich, sofern die Mieterhöhung für zulässig erklärt werde, der
Versagung einer solchen Genehmigung, wenn die Mieterhöhung für unzulässig erklärt werde. Ob im Falle der Zulässigkeit der Mieterhöhung Ansprüche
des Vermieters gegen den Mieter erhoben werden könnten, habe die Preisbehörde nicht zu entscheiden; diese Entscheidung bleibe den Zivilgerichten überlassen (*BVerwG*, DÖV 1968, 54 – *„privatrechtsgestaltender Verwaltungsakt"*).

> **Merke:** Die Gebietsklausel stellt nicht darauf ab, in welchem Rechtsbe-   **38**
> reich der Erfolg eintritt, sondern nach Maßgabe welcher Norm die Be-
> hörde gehandelt hat (*Willke*, JZ 1968, 221).

b) Verwaltungsakte, die auf die Gestaltung privatrechtlicher Beziehungen gerich-   **39**
tet sind, werden als privatrechtsgestaltende Verwaltungsakte bezeichnet. Typische Fälle der privatrechtsgestaltenden Verwaltungsakte sind nach öffentlich-
rechtlichen Regelungen erforderliche Genehmigungen für privatrechtliche
Rechtsgeschäfte, wie z. B. die Grundstücksverkehrsgenehmigung nach § 2
GrdstVG, die Zustimmung des Arbeitsamtes nach § 18 KSchG zu Massenent-
lassungen, die Genehmigung einer Stiftung nach § 80 BGB, die Grundstücks-
genehmigung nach § 1 GVO für Grundstücksgeschäfte in den neuen Bundesländern, die Genehmigung der Veräußerung nach § 144 II Nr. 1 BauGB für
Grundstücke in Sanierungsgebieten bzw. städtebaulichen Entwicklungsberei-
chen oder nach § 51 I 1 Nr. 1 BauGB für Grundstücke im Umlegungsgebiet.

Für das gemeindliche Vorkaufsrecht nach § 24 BauGB regelt § 28 II 1 BauGB,   **40**
daß das Vorkaufsrecht durch Verwaltungsakt gegenüber dem Verkäufer ausgeübt wird. Rechtsfolge der Ausübung des Vorkaufsrechts durch die Gemeinde ist, daß nach § 28 II 2 BauGB i. V. m. § 505 II BGB ein Kaufvertrag zwischen
ihr und dem Verkäufer über das betroffene Grundstück zustande kommt.
Dieser Kaufvertrag seinerseits unterliegt in der Durchführung den Rechtsnormen des Privatrechts; es kommt also kein öffentlich-rechtlicher Kaufvertrag
sondern ein privatrechtlicher Vertrag zustande.

Beispielsfall: Durch notariell beurkundeten Vertrag verkaufte V ein im Außenbereich gelegenes 13,5 ha großes Teilstück einer Grundstücksparzelle an K für
forst- und landwirtschaftliche Zwecke. Die Auflassung sollte nach erfolgter
Vermessung vorgenommen werden. K beantragte über den beurkundenden
Notar bei der zuständigen Gemeinde eine Teilungsgenehmigung nach § 19
BauGB. Nachdem die Gemeinde die Erteilung der Teilungsgenehmigung abgelehnt hatte, erhob K nach erfolglosem Widerspruchsverfahren Verpflichtungs-

klage. – In diesem Zusammenhang war prozessual die Frage der Klagebefugnis, materiell-rechtlich der Anspruch auf den privatrechtsgestaltenden Verwaltungsakt „Teilungsgenehmigung" zu klären. Die Klagebefugnis nach § 42 II VwGO konnte fraglich sein, wenn K als Käufer nicht befugt war, das Teilungsgenehmigungsverfahren einzuleiten und zu betreiben. Das BVerwG stellte dazu fest, daß die Stellung des K als Käufer zur Legitimation ausreiche. K werde nämlich infolge dieser Stellung durch die rechtswidrige Versagung der Teilungsgenehmigung „in seinen Rechten verletzt". Das ergebe sich nicht erst daraus, daß eine Genehmigungsversagung den Kaufvertrag undurchführbar werden lasse. Legitimiert sei K schon deshalb, weil er nach Maßgabe der §§ 19 und 20 I BauGB auch als Käufer auf die Erteilung der Genehmigung Anspruch habe und daher unabhängig vom Eigentümer das Genehmigungsverfahren einleiten und betreiben könne. Von der Frage, ob K das Genehmigungsverfahren im Falle des Teilungskaufes betreiben durfte, ist sorgfältig zu trennen, wer die grundstücksrechtliche (privatrechtliche) Teilungserklärung abgeben muß. Die Teilungserklärung kann nur vom Eigentümer abgegeben werden und unterliegt als Rechtsvorgang ausschließlich der Bestimmung und Verfügung des Eigentümers (*BVerwGE* 48, 87).

Materiell-rechtlich war die Teilungsgenehmigung zu erteilen. Für Rechtsvorgänge im Außenbereich darf die Teilungsgenehmigung nach § 20 I BauGB nur versagt werden, wenn der Rechtsvorgang oder die mit ihm bezweckte Nutzung mit einer geordneten städtebaulichen Entwicklung nicht vereinbar wäre. Da das Vertragsgrundstück im Außenbereich lag, wäre eine bauliche Nutzung nach § 35 BauGB zwar nicht zulässig. Die Gemeinde hatte darauf abgehoben, daß K genau diese Absicht verfolge. Das *BVerwG* wies jedoch darauf hin, daß es auf eine Bauabsicht bei der Anwendung des § 20 I BauGB jedenfalls nicht unmittelbar ankomme. Der Eigentümer könne mit einem Teilungsvorgang Hoffnungen, Wünsche, Vorstellungen und Erwartungen des einen oder des anderen Inhalts verbinden; er könne dies verschweigen oder offenbaren. Auf all dies komme es nicht an, solange er seine Vorstellungen nicht zum Prüfungsgegenstand des Bodenverkehrsgenehmigungsverfahrens mache. Erst wenn er das tue, wenn er also seine Bestrebungen als das auch bodenverkehrsrechtlich mit der Teilung Gewollte in das Genehmigungsverfahren einbringe, liege, sofern der Gegenstand des Gewollten eine „Bebauung" sei, eine bodenverkehrsrechtlich erhebliche „bezweckte Nutzung" im Sinne des § 20 I Nr. 3 BauGB vor (*BVerwGE* 50, 311 – *„Teilungsgenehmigung"*).

41

> **Merke:** Von der privatrechtsgestaltenden Wirkung der öffentlich-rechtlich handelnden Behörde ist selbstverständlich zu unterscheiden, daß unter bestimmten Voraussetzungen die Behörde zur Erfüllung ihrer Aufgaben auch selbst privatrechtlich handeln kann, solange das Recht nichts Gegenteiliges festlegt, wie z. B. in § 28 II BauGB.

2. Abgrenzungsfunktion

Das Begriffsmerkmal grenzt Maßnahmen aus dem Verwaltungsaktsbegriff aus, die nicht auf dem Gebiet des öffentlichen Rechts ergehen.

❑ **Privatrechtliche Maßnahmen**   42

Die **Gebietsklausel** dient zur Abgrenzung gegenüber Maßnahmen der Behörde auf dem Gebiet des Privatrechts. Insoweit gelten die allgemeinen Abgrenzungsregelungen (vgl. § 3 Rn. 9). Handelt die Behörde privatrechtlich, kann sie nicht durch Verwaltungsakt handeln. Dabei ist zu beachten, daß die im Verwaltungsprivatrecht behandelten Bindungen den privatrechtlichen Charakter des Handelns unberührt lassen. Sie tragen nur der Sonderstellung der Behörde insbesondere durch die Grundrechtsbindung und den Vorrang des Gesetzes Rechnung (vgl. § 3 Rn. 23).

Beachte: Eine Behörde wird auch dann auf dem Gebiet des öffentlichen Rechts tätig, wenn sie sich öffentlich-rechtliche Befugnisse „anmaßt". Dies ist z. B. der Fall, wenn eine Behörde gegen die Erben eines Beamten durch förmlichen Bescheid eine Rückzahlung eines diesem aufgrund eines privatrechtlichen Darlehensvertrages gewährten Darlehens anordnet (*BVerwGE* 41, 127). In diesen Fällen ist ausschließlich das „äußere Erscheinungsbild" für die Einordnung der behördlichen Maßnahme maßgebend (vgl § 8 Rn. 31). Der Verwaltungsakt ist allerdings rechtswidrig, weil ihm die Ermächtigungsgrundlage fehlt (*Schweickhardt*, Rn. 305; *Schenke*, VerwArch. Bd. 72 (1981), 190 f.; *BVerwGE* 17, 242; 18, 1).

❑ **Maßnahmen nichtverwaltungsrechtlicher Art**   43

Teilweise wird in der Lit. vorgetragen, das Merkmal „auf dem Gebiet des öffentlichen Rechts" müsse als „auf dem Gebiet des Verwaltungsrechts" gelesen werden (*Peine*, Allg. VerwR., Rn. 118; *W/B/S* I, § 45 Rn. 29 f.). Es wird darauf hingewiesen, daß es bei diesem Merkmal im Kern um verwaltungsrechtliche Tätigkeit gehe, die von anderem Hoheitshandeln abzugrenzen sei. Verwaltungsrechtlich sei deshalb eine Maßnahme eines Subjekts öffentlicher Verwaltung aufgrund seiner hoheitlichen, aber nicht verfassungsrechtlichen Zuständigkeit (*W/B/S* I, § 45 Rn. 30). Verwaltungsrecht sei das gesamte öffentliche Recht mit Ausnahme des Völker-, Europa- und Staatsrechts im formellen Sinne (*Peine*, Allg. VerwR., Rn. 118). Diese Auffassung ist indessen nicht unproblematisch, weil auch staats- und völkerrechtliche Normen Ermächtigungsgrundlagen für verwaltungsrechtliche Maßnahmen sein können. Es erscheint deshalb, wie hier vertreten, sachgerechter beim handelnden Organ anzuknüpfen, und solche Rechtsakte aus dem Verwaltungsaktsbegriff auszugrenzen, die von den Organen der Gesetzgebung, Rechtsprechung und Regierung im Rahmen ihres verfassungsrechtlichen Rechtskreises erlassen werden. Insoweit sind sie keine Träger öffentlicher Verwaltung; sie sind keine Behörden nach § 1 IV VwVfG (vgl. § 8 Rn. 27; unklar *Maurer*, Allg. VerwR, § 9 Rn. 13).

Beispielsfall: Im Vorfeld von Arbeitskämpfen nahm die hessische Landesregierung in einer Antwort auf eine parlamentarische Anfrage zu Art. 29 V HessVerf Stellung. Diese Bestimmung erklärt Aussperrungen für rechtswidrig. Im Rahmen der Antwort führte der hessische Ministerpräsident aus, die Landesregierung sei mit der Prüfung der Frage befaßt, welche Maßnahmen nach Art. 29 V HessVerf ergriffen werden könnten, für den Fall, daß Aussperrungen im anstehenden Arbeitskampf stattfinden sollten. Eine Vereinigung von metallindustriellen Arbeitgebern erhob Klage vor dem Verwaltungsgericht mit dem Antrag, diese Antwort richtigzustellen. – Der *VGH Kassel* führte aus, daß Äußerungen, mit denen seitens der Regierung Anfragen von Abgeordneten im Parlament beantwortet würden, keine Verwaltungstätigkeit darstellten. Die Beantwortung solcher parlamentarischer Anfragen erfolge vielmehr in der Regel im politischen und damit im justizfreien Raum. Deshalb seien derartige Äußerungen von Regierungsseite regelmäßig nicht im Rechtswege angreifbar oder überprüfbar. Abweichendes könne allenfalls dann gelten, wenn bei solcher Gelegenheit gegenüber einer ganz bestimmten Person eine sog. „gezielte" Erklärung erfolge, der rechtliche Tragweite innewohne, wie z. B. bei beleidigenden oder herabsetzenden Äußerungen. Ansonsten handele es sich aber bei Erklärungen, die Regierungsmitglieder im Parlament auf Anfragen von Abgeordneten abgeben, um politisches Handeln im Rahmen der Regierungstätigkeit (*VGH Kassel*, DVBl. 1968, 811 – „*Regierungsakte*").

V. Begriffsmerkmal „Regelung"

Eine behördliche Maßnahme ist nur dann Verwaltungsakt, wenn sie eine „Regelung" enthält.

1. Inhalt

44 a) Eine behördliche Maßnahme hat Regelungscharakter, wenn sie nach ihrem Erklärungsgehalt darauf gerichtet ist, Recht zu setzen (*Erichsen*, Allg. VerwR, § 11 Rn. 22). Regelung ist die Entscheidung, welche die Begründung, Änderung, Aufhebung aber auch verbindliche Feststellung von Rechten und Pflichten sowie von rechtserheblichen Tatsachen zum Gegenstand hat (*BVerwGE* 77, 271). Ob eine Maßnahme diesen Inhalt hat, ist durch Auslegung der Erklärung zu bestimmen. Der Begriff der Regelung läßt sich somit als Maßnahme zusammenfassen, die

- ❏ nach dem Willen der Behörde darauf gerichtet sein muß (**Finalitätselement**);
- ❏ mit dem Anspruch auf Verbindlichkeit (**Verbindlichkeitselement**);
- ❏ eine unmittelbare Rechtswirkung zu erzeugen (**Rechtsfolgenelement**).

Beispielsfall: Das zuständige Bundesfinanzministerium hatte Zollinspektor Z nicht in eine Vorschlagsliste für Beförderungen aufgenommen. Auf Gegenvorstellung des Z, sein Befähigungsbericht der Oberfinanzdirektion weise ihn als engagierten und kompetenten Beamten aus, teilte das Bundesfinanzministerium mit, man sehe sich an diese Beurteilung nicht gebunden. Nach Durchführung des Widerspruchsverfahrens erhebt K Verpflichtungsklage, mit dem Ziel, in die Beförderungsvorschlagsliste aufgenommen zu werden. Z ist der Auffassung, aus der Bestandskraft seines Befähigungsberichts ergebe sich eine inhaltliche Bindung der Beförderungsbehörde. – Wäre in der dienstlichen Beurteilung ein Verwaltungsakt zu sehen, könnte in der Tat das Problem der Bestandskraft von Bedeutung sein. Das *BVerwG* hielt für das Bundesbeamtenrecht jedoch fest, daß die besonderen Kennzeichen des Rechtsinstituts „Verwaltungsakt" nicht zum Wesen der dienstlichen Beurteilung von Beamten passe. Mit der Beurteilung treffe die Dienstbehörde nicht eine „Regelung" mit bestimmten unmittelbaren Rechtswirkungen. Die dienstliche Beurteilung beanspruche auch nicht Rechtsverbindlichkeit; und für sie bestehe nicht die Notwendigkeit baldigen Eintritts der Unanfechtbarkeit und deshalb einer Befristung der Anfechtbarkeit. Ihrem Wesen und ihrem Zweck entspreche es mehr, daß sie nicht alsbald – auch bei Fehlerhaftigkeit – rechtlich verfestigt werde, sondern daß sie noch nach längerer Zeit überprüft und berichtigt werden könne und daß deshalb der Beamte nicht, um Nachteile zu vermeiden, zu ihrer befristeten Anfechtung mit förmlichen Rechtsbehelfen genötigt sein dürfe. Nach dieser Auffassung wäre der Bundesfinanzminister nicht gehalten, den Befähigungsbericht der Oberfinanzdirektion kritiklos hinzunehmen, sondern berechtigt und sogar verpflichtet, selbständig die Eignung des Z für die Beförderung zu prüfen (*BVerwG*, DÖV 1968, 428 – *„dienstliche Beurteilung"*).

b) Die Regelungswirkung, d. h. die für den Betroffenen unmittelbar verbindliche 45 Rechtsfolgenanordnung kommt typischerweise in Verboten (wie z. B. Demonstrationsverbot, ordnungsbehördliches Fahrverbot, Verbot, Gartenabfälle zu verbrennen) oder Geboten (z. B. Abrißgebot eines formell und materiell rechtswidrigen Wohngebäudes, Anordnung auf der Grundlage des BImSchG Immissionsfilter einzubauen) zum Ausdruck. Neben diesen Verbote und Gebote aussprechenden Verwaltungsakten (Verfügungen) kann die Regelung aber auch nur auf die verbindliche Feststellung einer Rechtslage gegenüber dem Bürger gerichtet sein (z. B. Eintragung eines Denkmals in die Denkmalliste, Ausstellung eines Vertriebenenausweises, Eintragung eines Wasserrechts in das Wasserbuch, Feststellung der Ersatzpflicht eines Beamten nach § 78 I BBG – feststellende oder streitentscheidende Verwaltungsakte -) oder in der Veränderung der Rechtslage eines Gegenstandes liegen (Widmung einer öffentlichen Straße – dinglicher Verwaltungsakt -). Schließlich ist auch die Ablehnung eines Antrags, obwohl eine Rechtsänderung nicht eintritt, eine Regelung, wenn durch die Ablehnung festgestellt wird, daß ein Recht oder ein Anspruch nicht besteht. Die Ablehnung ist gleichsam als Kehrseite der Vornahme des beantragten Verwaltungsaktes zu sehen (*BVerwGE* 28, 193, *Schweickhardt*, Rn. 312).

46 c) Die Regelung kommt im verfügenden Teil des Verwaltungsaktes zum Ausdruck (vgl. § 19 III Nr. 2 AtomVfV; dazu *VGH Mannheim,* NVwZ-RR 1990, 538). Vielfach wird der verfügende Teil („Verfügungssatz", „Spruch") für sich genommen nicht hinreichend aussagekräftig sein. Diese Fälle bedürfen der Auslegung. Zur Erläuterung des verfügenden Teils ist dabei auch die Begründung (nach § 39 VwVfG) heranzuziehen, da der festgestellte Sachverhalt und das angewandte Recht im Rahmen des Verfahrensgegenstandes den Inhalt des Verwaltungsaktes mitbestimmen. Damit ist die Begründung für die Auslegung des Verwaltungsaktes und insbesondere für den damit zusammenhängenden Umfang der Bindungswirkung von erheblicher Bedeutung (*Stelkens,* VwVfG, § 35 Rn. 66; *Ossenbühl,* NJW 1980, 1353; *Breuer,* VerwArch. Bd. 72 (1981), 267; *Löwer,* JuS 1980, 805).

2. Abgrenzungsfunktion

47 Überprüft man das Verwaltungshandeln, das keine eigenständige, verbindliche Festlegung einer Rechtsfolge oder die Feststellung eines Rechtszustandes umfaßt, so stößt man auf sehr heterogene Erscheinungsformen. Man kann dieses Verwaltungshandeln ohne Regelungscharakter unter dem Oberbegriff des schlichten Verwaltungshandelns zusammenfassen (*Robbers,* DÖV 1987, 272). Die erste Systematisierung des schlichten Verwaltungshandelns geht auf *Walter Jellinek* zurück, der die schlichte Hoheitsverwaltung erstmals als rechtlich relevantes Gebiet darstellte (*Jellinek,* VerwR, S. 22). Das Begriffsmerkmal der Regelung grenzt das schlichte Verwaltungshandeln aus dem Verwaltungsaktsbegriff aus. Das schlichte Verwaltungshandeln läßt sich als auf ein sachliches (tatsächliches) Ergebnis gerichtetes, wenn auch nicht rechtswirkungsneutrales Verwaltungshandeln umschreiben (*Schweickhardt,* Rn. 313). Im einzelnen betrifft das Begriffsmerkmal der Regelung vor allem folgende Abgrenzungsbereiche:

48 ❏ **Verwaltungsrechtliche Willenserklärungen ohne Regelungscharakter**
Rechtsgeschäftliche Willenserklärungen bzw. geschäftsähnliche Handlungen im Rahmen verwaltungsrechtlicher Schuldverhältnisse bilden eine Gruppe innerhalb des schlichten Verwaltungshandelns. Hierzu gehören z. B. Aufrechnungserklärung, Zahlungsaufforderung, Mahnung, Fristsetzung und Stundung. Derartige Erklärungen wollen zwar eine Rechtswirkung erzielen, es fehlt ihnen aber jedenfalls nach h. M. die für eine Regelung spezifische Verbindlichkeit (*Schweickhardt,* Rn. 308; *Maurer,* Allg. VerwR, § 9 Rn. 10). Fehlen die materiell-rechtlichen Voraussetzungen der Aufrechnung nach § 387 BGB, dann ist die Aufrechnung unwirksam. Sie trägt nicht ihre Verbindlichkeit wie der Verwaltungsakt in sich.

Beispielsfall: Das beklagte Land B hat K, der ein Mischfutterunternehmen betreibt, eine Beihilfe gewährt. Im Rahmen einer Betriebsbesichtigung wurde bekannt, daß K im zurückliegenden Zeitraum zu viel Geld ausgezahlt worden ist. Für die Folgemonate standen ihm Beihilfebeträge über DM 10.000,-- zu. B machte einen Rückforderungsbetrag von DM 2.000,-- geltend und bezahlte lediglich DM 8.000,-- aus. K erhebt daraufhin Klage auf Auszahlung des Restbetrages in Höhe von DM 2.000,--.

Zunächst stellt sich die Frage des Rechtsweges. Eine öffentlich-rechtliche Streitigkeit nach § 40 VwGO ergibt sich daraus, daß sich die Aufrechnung auf einen Rückforderungsanspruch bezieht. Der Rückforderungsanspruch ist als actus contrarius zum gewährenden Verwaltungsakt ein öffentlich-rechtlicher Verwaltungsakt. Bei der Aufrechnung handelt es sich somit ebenfalls um eine öffentlich-rechtliche Maßnahme. Die von K erhobene allgemeine Leistungsklage ist auch die richtige Klageart, da es sich bei der Aufrechnungserklärung von B nicht um einen Verwaltungsakt gehandelt hat. Das *BVerwG* macht zunächst deutlich, daß gegen die Anwendung der Vorschriften der §§ 387 ff. BGB im öffentlichen Recht keine rechtlichen Bedenken bestehen. Die rechtlichen Voraussetzungen der Aufrechnung werden somit durch die Begriffe der Gegenseitigkeit, der Gleichartigkeit und der Fälligkeit gekennzeichnet. Sinn der Aufrechnung ist auch im öffentlichen Recht, den Erfüllungsvorgang zu vereinfachen, nicht aber eine verbindliche Entscheidung der Behörde über den Eintritt der Erlöschenswirkung des Schuldverhältnisses herbeizuführen. Sind die Voraussetzungen der Aufrechnung nicht erfüllt, dann ist sie unwirksam. Sie erlangt gerade nicht, wie ein rechtswidriger Verwaltungsakt, bis zur Aufhebung Bestandskraft. Die Aufrechnungswirkungen treten ausschließlich aufgrund des Vorliegens der materiellen Voraussetzungen des § 387 BGB ein (*BVerwGE* 66, 218 – „Aufrechnungserklärung"; wie hier auch *BFH*, NVwZ 1987, 118; *Stelkens*, VwVfG, § 44 Rn. 19; a. A. *Schmidt*, JuS 1984, 28; im Sozialrecht werden Aufrechnung und Verrechnung durch die Leistungsträger wegen der §§ 51, 52 SGB I als Verwaltungsakte angesehen – *BSG*, Breithaupt 1980, 526).

❏ **Tatsächliche Verwaltungshandlungen (Realakte)**   49
Zu dieser Gruppe von Verwaltungshandlungen ohne Regelungscharakter gehören vor allem sog. **Realhandlungen**, wie z. B. die Ingewahrsamnahme einer bewußtlosen Person, ohne daß sie vorher durch Verwaltungsakt zur Duldung verpflichtet werden konnte oder das Abschleppen des verkehrsordnungswidrig abgestellten Fahrzeugs. Diese Realhandlungen sind zwar nicht auf die Herbeiführung einer Rechtsfolge gerichtet, sie erschöpfen sich aber auch nicht nur in tatsächlichen Effekten. Vielmehr enthalten sie eine von der Behörde intendierte rechtliche Beeinflussung der Wirklichkeit (*Robbers*, DÖV 1987, 276). Neben den Realhandlungen werden zu dieser Gruppe i. d. R. auch Hinweise, Belehrungen, Auskünfte, dienstliche Beurteilungen eines Beamten oder Mitteilungen der Behörde gerechnet.

V. a. die rechtliche Einordnung von Auskünften wird kontrovers diskutiert. Grundsätzlich gilt insoweit, daß die Auskunft über Tatsachen oder Rechtsfragen in aller Regel kein Verwaltungsakt ist, weil sie nicht auf die Herbeiführung einer unmittelbaren Rechtsfolge gerichtet ist, sondern eine „Wissenserklärung" beinhaltet. Insbesondere kommt es für die rechtliche Einordnung der Auskunft als Verwaltungsakt oder schlichtes Verwaltungshandeln nicht darauf an, ob die Auskunft richtig oder falsch ist. Selbstverständlich kann eine unrichtige Auskunft zu Rechtsfolgen z. B. zu einem Schadenersatzanspruch wegen Amtshaftung nach § 839 BGB, Art. 34 GG führen. Die Rechtslage ist umstritten.

Beispielsfall: Regierungsrat K wurde im Jahre 1963 von Beamten des zuständigen Landesamtes für Verfassungsschutz wegen einer Reise nach Ostberlin aufgesucht. Im Jahre 1966 erhob er verwaltungsgerichtliche Klage mit dem Antrag, das Land zu verpflichten, Auskunft darüber zu erteilen, wer ihn vor dem Landesamt für Verfassungsschutz angeschuldigt habe. Wie ist zu entscheiden? – Der Verwaltungsrechtsweg nach § 40 I VwGO ist eröffnet, da sich die Auskunft auf die öffentlich-rechtlich geregelte Tätigkeit des Verfassungsschutzes bezieht. Die Zulässigkeit der Klage im weiteren hängt davon ab, ob es sich um eine allgemeine Leistungsklage oder um eine Verpflichtungsklage handelt. Im letzteren Falle wäre die Klagefrist versäumt. Die maßgebliche Klageart richtet sich danach, ob die begehrte Auskunft als schlichtes Verwaltungshandeln oder als Verwaltungsakt zu qualifizieren ist. Eine Regelung könnte im vorliegenden Fall zunächst darin gesehen werden, daß der Antrag auf Erteilung der Auskunft abgelehnt worden ist. In der Lit. wird teilweise die Auffassung vertreten, daß in der Ablehnung einer beantragten Amtshandlung generell ein Verwaltungsakt zu sehen sei, und zwar unabhängig davon, ob die begehrte Verwaltungsmaßnahme selbst Verwaltungsakt ist oder nicht. Diese Auffassung sieht in den Ablehnungfällen die Regelung in der verbindlichen Verneinung des geltend gemachten Anspruches (*Lässig*, JuS 1990, 462; *Stelkens*, VwVfG, § 35 Rn. 77). Die h. M. weist demgegenüber darauf hin, daß natürlich jeder Ablehnung einer Auskunft oder eines sonstigen Realhandelns eine behördliche Entscheidung vorauszugehen habe. Dies begründe indessen noch nicht deren Verwaltungsaktscharakter. Eine Regelung wird angenommen, wenn der Schwerpunkt nicht in der Auskunft selbst, sondern in der Ermessensentscheidung über die Erteilung der Auskunft liegt. Das *BVerwG* führt aus, daß die Frage, ob mit dem Antrag auf Erteilung einer behördlichen Auskunft ein Verwaltungsakt begehrt werde, nicht allgemein bejaht oder verneint werden könne. Die Auskunft eines Einwohnermeldeamtes aus dem bei ihm geführten Register sei mit der Preisgabe des Namens eines Behördeninformanten durch ein Amt für Verfassungsschutz nicht vergleichbar. Die gesetzlich geregelte Tätigkeit der Verfassungsschutzämter bedinge eine weitgehende Geheimhaltung der Ermittlungen. Begehre jemand von diesen Behörden Auskunft darüber, von wem sie und worüber in einer betreffenden Angelegenheit informiert worden seien, habe die Behörde zu prüfen, ob und in welchem Umfang dem Begehren entsprochen werden kann. Eine solche Prüfung entfalle bei Behörden, wie etwa dem Einwohnermeldeamt, zu dessen Aufgaben die Erteilung von Auskünften gehöre. Im vorliegenden Fall habe jedoch vor Erteilung der vom Kläger gewünschten Auskunft eingehend geprüft werden müssen, ob die Herkunft mit der Erfüllung der gesetzlichen Aufgaben der Behörde vereinbar sei. Diese Überlegungen seien mangels gesetzlicher Regeln dem Ermessen der Behörde überlassen, die dabei öffentliche und private Belange gegeneinander abzuwägen habe. Der rechtliche Schwerpunkt liege im vorliegenden Fall nicht bei der Erteilung oder Versagung der Auskunft als solcher, sondern in der hierdurch zum Ausdruck gebrachten Ermessensentscheidung der Behörde (*BVerwGE* 31, 301 – *„Verfassungschutzauskunft“*).

> **Merke:** Die Auskunft hat Regelungscharakter, wenn nach der gesetzlichen Ausgestaltung mit der Erteilung der Auskunft eine Regelung verbunden ist, wie z. B. bei den von den Zollbehörden erteilten verbindlichen Zolltarifauskünften (Art. 10 ff. der VO 2454/93 v. 02.07.1993, ABl. EG, Nr. L 253). Nach ganz überwiegender Auffassung stellt die Ablehnung eines Verwaltungsaktes ihrerseits ebenfalls einen Verwaltungsakt dar (*OVG Lüneburg*, NJW 1994, 2634).

50

Die Unsicherheit über die rechtliche Einordnung von Auskünften zeigt auch das Beispiel der Mitteilung der Handwerkskammer über die beabsichtige Löschung einer Eintragung in die Handwerksrolle nach § 13 III HandwO. Das *BVerwG* sieht diese Mitteilung als Verwaltungsakt an. Es ließe sich jedoch ohne weiteres vertreten, daß nicht schon die Ankündigung der Löschung, sondern erst die Löschung selbst, Regelungscharakter, weil unmittelbare Rechtswirkungen, hat. Allerdings spricht der Praktikabilitätsgesichtspunkt im Ergebnis für das *BVerwG*, weil bereits im Vorfeld der Löschung eine verbindliche Klärung der Löschungsberechtigung erreicht werden kann (*BVerwGE* 88, 122; *Maurer*, Allg. VerwR, § 9 Rn. 8).

❑ **Gesetzeswiederholende Maßnahmen**   51

Bei dieser Gruppe von Maßnahmen liegt die Problematik darin, daß nur eine bereits im Gesetz selbst enthaltene Regelung wiederholt wird. Die Abgrenzung des feststellenden Verwaltungsaktes, der im vorliegenden Fall in der Regel in Frage steht, von dem schlichten Hinweis auf die Rechtslage, der bloßen Mitteilung oder Auskunft ohne Regelungscharakter ist im Einzelfall schwierig, da auch der feststellende Verwaltungsakt definitionsgemäß lediglich eine bestehende Rechtslage – wenn auch rechtsverbindlich – feststellt.

Innerhalb dieser Gruppe ist danach zu differenzieren, ob die behördliche Maßnahme lediglich einen Hinweis auf die ohnehin bestehende Rechtslage beinhaltet (keine Regelungswirkung) oder ob die behördliche Maßnahme die verbindliche Klärung und Durchsetzung der gesetzlichen Rechtslage bezweckt (Regelung). Ob eine feststellende Rechtsfolge in diesem Sinne herbeigeführt werden soll, ist regelmäßig im Wege der Auslegung zu ermitteln. Bei der Auslegung ist v. a. von der Gesetzeslage auszugehen. Die gesetzliche Ausgestaltung ist maßgebend dafür, ob eine Rechtsänderung von Gesetzes wegen eintritt und diese nur mitgeteilt wird, oder ob die Rechtsänderung erst durch Erlaß eines Verwaltungsaktes eintritt. Wenn sich die Verwaltung allerdings erkennbar des Mittels des feststellenden Verwaltungsaktes bedient hat, kommt es auf die anderen Gesichtspunkte nicht mehr an; ebenso natürlich umgekehrt, wenn ersichtlich vom Erlaß eines Verwaltungsaktes abgesehen wird (*BVerwGE* 88, 222).

Beispielsfall: Das Gewerbeaufsichtsamt N erließ gegen Bäcker K einen für sofort vollziehbar erklärten Bescheid, mit dem K unter Zwangsgeldandrohung Arbeitszeitregelungen nach den §§ 5 und 6 BAZG für seinen Bäckereibetrieb auferlegt wurden. Widerspruch, Klage und Berufung des K blieben erfolglos. – Der *BayVGH* wies die Auffassung des K zurück, bei dem Bescheid habe es sich nicht um einen Verwaltungsakt, sondern lediglich um einen Hinweis auf die Rechtslage nach dem BAZG gehandelt. Der *BayVGH* führte aus, daß die Untersagungsverfügung nicht nur und ausschließlich das, was bereits ohnehin in § 5 I, 2 und 4, § 6 I und II BAZG bestimmt sei, wiederhole, sondern das gesetzliche Verbot mit Verbindlichkeitsanspruch für den Einzelfall konkretisiert werde. Derartige im Sicherheitsrecht als „unselbständige Verfügungen" bezeichnete gesetzeswiederholende und- konkretisierende Ge- oder Verbote dienten der verbindlichen Klärung und Durchsetzung der Ge- oder Verbotsnorm; sie sollten das zukünftige Verhalten des Adressaten bestimmen und seien deshalb von jeher als Verwaltungsakte anerkannt. Hiervon gehe auch Art. 18 I VwZVG Bay aus, wenn er unter Verwaltungsakten, die die Grundlage der Verwaltungsvollstreckung bilden, solche aufführe, die „zu einer unmittelbar kraft einer Rechtsnorm bestehenden ... Pflicht anhalten" (*BayVGH*, DVBl. 1982, 309 – „*gesetzeskonkretisierende Verfügung*").

❏ Vorbereitende Maßnahmen

52

a) Vorbereitende Maßnahmen enthalten keine Regelung, wenn sie noch den Erlaß eines Verwaltungsaktes voraussetzen oder wenn sie lediglich das Verfahren fördern sollen (*W/B/S* I, § 45 Rn. 53). Ladungen zur mündlichen Prüfung oder einer Aufforderung ein medizinisch-psychologisches Gutachten im Hinblick auf die Eignungsprüfung zur Führung von Kraftfahrzeugen beizubringen, fehlen der Regelungscharakter. Diese Aufforderungen haben noch keine selbständige Bedeutung, sondern bereiten die abschließende Entscheidung nur vor (*Maurer*, Allg. VerwR, § 9 Rn. 9).

Beispielsfall: K war im Verkehrszentralregister mit 18 Punkten eingetragen. Im Hinblick auf die Prüfung der Entziehung der Fahrerlaubnis forderte die zuständige Behörde K auf, ein medizinisch-psychologisches Gutachten über ihre Fahreignung beizubringen. K erklärte gegenüber dem TÜV, daß sie bereit sei, die Untersuchung durchzuführen, sie könne die Kosten des Gutachtens jedoch allenfalls in Raten zahlen. Der TÜV lehnte daraufhin die Erstellung eines Gutachtens ab. K fragt nun, ob sie gegen die Anordnung der Führerscheinbehörde auf Beibringung des Gutachtens Widerspruch einlegen könne und ob die Fahrerlaubnis mit dem Hinweis entzogen werden könne, daß das Gutachten nicht beigebracht worden sei? – Ein Widerspruch gegen die Aufforderung, ein medizinisch-psychologisches Gutachten vorzulegen, wäre nur dann zulässig, wenn es sich bei der Anordnung um einen Verwaltungsakt handeln würde. Bei der rechtlichen Einordnung der Aufforderung ist zu beachten, daß die Beibringungsanordnung vorbereitenden Charakter im Hinblick auf die Entziehung der Fahrerlaubnis hat. Das *BVerwG* hält fest, daß die Anordnung der Verwaltungsbehörde nach § 3 II StVZO, ein medizinisches Gutachten vorzulegen, der Aufklärung des Sachverhaltes und der Vorbereitung einer den Einzelfall regelnden Entscheidung diene, die allein angefochten werden könne. Die Anordnung begründe nicht eine selbständige Pflicht des Betroffenen, sich einer Untersuchung zu unterziehen, sondern konkretisiere lediglich eine schon nach allgemeinen Rechtsgrundsätzen bestehende Mitwirkungspflicht an der Aufklärung des Sachverhaltes. Die Anordnung nach § 3 II StVZO könne auch nicht zwangsweise durchgesetzt werden. Werde sie jedoch nicht befolgt, könne die Verwaltungsbehörde aus dem Verhalten des Betroffenen Schlüsse auf seine Eignung zum Führen von Kraftfahrzeugen ziehen und aufgrund der bestehenden Bedenken zu der Annahme gelangen, daß geistige oder körperliche Mängel verborgen werden sollen. Durch diese Beurteilung ergebe sich auch nicht eine Schmälerung des Rechtsschutzes des Betroffenen. Der Begriff des Verwaltungsaktes sei eine Zweckschöpfung der Verwaltungsrechtswissenschaft, die zwar wirksamen Rechtsschutz gewährleisten solle. Dieser könne jedoch im Wege des Angriffs gegen die abschließende Entziehungsanordnung realisiert werden. Im Hinblick auf die Ablehnung der Ratenzahlung für das Gutachten kommt das *BVerwG* zum Ergebnis, daß dem Betroffenen die Nichtbeibringung des Gutachtens grundsätzlich nur dann zur Last gelegt werden dürfe, wenn er der behördlichen Aufforderung ohne ausreichenden Grund nicht nachkomme. Der Schluß von der Nichtbefolgung der behördlichen Anordnung auf die Nichteignung des Kraftfahrers habe seine wesentliche Grundlage in der Verletzung der dem Betroffenen obliegenden Mitwirkungspflicht. Dabei sei zu beachten, daß er nach § 15 b II StVZO das Gutachten auf seine Kosten beizubringen habe. Dies sei Folge der ihm nach § 15 b II StVZO auferlegten Beibringungslast. Auf die wirtschaftlichen Verhältnisse des Betroffenen könne es grundsätzlich ebensowenig ankommen wie bei anderen Maßnahmen der Straßenverkehrsbehörde, die im Interesse der Verkehrssicherheit erforderlich seien (*BVerwGE* 34, 248; *BVerwG*, DÖV 1985, 785 – *„Eignungsprüfung"*).

b) Von den vorbereitenden Maßnahmen sind vorläufige Maßnahmen zu unterscheiden, die die Rechtslage des Betroffenen einstweilen ändern bzw. rechtlich sicherstellen. Der sog. vorläufige Verwaltungsakt trifft eine, wenn auch nur vorläufige Regelung, d. h. die Maßnahme ergeht unter dem Vorbehalt der endgültigen Entscheidung. 53

Zunächst stellt sich für **vorläufige Verwaltungsakte** die Frage nach der Ermächtigungsgrundlage, sofern ausdrückliche oder konkludente Befugnisnormen zum Erlaß vorläufiger Regelungen fehlen. Teilweise wird vertreten, daß § 10 VwVfG keine Ermächtigungsgrundlage abgeben könne, vielmehr ergebe die Gesamtregelung des VwVfG, daß vorläufige Verwaltungsakte außerhab gesetzlicher Sonderregelungen nicht mehr zugelassen sein sollen (*Henke*, DVBl. 1983, 1246). Außerdem wird darauf hingewiesen, daß durch den vorläufigen Verwaltungsakt die Voraussetzungen der §§ 48, 49 VwVfG unterlaufen würden. Dem steht die Auffassung gegenüber, die generell in der Befugnis zum Erlaß endgültiger Maßnahmen auch diejenige zum Erlaß vorläufiger Verwaltungsakte eingeschlossen sieht (*König*, BayVBl. 1989, 33).

Mit der h. M. sind jedenfalls bei begünstigenden Verwaltungsakten vorläufige Regelungen als zulässig anzusehen. Durch den vorläufigen Verwaltungsakt erhält der Bürger zunächst mehr, als ihm gesetzlich zu diesem Zeitpunkt zusteht. Es bleibt allerdings das Rückabwicklungsproblem im Falle des nichtbestätigenden abschließenden Verwaltungsaktes.

Beispielsfall: K wurde durch Bescheid der B eine Abschlagszahlung auf eine Zuwendung über DM 250.000,-- zu den Betriebskosten des Rettungsdienstes gewährt. Die Zuwendung wurde als Anteilsfinanzierung auf höchstens 20 % der Betriebskosten festgeschrieben. Nach Vorlage des Verwendungsnachweises ergab sich ein Rückforderungsbetrag, der von B durch Bescheid geltend gemacht wurde. – Das *OVG Münster* führte zunächst aus, daß die Klage gegen den Bescheid begründet sei, da nach § 8 IV HaushaltsG die Pflicht zur Rückzahlung einer Zuwendung daran gebunden sei, daß der Zuwendungsbescheid „mit Wirkung für die Vergangenheit widerrufen, zurückgenommen oder infolge des Eintritts einer auflösenden Bedingung unwirksam" geworden sei. Daran fehle es, da der Grundbescheid weiterhin Bestand habe. Insbesondere könne in der Aufforderung zur Rückzahlung einer Zuwendung nicht ohne weiteres auch eine Aufhebung des zugrundeliegenden Zuwendungsbescheides gesehen werden (str., vgl. *BVerwG*, RiA 1969, 140; DÖD 1966, 55). Die Zuwendungsbescheide seien auch nicht nur vorläufige Verwaltungsakte mit der Folge, daß K nach Beendigung ihrer Geltungsdauer zur Zurückzahlung eines zuviel erhaltenen Betrages ohne weiteres verpflichtet wäre. Der vorläufige Verwaltungsakt sei ein Verwaltungsakt mit inhaltlich begrenzter Regelungswirkung. Ein Verwaltungsakt, der einen nur vorläufigen Inhalt haben solle, müsse deshalb ausdrücklich oder in sonst eindeutiger Weise als nur vorläufige Regelung gekennzeichnet sein. Dies werde in § 37 I VwVfG NW vorausgesetzt und sei auch mit Blick auf den Vertrauensschutz des Adressaten unverzichtbar. Falle nämlich die endgültige Entscheidung negativ aus, so ende der Rechtsgrund für das Behaltendürfen der Zuwendung dementsprechend nicht wegen des negativen Inhalts der endgültigen Entscheidung, sondern allein deswegen, weil mit dem Erlaß der endgültigen Entscheidung die Regelungswirkung der vorläufigen Entscheidung erschöpft sei. U. a. darin liege auch ein bedeutsamer Unterschied zu einem mit Widerrufsvorbehalt versehenen Verwaltungsakt (*OVG Münster*, DVBl. 1991, 1365 – *„vorläufiger Verwaltungsakt"*).

> **Merke:** Von vorläufigen Regelungen sind Teilregelungen (Teilgenehmigungen, Vorbescheide) zu unterscheiden. Auch insoweit handelt es sich um Verwaltungsakte; sie sind meist Ausprägung gestufter Genehmigungsverfahren.   54

Teilentscheidungen setzen die Teilbarkeit der Genehmigung voraus und ergehen aufgrund eines vorläufigen positiven Gesamturteils (dazu *BVerwG* NVwZ 1988, 536; 1993, 578; *BVerwGE* 96, 136). Sie stehen unter dem doppelten Vorbehalt der Änderung der Sach- oder Rechtslage, nämlich der Prüfung im Detail einerseits und – gegebenenfalls – der Entwicklung des Standes von Wissenschaft und Technik andererseits (*W/B/S* I, § 45 Rn. 62; *Schenke*, DÖV 1990, 489).   55

Beispiele:

❏ Nach Art. 82 BayBauO kann vor Einreichung des Bauantrags auf schriftlichen Antrag   56
des Bauherrn zu einzelnen in der Baugenehmigung zu entscheidenden Fragen vorweg ein schriftlicher Bescheid (Vorbescheid) erteilt werden. Der Vorbescheid gilt grundsätzlich drei Jahre. Er ist begrifflich die verbindliche hoheitliche, aber befristete, schriftliche Erklärung der Bauaufsichtsbehörde, daß einem Vorhaben in bestimmter Hinsicht nach dem zur Zeit der Entscheidung geltenden öffentlichen Recht keine öffentlich-rechtlichen Hindernisse entgegenstehen. Der Vorbescheid ist eine Vorwegentscheidung eines Teils der Baugenehmigung; er erlaubt aber nicht die Ausführung des Vorhabens (*BVerwGE* 48, 242). Vor Erteilung der Baugenehmigung wird im Rahmen des Vorbescheides über Teilfragen entschieden, wie z. B. über die bauplanungsrechtliche oder bodenrechtliche Zulässigkeit, über die Gestaltung der Dachform, über die Zahl der Stellplätze für Kraftfahrzeuge oder über die Wasserversorgung oder Abwasserbeseitigung.

❏ Vom Vorbescheid ist die Teilbaugenehmigung nach Art. 83 BayBauO zu unterscheiden. Ist   57
ein Bauantrag eingereicht, so können die Bauarbeiten für die Baugrube und für einzelne Bauteile oder Bauabschnitte auf schriftlichen Antrag schon vor der Baugenehmigung schriftlich gestattet werden. Die Teilbaugenehmigung ist eine Baugenehmigung besonderer Art für einen bestimmten Teil eines Vorhabens. Sie gestattet bestimmte Baumaßnahmen allerdings unter dem Vorbehalt, daß noch die – endgültige – Baugenehmigung erteilt wird. Die Teilbaugenehmigung hat mit dem Vorbescheid gemeinsam, daß sie ebenfalls nur einen Teil des Vorhabens betrifft, geht aber insofern weiter, als sie einen Bauantrag voraussetzt und die teilweise Ausführung des Vorhabens im Vorgriff auf die endgültige Baugenehmigung bereits gestattet.

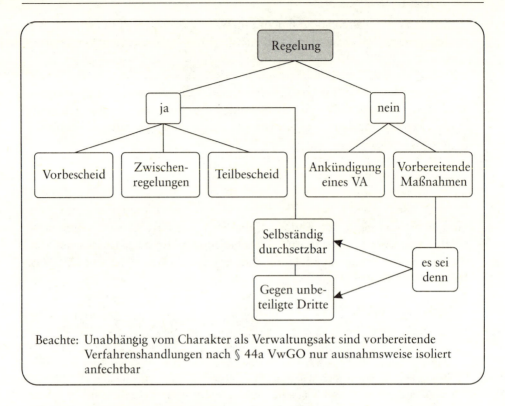

Beachte: Unabhängig vom Charakter als Verwaltungsakt sind vorbereitende
Verfahrenshandlungen nach § 44a VwGO nur ausnahmsweise isoliert
anfechtbar

VI. Begriffsmerkmal „Einzelfall"

58   Die Regelung muß sich auf einen Einzelfall beziehen.

1. Inhalt

59   Der Verwaltungsakt setzt voraus, daß es sich bei der Maßnahme um eine Einzelfallregelung handelt. Das Begriffsmerkmal „Einzelfall" bringt zum Ausdruck,
daß der Verwaltungsakt ein Instrument der Exekutive ist, um die abstrakt-generellen Anordnungen der Gesetze im Vollzug auf den Einzelfall anzuwenden. Der
Verwaltungsakt steht als Einzelfallregelung der Rechtssetzung der Exekutive
durch Verordnung und Satzung gegenüber. Idealtypisch ist er konkret-individuell
auf einen bestimmten Sachverhalt bezogen und an einen bestimmten Adressatenkreis gerichtet. Verordnung und Satzung betreffen demgegenüber als abstrakt-
generelle Regelungen das Verhalten unbestimmt vieler Personen in bezug auf
unbestimmt viele Sachverhaltsverwirklichungen.

2. Abgrenzungsfunktion

60   a) Das Begriffsmerkmal „Einzelfall" grenzt den Verwaltungsakt zur Rechtsnorm
ab. Da auch die Verwaltung Rechtsnormen erlassen kann, und zwar in Form
der Rechtsverordnung (unmittelbare Staatsverwaltung) oder der Satzung
(mittelbare Staatsverwaltung), sind Kriterien erforderlich, mit denen festge-

stellt werden kann, ob es sich beim Verwaltungshandeln um eine Rechtsnorm oder einen Verwaltungsakt handelt.

b) Die Abgrenzungsfrage ist nicht nur von theoretischer Bedeutung, vielmehr **61** führt das Verwaltungshandeln durch Verwaltungsakt oder Rechtsnorm zu ganz unterschiedlichen Rechtsfolgen:

❑ Der fehlerhafte Verwaltungsakt ist grundsätzlich nur anfechtbar (Ausnahme: Nichtigkeit nach § 44 I und II VwVfG), während eine rechtswidrige Rechtsnorm stets nichtig ist.

❑ Der rechtswidrige aber bestandskräftige Verwaltungsakt kann in seinem Verfügungsausspruch durchgesetzt werden, während rechtswidrige und damit nichtige Rechtsnormen nicht beachtet werden müssen.

❑ Der Erlaß von Rechtsnormen ist an strengere Formalien gebunden, als dies für den Erlaß eines Verwaltungsaktes gilt (Grundsatz der Formfreiheit des Verfahrens).

❑ Verwaltungsakte können unmittelbar zur gerichtlichen Überprüfung gestellt werden, während ein unmittelbares Vorgehen gegen Rechtsverordnungen und Satzungen nur nach Maßgabe des § 47 VwGO (abstrakte Normenkontrolle) statthaft ist.

Beispielsfall: Gewerkschaft G beantragte bei dem Arbeitsministerium des Landes X, einen Ausbildungstarifvertrag für allgemeinverbindlich zu erklären. Das Ministerium lehnte den Antrag ab, weil die Allgemeinverbindlicherklärung des Vertrages nicht im öffentlichen Interesse geboten sei. Daraufhin erhebt K Klage vor dem Verwaltungsgericht mit dem Antrag, den Tarifvertrag für allgemeinverbindlich zu erklären. – Bei diesem Rechtsstreit geht es im Kern um die Frage, ob für Klagen auf Erlaß einer untergesetzlichen Rechtsnorm der Verwaltungsrechtsweg eröffnet ist (vgl. auch *BVerwG*, NVwZ 1990, 162). Das *BVerwG* hielt zunächst den Verwaltungsrechtsweg nach § 40 I 1 VwGO für eröffnet. Es handle sich um eine öffentlich-rechtliche Streitigkeit nicht verfassungsrechtlicher Art, die nicht einem anderen Gericht ausdrücklich zugewiesen sei. Insbesondere sei eine verfassungsrechtliche Streitigkeit nicht gegeben, da diese die Auslegung und Anwendung verfassungsrechtlicher Normen voraussetze, also das streitige Rechtsverhältnis entscheidend vom Verfassungsrecht her geformt worden sein müsse. Grundlage des von K verfolgten Anspruchs sei § 5 TVG, eine Norm des einfachen Rechts, nicht des Verfassungsrechts. Die Allgemeinverbindlicherklärung von Tarifverträgen sei ein Akt der Rechtssetzung, der darauf abziele, auch die nicht organisierten Arbeitgeber und Arbeitnehmer, die sog. Außenseiter, den Bestimmungen des Tarifvertrages zu unterwerfen. Im vorliegenden Fall gehe es nicht um den Anspruch auf Erlaß eines förmlichen Gesetzes durch den Bundes- oder Landesgesetzgeber, sondern um einen Anspruch auf Erlaß einer Rechtsnorm im Rang unterhalb des Gesetzes. Die gerichtliche Kontrolle der Exekutive, auch soweit sie rechtssetzend tätig werde, sei Aufgabe der Verwaltungsgerichte. Das *BVerwG* korrigiert dann seine Rechtsprechung im Hinblick auf die verwaltungsgerichtliche Durchsetzung von Rechtsnormen. Es sei zwar richtig, daß Individualansprüche auf oder beim Erlaß von Rechtsnormen wegen der Eigenart der rechtssetzenden Tätigkeit des Staates im allgemeinen nicht bestünden. Sie seien aber nicht schlechthin undenkbar. Dies zeige sich gerade am Beispiel der Allgemeinverbindlicherklärung von Tarifverträgen. Die Vorstellung, daß der Erlaß von Rechtsnormen nicht mit Ansprüchen einzelner Bürger verbunden sei, treffe also nur im Grundsatz zu. Das bedeute, daß auch die Möglichkeiten, einen derartigen Anspruch auf dem Rechtsweg durchzusetzen, nicht von vornherein ausgeschlossen werden könne. Vielmehr sei für ein solches Klagebegehren unter den Voraussetzungen des § 40 I 1 VwGO der Rechtsweg zu den Verwaltungsgerichten eröffnet. Soweit sich im Einzelfall feststellen lasse, daß der Bürger Rechte im Hinblick auf den Erlaß von Rechtsnormen durch die Exekutive habe, stehe ihm nach Art. 19 IV GG zur Durchsetzung seiner Rechte der Rechtsweg offen. Insbesondere ergebe sich auch nicht aus § 47 VwGO eine andere Beurteilung. Aus dem System des verwaltungsgerichtlichen Rechtsschutzes könne nämlich nicht entnommen werden, daß außerhalb des § 47 VwGO die Überprüfung von Rechtssetzungsakten ausgeschlossen sein solle (*BVerwG*, NJW 1989, 1495 – *„Allgemeinverbindlicherklärung"*).

62 c) Für die Abgrenzung, ob es sich um eine Einzelfallregelung oder um eine Rechtsnorm handelt, sind zwei Ausgangslagen zu unterscheiden:

- ❏ Die formelle Abgrenzung knüpft an dem von der Verwaltung in Anspruch genommenen Verwaltungshandeln an. Die eindeutige äußere Gestaltung des Verwaltungshandelns bestimmt die rechtliche Einordnung der Maßnahme als Einzelfallregelung oder Rechtsnorm.
- ❏ Im übrigen ist auf den Inhalt der Maßnahme abzustellen. Ob die Regelung eines Einzelfalles vorliegt, bestimmt sich nach den Kriterien des geregelten Falles und der betroffenen Adressaten.

3. Formelle Abgrenzung

63 a) Gibt die Behörde eindeutig zu erkennen, in der Form eines Verwaltungsaktes handeln zu wollen, so ist ohne Rücksicht auf den Inhalt der Maßnahme von einem Verwaltungsakt auszugehen (h. M. BVerwGE 18, 5; *W/B/S I*, § 45 Rn. 80; a. A. *Schenke*, NVwZ 1990, 1009, der auf den Inhalt der Maßnahme abhebt; vgl. dazu § 8 Rn. 31).

64 b) Kleidet die Verwaltung eine Einzelfallregelung in die Form einer Rechtsnorm (Rechtsverordnung oder Satzung), so bestimmt die äußere Form auch in diesem Fall die Handlungsform. Die Maßnahme bleibt trotz konkret individueller Regelung kraft ihrer gewählten Form Rechtssatz (h. M. *Kopp*, VwGO, § 47 Rn. 13; *Schweickhardt*, Rn. 353, *VGH Ba-Wü*, VBlBW 1970, 78).

c) Von der formal-rechtlichen Einordnung der Maßnahme zu unterscheiden sind 65
die rechtlichen Konsequenzen, die sich aus der fehlerhaften Auswahl der
Handlungsform ergeben. Zur Divergenz von Form und Inhalt des Verwaltungshandelns lassen sich folgende Grundsätze zusammenfassen:

- ❏ Der Rechtsschutz bestimmt sich nach der gewählten Handlungsform. Dies
bedeutet, daß gegen formelle Verwaltungsakte die Rechtsschutzmöglich-
keiten gegeben sind, die generell bei Verwaltungsakten gelten (v. a. Ver-
pflichtungs-/Anfechtungsklage). Im Hinblick auf das formelle Rechts-
normhandeln kommt ein Vorgehen nach § 47 VwGO ggf. nach § 43
VwGO in Betracht.

- ❏ Handelt die Verwaltung formal durch Rechtsnorm, wird vielfach die entsprechende Ermächtigungsgrundlage fehlen mit der Folge der Nichtigkeit.

- ❏ Wird eine abstrakt-generelle Anordnung in der Form eines VA erlassen, so
dürfte in aller Regel Nichtigkeit in diesem Falle nach § 44 I VwVfG gegeben
sein. Dabei ist zusätzlich zu berücksichtigen, daß nach § 35, 1 VwVfG der
Verwaltungsakt inhaltlich als Einzelfall und gerade nicht als abstrakt-genereller Fall definiert ist (abw. *Schenke*, VerwArch. Bd. 72 (1981), 185 –
lesenswert!).

4. Materiell-rechtliche Abgrenzung

a) Ob es sich um eine Einzelfallregelung oder um eine Rechtsnorm handelt, 66
bestimmt sich nach h. M. an Hand von zwei materiellen Abgrenzungskriterien. Die inhaltliche Abgrenzung der Einzelfallregelung wird vorgenommen

- ❏ auf der Grundlage des geregelten Falles
Bei diesem Kriterium wird danach differenziert, ob es sich um eine konkrete Regelung, d. h. um einen bestimmten Fall, oder um eine abstrakte Regelung, d. h. um eine unbestimmte Vielzahl von Fällen handelt. Die abstarkte
Regelung läßt sich grundsätzlich daran erkennen, daß man sie in die Form
kleiden kann: „jedesmal wenn..., dann".

- ❏ auf der Grundlage des betroffenen Adressatenkreises
Bei diesem Kriterium wird danach unterschieden, ob sich die Maßnahme
individuell, d. h. an eine bestimmte Zahl von Adressaten richtet oder ob sie
generell angelegt ist, d. h. die Adressaten zahlenmäßig unbestimmt sind.

  Aus diesen zwei Kriterien lassen sich vier Kombinationen bilden, die nach
  den Handlungsformen Rechtsnorm oder Verwaltungsakt abzugrenzen
  sind.

> **Merke:** Die Rechtsnorm enthält typischerweise eine abstrakte und generel-
> le Regelung, während für den Verwaltungsakt die konkrete und individu-
> elle, also auf den Einzelfall gerichtete Regelung charakteristisch ist.

			geregelter Fall	
			abstrakt	**konkret**
			ungewiß, ob und wie häufig Fall eintritt	gewiß, daß Fall nur einmalig
betroffene Adressaten	generell	Personen zahlenmäßig unbestimmt	Rechtsnorm (Rechtsverordnung/ Satzung)	Verwaltungsakt als Allgemeinverfügung § 35 S. 2 VwVfG
	individuell	Personen zahlenmäßig bestimmt	Verwaltungsakt OVG NRW OVGE 16, 289 - Kühlturmfall -	Verwaltungsakt § 35 S. 1 VwVfG

67 b) Nach h. M. ist für die Abgrenzung zwischen Verwaltungsakt und Rechtsnorm sowohl auf den geregelten Sachverhalt, als auch auf den Adressatenkreis abzustellen (*BVerwGE* 12, 89; *Stelkens*, VwVfG, § 35 Rn. 69; *Maurer*, Allg. VerwR, § 9 Rn. 14).

Demgegenüber vertritt *Stober (W/B/S I*, § 45 Rn. 76) die Auffassung, für die Unterscheidung von Rechtssätzen und Verwaltungsakten komme es lediglich auf die Konkretheit der Regelung an, d. h. auf ihre Bezogenheit auf einen einzelnen oder mehrere bestimmte Sachverhalte (Konkretisierungsfunktion). *Stober* weist zur Begründung u. a. auf § 35 S. 2 VwVfG hin, der Allgemeinverfügungen in den Verwaltungsaktsbegriff einbeziehe. Es mag sein, daß im Hinblick auf die Verwaltungsaktsdefinition der Adressatenkreis seine eigenständige Bedeutung weitgehend verloren hat, auf der anderen Seite ist aber für die Einordnung einer Maßnahme als Rechtsnorm regelmäßige Voraussetzung, daß es sich um eine generelle, d. h. an eine unbestimmte Vielzahl von Adressaten gerichtete Maßnahme handelt.

Schließlich wird allein auf die Individualität des Adressatenkreises abgestellt (*Obermayer*, NJW 1980, 2387; *Vogel*, BayVBl. 1977, 620), eine Auffassung, die schwerlich mit § 35 S. 2 VwVfG in Einklang zu bringen ist.

68 c) Bei der **konkret individuellen Regelung** handelt es sich, soweit die weiteren Begriffsmerkmale des Verwaltungsaktes vorliegen, stets um einen Verwaltungsakt.

Beispiele: Die zuständige Baubehörde ordnet den Abbruch eines Gebäudes an; die Enteignungsbehörde entzieht dem X Grundstückseigentum zum Zwecke des Straßenbaus; die Gesundheitsbehörde ordnet die Tötung von Rindern wegen BSE-Verdachts an; die Straßenverkehrsbehörde entzieht K wegen fehlender Eignung die Fahrerlaubnis; das Landessozialamt bewilligt der Arbeitsloseninitiative A einen Zuschuß über DM 10.000,-- zu den Fachpersonalkosten; das Arbeitsamt A bewilligt dem arbeitslosen L Arbeitslosenhilfe.

d) Die **abstrakt-generelle Regelung** ist stets Rechtsnorm, soweit sie Außenwirkung 69 entfaltet.

Beispiele: Die Gemeinde G erläßt eine Satzung, wonach sämtliche Eigentümer von Zweitwohnungen jährlich eine näher bemessene Zweitwohnungssteuer zu bezahlen haben.

e) **Abstrakt-individuelle Regelungen** werden ebenfalls als Verwaltungsakte ange- 70 sehen. Sofern sich eine Verfügung gegen einen individuell bestimmten Adressaten richtet, soll es nicht darauf ankommen, ob von ihm ein einmaliges oder mehrmaliges Verhalten gefordert wird.

Beispiel: Die zuständige Wasserbehörde gibt dem Inhaber des Gewerbebetriebes G durch Bescheid auf, die Einleitung von Kühlwasser in einen Fluß immer dann einzustellen, wenn die Wassertemperatur des Flusses einen gewissen Grenzwert übersteigt. Die ganz h. M. qualifiziert abstrakt individuelle Regelungen als Verwaltungsakt. Letztlich werden hierfür Praktikabilitätsgründe angeführt. Anderenfalls wäre nämlich im Hinblick auf die einzelne Person eine Rechtsnorm mit Beachtung der Verfahrensvorgaben zu erlassen, mit der Folge, daß das formalisierte Rechtssetzungsverfahren vielfach ein schnelles Handeln der Behörde unmöglich machen würde. Dazu kommt, daß aus der Einordnung der abstrakt-individuellen Maßnahme als Verwaltungsakt dem Bürger kein Rechtsschutznachteil entsteht (vgl. auch *Maurer*, Allg. VerwR, § 9 Rn. 20; *Erichsen*, Allg. VerwR, § 11 Rn. 45).

5. Die Allgemeinverfügung

a) Vor Erlaß des VwVfG haben die konkret-generellen Maßnahmen zahlreiche 71 Zweifelsfragen aufgeworfen. Die Allgemeinverfügung ist nunmehr in § 35 S. 2 VwVfG gesetzlich geregelt. Der Gesetzgeber hat verbindlich festgelegt, daß Allgemeinverfügungen Verwaltungsakte sind. Richtet sich eine konkrete Regelung an einen generellen Adressatenkreis, so ist unter den Voraussetzungen des § 35 S. 2 VwVfG das Merkmal des Einzelfalles bedeutungslos. Die Voraussetzungen des § 35 S. 2 VwVfG ersetzen das Merkmal Einzelfall. Sofern die übrigen Begriffsmerkmale des Verwaltungsaktes ebenfalls gegeben sind, liegt eine Allgemeinverfügung als Spezialfall eines Verwaltunsgaktes vor. § 35 S. 2 VwVfG unterscheidet drei Arten von Allgemeinverfügungen:

❑ Adressatenbezogene Allgemeinverfügung
❑ Sachbezogene (dingliche) Allgemeinverfügung
❑ Benutzungsregelnde Allgemeinverfügung.

Für den Erlaß von derartigen Allgemeinverfügungen hat der Gesetzgeber den 72 Behörden verfahrensrechtliche Erleichterungen gegenüber dem Erlaß sonstiger Verwaltungsakte eingeräumt. So kann die Behörde von der Anhörung der Beteiligten (§ 28 II Nr. 4 VwVfG) und bei einer öffentlich bekanntgegebenen Allgemeinverfügung von einer Begründung absehen (§ 39 II Nr. 5 VwVfG). Statt einer individuellen Bekanntgabe an den Beteiligten genügt eine öffentliche Bekanntgabe (§ 41 III 2 VwVfG). Trotz der gesetzlichen Regelung bleiben noch zahlreiche Abgrenzungsfragen offen (*Schweickhardt*, Rn. 342; *Stelkens*, VwVfG, § 35 Rn. 165 ff.).

73 b) Die sog. **adressatenbezogene Allgemeinverfügung** nach § 35 S. 2, 1. Alt. VwVfG betrifft eine Regelung, die sich an einen nach allgemeinen Merkmalen bestimmten oder bestimmbaren Personenkreis richtet. Die Einzelfallregelung in dieser Alternative ist denkbar als Bündel von Einzelverfügungen gerichtet an eine Vielzahl von Adressaten, durch die eine Vielzahl von Einzelfällen geregelt wird. Beispiele dafür sind die Verfügungen an die Anwohner einer Straße, den Schnee zu räumen oder ein Ausschankverbot an Gastwirte in einem bestimmten öffentlichen Bereich nach § 19 GastG.

Ferner erfaßt diese Form der Allgemeinverfügung auch Fälle eines noch nicht feststehenden Adressatenkreises, wie dies z. B. bei einem präventiven Demonstrationsverbot der Fall ist (*Stelkens*, VwVfG, § 35 Rn. 168). Nach „allgemeinen Merkmalen bestimmbar" ist der Personenkreis, wenn er der Behörde zwar bei Erlaß der Maßnahme noch nicht bekannt ist, aber in diesem Zeitpunkt bereits objektiv feststeht und die Behörde die Möglichkeit hat, ihn festzustellen. Dies zeigt sich an den vorgenannten Beispielen der „Sammelverfügung" an Straßenanwohner ebenso wie im Fall des präventiven Demonstrationsverbotes. Entscheidend ist, daß sich der Personenkreis, an den sich der Verwaltungsakt richtet, nach allgemeinen Merkmalen bestimmt werden kann. Der Personenkreis braucht demgegenüber nicht konkret feststellbar zu sein, vielmehr genügt es, wenn der Personenkreis gattungsmäßig abgegrenzt wird (*W/B/S* I, § 45 Rn. 78). Die gattungsmäßige Umschreibung ergibt sich in der Regel aus dem konkreten Ereignis, das Anlaß zur Regelung bietet.

74 Zum Teil wird einschränkend darauf abgehoben, daß die Bestimmbarkeit bereits im Zeitpunkt des Erlasses der Maßnahme gegeben, somit der Adressatenkreis abschließend feststellbar sein müsse. Insbesondere dürfe er sich in der Zukunft nicht mehr verändern (*Kopp*, VwVfG, § 35 Rn. 64). Mit der h. M. ist jedoch davon auszugehen, daß von der Allgemeinverfügung nach § 35 S. 2, Alt. 1 VwVfG auch solche Adressaten erfaßt werden sollen, die erst zukünftig in den Anordnungsbereich der Allgemeinverfügung gelangen, jedenfalls soweit es sich insoweit um keine quantitativ wesentliche Erweiterung des Adressatenkreises handelt. Es genügt, daß zum Zeitpunkt des Erlasses der Maßnahme überschaubar ist, welcher Adressatenkreis von der Allgemeinverfügung erfaßt werden wird (*Knack*, VwVfG, § 35 Rn. 4.3.1. 3.1; *Schweickhardt*, Rn. 347; *Erichsen*, Allg. VerwR, § 11 Rn. 47).

Beispielsfall: Ende Dezember 1952 traten im Raum Stuttgart epidemische Typhuserkrankungen auf. Man kam zum Ergebnis, daß mit größter Wahrscheinlichkeit Endiviensalat die Infektionsquelle sei. Im Anschluß an eine Krisensitzung, an der der Oberbürgermeister sowie ein Vertreter des zuständigen Innenministeriums teilnahmen, wurde eine Pressekonferenz abgehalten, in der bekanntgegeben wurde, die Gesundheitsabteilung des Innenministeriums habe von sofort an den Einzelhandel mit Endiviensalat verboten. Diese Nachricht wurde dann im süddeutschen Rundfunk sowie in der regionalen Presse bekanntgemacht. Einzelhändler K beantragte vor dem Verwaltungsgericht die Feststellung, daß das erlassene Verbot unzulässig gewesen sei, da es sich um eine Rechtsnorm gehandelt habe. – Demgegenüber führte das *BVerwG* aus, daß das Verkaufsverbot keine abstrakten Anweisungen enthalten habe, sondern einen Einzelfall des öffentlichen Rechts. Gegenstand des Verkaufs-verbotes sei ein einzelnes Vorkommnis, nämlich die konkrete Seuchenge-fahr, gewesen, in deren Regelung sich die Maßnahme erschöpft habe. Die Maßnahme habe ihr Gepräge durch die Fürsorge für die befallen Bezirke erhalten. Das Verkaufsverbot habe zwar bereits jetzt auch Einzelhändlern in noch nicht betroffenen Bezirken den Handel untersagt. Dem liege jedoch nicht nur ein „gedachter Fall" zugrunde, wie er für eine Rechtsnorm charakteri-stisch und erforderlich sei, vielmehr sei eine spezielle Typhusepedemie bereits im Anzug gewesen. Gegen die Annahme einer Rechtsnorm habe schließlich auch die Erwägung gesprochen, daß es sich um eine polizeiliche Maßnahme gehandelt habe. Als Rechtsnorm könnte das Verkaufsverbot nur eine Polizei-verordnung sein. Polizeiverordnungen dienten aber der Abwehr abstrakter Gefahren. Die Abwehr einer konkreten Gefahr geschehe üblicherweise im Wege der polizeilichen Verfügung. Das Verkaufsverbot sei als Verwaltungsakt anzusehen. Dieses sei auch vom Innenministerium erlassen worden, weil der erklärte Wille nach allgemeinen gesetzlichen Auslegungsregeln (§§ 133, 157 BGB) dem zuständigen Ministerium zuzurechnen sei (*BVerwGE* 12, 87 – „En-diviensalat").

> **Merke:** Legt einer der von der Allgemeinverfügung betroffenen Adressa-ten Widerspruch ein, wirkt der Suspensiveffekt nur zu seinen Gunsten (*Stelkens*, VwVfG, § 35 Rn. 168).

c) Die **sachbezogene (dingliche) Allgemeinverfügung** nach § 35 S. 2, 2. Alt. VwVfG 75 betrifft Fälle, in denen die Behörde einer Sache öffentlich-rechtliche Eigen-schaften verleiht, diese entzieht oder ändert oder auf andere Weise öffentlich-rechtlichen Bindungen unterwirft (*Stelkens*, VwVfG, § 35 Rn. 170). Die Sach-bezogenheit eines derartigen Verwaltungsaktes liegt jedoch nur dann vor, wenn auf den sachenrechtlichen Zustand der Sache ändernd eingewirkt wird. Maßnahmen, die sich unterhalb dieser Schwelle bewegen, wie z. B. die Ertei-lung einer Baugenehmigung, betreffen zwar die Nutzungsmöglichkeit des Grundstückes, stellen aber keine sachenrechtlichen Zustandsänderungen der Baufläche dar. Die gesetzliche Regelung stellt sicher, daß diese Maßnahme, die sich bei ihrem Erlaß an einen völlig unbestimmbaren Adressatenkreis wendet, Verwaltungsakt ist. Maßgebend ist bei der dinglichen Allgemeinverfügung somit ausschließlich die Konkretheit des geregelten Falles.

Beispielsfall: K ist Anwohner einer Straße, die früher Heine-Straße hieß. Da es in einem anderen Stadtbezirk eine gleichnamige Straße gab, beschloß die Be-zirksvertretung eine Umbenennung in Oscar-Wilde-Straße. Der Beschluß wurde im Amtsblatt der Stadt K veröffentlicht. K erhob Anfechtungsklage gegen die Umbenennung. Hat er Erfolg? – Der Beschluß der Bezirksvertretung ist als Verwaltungsakt anzusehen, der nach § 42 I VwGO im Wege der Anfechtungsklage angreifbar ist. Die Benennung bzw. Umbenennung einer gemeindlichen Straße enthält zwar weder ein Ge- oder Verbot, noch ist sie auf die Änderung der Rechtsstellung einzelner Personen gerichtet. Mit dem Straßennamen wird jedoch die für die Verkehrs- und Erschließungsfunktion wesentliche ordnungsrechtlich bedeutsame Eigenschaft der Straße festgelegt. Nach Auffassung des *OVG Münster* handelt es sich bei der Umbenennung der Straße um eine Allgemeinverfügung nach § 35 S. 2, 2. Alt. VwVfG NRW. Die Klage war jedoch wegen fehlender Klagebefugnis nach § 42 II VwGO als unzulässig abzuweisen; es war nicht erkennbar, daß durch die Umbenennung der Straße der Kläger in seinen Rechten verletzt sein könnte. Als adressatlose, sachbezogene Allgemeinverfügung war der Verwaltungsakt nicht an K gerichtet. Die Anfechtungsklage des Nichtadressaten („Dritten") ist mangels unmittelbarer Rechtsbetroffenheit nur dann zulässig, wenn die Behörde Grundrechte des K oder eine einfachgesetzliche Norm verletzt hat, die den K als Teil eines normativ hinreichend deutlich abgegrenzten Personenkreises gerade auch vor dem betreffenden rechtswidrigen Verwaltungsakt schützen will. Als solche drittschützende Normen kommen sowohl zwingende Rechtssätze als auch solche in Betracht, die der Behörde ein Ermessen einräumen. Immer ist jedoch erforderlich, daß sich der jeweilige „Adressat" auf die Verletzung eines Rechtssatzes berufen kann, der jedenfalls auch dem Schutz seiner Individualinteressen dient und ihm damit ein subjektiv-öffentliches Recht auf seine Beachtung gewährt. Das *OVG Münster* hat ausgeführt, daß ein derartiger drittschützender Rechtssatz nicht vorlag. Insbesondere seien die Regeln zur Aufhebung begünstigender Verwaltungsakte nicht heranzuziehen. Da die Zuteilung eines Straßennamens weder ein Recht noch einen rechtlich erheblichen Vorteil der Anlieger begründe, könnten diese Vorschriften keine Anwendung finden. Der Straßenname gehöre auch nicht zum verfassungsrechtlich geschützten Bestandteil des Grundeigentums. Sonstige einfachgesetzliche Vorschriften, denen ein verletztes Recht des K entnommen werden könnte, seien ebenfalls nicht vorhanden. Dies gelte auch im Hinblick auf die Verwaltungsvorschrift „Grundsätze für die Straßenneu- und -umbenennung". Zwar könnten ermessenslenkende Verwaltungsvorschriften trotz ihrer nur verwaltungsinternen Geltung mittelbar auf das Außenverhältnis einwirken, sofern ein Verstoß des Gleichheitssatzes nach Art. 3 I GG vorliege. Da jedoch die mittelbare Außenwirkung einer Verwaltungsvorschrift nicht weiterreichen könne, als die unmittebare Außenwirkung eines Rechtssatzes mit gleichem Inhalt, könne ein subjektiv-öffentliches Recht des K nicht tangiert sein, vielmehr dienten die Grundsätze lediglich der Umsetzung des öffentlichen Interesses (*OVG Münster*, NJW 1987, 2695 – *„dinglicher Verwaltungsakt"*).

76 **Beispiele** für dingliche Allgemeinverfügungen sind die Widmung, Entwidmung, Umstufung einer Straße für den öffentlichen Verkehr (*VGH Kassel*, NVwZ-RR 1990, 457; *VGH*

Ba-Wü, NVwZ 1992, 196), die Schutzbereichsanordnung nach § 2 SchutzbereichsG (*BVerwGE* 70, 77) oder die Eingemeindung eines bisher gemeindefreien Forstes (*W/B/S* I, § 45 Rn. 90; a. A. *OVG Lüneburg*, DÖV 1963, 150). Man wird auch Pläne (Planfeststellungsbeschlüsse) grundsätzlich als dingliche Allgemeinverfügungen anzusehen haben, weil sie rechtsgestaltende Zustandsregelungen öffentlicher Sachen enthalten (*Schweickhardt*, Rn. 349).

d) Die **benutzungsregelnde Allgemeinverfügung** nach § 35 S. 2, 3. Alt. VwVfG 77 betrifft zwar wie die dingliche Allgemeinverfügung auch eine konkrete Sache, verändert aber nicht deren sachenrechtlichen Zustand, sondern regelt unmittelbar deren Benutzung. Wegen der Unbestimmtheit des Benutzerkreises wäre auch hier ohne die gesetzliche Sonderregelung des § 35 S. 2 VwVfG der Verwaltungsaktscharakter zweifelhaft.

Zu den benutzungsregelnden Allgemeinverfügungen gehören Verkehrszeichen 78 nach §§ 41, 42 StVO (nicht die bloßen Gefahrzeichen nach § 40 StVO). Die Regelung des § 35 S. 2 VwVfG hat damit den langen Streit über die Einordnung der Verkehrszeichen als Rechtsverordnung oder Allgemeinverfügung im Sinne der h. M. entschieden (vgl. *BVerwG*, DÖV 1980, 308 einerseits und *VGH Bay*, NJW 1978, 1988 andererseits).

Ordnet man die Verkehrszeichen als Verwaltungsakte ein, so könnte der Widerspruch des Verkehrsteilnehmers grundsätzlich mit einer aufschiebenden Wirkung verbunden sein. Die h. M. weist allerdings darauf hin, daß Verkehrszeichen wegen der Funktionsgleichheit mit Verfügungen von Polizeivollzugsbeamten § 80 II Nr. 2 VwGO analog unterworfen seien, mit der Folge, daß der Verkehrsteilnehmer trotz Widerspruchs zur Beachtung des Verkehrszeichens verpflichtet bleibe (*BVerwG*, DVBl. 1978, 538).

e) Umstritten ist die **Rechtsnatur des „Smog-Alarms"**, der in Ausführung sog. 79 „Landessmog-Verordnungen" ausgelöst wird, die ihrerseits auf der Grundlage der Ermächtigung in §§ 40 I bzw. 49 II BImSchG ergangen sind. Voraussetzung für das Wirksamwerden der in den Landessmog-Verordnungen vorgesehenen Verkehrs- und Betriebsbeschränkungen ist die Bekanntgabe des Vorliegens einer „austauscharmen Wetterlage", wobei die Verkehrsbeschränkungen nur für die Gebiete wirksam werden, die vorher durch entsprechende Verkehrszeichen gekennzeichnet worden sind.

Die rechtliche Qualität der Bekanntgabe der „austauscharmen Wetterlage" durch die hierfür zuständige Behörde ist noch nicht abschließend geklärt. Einigkeit besteht jedenfalls darüber, daß die Bekanntgabe Wirksamkeitsvoraussetzung für den Eintritt der in der Rechtsverordnung vorgeschriebenen Rechtsfolgen ist. Zur rechtlichen Qualifizierung werden vor allem drei Auffassungen vertreten:

❏ *Hansmann* (*L/R*, § 40 BImSchG, Rn. 28) sieht in der Bekanntgabe lediglich eine „Rechtstatsache" (wohl besser Realakt), da die Bekanntgabe keine Regelung enthalte. Dem ist jedoch entgegenzuhalten, daß die smogbedingten Pflichten nicht bereits mit dem Eintritt der austauscharmen Wetterlage, sondern erst mit deren Bekanntgabe entstehen. Diese Bekanntgabe enthält eine eigenständige, die Smog-Verordnung konkretisiernde Regelung.

❑ *Ehlers* (DVBl. 1987, 972) sieht in der Bekanntgabe des Smogalarms eine Rechtsverordnung. Dem Hinweis auf den nicht überschaubaren Adressatenkreis ist jedoch entgegenzuhalten, daß die benutzungsregelnde Allgemeinverfügung sich gerade an die Allgemeinheit richtet. Auch der Zweck der Einordnung dieses Typs der Allgemeinverfügung unter den Verwaltungsaktsbegriff, nämlich kurzfristig und flexibel handeln zu können, spricht gegen den Gesetzescharakter der Bekanntgabe des Smogalarms.

❑ *Jarass* (NVwZ 1987, 95) sieht in der Bekanntgabe des Smogalarms einen Verwaltungsakt. Dafür spricht, daß die Behörde aufgrund einer Gesamtwürdigung unterschiedlichster Daten eine Prognoseentscheidung treffen muß, somit die Smogverordnung auf der Grundlage dieser wertenden Entscheidung zu konkretisieren hat. Für eine benutzungsregelnde Allgemeinverfügung spricht des weiteren die kurze Zeitdauer des Smogalarms und seine räumliche Begrenzung. Probleme hinsichtlich der aufschiebenden Wirkung lassen sich durch analoge Anwendung des § 80 II Nr. 2 VwGO lösen (so auch *Jacobs*, NVwZ 1987, 105).

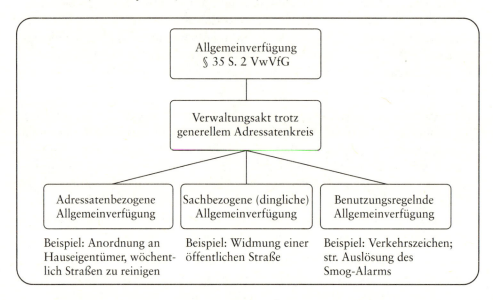

VII. Begriffsmerkmal „auf unmittelbare Rechtswirkung nach außen gerichtet"

Die Regelung muß, um als Verwaltungsakt zu gelten, auf unmittelbare Rechtswirkung nach außen gerichtet sein.

1. Inhalt

Das Begriffsmerkmal der Außenwirkung bezieht sich auf den „Wirkungsort" der 80
Maßnahme. Nur Maßnahmen mit Rechtswirkungen außerhalb der Behörde können Verwaltungsakt sein. Einer hoheitlichen Maßnahme kommt Außenwirkung
zu, wenn sie nach ihrem objektiven Sinngehalt des Verfügungssatzes dazu bestimmt ist, Außenwirkung zu entfalten. Es ist nicht entscheidend, wie sich die
Maßnahme im Einzelfall auswirkt; maßgebend ist allein die intendierte Rechtswirkung nach außen (*Knack*, VwVfG, § 35 Rn. 4.5.1). Außenwirkung im Sinne
des Verwaltungsaktsbegriffes ist auch nicht jede direkte Folge hoheitlichen Handelns, vielmehr ist erforderlich, daß es sich um eine unmittelbare, nämlich gezielte
Rechtswirkung handelt. In dem Erfordernis der unmittelbaren Außenrechtswirkung sind somit zwei Aspekte enthalten: Die Wirkung muß im sog. Außenverhältnis auftreten, also bei Privatrechtssubjekten oder bei einem anderen Rechtsträger des öffentlichen Rechts. Diese „Außenwirkung" darf aber nicht nur
tatsächlich feststellbar sein, sondern sie muß von der Regelung intendiert sein
(*BVerwG*, NJW 1981, 67).

Beispielsfall: K ist Kreisoberamtsrat im Dienste des beklagten Landkreises. Seit 1973
war er Arbeitsgruppenleiter im Sachgebiet Zivil- und Katastrophenschutz. Im Januar
1974 setzte der Beklagte den Kläger durch Verfügung zur Abteilung Lastenausgleich
um. Den vom Kläger erhobenen Widerspruch wies er mit der Begründung zurück,
die Umsetzung sei kein Verwaltungsakt, sondern eine nicht anfechtbare innerdienstliche Weisung. Hierauf hat K Klage vor dem Verwaltungsgericht erhoben. – Die
Umsetzung betrifft zunächst eine öffentlich-rechtliche Streitigkeit, weil sie auf der
Grundlage beamtenrechtlicher Regelungen erfolgt. Die Zulässigkeit der Anfechtungsklage würde jedoch voraussetzen, daß es sich bei der angefochtenen Maßnahme
um einen Verwaltungsakt handelt (§ 42 I VwGO). Das *BVerwG* führt aus, daß eine
hoheitliche Regelung nur dann Verwaltungsaktscharakter habe, wenn ihr rechtliche
Außenwirkung zukomme. Die unmittelbare rechtliche Außenwirkung einer Regelung sei unverzichtbare Voraussetzung ihrer Eigenschaft als Verwaltungsakt. Dieses
Begriffsmerkmal schließe es aus, Maßnahmen mit nur mittelbaren Außenwirkungen
eine derartige Rechtsqualität beizumessen. Ob einer Regelung unmittelbare Außenwirkung in dem dargelegten Sinne zukomme, hänge davon ab, ob sie ihrem objektiven Sinngehalt nach dazu bestimmt sei, Außenwirkung zu entfalten, nicht aber
davon, wie sie sich im Einzelfall tatsächlich auswirke. Dies gehe nicht zuletzt aus dem
Wortlaut des § 35 S. 1 VwVfG hervor, der festlege, daß die Maßnahme auf unmittelbare Rechtswirkung nach „außen gerichtet" sein müsse. Das zu der hoheitlichen Regelung eines Einzelfalles durch eine Verwaltungsbehörde hinzutretende Element der
unmittelbaren Außenwirkung entscheide mithin darüber, ob ein Verwaltungsakt vorliege oder nicht. Durch diese Auswirkung unterscheide sich der Verwaltungsakt von
behördeninternen Maßnahmen, von denen er abzugrenzen sei. Ausgehend von diesen
Erwägungen wurde in der Umsetzung eines Beamten kein Verwaltungsakt gesehen, da
sie nicht den Status des Beamten berühre, sondern lediglich die verwaltungsinterne

Zuweisung eines anderen Dienstpostens betreffe. Ihrem objektiven Sinngehalt nach gehöre die Umsetzung zu den Anordnungen, die die dienstliche Verrichtung eines Beamten beträfen und sich in ihren Auswirkungen auf die organisatorische Einheit beschränkten. Die Unzulässigkeit der Anfechtungsklage mangels Vorliegens eines Verwaltungsaktes schließe jedoch nicht aus, gerichtlichen Rechtsschutz in einer anderen Klageart zu erhalten. Im vorliegenden Fall trage die allgemeine Leistungsklage dem Rechtsschutzbegehren des Klägers Rechnung. Im Rahmen des § 88 VwGO habe das Gericht das im Klageantrag und im gesamten Parteivorbringen zum Ausdruck kommende Rechtsschutzziel zu ermitteln (*BVerwGE* 60, 144 – *„Außenwirkung"*).

2. Abgrenzungsfunktion

81   Das Begriffsmerkmal „Außenwirkung" dient der Abgrenzung des Verwaltungsaktes gegenüber Maßnahmen des „Innenbereichs". Damit knüpft dieses Kriterium an die Differenzierung zwischen „Außenrecht" und „Innenrecht" an (vgl. § 4 Rn. 3). Der Verwaltungsakt gehört zum „Außenrecht".

Im Zusammenhang mit dieser Außenwirkung ergeben sich insbesondere folgende Abgrenzungsrichtungen:

82   ❏ **Rein verwaltungsinterne Maßnahmen**

Rein verwaltungsinterne Maßnahmen wie z. B. innerdienstliche Weisungen verbleiben im verwaltungsinternen Bereich. Sie haben keine Außenwirkung und sind daher keine Verwaltungsakte.

Beispielsfall: Regierungspräsident R weist die ihm nachgeordnete Polizeidienststelle an, Abschleppunternehmer U künftig nicht mehr bei Abschleppaufträgen zu berücksichtigen, da ein Ermittlungsverfahren wegen betrügerischer Abrechnungen eingeleitet sei. U, der daraufhin keine Aufträge mehr erhält, will gegen die Weisung des Regierungspräsidenten vorgehen. Erfolgsaussicht? – Die Weisung des Regierungspräsidenten ist eine innerdienstliche Weisung, von der U unmittelbar nicht betroffen wird. Wohl führt diese Weisung zur Auftragssperre d. h., daß U von Aufträgen ausgeschlossen wird. Ein Vorgehen gegen diese innerdienstliche Weisung im Verwaltungsrechtsweg ist nach *Maurer* (Allg. VerwR, § 9 Rn. 27) nicht gegeben. Da die Auftragsvergabe privatrechtlich zu beurteilen ist (*BGHZ* 36, 96), kann U wegen der Auftragssperre das Zivilgericht anrufen. Ob er einen Anspruch auf Auftragserteilung hat, richtet sich nach den Grundsätzen des Verwaltungsprivatrechts. In diesem Rahmen ist der Anlaß der Auftragssperre rechtlich zu bewerten (*BVerwG*, DÖV 1973, 244 – *„Auftragssperre"*; das *BVerwG* hält ein Vorgehen „regelmäßig" für ausgeschlossen. In Ausnahmefällen – beleidigender oder unrichtiger Inhalt der Weisung – ist ein Vorgehen im Wege der allgemeinen Leistungsklage denkbar (vgl. sogleich). In den „Auftragsfällen" kann dann zusätzlich die Frage des Rechtsschutzbedürfnisses von Bedeutung sein, weil es dem Unternehmen auf den zivilrechtlichen Vertragsabschluß ankommt.

> **Merke:** Zur Begründung der Außenwirkung im Sinne des Verwaltungs-
> aktsbegriffs ist es nicht ausreichend, daß sich die Maßnahme lediglich
> faktisch gegenüber außerhalb der Verwaltung stehenden Personen aus-
> wirkt. Die tatsächliche Außenwirkung muß rechtlich beabsichtigt sein
> (finales Moment).

Gegen verwaltungsbehördliche Maßnahmen ohne Verwaltungsaktsqualität **83**
kann jedoch die allgemeine Leistungsklage in Betracht kommen. Die allgemeine Leistungsklage bezieht sich grundsätzlich auch auf Verwaltungshandeln,
das nicht die Qualität eines Verwaltungsaktes aufweist. Ist die allgemeine
Leistungsklage statthaft, wird die Zulässigkeit meist am Erfordernis scheitern,
daß der Kläger auch im Rahmen dieser Klageart nach h. M. geltend machen
muß, in einem subjektiven Recht verletzt zu sein (§ 42 II VwGO analog). Im
Falle der Umsetzung (vgl. § 8 Rn. 80) wäre die Zulässigkeit der allgemeinen
Leistungsklage zu bejahen, weil K geltend machen kann, durch die Umsetzung
möglicherweise in seiner individuellen Rechtssphäre verletzt zu sein. Eine andere Frage ist allerdings, ob die dann zulässige allgemeine Leistungsklage auch
begründet ist (*BVerwGE* 60, 150).

> **Merke:** Der rein verwaltungsinterne Bereich unterliegt grundsätzlich **84**
> nicht der Kontrolle durch die Gerichte, da interne Vorgänge in aller
> Regel keine eigenen subjektiven Rechte der Betroffenen tangieren
> (*BVerwGE* 43, 222; *OVG Bremen*, NVwZ-RR 1989, 564).

Entfaltet eine verwaltungsinterne Maßnahme faktische Außenwirkung, so ist
anerkannt, daß der Bürger die Möglichkeit haben muß, im Verwaltungsrechtsweg die rechtswidrige Beeinträchtigung seiner Rechte abzuwehren. Im Falle
der faktischen Außenwirkung ist die Klagebefugnis für die allgemeine Leistungsklage zu bejahen.

Beispielsfall: Das Ordnungsamt der Stadt D führt in den Akten einen Ermitt-
lungsbericht, in dem es heißt, daß S in ihrer Umgebung als notorische Beschwerdeführerin bekannt sei. Als S von diesem Bericht Kenntnis erhielt, verlangte sie von D die Bekanntgabe derjenigen Personen, die sie als notorische
Beschwerdeführerin bezeichnet hätten; jedenfalls sollte das kränkende Wert-
urteil aus dem Polizeibericht gestrichen werden. – Das *BVerwG* lehnte ein
Auskunftsrecht ab. Eine allgemeine auf gesetzliche Vorschriften beruhende
Auskunftspflicht der Behörden gegenüber Privatpersonen gebe es nicht, so daß
die Auskunftserteilung in der Regel dem pflichtgemäßen Ermessen der Behörde überlassen bleibe. Bei der Weigerung, die Namen der Informanten bekannt-
zugeben, habe die Beklagte nicht ermessenswidrig gehandelt. Demgegenüber
könne K jedoch die Beseitigung des kränkenden Werturteils aus dem Polizeibericht erreichen. Dies wird letztlich auf die faktische Außenwirkung des verwal-

tungsinternen Polizeiberichts gestützt (*BVerwG*, NJW 1965, 1451 – „*faktische Außenwirkung*").

85 ❑ **Maßnahmen im sog. „besonderen Gewaltverhältnis"**

Die Rechtsfigur des „besonderen Gewaltverhältnisses", das für seinen Anwendungsbereich Maßnahmen dem verwaltungsinternen Bereich zuordnete, ist in dieser Form überholt (vgl. § 5 Rn. 33). Maßgebend ist allein, ob eine Maßnahme zu Eingriffen in die Rechtsstellung des im Sonderverhältnis stehenden Betroffenen führt.

Besondere Abgrenzungsschwierigkeiten ergeben sich im Hinblick auf innerdienstliche Maßnahmen, die sich an Beamte richten. Bei solchen innerdienstlichen Weisungen muß unterschieden werden danach, ob die Maßnahme

❑ nur der Regelung des Dienstbetriebes, also der weisungsgebundenen Verwaltungsorganisation dient oder (auch)

❑ auf einen Eingriff in die persönlichen Rechtsbeziehungen des Beamten zu seinem Dienstherrn gerichtet ist, also seinen allgemeinen Rechtsstatus betrifft (*Schweickhardt*, Rn. 329).

86 In der zweiten Fallkonstellation wird die Persönlichkeit des Beamten, also sein Status, sein Grundrechtsbereich tangiert. Deshalb erlangen diese Maßnahmen Außenwirkung. Der Beamte wird wie eine außerhalb der Behörde stehende Person behandelt (*BVerwG*, DÖV 1971, 747; *Maurer*, Allg. VerwR, § 9 Rn. 27 ff.).

Außenwirkung in diesem Sinne wurde anerkannt bei der Ernennung und Entlassung eines Beamten (*BVerwGE* 26, 65), bei der Abordnung zu einer anderen Behörde (*BVerwGE* 63, 74), bei der Festsetzung des allgemeinen Dienstalters (*BVerwGE* 19, 19), bei der Rückforderung von Dienstbezügen (*BVerwGE* 40, 238).

Außenwirkung fehlt dagegen bei der Umsetzung eines Beamten innerhalb der Behörde, jedenfalls nach neuerer Rspr., bei der Dienstpostenbewertung (*BVerwGE* 36, 192), bei der dienstlichen Beurteilung des Beamten (*BVerwGE* 49, 351), bei der Entziehung des Sicherheitsbescheides (Ermächtigung zum Zugang zu VS-Sachen) beim BND (*BVerwG*, NVwZ 1989, 1055).

87 ❑ **Maßnahmen mit Doppelcharakter**

Die Frage, ob eine Maßnahme der Verwaltung im Verhältnis zu unterschiedlichen Betroffenen verschiedene Rechtsnatur haben könne, ist seit langem streitig. Dies gilt z. B. bei Maßnahmen, die zum einen verwaltungsinternen Charakter haben, zum anderen aber in bestimmten Konstellationen Außenwirkung entfalten. Es stellt sich dann die Frage, ob in diesem Falle die Maßnahme insgesamt als Verwaltungsakt einzuordnen ist, oder ob sich die unterschiedliche Rechtswirkung bei jedem Betroffenen eigenständig „durchsetzt".

Beispielsfall: Die Beklagte will nördlich von München einen Standortübungsplatz errichten. Er soll auf dem Gebiet der klagenden Gemeinde K liegen. K lehnte im Raumordnungsverfahren im Rahmen ihrer Stellungnahme diese Nutzungsvorstellung ab. Die Beklagte „bezeichnete" schließlich das Vorhaben nach § 1 III LBG wie folgt:

„Anfordernde Dienststelle: Bundeswehr
Lage: Gemarkung K
Zweck der Anforderung: Errichtung eines Standortübungsplatzes

Wegen Einzelangaben Bezug auf Berichte vom 26. und 16.05.1973".

G erhob Klage gegen die „Bezeichnung". – Das *BVerwG* führte aus, daß die Bezeichnung gegenüber Dritten kein Verwaltungsakt sei. Nach dem Willen des historischen Gesetzgebers sollte durch die Begriffswahl in § 1 III LBG klargestellt werden, daß die „Bezeichnung" kein Verwaltungsakt sein solle. Dieser Wille des historischen Gesetzgebers sei auch im Verhältnis zu dem betroffenen Bürger objektiver Gesetzesinhalt geworden. Dieses Verhältnis gelte allerdings nicht im Verhältnis zu Gemeinden. Ihnen gegenüber entfalte die Bezeichnung unmittelbare Rechtswirkungen. Sie berühre das ihnen durch Art. 28 II GG gewährleistete Recht, alle Angelegenheiten der örtlichen Gemeinschaft in eigener Verantwortung zu regeln. Die „Bezeichnung" werde dadurch den Gemeinden gegenüber zum Verwaltungsakt. Nach § 35 VwVfG sei Verwaltungsakt jede Entscheidung oder andere hoheitliche Maßnahme, die eine Behörde zur Regelung eines Einzelfalles auf dem Gebiet des öffentlichen Rechts treffe und die auf unmittelbare Rechtswirkung nach außen gerichtet sei. Betreffe diese unmittelbare Rechtswirkung nicht jedermann, sondern nur einen kleineren Kreis von Betroffenen, so sei die Entscheidung nur gegenüber diesen ein Verwaltungsakt (*BVerwG*, DVBl. 1986, 1003 – *„Doppelwirkung"*).

Dieser „Teilbarkeitstheorie" steht die überwiegende Auffassung in der Lit. 88 ablehnend gegenüber. Sie geht davon aus, daß die Qualität einer Maßnahme unteilbar sei. Wenn eine Maßnahme ein Verwaltungsakt sei, dann sei sie es gegenüber jedermann und nicht nur im Verhältnis zu bestimmten Personen (*Erichsen*, Allg. VerwR, § 11 Rn. 38; *Geiger*, BayVBl. 1987, 107). Diese Auffassung nimmt somit einen Verwaltungsakt bereits dann an, wenn die Maßnahme Außenwirkung gegenüber irgend jemandem entfaltet; ob sie gerade gegenüber demjenigen besteht, der Rechtsschutz begehrt, ist nach dieser Auffassung unerheblich. Prozessual bedeutet dies, daß die für Verwaltungsakte verfügbaren Klagearten statthaft sind. Allerdings wird die Klagebefugnis nach § 42 II VwGO regelmäßig nur bei demjenigen gegeben sein, gegenüber dem die Maßnahme im Außenverhältnis wirkt.

Dieser Auffassung dürfte gegenüber derjenigen des *BVerwG* der Vorzug zu geben sein, da sie mit dem Wortlaut des § 35 VwVfG besser harmoniert. § 35 VwVfG macht die Einordnung einer hoheitlichen Maßnahme als Verwaltungsakt nicht davon abhängig, ob die Begriffsmerkmale gegenüber bestimmten Personen gegeben sind, entscheidend für den Rechtscharakter ist allein, daß sie überhaupt vorliegen. Welche Konsequenzen im Hinblick auf die prozessuale Durchsetzung und im Hinblick auf die Rechtmäßigkeitsprüfung zu ziehen sind, ist, wie dargestellt, eine unabhängig davon zu beantwortende Frage.

89 ❑ **Mehrstufiger Verwaltungsakt**

Die Gliederung der Verwaltung in sachlich spezialisierte Behörden und die entsprechende Kompetenzaufteilung führt dazu, daß häufig mehrere Behörden an der Behandlung einer Angelegenheit beteiligt sind. Die Mitwirkung anderer Behörden beim Erlaß eines Verwaltungsaktes gehört grundsätzlich zu den Vorbereitungshandlungen für einen Verwaltungsakt, so daß ihnen in aller Regel schon das Merkmal der Regelung fehlt (vgl. § 8 Rn. 52). Liegt eine Regelung ausnahmsweise vor, dann stellt sich die rechtliche Einordnung der Mitwirkungsmaßnahme als Verwaltungsakt als Problem der unmittelbaren Außenwirkung dar. Folgende Konstellationen sind zu unterscheiden:

90 a) Ist die Beteiligung der Behörde lediglich als Anhörung oder Herstellung des Benehmens vorgesehen, so wird die im Außenverhältnis handelnde Behörde auch durch eine negative Stellungnahme der Mitwirkungsbehörde nicht in ihrer Entscheidungsfreiheit gebunden. Diese Formen der Mitwirkung enthalten bereits keine Regelung, da sie nicht mit Anspruch auf Verbindlichkeit eine unmittelbare Rechtswirkung erzeugen. Es handelt sich um bloße Vorbereitungshandlungen.

Beispiele: Anhörung des Zentralbankrats nach §§ 7 III, 8 IV BBankG; Stellungnahme nach § 10 V BImSchG im immissionsschutzrechtlichen Genehmigungsverfahren; Anhörung und Stellungnahme der IHK oder HWK im Gewerbeuntersagungsverfahren nach § 35 IV GewO.

91 b) Ist der Erlaß des Verwaltungsaktes durch die federführende Behörde an die „Zustimmung" oder das „Einvernehmen" der Mitwirkungsbehörde gebunden, so darf diese Behörde ohne Billigung der anderen den Verwaltungsakt nicht erlassen. Diese Akte enthalten zwar eine Regelung, ihnen fehlt jedoch i. d. R. die intendierte unmittelbare Rechtswirkung nach außen, und zwar unabhängig davon, ob das Ergebnis der internen Mitwirkung dem Betroffenen mitgeteilt wird oder nicht. Die federführende Behörde darf in diesen Fällen trotz Zustimmung der mitwirkenden Behörde aufgrund des ihr zustehenden eigenen Prüfungsrechts den Erlaß des Vewaltungsaktes verweigern. Ohne Zustimmung darf sie den Verwaltungsakt aber nicht erlassen.

Beispiele: Einvernehmen der Gemeinde und Zustimmung der höheren Verwaltungsbehörde nach § 36 BauGB; Zustimmung der obersten Landesstraßenbaubehörde nach § 9 II FStrG für Baugenehmigungen und bauliche Anlagen längs von Bundesautobahnen und Bundesstraßen; Zustimmung der für den Aufenthaltsort zuständigen Ausländerbehörde zur Betretenserlaubnis (§ 9 III AuslG) nach § 64 AuslG.

92 c) Bei mehrstufigen Verwaltungsakten sind Mitwirkungshandlungen anderer Behörden ausnahmsweise unter folgenden Voraussetzungen selbst Verwaltungsakte (*BVerwGE* 16, 116; 34, 65):

❏ Mitwirkungsakt ist in einer Rechtsnorm vorgesehen;
❏ Mitwirkungsakt ist für die federführende Behörde bindend (zumindest die Versagung);
❏ Mitwirkungsbehörde hat selbständig und ausschließlich bestimmte Gesichtspunkte zu prüfen und geltend zu machen.

In diesen Fällen stellt sich der Mitwirkungsakt nämlich als Teilregelungsbefug-   93
nis dar, der aus dem „Schatten" des Endverwaltungsaktes heraustritt. Maßgebend ist letztlich die inkongruente Prüfungskompetenz der federführenden
und der mitwirkenden Behörde. Mit Blick auf den einfacheren Rechtsschutz,
der sich aus der Qualifizierung der Mitwirkungsake als interne Akte ergibt,
ist in Zweifelsfällen nicht von eigenständigen Verwaltungsakten der Mitwirkungsbehörde auszugehen, sondern von auf den internen Mitwirkungs-
kreis begrenzten Akten. Sollen mehrere Verwaltungsakte verschiedener Behörden nebeneinander ergehen, ist dies in aller Regel bereits dem Gesetz selbst zu
entnehmen (*Schoch/Schmidt-Aßmann/Pietzner*, VwGO, § 42 I Rn. 63).

Als Verwaltungsakte werden angesehen die Mitwirkung bei der Bewilligung
von Ausnahmen nach § 9 VIII FStrG (*BVerwGE* 16, 301) und die Zustimmung
der höheren Verwaltungsbehörde nach § 125 II BauGB (*BVerwG*, NJW 1986,
1122).

Beispielsfall: K ist Beamter auf Lebenszeit im Schuldienst der freien und Hansestadt H. Seit 1974 bemüht er sich um seine Versetzung in den Schuldienst des
Landes B. Endlich im Jahre 1981 teilte die zuständige Behörde der freien und
Hansestadt H der zuständigen obersten Landesbehörde von B mit, daß man zu
der Versetzung nunmehr bereit sei. B verweigerte das Einverständnis zu der
begehrten Versetzung und begründete dies in fehlenden gesundheitlichen Voraussetzungen des K für den Schulddienst. Nach erfolglosem Widerspruch
erhob K Klage gegen B mit dem Antrag, dieses zu verpflichten, sein Einverständnis zu der beantragten Versetzung zu erklären. – Das *OVG* hat die Verpflichtungsklage als zulässig angesehen, da die Einverständniserklärung von
B, auf deren Abgabe sich die Klage richte, nicht lediglich ein Verwaltungsinternum ohne Außenwirkung sei, sondern die Begriffsmerkmale eines Vewaltungsaktes aufweise. Bei der Versetzung eines Beamten in ein anderes Bundesland handele es sich um eine Personalmaßnahme, die nach der gesetzlichen
Ausgestaltung in § 123 BRRG in einem zweistufigen Verwaltungsverfahren
zustande komme. Die einzelnen Verfahrensschritte werden durch den Mitwirkungsakt der aufnehmenden Behörde (Erklärung bzw. Verweigerung des
Einverständnisses) und den Hauptverwaltungsakt der abgebenden Behörde
(Vornahme bzw. Ablehnung der Versetzung) gekennzeichnet. Ob der Mitwirkungsakt Außenwirkung entfalte, sei in jedem Einzelfall anhand der konkreten gesetzlichen Ausgestaltung des mehrstufigen Verwaltungsverfahrens zu
prüfen. Da die Versetzung eines Beamten in ein anderes Bundesland aus der
Sicht des aufnehmenden Dienstherrn einer Ernennung gleichkomme, unterlie-

ge die Erklärung des Einverständnisses grundsätzlich denselben rechtlichen
Kriterien, die für die Begründung des Beamtenverhältnisses überhaupt maßgeblich seien. Das wesentliche dieser Kriterien sei, daß die Entscheidung über
die Ernennung eines Beamten grundsätzlich im pflichtgemäßen Ermessen des
Dienstherrn stehe. Die im Rahmen dieser Ermessensentscheidung vorzuneh-
mende Beurteilung von Eignung, Befähigung und fachlicher Leistung sei ein
Akt wertender Erkenntnis. In der Zusammenschau dieser Gesichtspunkte
habe die Erklärung des aufnehmenden Dienstherrn deshalb Außenwirkung
i. S. des § 35 LVwVfG gegenüber dem bewerbenden Beamten (*OVG Münster*,
DVBl. 1985, 1247 – *„mehrstufiger Verwaltungsakt“*).

94 d) Verfahrens- und prozeßrechtlich gelten bei mehrstufigen Verwaltungsakten
hinsichtlich der Mitwirkungsakte, die nicht bloße Vorbereitungsakte sind,
folgende Grundsätze:

❑ **Versagt** die Mitwirkungsbehörde ihre **Zustimmung**, so darf die federführende Behörde dem Bürger gegenüber den beantragten Verwaltungsakt nicht
erlassen, und zwar unabhängig davon, ob die Zustimmung rechtswidrig
abgelehnt wurde oder nicht.

❑ Wird die Zustimmung verweigert, kann der Betroffene nur gegen die federführende Behörde klagen; die zustimmungsberechtigte Behörde ist dem
Verfahren in der Regel beizuladen (*BVerwGE* 28, 147 für die Gemeinde
nach § 36 BauBG; dazu *Stelkens*, VwVfG, § 35 Rn. 111).

❑ Ist der **Mitwirkungsakt selbst Verwaltungsakt**, muß der Betroffene auch gegen diese Maßnahme gesondert vorgehen, schon um deren Bestandskraft
zu verhindern.

❑ Erläßt die federführende Behörde den beantragten Verwaltungsakt, obgleich die behördliche Mitwirkung fehlt, ist die erteilte Genehmigung
rechtswidrig (§ 44 III Nr. 4 VwVfG). Soweit die Mitwirkungsbehörde dadurch in eigenen Rechten verletzt wird (nicht bei Behörden desselben Verwaltungsträgers, wohl aber bei mitwirkungsverpflichteten Gemeinden),
kann sie die Genehmigung ihrerseits erfolgreich anfechten (*BVerwG*,
NVwZ 1986, 556; *Knack*, VwVfG, § 35 Rn. 4.5.3).

❑ Die Widerspruchsbehörde darf sich über das fehlende Einvernehmen nicht
hinwegsetzen (*BVerwG*, NVwZ 1986, 556). Das fehlende Einvernehmen
kann im Einzelfall nur im Wege der Ersatzvornahme durch die Kommuna-
laufsichtsbehörde ersetzt werden.

❑ Verweigert die **Gemeinde ihr Einvernehmen** rechtswidrig, so können dem
Antragsteller Ansprüche aus Amtshaftung (Art. 34 GG, § 839 BGB) bzw.
wegen enteignungsgleichem Eingriff (*BGH*, VersR 1993, 180) erwachsen.

❑ **Organisationsakte**

95 Organisationsakte können sehr unterschiedliche Inhalte haben; sie können
auch in unterschiedlicher rechtlicher Form ergehen. Unter Organisationsakten
sind Maßnahmen zu verstehen, durch die der Aufbau, die Struktur oder die

Kompetenz von juristischen Personen des öffentlichen Rechts und ihrer Behörden gestaltet werden.

Für bestimmte Organisationsakte gilt der Gesetzesvorbehalt (institutioneller Gesetzesvorbehalt). Nach h. M. betrifft dies Maßnahmen, die die grundlegende Organisationsstruktur der Verwaltung betreffen wie z. B. die Auflösung oder Schaffung neuer Verwaltungsträger. Aus dem GG folgt dies aus Art. 84 I und 85 I GG; für die Organisation der Verwaltungsgerichte ergibt sich dies aus § 3 I VwGO.

Organisatorische Maßnahmen sind im übrigen grundsätzlich als Verwal- **96** tungsinterna anzusehen. Etwas anderes gilt, wenn sie unmittelbar in Rechte Dritter eingreifen (*Stelkens*, VwVfG, § 35 Rn. 113). Die Rspr. und h. M. nimmt eine derartige Außenwirkung von Organisationsakten unter folgenden Voraussetzungen an:

❑ Änderung der organisatorischen Grundstruktur (wie z. B. die Auflösung eines ganzen Behördenzweiges).

❑ Organisationsakte mit Grundrechtseingriffen (OVG Berlin, DVBl. 1992, 289).

Beispielsfälle:

❑ Der Rat der beklagten Stadt S beschloß im Jahre 1973 eine Gemeinschafts- **97** schule einzurichten und die katholische Hauptschule zu schließen. K, deren Sohn die katholische Volksschule besucht, erhob gegen die Auflösung der Schule nach erfolglosem Widerspruch Anfechtungsklage. – Das *BVerwG* hielt fest, daß gegen die Zulässigkeit der Klage keine Bedenken bestünden. Die Schließung einer Schule sei eine organisatorische Maßnahme, die der Staat im Rahmen der ihm nach Art. 7 I GG zustehenden Schulaufsicht vornehme. Die Schließung der Schule sei als Verwaltungsakt nach § 42 VwGO anzusehen. Die rechtliche Beurteilung organisatorischer Maßnahmen sei nicht allgemein, sondern nur unter Würdigung der jeweils dafür maßgebenden Rechtsvorschriften möglich. Das in Art. 7 I GG verankerte Recht des Staates zur schulischen Erziehung stehe gleichgeordnet neben dem Elternrecht nach Art. 6 I GG. Die Schließung einer Schule könne daher nicht isoliert nur vom organisatorischen Standpunkt aus als Wegfall einer staatlichen Einrichtung betrachtet werden. Vielmehr berühre sie unmittelbar auch die Rechtsstellung derjenigen Eltern, deren Kinder die betreffende Schule besuchen. Die Pflicht der Eltern, ihre Kinder in die Volksschule zu schicken, entspreche einer dahingehenden Berechtigung, die durch den Wegfall der Schule beeinträchtigt werde. Der Staat müsse seine organisatorischen Maßnahmen, wenn es sich um die Schließung einer Schule handele, die von den betreffenden Kindern bereits besucht werde, so einrichten, daß das Recht der Eltern nicht in unzumutbarer Weise beeinträchtigt werde. Diese Begrenzung, die sich bereits aus dem Ineinandergreifen der Art. 6 und 7 GG ergebe, lasse sich im vorliegenden Fall auch aus der dem Landesrecht angehörigen Bestimmung des § 5 SchulVerwG entnehmen, wonach die Aufhebung der Schule „nach Maßgabe des Bedürfnisses" zu erfolgen habe (*BVerwGE* 18, 38 – *„Schulschließung"*; dazu auch *BVerwG*,DVBl. 1978, 640).

98 ❏ K wandte sich gegen die Schließung des städtischen Schlacht -und Viehhofes. Gegen die Schließungsanordnung legte er Widerspruch ein. Die Stadt S bezweifelte die aufschiebende Wirkung des Widerspruchs, weil es sich bei der Schließung des Schlachthofes nicht um einen Verwaltungsakt handele. K beantragte deshalb in entsprechender Anwendung von § 80 V VwGO durch Beschluß festzustellen, daß der Widerspruch aufschiebende Wirkung habe. – Der *VGH Kassel* stellte fest, daß die Schließung des Schlacht- und Viehhofes ein Verwaltungsakt sei; er wendet sich mit dieser Auffassung ausdrücklich gegen das Urteil des *BVerwG* vom 11.12.1964 (BB 1965, 727), in dem es heißt, daß wie die Errichtung auch die Schließung einer öffentlichen Einrichtung in aller Regel ein tatsächliches Geschehen in der Verwaltung sei. Bezüglich der Schließung des Schlacht- und Viehhofes ist der *VGH Kassel* dieser Auffassung nicht gefolgt. Sicherlich gebe es öffentliche Einrichtungen, deren Errichtung sich im Verhältnis zu den sie künftig benutzenden Bürgern in einem tatsächlichen Geschehen erschöpfe, wie z. B. bei der Aufstellung von Ruhebänken oder Regenunterständen. Andere öffentliche Einrichtungen bedürften jedoch, um ihrer Bestimmung dienen zu können, einer näheren rechtlichen Ausgestaltung des Benutzungsverhältnisses, so daß sich schon ihre Errichtung nicht in einem „tatsächlichen Geschehen in der Verwaltung" erschöpfe. Handele es sich dabei wie bei Schlachthöfen um Einrichtungen, deren Vorhandensein in Verbindung mit dem Benutzungszwang die Ausübung eines ganzen Tätigkeitszweiges präge, und deren Außerbetriebsetzung gar nicht ohne ein rechtliches Einwirken auf die bisherigen Benutzer möglich sei, sei die Schließung kein tatsächliches Geschehen, sondern eine hoheitliche Maßnahme zur Regelung eines Einzelfalles, die auf unmittelbare Rechtswirkung nach außen gerichtet sei. Organisationsakte seien neben Realakten, Normsetzung und Verwaltungsakten nicht eine eigenständige Kategorie von Maßnahmen, bei denen der Widerspruch ausgeschlossen sei. Die Stärke oder Schwäche der Rechtsstellung, in der derjenige durch die Beseitigung der Einrichtung betroffen werde, müsse sich bei der Entscheidung darüber auswirken, ob dem Widerspruch und der nachfolgenden Anfechtungsklage stattgegeben wird; sie könne jedoch nicht die Qualifizierung der Schließung als Verwaltungsakt beeinflussen (*VGH Kassel*, NVwZ 1989, 780 – *„Schlachthofschließung"*).

99 ❏ K wendet sich gegen die Abwicklung des in Berlin ansässigen Bezirksinstituts für Blutspendewesen. Sie war seit dem 15.11.1978 in dieser Einrichtung der öffentlichen Verwaltung der ehemaligen DDR als Sachbearbeiterin beschäftigt. Mit Wirkung vom 31.12.1990 sollte das Institut abgewickelt werden. Mit Ablauf des 30.6.1991 sollte das Arbeitsverhältnis

der K enden. K erhob Klage beim Verwaltungsgericht auf Aufhebung der Abwicklung. – Das *BVerwG* hielt fest, daß K die Abwicklungsentscheidung nicht mit der Anfechtungsklage angreifen könne, weil die Abwicklungsentscheidung kein Verwaltungsakt nach § 42 I VwGO sei. Es handele sich vielmehr um eine allein auf den verwaltungsinternen Bereich zielende Organisationsentscheidung. Zu diesem Schluß würden insbesondere Sinn und Zweck der maßgeblichen Normen des Einigungsvertrages und seiner Anlage I zwingen. Daraus ergebe sich nämlich, daß die Abwicklungsentscheidung allein am Behördenbedarf auszurichten sei. Die Entscheidung sei deshalb kein Verwaltungsakt i. S. des § 35 VwVfG. Zwar führe die Abwicklung unabhängig von dem ihr zugrundeliegenden Prüfprogramm ohne weiteren Zwischenschritt zur gesetzlichen Konsequenz der Warteschleife. Nicht jede direkte Folge hoheitlichen Handelns könne diesem aber im Sinne einer unmittelbaren, nämlich gezielten Rechtswirkung nach außen zugeordnet werden. Dem Abwicklungsentscheid fehle im Hinblick auf die von der gesetzlichen Rechtsfolge betroffenen Arbeitnehmer die intendierte unmittelbare Außenrechtswirkung (*BVerwG*, DVBl. 1992, 1298 – „*Organisationsentscheidung*“).

Begriffs-merkmal	Verwaltungsakt	Abgrenzungsformen
Hoheitliche Maßnahme	Einseitiges öffentlich-rechtliches Handeln	Handeln im Gegenseitigkeits- oder Mehrfachbezug: Öffent-lich-rechtlicher Vertrag; Gesamtakt (z.B. Gemeinde-ratsbeschluß)
Behörde	Stelle, die eigenverantwortlich Aufgaben der öffentlichen Ver-waltung wahrnimmt (§ 1 IV VwVfG); Beliehene; Justizverwaltungsakt (§§ 23 ff. EGGVG)	Handeln von Privatrechts-subjekten (es sei denn Beliehener). Gesetzgebungsorgane Rechtsprechungsorgane Regierung (es sei denn: funktionell als Behörde)
auf dem Ge-biet (kraft) öffentlichen Rechts	Formal eindeutige Inanspruch-nahme hoheitlicher Handlungs-form Verwaltungsrechtliche Grund-lage (ggf. Abgrenzungstheorien)	Handeln kraft Privatrechts (insb. 2 Stufe von zweistufigen Rechtsverhältnissen, sofern privatrechtl. gestaltet) Handeln kraft Verfassungs- oder Völkerrechts (z.B. Regie-rungsakt
Regelung	Maßnahme unmittelbar auf Herbeiführung einer Rechts-folge gerichtet (final) ❏ Verfügung (Gebot/Verbot) ❏ Rechtsgestaltende Maß-nahme ❏ Feststellende Maßnahme	❏ Schlichtes Verwaltungshandeln z.B. Berichte, Warnungen, Mit-teilung; Auszahlung von Geld; Benutzung von Sachen; Anwen-dung von Verwaltungszwang aber: Regelung, wenn Realakt konkludent vorgeschaltet (Ausnahme!) aber: Ablehnung von Realakten for-mell in Form einer Regelung ❏ Vorbereitende Maßnahmen z.B. Ankündigung eines VA; Verfahrenshandlungen

Forts. d. Übersicht auf der nächsten Seite

Forts. Übersicht

Begriffs-merkmal	Verwaltungsakt	Abgrenzungsformen
Außen-wirkung	Maßnahme ist ihrem objektiven Sinn nach dazu bestimmt, Rechtswirkungen ggü. verwaltungsexternen Personen/Stellen herbeizuführen	verwaltungsinterne Maßnahmen; beachte typische Abgrenzungslagen – Sonderrechtsverhältnis – Mehrstufiger Verwaltungsakt (Mitwirkung der Behörde) – Organisationsakte – Weisungen im „Behördenzug"
Einzelfall	❑ Maßnahme die sich formell auf Einzelfall bezieht (formeller VA) auch z.B. wenn abstrakt-genereller Inhalt ❑ Maßnahme, die inhaltlich Einzelfall ist – konkret-individuell – abstrakt-individuell ❑ Allgemeinverfügung (§ 35 S. 2 VwVfG)	❑ Rechtsnorm nach formaler Inanspruchnahme ❑ Rechtsnorm nach Inhalt (abstrakt-generell) Gesetze im formellen Sinn; Rechtsverordnung, Satzung

C. Wiederholung

I. Zusammenfassung

1. Die Verwaltung ist grundsätzlich berechtigt, zwischen den verfügbaren öffentlich-rechtlichen Handlungsformen zu wählen. Die Befugnis zum Erlaß von Verwaltungsakten ist nicht generell geregelt. Teilweise folgt diese Befugnis aus dem Sinnzusammenhang der gesetzlichen Regelungen. Darüber hinaus geht die Rspr. von einem gewohnheitsrechtlich anerkannten Rechtsgrundsatz aus, wonach die Verwaltung im Rahmen des Über-/Unterordnungsverhältnisses auch ohne ausdrückliche gesetzliche Ermächtigung zum Erlaß eines Verwaltungsaktes befugt sei. Diese Befugnis gelte allerdings dann nicht, wenn ausdrücklich das Handeln in anderer öffentlich-rechtlicher Handlungsform vorgeschrieben sei. Hat sich die Verwaltung jedoch auf die Ebene der

Glcichordnung zum Bürger begeben, wie beim Abschluß eines Verwaltungsvertrages, so ist es ihr untersagt, Ansprüche aus diesem Gleichordnungsverhältnis durch Verwaltungsakt festzustellen und durchzusetzen.

2. § 35 VwVfG enthält die Legaldefinition des Verwaltungsaktes; in § 35 S. 2
VwVfG ist dic Allgemeinverfügung geregelt. Letztere umfaßt drei Typen von
Maßnahmen, die positiv-rechtlich als Verwaltungsakt geregelt sind. Einord-
nungsschwierigkeiten, die sich in der Vergangenheit aus der Adressatenproble-
matik der Allgemeinverfügung ergaben, sind dadurch obsolet geworden.

3. Das Merkmal „auf dem Gebiet des öffentlichen Rechts" enthält eine „ Gebietsklausel", die privatrechtliche Maßnahmen aus dem Verwaltungsaktsbegriff ausgrenzt. Zu beachten ist jedoch, daß es bei der Zuordnung einer
Maßnahme zum öffentlichen Recht nicht darauf ankommt, ob die Rechtswirkungen der Maßnahme im öffentlichen Recht eintreten. Maßgebend ist allein,
ob die Behörde nach Vorschriften des öffentlichen Rechts gehandelt hat. Maßnahmen, die auf die Gestaltung privatrechtlicher Beziehungen gerichtet sind,
sind deshalb Verwaltungsakte soweit die sonstigen Begriffsmerkmale gegeben
sind.

4. Das Begriffsmerkmal der „Regelung" grenzt Verwaltungsmaßnahmen, die
unter dem Gesichtspunkt des „schlichten Verwaltungshandelns" zusammengefaßt werden, aus dem Verwaltungsaktsbegriff aus. Das schlichte Verwaltungshandeln läßt sich als auf ein sachliches Ergebnis gerichtetes Verwaltungshandeln umschreiben, das zwar nicht auf die Herbeiführung einer Rechtsfolge
gerichtet ist, sich aber andererseits auch nicht in nur tatsächlichen Effekten
erschöpft.

II. Fragen

1. Wie und wo wird der Verwaltungsakt definiert?

2. Handelt es sich bei dem gemeindlichen Einvernehmen nach § 36 BauGB um
einen Verwaltungsakt?

3. Ist die Erteilung einer Auskunft Verwaltungsakt?

4. Welche Arten der Allgemeinverfügung sind in § 35 S. 2 VwVfG geregelt? Sind
Verkehrszeichen Verwaltunsgakte? Begründung!

III. Lösungen

1. Ein Verwaltungsakt ist jede Verfügung, Entscheidung oder andere hoheitliche
Maßnahme, die eine Behörde zur Regelung eines Einzelfalles auf dem Gebiet
des öffentlichen Rechts trifft und die auf unmittelbare Rechtswirkung nach
außen gerichtet ist. Diese Begriffsbestimmung ist in § 35 S. 1 VwVfG enthalten; sie findet sich auch in den jeweiligen Landesverwaltungsverfahrensgeset-
zen wieder. Im übrigen stimmt die Begriffsbestimmung des § 35 S. 1 VwVfG

wörtlich mit den Legaldefinitionen des § 118 AO für das Steuerrecht und des § 31 SGB X für die Bereiche des Sozialrechts überein.

2. Das gemeindliche Einvernehmen nach § 36 BauGB ist ein Mitwirkungsakt innerhalb des mehrstufigen Baugenehmigungsverfahrens. Aus § 36 II BauGB ergibt sich, daß die Gemeinde nur die bauplanungsrechtliche Zulässigkeit nach den §§ 31, 33, 34 und 35 BauGB berücksichtigen darf, die aber in derselben Weise auch von der Baugenehmigungsbehörde geprüft werden. Somit liegt eine kongruente Prüfungskompetenz auf seiten der Entscheidungs- und Mitwirkungsbehörde vor. Ein Verwaltungsakt ist das gemeindliche Einvernehmen deshalb nicht (*BGH*, VersR. 1990, 656). Zu beachten ist allerdings, daß eine ohne gemeindliches Einvernehmen erteilte Baugenehmigung die Gemeinde in ihrem Selbstverwaltungsrecht nach Art. 28 II GG verletzt. Die Anfechtungsklage der Gemeinde gegen die Baugenehmigung ist daher stets begründet, unabhängig davon, ob die Baugenehmigung materiell rechtmäßig ist oder nicht (*VGH Kassel*, NVwZ 1990, 1185).

3. Die Auskunft über Tatsachen oder Rechtsfragen (§ 25 VwVfG) ist in aller Regel kein Verwaltungsakt, weil sie nicht auf die Herbeiführung einer unmittelbaren Rechtsfolge gerichtet ist, sondern lediglich eine „Wissenserklärung" beinhaltet. Es kommt insbesondere nicht darauf an, ob und in welchem Umfang ein Rechtsanspruch auf Erteilung der Auskunft besteht, ob es sich um eine schlichte Auskunft ohne Anspruch auf Richtigkeit oder um eine verbindliche Auskunft über eine im konkreten Fall bestehende Rechtslage handelt. Eine unrichtige Auskunft kann zwar Rechsfolgen auslösen, wie z. B. Amtshaftungsansprüche, gleichwohl ist sie nicht auf die finale Herbeiführung einer Rechtsfolge gerichtet (str. *Bettermann*, DVBl. 1969, 703).

4. § 35 S. 2 VwVfG kennt drei Arten der Allgemeinverfügung:
   ❏ Adressatenbezogene Allgemeinverfügung (§ 35 S. 2, Alt. 1 VwVfG);
   ❏ dingliche Allgemeinverfügung (§ 35 S. 2, Alt 2 VwVfG);
   ❏ benutzungsregelnde Allgemeinverfügung (§ 35 S. 2, Alt. 3 VwVfG).

Nach h. M. sind Verkehrszeichen, die Gebote oder Verbote enthalten, Allgemeinverfügungen nach § 35 S. 2, Alt. 3 VwVfG. Dem liegt der Gedanke zugrunde, daß diese Verkehrszeichen die Benutzung der Straße durch die Verkehrsteilnehmer regeln. Da Verkehrsteilnehmer jedermann sein kann, handele es sich auch um eine an die „Allgemeinheit" gerichtete Maßnahme. Dem steht die abweichende Auffassung entgegen, die in Verkehrszeichen Rechtsnormen sieht, unter Hinweis darauf, daß sie eine Vielzahl von Verkehrsfällen regeln und sich an unbestimmt viele Verkehrsteilnehmer wenden (*BayVGH*, NJW 1979, 670). Praktische Bedeutung hat die rechtliche Einordnung für die Rechtmäßigkeitsvoraussetzungen sowie für die gerichtliche Kontrolle.

Entscheidungsverzeichnis

A. Bundesverfassungsgericht

I Amtliche Sammlung

BVerfGE 10, 354   „Ärztliche Zwangsversicherung", § 2 Rn. 68
BVerfGE 15, 235   „Zwangsmitgliedschaft", § 2 Rn. 57
BVerfGE 21, 312   „Hessisches Wasserrecht", § 2 Rn. 28
BVerfGE 22, 49   „Kriminalstrafe durch Finanzämter", § 1 Rn. 31
BVerfGE 33, 1   „Strafvollzugsentscheidung", § 5 Rn. 37
BVerfGE 33, 125   „Facharztwesen", § 2 Rn. 59
BVerfGE 37, 271   „Solange-Beschluß", § 4 Rn. 43
BVerfGE 41, 251   „Schulausschluß", § 5 Rn. 40
BVerfGE 41, 291   „Finanzhilfen", § 2 Rn. 22
BVerfGE 46, 160   „Schleyer-Entführung", § 1 Rn. 28
BVerfGE 61, 149   „Historische Auslegung", § 4 Rn. 59
BVerfGE 71, 81   „Verfassungskonforme Auslegung", § 4 Rn. 58
BVerfGE 74, 264   „Boxberg-Urteil", § 1 Rn. 19
BVerfGE 81, 310   „Schneller Brüter Kalkar", § 2 Rn. 29

II. Zeitschriften

BVerfG, DÖV 1970, 704   „Ehescheidungsakten", § 7 Rn. 91
BVerfG, DVBl. 1963, 362   „Teleologische Auslegung", § 4 Rn. 61
BVerfG, NJW 1976, 34   „Gesetzesvorrang", § 5 Rn. 4

B. Bundesgerichtshof

I. Amtliche Sammlung

BGHZ 18, 108   „Haftung des TÜV-Sachverständigen", § 2 Rn. 76
BGHZ 29, 76   „Zuteilung von Siedlungsland", § 3 Rn. 30
BGHZ 52, 325   „Schülertarife", § 1 Rn. 63
BGHZ 58, 372   „Haftung des Bezirksschornsteinfegers", § 2 Rn. 76
BGHZ 66, 185   „Gegendarstellung im öffentlichen Rundfunk", § 3 Rn. 20
BGHZ 91, 84   „Löschwasserversorgung", § 3 Rn. 24

II. Zeitschriften

BGH, BayVBl. 1985, 27   „Benutzungszwang", § 3 Rn. 49
BGH, DÖV 1979, 865   „Unfall auf der Dienstfahrt", § 3 Rn. 19
BGH, DVBl. 1972, 612   „Wohnungsbaudarlehen", § 3 Rn. 40
BGH, DVBl. 1974, 287   „Fehlendes Vorfahrtszeichen", § 3 Rn. 8
BGH, MDR 1959, 467   „Verfahrensverschleppung", § 7 Rn. 11
BGH, NJW 1968, 996   „Ämterverbindung", § 1 Rn. 23

C. Bundesverwaltungsgericht

I. Amtliche Sammlung

BVerwGE 12, 87   „Endiviensalat", § 8 Rn. 74
BVerwGE 16, 198   „Fristversäumnis", § 7 Rn. 64
BVerwGE 18, 38   „Schulschließung", § 8 Rn. 97
BVerwGE 18, 283   „Soldatenhaftung", § 5 Rn. 22
BVerwGE 19, 68   „Schweigen der Behörde", § 8 Rn. 33
BVerwGE 19, 243   „Schadenshaftung", § 5 Rn. 22
BVerwGE 26, 282   „Gewohnheitsrecht", § 4 Rn. 29
BVerwGE 31, 301   „Verfassungsschutzauskunft", § 8 Rn. 49
BVerwGE 32, 299   „Feiertagsruhe an Schleußen", § 2 Rn. 62
BVerwGE 34, 69   „Verfaßte Studentenschaft", § 2 Rn. 56
BVerwGE 34, 248   „Eignungsprüfung", § 8 Rn. 52
BVerwGE 35, 103   „Hausverbot", § 3 Rn. 21
BVerwGE 35, 334   „Verkehrsregelndes Bauunternehmen, § 8 Rn. 28
BVerwGE 36, 313   „Einberufungsbescheid I", § 5 Rn. 57
BVerwGE 36, 323   „Einberufungsbescheid II", § 5 Rn. 64
BVerwGE 45, 13   „Eingliederungshilfe", § 3 Rn. 39
BVerwGE 45, 119   „Beleihung von Ersatzschulen", § 2 Rn. 76
BVerwGE 47, 194   „Sexualrichtlinie", § 4 Rn. 21
BVerwGE 48, 56   „Subjektive Begrenzung der Planabwägung",
                                    § 7 Rn. 38
BVerwGE 50, 171   „Leistungsbescheid", § 8 Rn. 8
BVerwGE 50, 311   „Teilungsgenehmigung", § 8 Rn. 40
BVerwGE 55, 299   „Verfahrenskosten bei erfolgreicher Wehrdienst-
                                    verweigerung", § 7 Rn. 15
BVerfGE 56, 155   „Nichtversetzung", § 5 Rn. 41
BVerfGE 58, 45   „Landwirtschaftsprämie", § 4 Rn. 11
BVerfGE 60, 144   „Außenwirkung", § 8 Rn. 80
BVerfGE 66, 218   „Aufrechnungserklärung", § 8 Rn. 48
BVerfGE 70, 242;   „Konzentrationswirkung I", § 7 Rn. 32
BVerfGE 71, 183   „Konzentrationswirkung II", § 7 Rn. 32
BVerfGE 78, 3   „Hoheitliche Maßnahme", § 8 Rn. 30
BVerfGE 84, 274   „Rückzahlung des Wohngeldes", § 3 Rn. 22

II. Zeitschriften

BVerwG, BauR 1995, 665   „Landschaftskunst", § 1 Rn. 22
BVerwG, DÖV 1968, 54   „Privatrechtsgestaltender Verwaltungsakt",
                                    § 8 Rn. 37
BVerwG, DÖV 1968, 290   „Satzungsgenehmigung", § 4 Rn. 26
BVerwG, DÖV 1968, 428   „Dienstliche Beurteilung", § 8 Rn. 44
BVerwG, DÖV 1973, 244   „Auftragssperre", § 8 Rn. 82
BVerwG, DÖV 1977, 606   „Erstattungsbescheid", § 5 Rn. 24
BVerwG, DÖV 1979, 102   „Programmgestaltung", § 2 Rn. 67
BVerwG, DÖV 1985, 785   „Eignungsprüfung", § 8 Rn. 52
BVerwG, DVBl. 1980, 999   „Untersuchungsgrundsatz", § 7 Rn. 67
BVerwG, DVBl. 1984, 53   „Stellenbesetzung", § 7 Rn. 86
BverwG, DVBl. 1986, 1003   „Doppelwirkung", § 8 Rn. 87
BVerwG, DVBl. 1992, 1298   „Organisationsentscheidung", § 8 Rn. 99
BVerwG, NJW 1965, 1451   „Faktische Außenwirkung", § 8 Rn. 83
BVerwG, NJW 1979, 280   „Fehlende Subventionsmittel", § 5 Rn. 27

BVerwG, NJW 1982, 779   „DKP-Mitgliedschaft", § 1 Rn. 22
BVerwG, NJW 1989, 1495   „Allgemeinverbindlicherklärung", § 8 Rn. 61
BVerwG, NJW 1991, 2851   „Wunschkennzeichen", § 3 Rn. 32
BVerwG, NJW 1992, 2496   „Drittwirkung von Subventionen", § 5 Rn. 29
BVerwG, NVwZ 1986, 556   „Gemeindliches Einvernehmen", § 7 Rn. 7
BVerwG, NVwZ 1988, 440   „Mißerfolgsquote bei Prüfungen", § 7 Rn. 70
BVerwG, NVwZ 1988, 824   „Immissionswerte", § 5 Rn. 59
BVerwG, NVwZ 1988, 1119   „Geschäftsordnung als Rechtssatz", § 4 Rn. 23
BVerwG, NVwZ 1991, 59   „Einwirkungsanspruch", § 3 Rn. 54
BVerwG, VwRspr. Bd. 28, 400   „Klassenfahrt", § 5 Rn. 60

D. Sonstige Gerichte

I. Europäischer Gerichtshof

EuGH, NJW 1992, 165   „Frankovich-Urteil", § 4 Rn. 17

II. Landesverfassungsgericht

BayVerfGH, BayVBl. 1976, 173   „Regelung des internen Dienstbetriebes", § 5 Rn. 53

III. Verwaltungsgerichte

BayVGH, DVBl. 1982, 309   „Gesetzeskonkretisierende Verfügung", § 8 Rn. 51
OVG Koblenz, NJW 1990, 465   „Bezirksschornsteinfeger", § 1 Rn. 52
OVG Lüneburg, DVBl. 1960, 648   „Pflicht zur Verfahrenseinleitung", § 7 Rn. 47
OVG Lüneburg, NVwZ 1986, 496   „Akteneinsicht", § 7 Rn. 85
OVG Münster, JZ 1980, 93   „Beleihung", § 1 Rn. 36
OVG Münster, NJW 1987, 2695   „Dinglicher Verwaltungsakt", § 8 Rn. 75
OVG Münster, NVwZ 1986, 761   „Behördeneigenschaft der Gemeindekasse",
                                 § 8 Rn. 22
OVG Münster, NJW 1991, 1374   „Gewohnheitsrechtlicher Ladenschluß", § 4 Rn. 30
VGH Ba-Wü, NVwZ-RR 1989, 245   „Sonderprogramm", § 5 Rn. 68
VGH Ba-Wü, NVwZ 1987, 1087   „Rechtliches Gehör", § 7 Rn. 79
OVG NRW, DVBl. 1985, 1247   „Mehrstufiger Verwaltungsakt", § 8 Rn. 93
OVG NRW, DVBl. 1991, 1365   „Vorläufiger Verwaltungsakt", § 8 Rn. 53
VGH Kassel, DÖV 1970, 645   „Besorgnis der Befangenheit", § 7 Rn. 69
VGH Kassel, DVBl. 1968, 811   „Regierungsakt", § 8 Rn. 43
VGH Kassel, NJW 1989, 1500   „Störende Straßenlampe", § 3 Rn. 17
VGH Kassel, NVwZ 1989, 780   „Schlachthofschließung", § 8 Rn.98
VGH Kassel, NVwZ-RR 1991, 639   „Asta-Info-Wackersdorf", § 2 Rn. 60
VG Berlin, DÖV 1974, 100   „Gesetzesvorbehalt", § 5 Rn. 14
VG Leipzig, LKV 1995, 407   „Müllgebühren", § 1 Rn. 34

IV. Ordentliche Gerichte

OLG Düsseldorf, DÖV 1981, 537   „Auftragsvergabe", § 1 Rn. 60
OLG Köln, NJW 1968, 655   „Schülerlotsenhaftung", § 2 Rn. 77
LG Braunschweig, NJW 1974, 800   „Kommunale Wasserversorgung", § 3 Rn. 31

Sachverzeichnis

(Zahlen fett = §; Zahlen mager = Rn.)

Akteneinsichtsrecht **7** 84 ff.
– Prüfungen **7** 88
– Verweigerungsgründe **7** 88
– Voraussetzungen **7** 85
Allgemeinverfügung s. Verwaltungsakt
– Adressatenbezogene – **8** 73
– Begriff **8** 18 ff., 71 ff.
– Benutzungsregelnde – **8** 77 ff.
– Dingliche (sachbezogene) – **8** 75
Allgemeinverbindlicherklärung **8** 61
Amt **2** 13, 16
Amtshaftung **3** 19
Anhörungsrecht **7** 78 ff.
– Rechtsfolgen bei Verstoß **7** 83
Anstalt des öffentlichen Rechts **2** 61 ff.
– Anstaltsordnung **2** 70
– Benutzer **2** 66
– Benutzungsverhältnis **2** 69
Aufsicht
– Arten **2** 45
Auskunft, Recht auf **7** 92
– Auskunftspflicht **7** 94
– Belehrungspflicht **7** 93
– Regelungscharakter **8** 50
Auslegung **4** 55 ff.
– Genetische – **4** 60
– Grammatikalische – **4** 57
– Historische – **4** 59
– Systematische – **4** 58
– Teleologische – **4** 61
Außenrecht
– und Rechtsquelle **4** 3
– und Verwaltungsvorschrift **4** 34
Ausschluß v. d. Schule **5** 40

Behörde **2** 9, 13 ff.
– und Privatperson **8** 26
– und Verfassungsorgan **8** 27
– und Verwaltungsakt **8** 21 ff.
Behördenarten
– Allgemeine Behörden **2** 32
– Mittel- u. Unterbehörden **2** 27, 34 f.
– Oberbehörden **2** 26
– Oberste- **2** 25, 33
Behördenwegweiser **1** 5 f.

Beliehener **1** 35 f.; **2** 75 ff.; **8** 26
Besonderes Gewaltverhältnis **5** 33 ff.
– als Sonderrechtsverhältnis **5** 42 ff.
– Bedeutung **5** 35 ff.
– und Schulverhältnis **5** 39 ff.
– und Verwaltungsakt **8** 85
Beteiligte
– am Verwaltungsverfahren **7** 73 ff.
– Ausschluß **7** 69 ff.
– Beteiligungsfähigkeit **7** 75
– Prüfung **7** 20
Bundesauftragsverwaltung **2** 28
Bundesverwaltung, unmittelbare **2** 21 ff.
– Fakultative – **2** 22
– Obligatorische – **2** 22

Demokratieprinzip
– und besonderes Gewaltverhältnis **5** 39
– und Gesetzesvorbehalt **5** 18, 26
Dinglicher Verwaltungsakt **8** 15
Doppelfunktion der Maßnahme **2** 39;
  8 87

Eingriffsverwaltung **1** 41
– und Gesetzesvorbehalt **5** 22
Einwirkungspflicht
– und Zweistufentheorie **3** 54
Einzelfallgesetz **1** 19
Ermessensrichtlinie **5** 62 ff.
Erwerbswirtschaftliche Verwaltungstätig-
  keit **1** 59 f.
Europäische Entscheidung **4** 19
Europäisches Gemeinschaftsrecht **4** 13 ff.
– Primäres – **4** 15
– Rangordnung **4** 42 ff.
– Sekundäres – **4** 16
Europäische Richtlinie **4** 17
Europäische Verordnung **4** 18

Fiskalische Hilfsgeschäfte **1** 51 f., 59 f.
Föderalismus **2** 1

Gegendarstellungsanspruch **3** 20
Geheimhaltung, Recht auf **7** 89 ff.
– Befugnis z. Offenbarung **7** 91

Gesetz
– im formellen Sinn **1** 18 f.; **4** 11, 21
– im materiellen Sinn **1** 20; **4** 10
Gesetzgebung
- und Verwaltung **1** 17 ff.
Gesetzmäßigkeit der Verwaltung **5** 1 ff.
– Herkunft **5** 1
– Inhalt **5** 1
Gewaltenteilung **1** 14 ff.; **2** 4
– Verwaltungsbegriff **1** 16
Gewohnheitsrecht **4** 7 ff.
– Entstehung **4** 28
– Erscheinungsformen **4** 31
– Observanz **4** 31
– und Richterrecht **4** 33
– und Grundrechte
– und Gesetzesvorbehalt **5** 16 ff., 28
– und Verwaltungsprivatrecht **3** 30
Handlungsform, öffentlich-rechtliche
– Begriff **8** 1 ff.
– Numerus clausus **8** 4
– und Formenmangel **3** 26
– und Gesetzesvorbehalt **5** 23 f.
– und Verwaltungsprivatrecht **3** 26
– Wahlfreiheit **8** 6 ff.
Handlungsformen der Verwaltung **1** 45 ff.
– Wahlfreiheit **1** 46 ff.
– Wahlgrenzen **1** 49 ff

Haushaltsgesetz
– als formelles Gesetz **4** 11
– und Subvention **4** 11
Hausverbot **3** 21

Innenrecht
– und Rechtsquelle **4** 3
– und Subvention **4** 11
– und Verwaltungsvorschrift **4** 34; **5** 52 ff.
Inpflichtnahme Privater **2** 78
Interessentheorie **3** 11

Klagebefugnis **8** 75
Körperschaften d.öff.Rechts **2** 54
– Zwangsmitgliedschaft **2** 57

Landeseigenverwaltung **2** 28
Landratsamt **2** 37
Leistungsverwaltung **1** 42 f.
– und Gesetzesvorbehalt **5** 25 ff.
Lückenergänzung **4** 63 ff.

Maschinelle Bearbeitung
– und Vewaltungsakt **8** 36

Mehrstufiger Verwaltungsakt **8** 89
– und Prozeßrecht **8** 94
– und Verfahrensrecht **8** 94
Mischverwaltung **2** 46
– Einwirkungs- **2** 48
– Organisatorische – **2** 51
Mitwirkungsakte **7** 7
– und Verfahrensrechte **7** 8
– und Verwaltungsakt **8** 90 ff.

Normenkontrolle durch Verwaltung
– Prüfungskompetenz **5** 8 ff.
– Verwerfungskompetenz **5** 8 ff.

Öffentliche Einrichtungen
– und Einwirkungspflicht **3** 54
– und Zulassungsanspruch **3** 54
– und Zweistufentheorie **3** 49
Öffentliches Recht
– Abgrenzung z. Privatrecht **3** 5 f.
– Abgrenzungstheorien **3** 9 ff.
– Formalhandlung **8** 31
– Pragmatische Abgrenzung **3** 13 ff.
– und Privatrecht **3** 4
Öffentliche Unternehmen **2** 95
Organisationsakt **8** 95 ff.
Organisationsgesetz **2** 30
Organwalter **2** 1,7
Ordnungsverwaltung **1** 41

Parlamentsvorbehalt **5** 19, 39
Planfeststellungsverfahren **7** 19 ff.
– Begriff **7** 19
– Gestaltungswirkung **7** 35
– Konzentrationswirkung **7** 20, 32
– Präklusionswirkung **7** 36
– Verfahrensablauf **7** 23 ff.
Planungsverwaltung **1** 44
Privatautonomie
– und Verwaltungshandeln **3** 3
Privatisierung **20** 80 ff.
– Aufgabenprivatisierung **2** 85
– Deutsche Bundesbahn **2** 93
– Gesetzesvorbehalt **2** 90
– Organisationsprivatisierung **2** 86
– Privatrecht
– und öffentliches Recht s. dort
– Wahlfreiheit **1** 47 ff.
Privatrechtliche Organisationsform
– und Verwaltungsbegriff **1** 33 ff.
Privatrechtsgestaltender Verwaltungsakt **8** 39
Prüfung
– Akteneinsicht **7** 88

– Ausschluß d. Prüfers 7 10
Prüfungskompetenz 4 50

Rechtsanwendung 4 54
Rechtsbehelfsverfahren 7 39 ff.
Rechtsnorm
– Begriff 4 6
– und Verwaltungsakt 8 61 ff.
Rechtsprechung
– und Staatsgewalt 2 3
– und Verwaltung 1 22 ff.
Rechtsquelle 4 1 ff.
– Begriff 4 2, 5
– Geschriebene – 4 7 ff.
– Rangordnung 4 38 ff.
– ungeschriebene – 4 7
Rechtsstaatsprinzip 5 18
– und besonderes Gewaltverhältnis 5 39
– und Gesetzesvorbehalt 5 26
– und Gesetzesvorrang 5 1
Rechtsverordnung 4 22
Regierung
– und Verwaltung 1 25 ff.
Regierungsakt 8 27, 43
Richterrecht 4 32 ff.
– und Gewohnheitsrecht 4 33

Satzung
– Bedeutung 4 27
– Begriff 4 23
– Ermächtigung 4 25
– und Genehmigung 4 26
– und Körperschaft 2 60
Schlichtes Verwaltungshandeln
– und Verwaltungsakt 8 49
Schulverhältnis 5 39 ff.; 7 80
– Schulausschluß 5 40
– Versetzung 5 41
Selbstbindung der Verwaltung 5 65 ff.
Selbsteintrittsrecht 7 60
Smog-Alarm 8 79
Solange-Rechtsprechung 4 43
Sonderrechtstheorie 3 12
Sonderverordnung 5 46 ff.
Sonderverwaltung 2 23, 44
Staatsgewalt 2 3
Staatsverwaltung
– mittelbare 2 1, 52
– unmittelbare 2 1, 18
Stiftung d.öff. Rechts 2 71
– Destinatär 2 74
Subjektiv öffentl. Recht 8 75
Subordinationstheorie 3 10

Subvention
– und Gesetzesvorbehalt 5 14, 29, 67 ff.
– und Innenrecht 4 11
– und Konkurrentenschutz 3 53
– und Wettbewerb 1 43; 5 29
– Zweistufentheorie 3 51

Teilbaugenehmigung 8 57

Unterlassen, behördliches
– und Verwaltungsakt 8 33
Untersuchungsgrundsatz 7 65 ff.

Verfahrensrechte 7 77 ff.
– Anhörung 7 78 ff.
– Akteneinsicht 7 84 ff.
– Auskunft und Beratung 7 92 ff.
– Geheimhaltung 7 89 ff.
Verfassungsorgan 2 3
Verfassungsrecht 4 20
Verhältnismäßigkeitsgrundsatz
– und Verwaltungsprivatrecht 3 31
Verkehrszeichen 8 78
Versetzung 5 41
Verwaltung
– Begriff 1 2, 7 ff., 29 ff.
– Handlungsformen 1 45 ff.
– Hoheitliche – 1 53 ff.
– in Privatrechtsform 1 58 ff.
– Obrigkeitliche – 1 55
– Schlicht-hoheitliche – 1 54
– und Gesetzgebung 1 17 ff.
– und Planung 1 44
– und Regierung 1 25 ff.
– und Rechtsprechung 1 22 ff.
– Zwecke 1 40 ff.
Verwaltungsakt
– Abstrakt-individuelle Maßn. 8 70
– Bedeutung 8 11 ff.
– Begriff 8 17 ff.
– Behörde 8 21 ff.
– Behördenautomation 8 36
– Besonderes Gewaltverhältnis 8 85
– Dinglicher – 8 15
– Doppelcharakter 8 87
– Einvernehmen 8 91
– Einzelfall 8 59 ff.
– Gebiet des öffentlichen Rechts 8 37 ff.
– Gesetzeswiederholende Maßnahme 8 51
– Herkunft 8 12 ff.
– Hoheitliche Maßn. 8 29 ff.
– Konkret-individuelle Maßn. 8 68
– Mehrstufiger – 8 89

– Organisationsakt 8 95 ff.
– Privatrechtsgestaltender – 8 39
– Realakt 8 49
– Regelung 8 44 ff.
– Schlichtes Verwaltungshandeln 8 49
– Teilentscheidung 8 55
– Teilregelung 8 54
– Teilungsgenehmigung 8 39
– Unmittelbare Außenwirkung 8 80 ff.
– und Verwaltungsvertrag 8 34
– vorbereitende Maßnahmen 8 52
– vorläufiger – 8 53
Verwaltungsbegriff
– Formeller – 1 32
– Kombinatorischer – 1 37 f.
– Materieller – 1 10
– Negative Definition 1 12 ff.
– Organisatorischer – 1 30 ff.
– Positive Definition 1 10 f.
– und privatrechtliche Organisationsform
  1 33 ff.
Verwaltungshelfer 2 77
Verwaltungsinterne Maßn. 8 82
Verwaltungskompetenz
– Kraft Sachzusammenhang 2 22
Verwaltungsvorschrift
– Außenwirkung 4 34; 5 52 ff.
– Begriff 5 51
– Ermessensrichtlinie 5 62 ff.
– Gesetzmäßigkeitsprinzip 5 48 ff.
– Norminterpretierende – 5 56 ff.
– Normkonkretisierende – 5 58 ff.
– Publikation 5 75
– Verfahren 5 73 ff.
– und Vorbehalt des Gesetzes 5 66 ff.
– und Vorrang des Gesetzes 5 55
– kraft Sachzusammenhangs 2 22
Verwaltungsorgan 2 1, 8, 10 ff.
Verwaltungsorganisation 2 1
– und Bund 2 23
– und Haftung 2 41
– und Verwaltungsbegriff 1 30 ff.
– und Verfassungsrecht 2 19 ff.
Verwaltungsprivatrecht 1 58 ff.;
  3 23 ff.
– Anwendungsbereich 3 24
– Begriff 3 25
– Grundsätze 3 30 ff.
– Rechtsweg 3 35
Verwaltungsrecht 1 1 ff.
– und öffentliches Recht 3 2
– Verwaltungsträger 2 2, 6 f.
– Vewaltungsunrecht 1 24

Verwaltungsverfahren
– Ablauf 7 43 ff.
– Amtseinleitung 7 48
– Antragseinleitung 7 48
– Arten 7 10 ff.
– Begriff 7 1 ff.
– Einheit des – 7 9
– Formelles – 7 13 ff.
– Grundsatz der Nichtförmlichkeit 7 11 ff.
– Innenrichtung 7 6
– Mitwirkung anderer Behörden 7 7
– Sachbescheidungsinteresse 7 55
– und Amtshaftung 7 11
– und Gesetzesvorbehalt 5 80
– und VwVfG 6 1 ff.
Verwaltungsverfahrensgesetz
– Anwendungsbereich 6 15 ff., 24 ff.
– Anwendungsgrundsätze 6 34 ff.
– Drei-Säulen-Theorie 6 9 ff.
– Entstehungsgeschichte 6 2 f.
– Gesetzgebungskompetenz 6 16 ff.
– LandesVwVfGe 6 7, 22 ff.
– Zweck 6 1, 5, 7, 11 ff.
Verwerfungskompetenz 4 50
Völkerrecht
– und Rangordnung 4 41
Vollziehende Gewalt 1 26 f.
Vorbehalt des Gesetzes 5 12 ff.
– Begriff 5 14 ff.
– Begründung 5 15 ff.
– Reichweite 5 21 ff.
– und besonderes Gewaltverhältnis 5 34
– und Sonderverordnung 5 46
– und Verwaltungsaktsbefugnis 5 23, 89
– und Verwaltungsvorschrift 5 48, 66 ff.
Vorbescheid 8 56
Vorkaufsrecht 3 52
Vorrang des Gesetzes 5 2 f.
– Begriff 5 2
– Reichweite 5 4
– Rechtsfolgen 5 5 ff.
– Verwaltungsvorschrift 5 48

Willenserklärung, verwaltungsrechtliche
  8 48
Wirkungskreis, übertragener 2 11
Widerspruchsverfahren
– s.a. Rechtsbehelfsverfahren 7 39 ff.
– Stellung des – 7 41 ff.
– Zwecke 7 40 ff.

Zuständigkeit
– Ausschluß von Personen 7 69 ff.

– Beteiligte s. dort
– Instanzielle – 7 59 f.
– Örtliche – 7 62
– Sachliche – 7 58
– und Fristwahrung 7 64
– und Untersuchungsgrundsatz s. dort
– und Verwaltungsprivatrecht 3 32

– und Verwaltungsträger 7 57
– Verfahrensrechte s. dort
– Wechsel der – 7 63
Zweistufentheorie 3 36 ff.
– Bedeutung 3 37 ff.
– Begriff 3 41 ff.
– Unwirksamkeit der 1. Stufe 3 57 ff.